21世纪高职船舶系列教材
SHIJI GAOZHI CHUANBO XILIE JIAOCAI



船舶电气专业

# 船舶供电技术

CHUANBO GONGDIAN JISHU

主编　庄福余
主审　李　晶

哈尔滨工程大学出版社

## 内容简介

本书是高职船舶电气专业教材。全书内容包括供配电技术基本知识;供配电系统的主要电气设备;电力负荷及其计算;供配电系统保护;船舶电力系统概述;船舶配电设备与继电保护;船舶电力网与船舶电缆;船舶照明和安全用电;船舶电力系统自动化等方面知识。

本书既可作为高职船舶电气专业与自动化专业的专业教材,也可作为船舶类企业供配电管理及其相关专业技术人员的培训教材。

**图书在版编目(CIP)数据**

船舶供电技术/庄福余主编.—哈尔滨:哈尔滨工程大学出版社,2006(2014.7 重印)
ISBN 978-7-81073-916-0

Ⅰ.船… Ⅱ.庄… Ⅲ.船舶-供电-高等学校:技术学校-教材 Ⅳ.U665

中国版本图书馆 CIP 数据核字(2006)第 129799 号

**出版发行** 哈尔滨工程大学出版社
**社　　址** 哈尔滨市南岗区东大直街 124 号
**邮政编码** 150001
**发行电话** 0451-82519328
**传　　真** 0451-82519699
**经　　销** 新华书店
**印　　刷** 哈尔滨工业大学印刷厂
**开　　本** 787mm×1 092mm 1/16
**印　　张** 16.75
**字　　数** 365 千字
**版　　次** 2008 年 3 月第 2 版
**印　　次** 2014 年 7 月第 5 次印刷
**定　　价** 28.00 元
http://www.hrbeupress.com
E-mail:heupress@hrbeu.edu.cn

# 前言



本书是根据高等职业教育船舶电气专业培养目标编写的，是高职船舶电气专业的专业教材。船舶供配电系统相当于人的心血管系统，其设计、装配、调试的合理性、可靠性直接影响到船舶电力系统的运行，对船舶安全航行和经济运行具有重要意义。在编写过程中，编者多次深入造船企业、公司调查研究，收集信息和有关资料。教材以必备的理论为基础，以突出实用、实践、培养技能为教学重点，使其不仅适合船舶电气专业学生使用，同时也适合船舶企业其他工程技术人员培训使用。

本书共分九章，主要讲述供配电基础知识；船舶电力系统的组成；船舶配电设备与继电保护；船舶电力网与船舶电缆；船舶照明和安全用电；船舶电力系统自动化等方面知识。内容力求深入浅出，学得懂，用得上，既可作为高职教材，也可作为有关人员的参考书。

本书在第一版的基础上作了部分篇幅的修订，在保留原书的内容体系，对教材内容作了调整与增删，主要是为了方便教学，使得知识结构和知识点有效的衔接。在修订中原作者和其他老师提出了宝贵意见，做了大量工作。

本书由渤海船舶职业学院庄福余任主编，渤海船舶重工集团高级工程师李晶任主审。教材中第1章由王建一编写，第2、3、7由孙晓明编写，第4章由张永平编写，第5、6章由庄福余编写，第8、9章由冯海侠编写。

本书在编写过程中得到了渤海船舶重工集团电装分厂，大连船舶重工集团船研所和渤海船舶职业学院有关教师的值得和支持，在此表示衷心感谢。同时也感谢众多参考文献的作者。

由于编者水平有限，编写时间仓促，书中难免有错误和不当之处，殷切希望广大读者批评指正。

编　者

2006年6月

# 目录

21世纪高职船舶系列教材

SHIJI GAOZHI CHUANBO XILIE JIAOCAI

船舶供电技术

目录

21世纪高职船舶系列教材 SHIJI GAOZHI CHUANBO XILIE JIAOCAI

船舶供电技术

# 第一章　供配电技术基础知识

本章内容是本课程的基础，主要说明供配电工作的意义和要求；介绍供配电系统及发电厂、电力系统和自备电源的基本知识，以及电力系统的中性点运行方式、低压配电系统的接地形式；讲述供电质量的要求和电力用户供配电电压的选择。

## 第一节　电力系统基本知识

### 一、供配电工作的意义、要求

供配电技术就是研究电力的供应和分配问题。电力是现代工业生产的主要能源和动力，是人类现代文明的物质技术基础。没有电力就没有工业和整个国民经济的现代化。工业生产只有电气化以后才能大大增加产量，提高产品质量和劳动生产率，降低生产成本，减轻劳动强度，改善劳动条件，有利于实现生产过程的自动化。如果电力供应突然中断，不仅会打乱生产和生活秩序，甚至可能发生重大的设备损坏或人身伤亡事故。因此，做好供配电工作，对于保证企业生产和社会生活的正常进行，实现整个国民经济的现代化具有十分重要的意义。

供配电工作要实现安全用电、节约用电、计划用电必须达到下列基本要求。

(1)安全　在电力的供应、分配和使用中，应避免发生人身和设备事故。

(2)可靠　应满足电力用户对供电可靠性(即连续供电)的要求。

(3)优质　应满足电力用户对电压质量和频率质量等方面的要求。

(4)经济　在满足安全、可靠和电能质量的前提下，应使供配电系统的投资少，运行费用低，并尽可能地节约电能和减少有色金属消耗量。此外，在供配电工作中，应合理地处理局部与全局、当前与长远的关系，既要照顾局部和全局的利益，又要照顾当前和长远的利益。

### 二、电力的生产和输送过程

电力的生产和输送过程如图1－1所示。电力用户所需电力是由发电厂生产的，发电厂大多建在能源基地附近，往往离用户很远。为了减少电力输送的线路损耗，发电厂生产的电

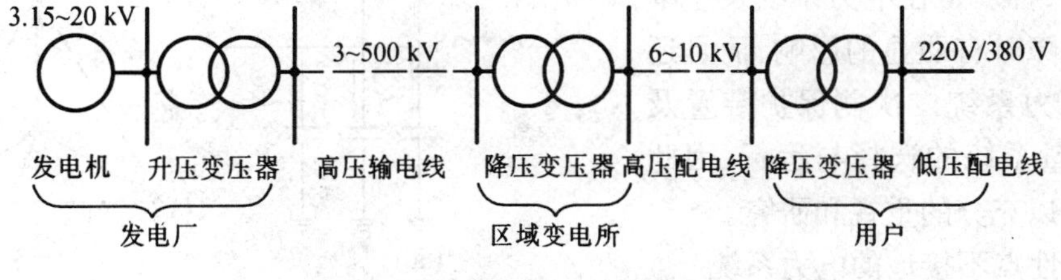


图1－1　电力的生产与输送

力一般要经升压变压器升高电压，送到用户附近后，又经降压变压器降低电压，给用户供电。电力生产具有不同于一般商品的特点，即同时性、集中性、快速性、先行性。

### 三、电力系统、电力网及动力系统的概念

通过各级电压的电力线路，将发电厂、变配电所和电力用户连接起来的一个发电、输电、变电、配电和用电的整体称为电力系统。发电厂与电力用户之间的输电、变电和配电的整体，包括所有变配电所和各级电压的线路称为电力网，简称电网。电网或系统又往往以电压等级来区分，例如 10 kV 电网或 10 kV 系统，实际上是指 10 kV 电压级的整个电力线路。电力系统加上发电厂的动力部分以及热能系统和热能用户则称为动力系统。由此可见，发电厂与电力用户之间是通过电网联系起来的，发电厂生产的电力先要送入电网，然后由电网送给电力用户，因此电网的营业机构（即供电企业）才是电力用户的供电单位。

建立大型电力系统（联合电网）有下列优越性：

(1)可以更经济合理地利用动力资源，例如利用水力资源和其他清洁、价廉、可再生的能源；

(2)可以减少电能损耗，降低发电和输配电成本，大大提高经济效益；

(3)可以更好地保证电能质量，提高供电可靠性。

按照我国的电力发展规划，到 2010 年，全国发电装机总容量将由 2000 年的 3.16 亿千瓦增加到 5 亿千瓦，实现三峡水电站全面向华东、华中、四川和重庆送电，并在全国形成北、中、南三个跨大区的互联电网。到 2020 年，全国发电装机总容量将达到 7～8 亿千瓦，在实现水电、火电、核电和新能源四者结构合理的基础上，形成全国的统一电网，实现电力资源在全国范围内的合理配置和可持续发展。到 2050 年，我国将建立与富强、文明的社会主义现代化国家相适应的电力系统和电力工业。

## 第二节　电力系统的中性点运行方式及低压配电系统的接地形式

### 一、电力系统的中性点运行方式

我国电力系统中电源（包括发电机和电力变压器）的中性点有下列三种运行方式：①中性点不接地的运行方式；②中性点经阻抗（通常经消弧线圈）接地的运行方式；③中性点直接接地或经低电阻接地的运行方式。前两种系统在发生单相接地故障时的接地电流较小，因此又统称为小接地电流系统；后一种系统在发生单相接地故障时就形成单相接地短路，电流较大，因此称为大接地电流系统。电力系统的中性点运行方式对电力系统的运行，特别是在电力系统发生单相接地故障时有明显的影响，而且还影响到电力系统二次侧保护装置及监视、测量系统的选择与运行，因此有必要予以充分的重视和研究。

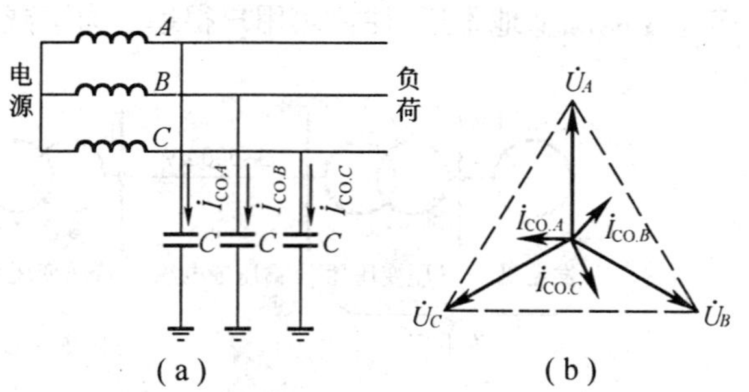


**图 1－2　正常运行时的中性点不接地系统**

(a)电路图；(b)相量图

1.中性点不接地的电力系统

中性点不接地的电力系统正常时的电路图和相量图如图 1－2 所

示。图中三相交流的相序代号统一采用 $A$、$B$、$C$。由电工基础知,三相线路的相间及相与地间都存在着分布电容,但相间电容与这里讨论的问题无关,因此不予考虑,只考虑相与地间的分布电容,并且用集中电容 $C$ 来表示,如图 1-2(a)所示。系统正常运行时,三相的相电压 $U$ 对称,$U_C$ 也对称,三相的对地电容电流 $I_{C0}$ 也完全对称,如图 1-2(b)所示。这时三相的对地电容电流的相量和为零,因此没有电流在地中流过,各相对地电压均为相电压。

当系统发生单相接地故障时,该相对地电压为零,完好的两相对地电压均由原来的相电压升高到线电压,即升高为原对地电压的$\sqrt{3}$倍,因此这种电力系统中设备的相绝缘,不能只按相电压来考虑,而要按线电压来考虑。

在工程中,通常采用下列经验公式来计算

$$I_C = \frac{U_N(l_{oh} + 35 l_{cab})}{350} \tag{1-1}$$

式中 $I_C$——中性点不接地系统的单相接地电容电流,A;

$U_N$——系统的额定电压,kV;

$l_{ab}$——同一电压 $U_N$ 的具有电气联系的架空线路总长度,km;

$l_{cab}$——同一电压 $U_N$ 的具有电气联系的电缆线路总长度,km。

必须指出,当中性点不接地的电力系统发生单相接地时,系统的三个线电压不论其相位和量值都没有改变,因此系统中的所有设备仍可照常运行。但是这种状态不能长期下去,以免在另一相又接地时形成两相接地短路,而产生很大的短路电流,造成线路和设备的损坏。因此这种中性点不接地系统必须装设单相接地保护或绝缘监视装置。当系统发生单相接地故障时,发出报警信号或指示,提醒工作人员及时采取措施,查找和消除接地故障;若有备用线路,则可将重要负荷转移到备用线路上去。当发生单相接地故障危及人身和设备安全时,单相接地保护应动作,跳闸。这种中性点不接地系统,高压多用于 3~10 kV系统,低压则用于三相三线制的 TT 系统。

2. 中性点经消弧线圈接地的电力系统

在上述中性点不接地的系统中,有一种情况相当危险,即在发生单相接地时,如果接地电流较大,将在接地点产生断续电弧,这将使线路发生谐振过电压现象。由于线路既有电阻和电感,又有对地电容,因此在系统发生单相弧光接地时,可形成一个 $R-L-C$ 的串联谐振电路,线路上出现危险的过电压,过电压值可达相电压的 2.5~3 倍,有可能导致线路上绝缘薄弱处的绝缘击穿。因此在单相接地电容电流大于一定值时(3~10 kV 系统 $I_C \geqslant 30$ A、20 kV 及以上系统 $I_C \geqslant 10$ A 时),电力系统中性点宜改为经消弧线圈接地的运行方式,如图 1-3 所示。消弧线圈实际上就是一种带有铁芯的电感线圈,其电阻很小,感抗很大,而且可以调节。当此中性点经消弧线圈接地的系统发生单相接地时,流过接地点的总电流是接地电容电流 $\dot{I}_C$ 与流过消弧线圈的电感电流 $\dot{I}_L$ 的相量和。由于 $\dot{I}_L$ 超前 $U_C 90°$,而 $\dot{I}_C$ 滞后 $U_C 90°$[图 1-3(b)],所以 $\dot{I}_C$ 与 $\dot{I}_L$ 在接地点互相补偿,可使接地电流小于最小生弧电流,从而消除接地点的电弧,避免出现危险的谐振过电压现象。

中性点经消弧线圈接地的系统中发生单相接地时,与中性点不接地的系统中发生单相接地时一样,相间电压的相位和量值关系均未改变,因此三相设备仍可照常运行。但也不能长期运行,必须装设单相接地保护或绝缘监视装置,在出现单相接地故障时发出报警信号或指示,以便工作人员及时处理。这种中性点经消弧线圈接地的运行方式主要用于35 kV、

66 kV的电力系统。

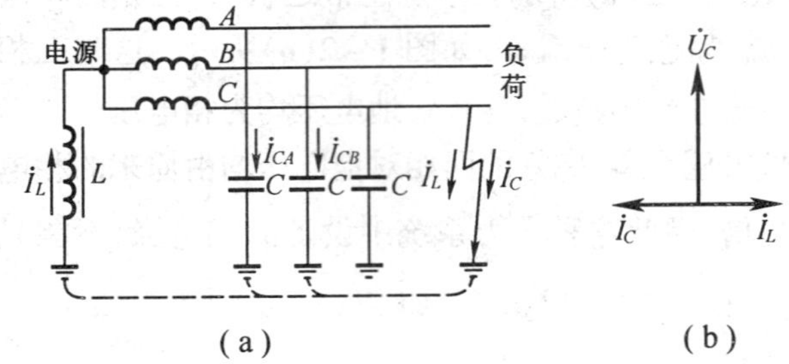


图 1-3　中性点经消弧线圈接地的系统

(a)电路图;(b)相量图

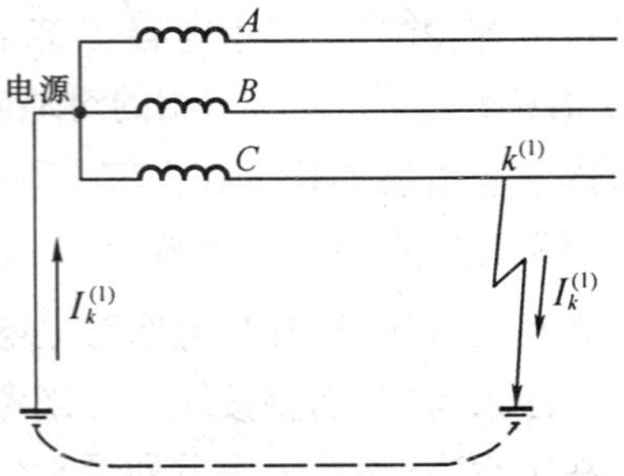


图 1-4　中性点直接接地

3.中性点直接接地或经低阻接地的电力系统

中性点直接接地的电力系统发生单相接地时就形成单相接地短路,如图 1-4 所示。单相短路用符号 $k^{(1)}$表示。单相短路电流 $I_k^{(1)}$ 比线路正常负荷电流大得多,对系统危害很大,因此这种系统中装设的短路保护装置动作,切断线路和接地故障部分,使系统的其他部分恢复正常运行。中性点直接接地的电力系统发生单相接地时,相间电压的对称关系被破坏,但未接地的另两个完好相的对地电压不会升高,仍维持相电压,因此中性点直接接地的系统中的供电设备和用电设备,其相绝缘只需按相电压来考虑,不用按相电压的$\sqrt{3}$倍(即线电压)来考虑。这对 110 kV 及其以上的超高压系统来说,具有显著的经济技术价值,因为高压电器特别是超高压电器,其绝缘问题是影响电器设计制造的关键问题。电器绝缘要求的降低,直接降低了电器的造价,同时改善了电器的性能,因此 110 kV 及其以上的电力系统通常都采用中性点直接接地的运行方式。由于现代化大、中城市逐渐以电缆线路取代架空线路,而电缆线路的单相接地电容电流远比架空线路的大,因此这类城市电网不仅不能采取中性点不接地的运行方式,而且采取中性点经消弧线圈接地的运行方式,也达不到抑制单相接地电流的要求。城市电网通常都采用环网结构,而且保护完善,因此供电可靠性是相当高的。

## 二、低压配电系统的接地形式

按电力系统中电气设备的外露可导电部分保护接地的形式不同,分为 TN 系统、TT 系统和 IT 系统。

1.TN 系统

如图 1-5 所示,TN 系统的电源中性点直接接地,并从中性点引出中性线(N 线)、保护线(PE线)或将 N 线与 PE 线合而为一的保护中性线(PEN 线),而该系统中电气设备的外露可导电部分则接 PE 线或 PEN 线。具有 N 线或 PEN 线的三相系统统称为“三相四线制”系统。没有 N 线或 PEN 线的三相系统则称为“三相三线制”系统。TN 系统属于三相四线制系统。中性线的功能:

①用来接额定电压为系统相电压的单相用电设备,如照明灯等;

②用来传导三相系统中的不平衡电流和单相电流;

③用来减小负荷中性点的电位偏移。

保护线是为了保障人身安全、防止触电事故的公共接地线。系统中的设备外露，可导电部分通过PE线接地，使设备在发生接地(壳)故障时降低触电危险。保护中性线是N线与PE线合而为一的导体，兼有N线和PE线的功能。PEN线在我国电工界习惯上称为“零线”，因此设备外露可导电部分接PEN线(包括接PE线)的这种接地形式也称为“接零”。

(1)TN－C系统　如图1－5(a)所示，它的电源中性点引出一根PEN线，其中设备的外露可导电部分均接至PEN线。此种系统由于N线与PE线合而为一，从而可节约导线材料，比较经济。但由于PEN线中有电流通过，会对接PEN线的某些设备产生电磁干扰，因此这种系统不适于抗电磁干扰要求高的场所。此外，如果PEN线断线，会使接PEN线的设备外露可导电部分带电而造成触电危险，因此TN－C系统也不适于安全要求较高的场所，包括住宅建筑。

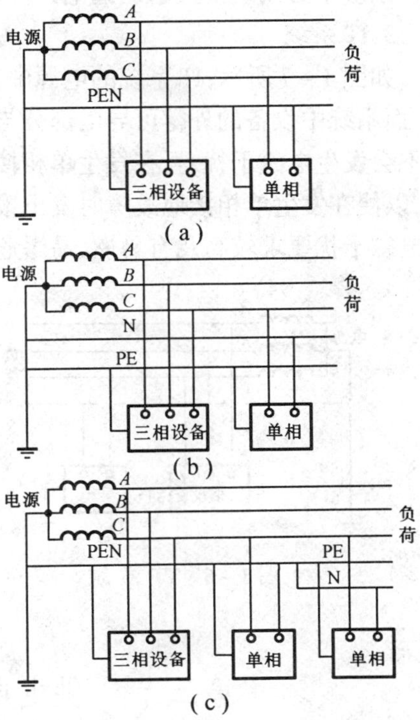


**图1－5　低压配电系统的接地形式**

必须注意，PEN线断线，不仅会造成触电危险，还会造成有的相电压大大升高而烧毁单相用电设备，因此PEN线一定要连接牢固可靠，并且PEN线上不得装设开关和熔断器，以免PEN线断开而造成事故。

(2)TN－S系统　如图1－5(b)所示，它的电源中性点分别引出N线和PE线，其中设备的外露可导电部分接至PE线。由于此种系统的PE线与N线分开，PE线中没有电流通过，所有接PE线的设备之间不会产生电磁干扰，所以这种系统适于抗电磁干扰要求较高的数据处理、电磁检测等实验场所。又由于PE线与N线分开，PE线断线时不会使接PE线的设备外露可导电部分带电，比较安全，所以这种系统也适于安全要求较高的场所，如潮湿易触电的浴池等地。但因PE线与N线分开，导线材料耗量大，故其投资比TN－C系统多。

(3)TN－C－S系统　如图1－5(c)所示，它是在TN－C系统的后面，部分或全部采用TN－S系统，设备的外露可导电部分接PEN线或PE线。显然，此系统为TN－C系统与TN－S系统的组合，对安全及抗电磁干扰要求较高的场所采用TN－S系统，而其他场所采用TN－C系统。因此这种系统比较灵活，兼有TN－C系统和TN－S系统的优越性，经济实用，在现代企业和民用建筑中应用日益广泛。

2.TT系统

如图1－6所示，TT系统的电源中性点与TN系统一样，也直接接地，并从中性点引出一根中性线，以通过三相不平衡电流和单相电流。但该系统中电气设备的外露可导电部分均经各自的PE线单独接地，由于各设备的PE线之间没有直接的电气联系，互相之间不会发生电磁干扰，因此这种系统也适用于抗电磁干扰要求较高的场所。这种系统中若有设备因绝缘不良或损坏使其外露可导电部分带电时，由于其漏电电流一般很小，不足以使线路上的过电流保护装置(熔断器或低压断路器)动作，从而增加了触电危险，因此为保障人身安全，这种系统中必须装设灵敏的漏电保护装置。

3.IT 系统

如图 1－7 所示，IT 系统的电源中性点不接地，或经高阻抗（约 1 000 Ω）接地，没有中性线，而系统中设备的外露可导电部分与 TT 系统一样，均经各自的 PE 线单独接地，各设备之间不会发生电磁干扰，且在发生单相接地故障时，仍可短时继续运行，但需装设单相接地保护，以便在发生单相接地故障时发出报警信号。这种 IT 系统主要用在连续供电要求较高或抗电磁干扰要求较高及有易燃、易爆危险的场所，如矿山、井下等地。

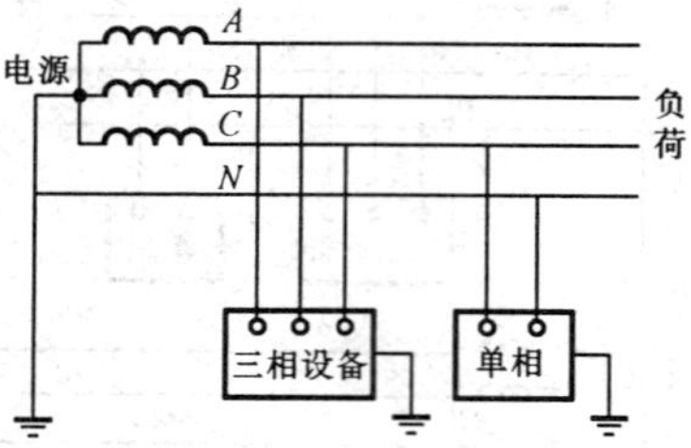


图 1－6　TT 系统

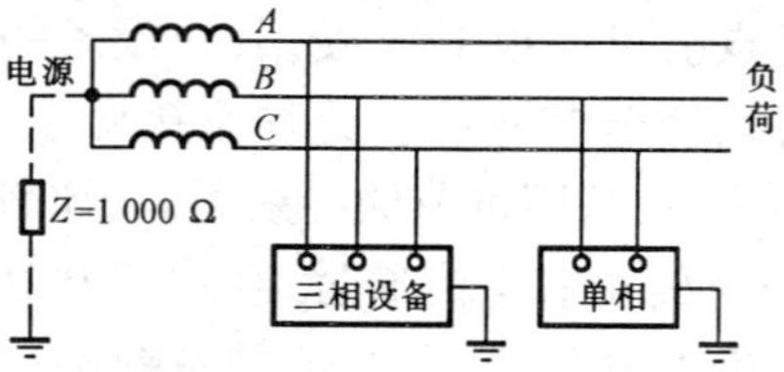


图 1－7　IT 系统

## 第三节　供电电压、电压偏差及调整措施

供电质量包括电能质量和供电可靠性两方面。电能质量是指电压、频率和波形的质量。电能质量的主要指标有频率偏差、电压偏差、电压波动和闪变、电压波形畸变引起的高次谐波及三相电压不平衡度等。

供电可靠性可用供电企业对电力用户全年实际供电小时数与全年总小时数的百分比值来衡量，也可用全年的停电次数和停电持续时间来衡量。

### 一、供电频率、频率偏差及改善措施

1.供电频率及允许偏差

《供电营业规则》规定：供电企业供电的额定频率为交流 50 Hz。此 50 Hz 频率通称“工频”。在电力系统正常状况下，供电频率的允许偏差为电网装机容量在 300 万千瓦及其以上的为0.2 Hz；电网装机容量在 300 万千瓦以下的为0.5 Hz。在电力系统非正常状况下，供电频率的允许偏差不应超过 ± 1.0 Hz。

2.频率偏差的影响及改善措施

电力设备只有在额定频率下运行才能获得最佳的经济效果。以感应电动机为例，如果频率偏低，将使电动机转速下降，影响产品质量；如果频率偏高，将使电动机转速升高，会损坏所拖动的设备，并将使铁芯损耗增大，电动机发热，缩短使用寿命，甚至造成电动机烧毁。对整个系统来说，如果频率偏差过大，会影响广播、电视的质量和一些自动装置的正常运行；如果频率过低，则会影响系统运行的稳定性，甚至导致系统解列。改善供电频率偏差可采取下列措施：

(1)加速电力建设，增加系统的装机容量和调节负荷高峰的能力；

(2)做好计划用电工作，搞好负荷调整，移峰填谷，并采取技术措施来降低冲击性负荷的

影响；

(3)装设低周减载自动装置及排定低周停限电序次，以便在电网频率降低时适时地切除部分非重要负荷，保证重要负荷的稳定连续供电。

3.供电电网和电力设备的额定电压

我国的三相交流电网和电力设备(包括发电机、电力变压器和用电设备等)的额定电压，按 GB156－2003《标准电压》规定，如表 1－1 所示。表中低压指1 000 V及其以下的电压；高压指1 000 V以上的电压。但也有下列分类：安全特低电压 50 V 及其以下；低压1 000 V及以下；中压 3～35 kV；高压 66～220 kV；超高压 330～500 kV；特高压 500 kV 以上。电压分类标准并不完全一致，有的将 35 kV 归入高压，将 220 kV 归入超高压。另外需说明，GB156－2003中规定的电网和用电设备额定电压尚有 1 000(1 140) V，但此电压级只限于矿井下使用。下面就表 1－1 规定的额定电压作些说明。

**表 1－1　我国三相交流电力设备的额定电压(GB156－2003)**

| 分类 | 电网和用电设备额定电压/kV | 发电机额定电压/kV | 电力系统变压器额定电压/kV | |
|---|---|---|---|---|
| | | | 一次绕组 | 二次绕组 |
| 低压 | 0.38 | 0.40 | 0.38 | 0.40 |
| | 0.66 | 0.69 | 0.66 | 0.69 |
| 高压 | 3 | 3.15 | 3,3.15 | 3.15,3.3 |
| | 6 | 6.3 | 6,6.3 | 6.3,6.6 |
| | 10 | 10.5 | 10,10.5 | 10.5,11 |
| | – | 13.8,15.75,18,20,22,24,26 | 13.8,15.75,18,20,22,24,26 | – |
| | 35 | – | 35 | 38.5 |
| | 66 | -66 | 72.5 | |
| | 110 | – | 110 | 121 |
| | 220 | – | 220 | 242 |
| | 330 | – | 330 | 362 |
| | 500 | – | 500 | 550 |
| | 750 | – | 750 | 825(800) |

电网的额定电压(标称电压)等级是国家根据国民经济的发展需要和电力工业的发展水平，经全面技术经济分析后确定的。它是确定其他电力设备额定电压的基本依据。

(1)用电设备额定电压与电网额定电压相同。

(2)发电机额定电压　由于电力线路一般允许电压偏差为 5%，即整个线路允许有 10%的电压损耗，因此为维持线路首端电压与末端电压的平均值在额定值，处于线路首端的发电机额定电压应高于电网(线路)额定电压 5%。

(3)电力变压器一次绕组的额定电压　用电设备和发电机电力变压器一次绕组额定电压的确定如图 1－8 所示。变压器一次绕组与发电机直接相连，如图1－8中的变压器 $T_1$，其一

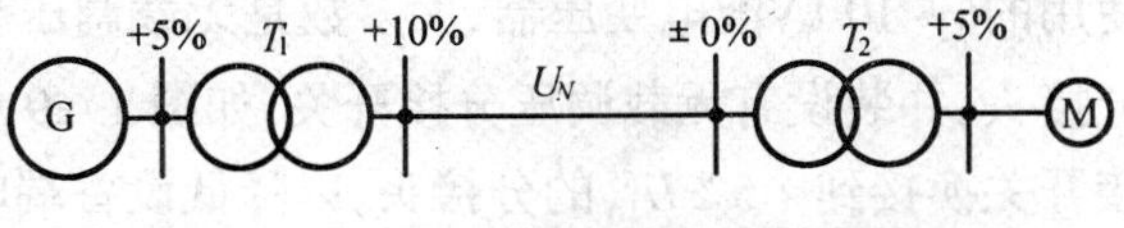


**图 1－8　确定电力变压器一、二次绕组额定电压的说明图**

次绕组额定电压应与发电机额定电压相同;变压器一次绕组不与发电机直接相连,如图 1-8 中的变压器 $T_2$,则应将变压器看作电网的用电设备,其一次绕组额定电压应与电网额定电压相同。

(4)变压器二次绕组的额定电压　它是指变压器在其一次绕组加上额定电压时的二次绕组开路(空载)电压,而变压器满载(额定负荷)运行时,二次绕组内有约 5% 的阻抗电压降,因此变压器二次绕组额定电压的确定必须考虑上述因素。在变压器二次侧的出线较长,如果为较高的高压电网,如图 1-8 中变压器 $T_1$,其二次侧出线为较长的高压线路,则变压器二次绕组额定电压一方面要考虑补偿绕组本身 5% 的电压降,另一方面要考虑变压器满载运行对其二次电压仍需高于二次侧电网额定电压 5%,因此变压器二次绕组额定电压应高于其二次侧电网额定电压 10%;如变压器二次侧的出线不长,例如二次侧为低压电网或者直接供电给高低压用电设备,如图 1-8 中变压器 $T_2$,则变压器二次绕组额定电压只需高于其二次侧电网额定电压 5%,仅考虑补偿变压器绕组内 5% 的电压损耗。



## 二、电压偏差及允许值

1.电压偏差的定义

用电设备端子处的电压偏差 $\Delta U$ 的百分值按下式定义

$$\Delta U = \frac{U - U_N}{U_N} \times 100\% \qquad (1-2)$$

式中　$U_N$——用电设备额定电压;

$U$——用电设备端电压。

2.电压偏差允许值

GB50052-1995《供配电系统设计规范》规定:正常运行情况下,用电设备端子处的电压偏差允许值(以 $U_N$ 的百分值表示)应符合下列要求:

(1)电动机　规定为 ±5%;

(2)电气照明　在一般工作场所为 ±5%;对于远离变电所的小面积一般工作场所,难以满足上述要求时,可为 +5%、-10%;应急照明、道路照明和警卫照明等为 +5%、-10%。

3.电压偏差的影响及调整措施

电力设备也只有在额定电压下运行才能获得最佳的经济效果,例如感应电动机,端电压偏低,则其转矩将按端电压平方成比例地减小,而在负载转矩不变的情况下,电动机电流必然增大,从而使电动机绕组绝缘过热受损,使电动机寿命缩短;如果端电压偏高,虽然电动机转矩按其端电压平方成比例地增大,但同时电流也要增大,同样会使电动机绕组绝缘过热受损,缩短电动机寿命。又如白炽灯,如果电压偏低,则照度明显降低;如果电压偏高,则灯的使用寿命将大大缩短。由此可见,电压偏差过大是不经济、不合理的。为了减小电压偏差值,供配电系统可采取下列措施进行电压调整。

(1)正确选择电力变压器的电压分接头或采用有载调压的电力变压器　我国电力用户所使用的6~10 kV配电变压器,大多数是无载调压型,其高压绕组有 $U_{1N} \pm 5\% U_{1N}$ 的五个电压分接头,并装设有无载调压分接开关,如图 1-9 所示。如果用电设备端电压偏高,则应将分接开关换接到 $+5\% U_{1N}$ 的分接头,以降低设备端电压。如果用电设备端电压偏低,则应将分接开关换接到 $-5\% U_{1N}$ 的分接头,以升高设备端电压。但是必须注意,换接电压分接头应停电进行,因此不能频繁操作,即不能适时地按用电设备端电压的变动进行电压调整。如果用电负荷中某些设备对电压水平要求较高,可采用有载调压型变压器,使之在正常运行过程中自动地带负荷调整电压,保证用电设备端电压的相对稳定。

(2)降低供配电系统的阻抗。

(3)尽量使三相系统的负荷均衡。

(4)合理调整系统的运行方式　对工作为一班制或两班制的企业,在工作班的时间内负荷重,往往电压偏低,因而需要将变压器高压绕组的分接头调在 $-5\% U_{1N}$位置。但这样一来,到非工作班时间负荷轻,电压就会过高,这时可切除此变压器,改用低压联络线供电。操作时,应先接入低压联络线,再切除变压器,以免造成负荷的短时停电。如果有两台变压器并列运行的变电所,则可在负荷轻时切除一台变压器,而在负荷重时两台变压器并列运行。

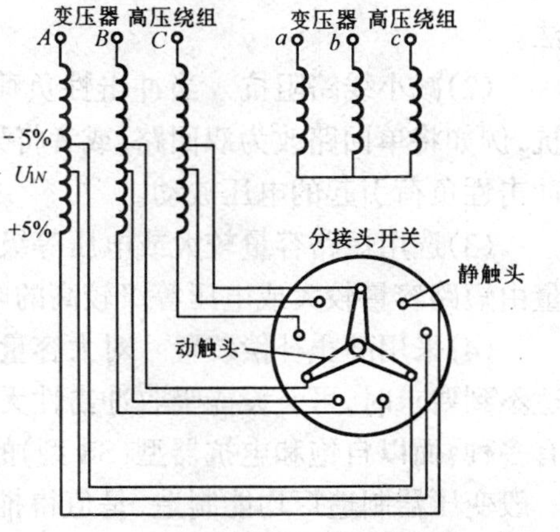


图 1-9　电力变压器的分接头和分接开关

(5)采用无功功率补偿装置　由于供配电系统中存在大量的感性负荷,如感应电动机、高频电炉、气体放电灯等,加上系统中感抗很大的电力变压器,线路中的感抗又大于电阻,从而使系统中产生大量相位滞后的无功功率,降低功率因数,增加系统的电压降。为了解决这些问题,可采用并联电容器或同步补偿机,以补偿一部分相位滞后的无功功率;采用并联电容器补偿较之采用同步补偿机更为简单、经济,和便于运行、维护,因此并联电容器在供配电系统中应用最为广泛。不过,采用专门的无功补偿设备,需额外投资,因此在进行电压调整时,应优先考虑前面所述的各项措施,以提高供配电系统的经济效益。

## 三、电压波动、闪变及抑制措施

1. 电压波动和闪变的概念

(1)电压波动的含义及危害　电压波动是指电网电压的快速变动或电压包络线的周期性快速变动。电压变动值以电力系统中多个用户公共连接点的相邻最大与最小电压值 $U_{max}$与 $U_{min}$之差对电网额定电压 $U_N$ 的百分值来表示,即

$$\delta U\% = \frac{U_{max} - U_{min}}{U_N} \times 100\% \tag{1-3}$$

负荷的急剧变动使电网的电压损耗相应变动,从而使用户公共连接点的电压出现波动现象。例如电动机的启动、电焊机的工作,特别是大型电弧炉和大型轧钢机等冲击性负荷的工作,均会引起电网电压波动。电压波动会影响电动机的正常启动,甚至使电动机无法启动;对同步电动机会引起转子振动;对电子设备和计算机会使其无法正常工作;对照明灯会使其发生明显的闪烁,严重影响视觉,使人无法正常工作和学习。

(2)闪变的含义及危害　闪变是指人眼对灯闪的主观感觉。它是由于照明灯端电压出现电压波动而产生的。电压闪变对人眼有明显的刺激作用,可引起心悸,甚至使人无法正常工作和学习。

2. 电压波动和闪变的抑制措施

(1)采用专线或专用变压器供电　对大容量的冲击性负荷,如电弧炉、轧钢机等,采用专

线或专用变压器供电是降低电压波动对其他用电设备运行造成影响的最简便而有效的办法。

(2)减小线路阻抗　当冲击性负荷与其他负荷共用供电线路时,应设法减小线路的阻抗,例如将单回路改为双回路,或者将架空线路改为电缆线路,将铝线改为铜线,从而减小由冲击性负荷引起的电压波动。

(3)选用短路容量较大或电压等级较高的电网供电,对大型电弧炉的炉用变压器,应尽量由短路容量较大或电压等级较高的电网供电,这是减小电网电压波动的一项有效措施。

(4)采用静止补偿装置　对大容量电弧炉及其他大容量冲击性负荷,在采取上述措施尚达不到要求时,可装设能吸收冲击性无功功率的静止补偿装置。SVC 静止补偿装置的形式有多种,而以自饱和电抗器型(SR 型)的效能最好,其电子元件少,可靠性高,维修方便,我国一般变压器制造厂均能制造,是值得推广应用的一种 SVC。但总的来说,SVC 的投资较大,因此应首先考虑前几项措施。

**四、电网谐波及抑制措施**

1.电网谐波的概念

(1)谐波的含义　谐波是指对周期性非正弦交流量进行傅里叶级数分解所得到的大于基波频率整数倍次的各次分量,通常称为"高次谐波"。而基波是其频率与工频(50 Hz)相同的交流分量。电力系统中的三相交流发电机发出的三相交流电压,一般可认为是 50 Hz 的正弦波。但由于系统中存在各种非线性元件,因而在系统中和用户处的线路内出现了谐波,使电压或电流波形发生畸变。系统中产生谐波的非线性元件很多,例如各种气体放电灯、电动机、电焊机、变压器和感应电炉等,都要产生谐波,特别是大型硅整流设备和大型电弧炉等所产生的谐波最为突出,严重影响系统的电能质量。

(2)谐波的危害性　谐波对电气设备的危害很大。谐波电流通过变压器,可使变压器的铁芯损耗明显增大,从而使变压器铁芯过热,缩短使用寿命。谐波电流通过交流电动机,不仅会使电动机的铁芯损耗明显增大,而且还会使电动机转子发生振动,严重影响机械加工的产品质量,同时噪声增大。谐波电压加在电容器两极时,由于电容器对谐波的阻抗很小,因此电容器很容易发生过负荷,甚至烧毁。此外,谐波电流可使电力线路的电能损耗和电压损耗增大;使计量电能的感应式电能表计量不准确;使电力系统发生电压谐振,从而在线路上引起过电压,会击穿线路设备的绝缘,造成事故;能造成系统的继电保护和自动装置误动作,并可对电力线路附近的通信线路和设备产生信号干扰。由此可见,谐波的危害是十分严重的,必须高度重视。

2.谐波的抑制措施

(1)三相整流变压器采用 Yd 或 Dy 接线　由于 3 次及其整数倍次的谐波电流在三角形连接的绕组内形成环流,而星形连接的绕组内不可能出现 3 次及其整数倍次的谐波电流,因此采用 Yd 或 Dy 接线的三相整流变压器,能使注入电网的谐波电流消除 3 次及其整数倍次的谐波电流。又由于电力系统中的非正弦交流电压或电流波形,其正、负两半波对时间轴是对称的,不含直流和偶次谐波分量,因此采用 Yd 或 Dy 接线的整流变压器,可使注入电网的谐波电流只有 5,7,11 等次谐波了。这是抑制电网谐波的最基本的方法之一。

(2)增加整流变压器二次侧的相数　整流变压器二次侧的相数越多,整流波形的脉波数就越多,其次数低的谐波被消去的也越多。例如整流相数为 6 相时,出现的 5 次谐波电流为基波电流的18.5%,7次谐波电流为基波电流的12%。如果整流相数增加到12相时,则出现的5次谐波电流降为基波电流的4.5%,7次谐波电流降为基波电流的3%,都约是原来的1/4。由此可见,增加整流变压器二次侧的相数对高次谐波的抑制效果相当显著。

(3)使各台并列运行的整流变压器二次侧互有相位差　多台相数相同的整流装置并列运行时,使其整流变压器二次侧互有适当的相位差。这与增加整流变压器二次侧的相数有类似的效果,也能大大减少注入电网的高次谐波。

(4)装设分流滤波器　在大容量静止"波源"(如大型晶闸管整流器)与电网连接处,装设分流滤波器,如图1-10所示,使滤波器的各组 $R-L-C$ 回路分别对需要消除的5,7,11等次谐波进行调谐,使之发生串联谐振。由于串联谐振时阻抗很小,从而使这些谐波电流被它分流吸收而不致注入电网中去。

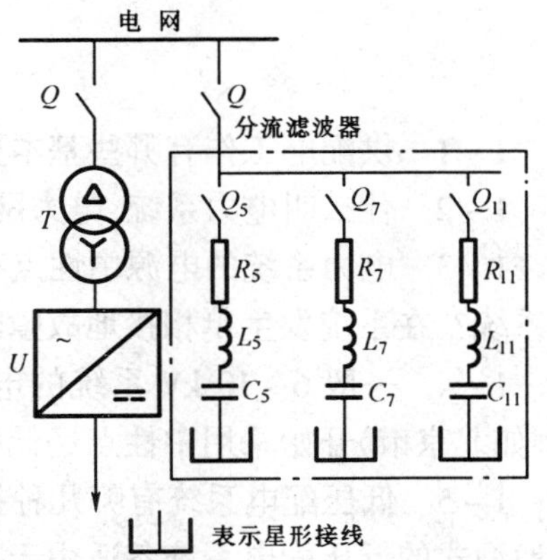


**图1-10　装设分流滤波器**

(5)选用Dyn11连接组别的三相配电变压器　由于Dyn11连接的变压器高压绕组为三角形接线,3次及其整数倍次的高次谐波可在其中成环流而不致注入高压电网中去,从而有利于抑制系统的高次谐波。

(6)抑制谐波的其他措施　例如在装设分流滤波器吸收高次谐波的电力系统中接入变流设备及交流调压装置等,或提高对大容量非线性设备的供电电压,或将谐波源与不能受谐波干扰的负荷电路从电网的接线上分开,均能有助于谐波的抑制或消除。

### 五、电力用户供配电电压的选择

1.电力用户供电电压的选择

它主要取决于当地供电企业供电的电压等级,同时也要考虑用户用电设备的电压、容量及供电距离等因素。《供电营业规则》规定:供电企业供电的额定电压,低压有单相220 V,三相380 V;高压有10 kV、35 kV 、66 kV、110 kV、220 kV、330 kV、500 kV等。并规定:除发电厂直接配电,采用3 kV或6 kV外,其他等级的电压应逐步过渡到上述额定电压。如果用户需要的电压等级不在上列范围时,应自行采取变压措施解决。用户需要的电压等级在110 kV及以上时,其受电装置应作为终端变电所进行设计,其方案需经省电网经营企业审批。电力用户的用电设备容量在100 kW及其以下,或需用变压器容量在50 kVA及其以下时,一般宜采用低压三相四线制供电。如果供电点距离用户太远时,也可采用高压供电。

2.电力用户高压配电电压的选择

它主要取决于该用户高压用电设备的电压、容量和数量等因素。当用户的供电电源电压为10 kV及其以上时,用户的高压配电电压一般应采用10 kV。当用户用电设备的总容量较大,且选用6 kV时,可采用6 kV作为高压配电电压。如果用户6 kV的用电设备不多,则仍应采用10 kV作为高压配电电压。如果用户有3 kV的用电设备,则应通过专用的10 kV/3.15 kV变压器供电。当用户的供电电压为35 kV时,为了减少用户供配电系统的变压级数,在安全要求允许且技术经济合理时,也可考虑采用35 kV作为用户的高压配电电压。

3.电力用户低压配电电压的选择

它通常采用220 V/380 V,220 V相电压用来接额定电压为220 V的单相设备和照明灯具。但某些场合它采用660 V甚至更高的1 140 V作为低压配电电压。例如在矿井下,因负荷往往离变电所较远,为保证远端负荷的电压水平,宜采用660 V或1 140 V的电压。采用较高的电压配电,不仅可以减小线路的电压损耗,保证远端负荷的电压水平,也是节电的一项有效措施。但是将380 V升压为660 V需电器制造部门全面配合,我国目前尚有困难。

## 复习思考题

1－1　供配电工作有哪些基本要求?电力生产和输送有哪些特点?

1－2　什么叫电力系统,电力网及动力系统?建立大型电力系统有哪些好处?

1－3　电力系统的电源中性点有哪几种运行方式?什么叫小接地电流系统和大电流接地系统?在系统发生单相接地故障时,上述两种系统的相对电压和线电压各有何变化?

1－4　一般6～10 kV系统的电源中性点采用不接地的运行方式,但现在有的大城市(例如北京市)开始采用中性点经低租接地的运行方式,这是为什么?

1－5　低压配电系统有哪几种接地型式?N线,PE线和PEN线各有哪些功能?这几种接地型式的低压配电系统各适用于哪些场所?

1－6　我国电力系统的额定频率为多少?允许的频率偏差为多少?频率偏差过大有哪些危害?

1－7　我国规定的三相交流电网的额定电压有哪些等级?电力变压器的额定一次电压为什么有的高于供电网络额定电压5%,有的又等于供电电网额定电压?而电力变压器的额定二次电压为什么有的高于二次侧电网额定电压10%,有的又只高于其二次侧电网额定电压5%?

1－8　什么叫电压偏差?如何进行电压调整?

1－9　三相电压不平衡是如何产生的?对电气设备运行有哪些影响?如何减小和补偿电压不平衡现象?

1－10　产生电网谐波的主要原因是什么?它对电气设备运行有哪些影响?如何减少或消除谐波干扰?

# 第二章 供配电系统的主要电气设备

本章首先概述供配电系统电气设备的分类，然后分别讲述电力变压器和互感器、高低压开关电器、熔断器等的功用、结构、主要性能及使用注意事项。供配电系统中担负输送和分配电力这一主要任务的电路称为一次电路，也叫主电路。供配电系统中用来控制、指示、监测和保护一次电路电气设备运行的电路称为二次电路。一次电路中主要的电气设备称为一次设备；二次回路中的所有电气设备称为二次设备。供配电系统的主要电气设备按其功能分类如下。

1.变换设备　指按系统工作要求来改变电压或电流的设备，例如电力变压器、电压互感器、电流互感器及变流设备等。

2.控制设备　指按系统工作要求来控制电路通断的设备，如各种高低压开关。

3.保护设备　指对系统进行过电流和过电压保护的设备，如高低压熔断器和避雷器。

4.无功补偿设备　指用来补偿系统中无功功率、提高功率因数的设备，如并联电容器。

5.成套配电装置　它是按照一定的线路方案要求，将有关一次设备和二次设备组成一体的电气装置，如高低压开关柜、动力和照明配电箱等。

## 第一节 电力变压器和互感器

### 一、电力变压器的类型与连接

1.电力变压器的类型

电力变压器有升压变压器和降压变压器两大类型。用户变电所都采用降压变压器。二次侧为低压配电电压的降压变压器，通常称为“配电变压器”。

(1)按容量系列分为R8容量系列和R10容量系列两类。所谓R8容量系列是指容量等级是按 $R8=\sqrt[8]{10}\approx1.33$ 倍数递增的，我国老的变压器容量等级采用此系列，如容量100 kVA、135 kVA、180 kVA、240 kVA、320 kVA、420 kVA、560 kVA、750 kVA、1 000 kVA等。所谓R10容量系列是指容量等级是按 $R10=\sqrt[10]{10}$ 倍数递增的。R10系列的容量等级较密，便于合理选用，是国际电工委员会(IEC)推荐的，我国现在生产的电力变压器容量等级均采用这一系列，如容量100 kVA、125 kVA、160 kVA、200 kVA、250 kVA、315 kVA、400 kVA、500 kVA、630 kVA、800 kVA、1 000 kVA等。

(2)按相数分为单相和三相两类。用户变电所通常采用三相变压器。

(3)按调压方式分为无载调压和有载调压两类。用户变电所多采用无载调压变压器。

(4)按绕组导体材质分为铜绕组变压器和铝绕组变压器两类。用户变电所以往大多采用铝绕组变压器，如SL7型等；现在一般采用户内节能的S9型等铜绕组变压器。

(5)按绕组形式分为双绕组变压器、三绕组变压器和自耦变压器。用户变电所一般采用双绕组变压器。

(6)按绕组绝缘和冷却方式分为油浸式(图 2-1)、树脂绝缘干式和充气式($SF_6$)等变压器。其中油浸式变压器又分油浸自冷式、油浸风冷式和强迫油循环冷却式等。用户变电所大多采用油浸自冷式变压器。但树脂绝缘干式变压器近年来在用户变电所中日益增多，高层建筑中的变电所一般都采用干式变压器或充气变压器。充气($SF_6$)变压器一般用于成套变电所。

(7)按结构性能分为普通变压器、全密封变压器和防雷变压器。用户变电所大多采用普通变压器(包括油浸式和干式变压器)。全密封变压器(包括油浸式、干式和充气式)具有全密封结构，维护安全方便，在高层建筑中应用较广。防雷变压器适用于多雷地区用户变电所。

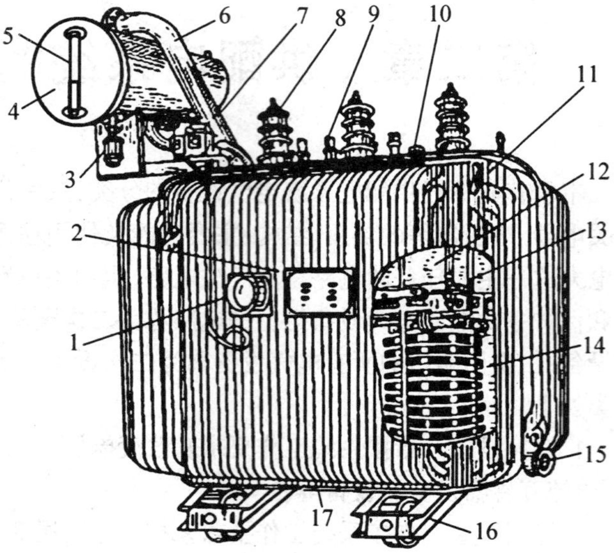


**图 2-1　三相油浸式变压器**

1—信号温度计；2—铭牌；3—吸湿器；4—油枕；5—油位指示器(油标)；6—防爆管；7—瓦斯继电器；8—高压出线套管；9—低压出线套管；10—分接开关；11—油箱；12—变压器油；13—铁芯；14—绕组；15—放油阀；16—底座(小车)；17—接地端子

S9 系列和 SC9 系列电力变压器的主要技术数据见附表 1。

2.电力变压器的连接组别

电力变压器的连接组别是指变压器一、二次绕组(或一、二、三次绕组)因采取不同连接方式而形成变压器一、二次侧(或一、二、三次侧)对应的线电压之间的不同相位关系。下面重点介绍用户配电变压器常见的几种连接组别。

(1)Yyn0 连接和 Dyn11 连接的两种配电变压器　Yyn0 连接的变压器的线电压与对应的二次线电压之间的相位关系，如同时钟在零点时的分针与时针的相互关系一样；Dyn11 连接的线电压与对应的二次线电压之间的相位关系，如同时钟在 11 点时的分针与时计的相互关系一样。我国过去大多采用 Yyn0 连接的配电变压器，而现在多采用 Dyn11 连接的配电变压器。

配电变压器采用 Dyn11 连接较之采用 Yyn0 连接有下列优点。

①更有利于抑制高次谐波电流。

②由于其零序阻抗小得多，因此 Dyn11 连接变压器二次侧的单相接地短路电流大得多，从而更有利于低压侧单相接地短路故障的保护和切除。

③当接用单相不平衡负荷时，Dyn11 连接变压器的中性线电流允许达到相电流的 75%以上，其承受单相不平衡负荷的能力远比 Yyn0 连接变压器的大。在现代供配电系统单相负荷急剧增长的情况下，推广应用 Dyn11 连接变压器显得更有必要。但是，由于 Yyn0 连接变压器一次绕组的绝缘强度要求比 Dyn11 连接变压器的稍低(因前者承受相电压，后者承受线电压)，从而使得 Yyn0 连接变压器的制造成本稍低于 Dyn11 连接变压器，因此在 TN 及 TT 系统中，由单相不平衡负荷引起的中性线电流不致超过低压绕组额定电流的 25%时，可选用

Yyn0 连接变压器。

(2)Yzn11 连接的防雷变压器 Yzn11 连接变压器其结构特点是每一铁芯柱上的二次绕组都分为两半个匝数相等的绕组,而且采用曲折形(Z 形)连接。当雷电过电压沿变压器一次侧(高压侧)线路侵入时,由于此变压器二次侧(低压侧)同一铁芯柱上的两半个绕组的感应电动势互相抵消,所以二次侧不会出现过电压。同样的,如果雷电过电压沿二次侧(低压侧)线路侵入时,由于此变压器二次侧同一铁芯柱上的两半个绕组的感应电动势互相抵消,所以过电压也不会感应到一次侧(高压侧)线路上去。由此可见,采用 Yzn11 连接的变压器有利于防雷,所以这种连接的变压器称为防雷变压器,适于多雷地区使用。

## 二、电力变压器的并列运行条件

(1)并列变压器的额定一次电压和二次电压必须对应相等。也就是所有并列变压器的电压比必须相同,允许差值范围为 ±5%。如果并列变压器的电压比不同,则并列变压器二次绕组的回路内将出现环流,引起绕组过热,甚至烧毁。

(2)并列变压器的阻抗电压必须相等。由于并列变压器二次侧的负荷是按其阻抗电压值成反比分配的,因此并列变压器的阻抗电压如果不同,将导致阻抗电压较小的变压器过负荷,甚至烧毁。所以并列变压器的阻抗电压必须相等,允许差值范围为 ±10%。

(3)并列变压器的连接组别必须相同。这也就是所有并列变压器的一次电压和二次电压的相序与相位都必须对应地相同,否则不允许并列运行。假设两台变压器并列,一台为 Yyn0 连接,另一台为 Dyn11 连接,则它们的二次电压将出现 30°相位差,从而并列运行时将在两台变压器的二次绕组间产生电位差 $\Delta U$,这一电位差 $\Delta U$ 将在两台变压器的二次绕组回路内产生一个很大的环流,会使变压器绕组烧毁。

此外,并列运行的变压器容量应尽量相同,其最大容量与最小容量之比不宜超过3:1。如果容量相差悬殊,不仅运行不便,而且在变压器性能略有差异时,变压器间的环流往往相当显著,极易造成容量小的变压器过负荷或烧毁。

## 三、自动补偿的电力稳压装置

各个船厂在船舶装配、舾泊实验和试航船舶靠岸时都要使用岸电,如果岸电电压波动过大,往往使部分电力、电子设备工作不正常。CZW 系列自动补偿式电力稳压装置是为确保舰船停泊码头时岸电馈点电压稳定而研制的一种稳压装置。该装置采用目前国内外广泛采用的补偿原理,具有稳压功率大、精度高、应变快、损耗低、输入范围广、过载能力强、不产生波形畸变等特点,适用于任何负载。

1. 主要功能

输入电压经稳压后,通过接触器直接供给用电设备,并具有自动稳压和手动调压两种功能。自动补偿的电力稳压装置,具备完善的报警功能,在稳压供电情况下,一旦出现如下故障,便发出声光警报。

(1)输出电压高于额定值 6% 或低于额定值 10%;

(2)伺服及传动执行机构故障(仅对调压器式);

(3)负载电流超过额定电流(以上报警在延时 2 分钟后自动切断供电);

(4)延时报警 任一报警发生时,能对外提供报警触头一副(无源常开);

(5)相序保护 当输入电压出现逆序或断相时,装置能自动切断供电;

(6)相序转换　本装置能实现相序自动切换,以确保相序的正确性(需选装);

2.主要技术指标

(1)输入电压　AC 380 V±20%,50 Hz;

(2)波形畸变　≤0.1%;

(3)损耗　小于额定容量的1.5%;

(4)稳压精度　AC 380 V±2%(1%~5%可调);

(5)应变速度　>20 V/s;

(6)结构形式　柜式,其中120 kVA以下为单柜,180~800 kVA为双柜(分别为控制柜和补偿柜),1 000 kVA以上为四柜;

(7)防护等级　IP22;

(8)工作方式　连续制。

3.自动补偿的电力稳压装置控制电路

图2-2自动补偿的电力稳压装置控制电路由四台自立式机柜组成,分别为控制柜、*A*相补偿柜、*B*相补偿柜及*C*相补偿柜。本装置输入电压范围为AC 304 V~456 V,50 Hz,三相四线制;输出电压为AC 380 V±3%,最大输出电流为2 430 A,采用三相三线输出(三相三线制是目前船舶上使用的主要接线方式)。控制柜中$Q_1$、$Q_2$为框架式断路器,可电动操作,KM为交流接触器。$Q_1$和KM接通、$Q_2$断开时为稳压供电;$Q_2$接通、$Q_1$和KM断开时为直接供电。

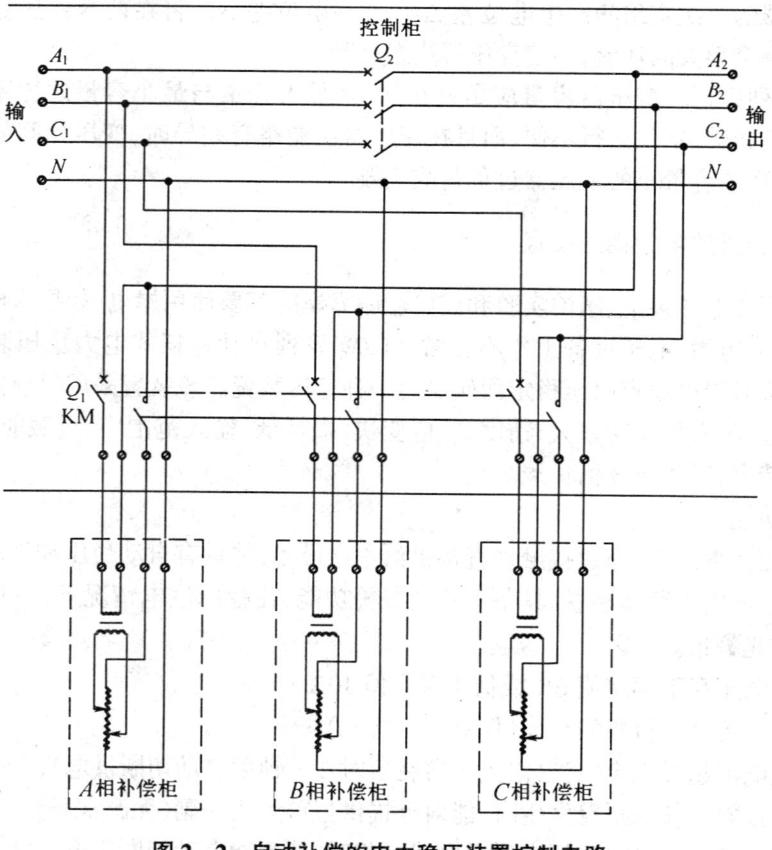


图2-2　自动补偿的电力稳压装置控制电路

# 第二节　互　感　器

## 一、电流互感器的功能和接线方案

1.电流互感器的功能

(1)用来使仪表、继电器等二次设备与主电路绝缘　这既可防止主电路的高电压直接引入仪表、继电器等二次设备,又可防止仪表、继电器等二次设备的故障影响主电路,从而提高整个一、二次电路运行的安全性和可靠性,并有利于保障人身安全。

(2)用来扩大仪表、继电器等二次设备应用的电流范围　例如用一只5 A的电流表,通过不同变流比的电流互感器,就可测量任意大的电流,而且由于采用电流互感器,可使仪表、继电器等二次设备的规格统一,有利于这些设备的批量生产。

2.电流互感器的结构和接线方案

电流互感器的结构原理和接线如图2-3所示。它的结构特点是一次绕组的匝数很少,有的电流互感器没有一次绕组,而是利用穿过其铁芯的一次电路导体(母线)作为一次绕组(相当于绕组数为1),并且一次绕组导体相当粗;而二次绕组匝数很多,导体较细。工作时,一次绕组串联在一次电路中,而二次绕组则与仪表、继电器等的电流线圈串联,形成一个闭合回路。由于这些电流线圈的阻抗很小,因此电流互感器工作时,其二次回路接近于短路状态。二次绕组的额定电流一般为5 A,个别也有1 A的。电流互感器的一次电流 $I_1$ 与其二次电流 $I_2$ 之间有下列关系

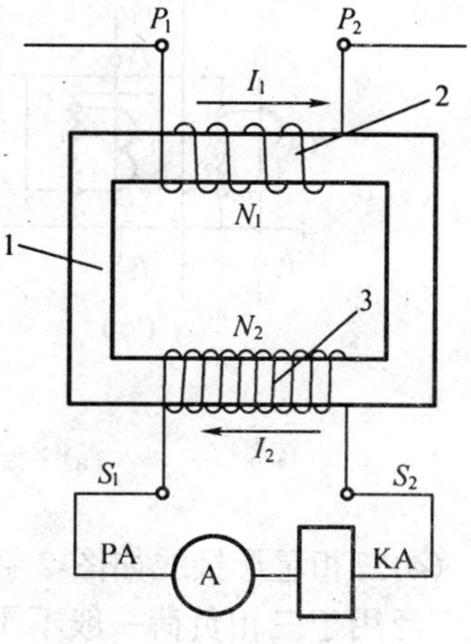


**图2-3　电流互感器的结构原理和接线**

1—铁芯;2—一次绕组;3—二次绕组;PA—电流表;KA—电流继电器

$$I_1 \approx \frac{N_2}{N_1} I_2 \approx K_i I_2 \tag{2-1}$$

式中　$N_1$,$N_2$——电流互感器一、二次绕组匝数;

$K_i$——电流互感器变流比。

电流互感器在三相电路中有图2-4所示的四种常见的接线方案。

(1)一相式接线如图2-4(a)所示,电流线圈中通过的电流反映一次电路对应相的电流,通常用于负荷平衡的三相电路,如低压动力线路中,供测量电流和接过负荷保护装置用。

(2)两相V形接线如图2-4(b)所示,它也称为两相不完全星形接线。在继电保护装置中,这种接线则称为两相两继电器接线。在中性点不接地的三相三线制电路(如6~10 kV高压电路)中,这种接线广泛用于测量三相电流、电能及作过电流继电保护之用。此种接线二次侧公共线上的电流为 $\dot{I}_a+\dot{I}_c=\dot{I}_b$,反映的是未接电流互感器那一相的相电流。

(3)两相电流差接线如图2-4(c)所示,它也称为两相交叉接线,其二次侧公共线上的电流为 $\dot{I}_c-\dot{I}_b$,量值为相电流的$\sqrt{3}$倍。这种接线适于中性点不接地的三线制电路(如6~

10 kV高压电路)中作过电流继电保护之用,也称作两相一继电器接线。

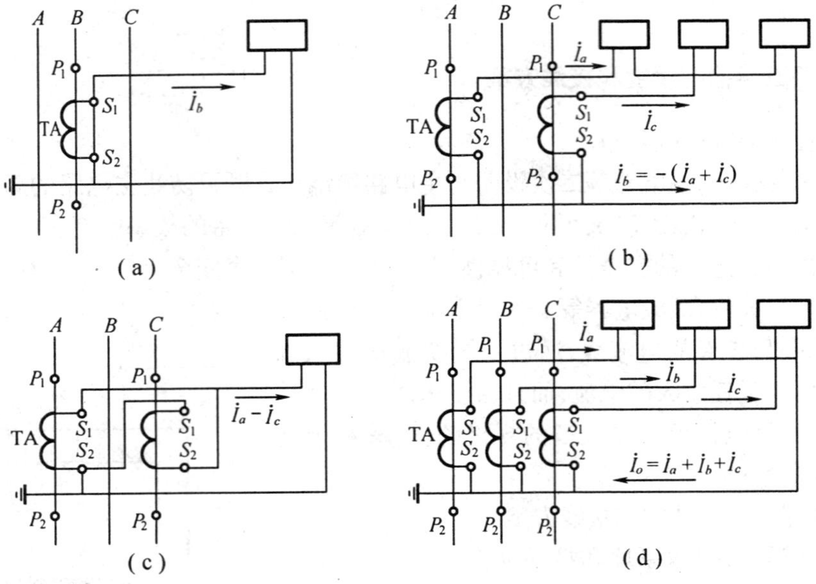


**图2-4 接线方案**

(a)一相式;(b)两相V形;(c)两相电流差;(d)三相星形

(4)三相星形接线如图2-4(d)所示,这种接线中的三个电流线圈正好反映各相的电流,广泛用于三相负荷一般不平衡的三相四线制系统(如低压TN系统)中,也用在负荷可能不平衡的三相三线制系统中,作三相电流、电能测量及过电流继电保护之用。

3.电流互感器的类型和型号

电流互感器的类型很多,按其一次绕组的匝数分为单匝式(包括母线式、芯柱式、套管式等)和多匝式(包括线圈式、线环式、串级式等);按其一次电压分为高压和低压两类;按其用途分为测量用和保护用两类;按其准确级分,测量用电流互感器有0.1,0.2,0.5,1,3,5等级,保护用电流互感器有5P,10P两级;按其绝缘和冷却方式分为油浸式和干式两类,油浸式主要用于户外装置中。现在应用最普遍的是环氧树脂浇注绝缘的干式电流互感器,特别是在户内装置中,油浸式电流互感器已基本上被淘汰。图2-5是户内高压LQJ-10型电流互感器的外形图,它有两个铁芯和两个二次绕组,准确级有0.5级和3级,0.5级用于测量,3级用于继电保护。图2-6是户内低压LMZJ1-0.5型电流互感器的外形图,它不含一次绕组,穿过其铁芯的母线就是其一次绕组(相当于1匝),用于500 V及其以下的低压配电装置中。LQJ-10型电流互感器的主要数据见附表2。

4.电流互感器使用注意事项

电流互感器工作时二次侧不得开路,电流互感器的二次负荷为电流线圈,阻抗很小,因此其正常工作时接近于短路状态,如果二次侧开路励磁电动势突然增大几十倍,将产生如下严重后果。

(1)铁芯由于其中磁通剧增而过热,并产生剩磁,降低准确级。

(2)由于电流互感器二次绕组匝数远比一次绕组匝数多,因此可在二次侧感应出危险的高压,危及人身和设备的安全,所以电流互感器工作时,二次侧不允许开路,有的互感器还专门标有这样的警示牌。电流互感器在安装时,其二次接线必须牢靠,并且不允许接入开关和熔断器。

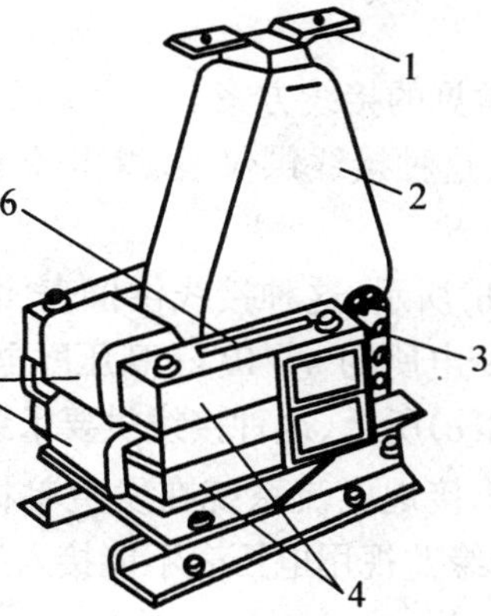


**图 2-5　LQJ-10 型电流互感器**

1—一次接线端子;2—一次绕组(树脂浇注绝缘);3—二次接线端子;4—铁芯;5—二次绕组;6—警示牌(上写"二次侧不得开路"等字)

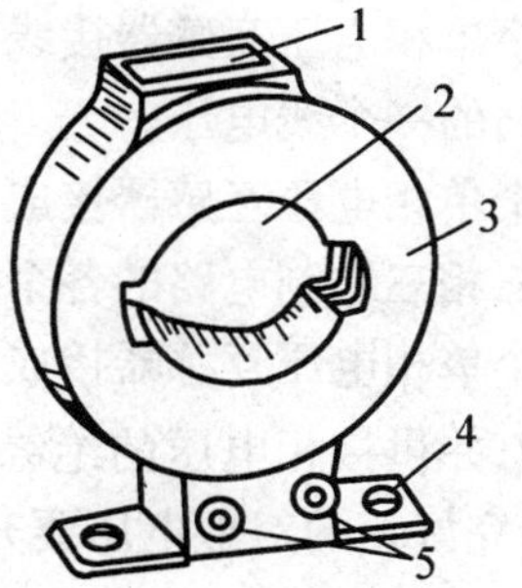


**图 2-6　LMZJ1-0.5 型电流互感器**

1—铭牌;2—一次母线穿孔;3—铁芯;4—底座(安装孔);5—二次接线端子

**二、电压互感器(符号为 TV)**

1.电压互感器的功能和接线方案

(1)电压互感器的功能

①用来使仪表、继电器等二次设备与主电路绝缘　这与电流互感器的功能完全相同,以提高一、二次电路运行的安全性和可靠性,并有利于保障人身安全。

②用来扩大仪表、继电器等二次设备应用的范围　例如用一只 100 V 的电压表,通过不同变压比的电压互感器就可测量任意高的电压,这也有利于电压表、继电器等二次设备的规格统一和批量生产。

(2)电压互感器的结构和接线方案　电压互感器的结构特点是一次绕组匝数很多,二次绕组匝数很少,相当于降压变压器。工作时,一次绕组并联在一次电路中,而二次绕组则并联仪表、继电器的电压线圈。由于这些电压线圈的阻抗很大,所以电压互感器工作时其二次侧接近于空载状态。二次绕组的额定电压一般为 100 V。电压互感器的结构原理和接线如图 2-7所示。

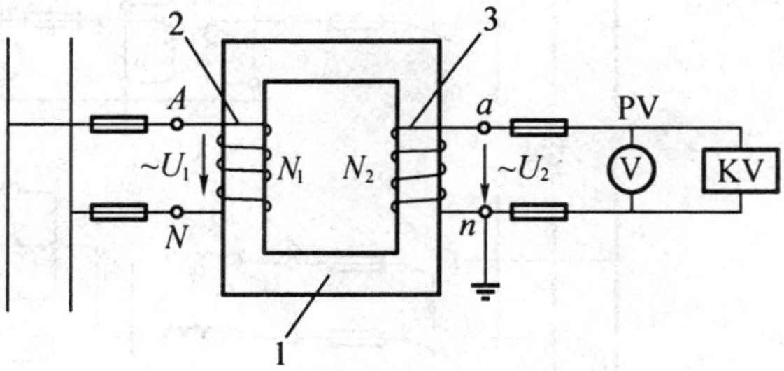


**图 2-7　电压互感器的结构原理和接线**

1—铁芯;2—一次绕组;3—二次绕组

PV—电压表;KV—电压继电器

电压互感器的一次电压与二次电压之间有下列关系

$$U_1 \approx \frac{N_1}{N_2} U_2 \approx K_u U_2 \qquad (2-2)$$

式中　$N_1$，$N_2$——电压互感器一、二次绕组匝数；

$K_u$——电压互感器变压比。

电压互感器在三相电路中有图 2-8 所示的四种常见的接线方案。

①一个单相电压互感器接线　如图 2-8(a)所示，这种接线供仪表、继电器的电压线圈接三相电路的一个线电压。

②两个单相电压互感器接成 V/V 形　如图 2-8(b)所示，这种接线供仪表、继电器的电压线圈接三相三线制电路的各个线电压，广泛应用在变电所的 6~10 kV高压配电装置中。

③三个单相电压互感器接成 $Y_0/Y_0$ 形　如图 2-8(c)所示，这种接线供要求线电压的仪表、继电器，并供接相电压的绝缘监视电压表。由于小接地电流系统在发生单相接地故障时，另两个完好相的对地电压要升高到线电压，因此绝缘监视用电压表不能接入按相电压选择的电压表，而要按线电压（即相电压的$\sqrt{3}$倍）选择其量程，否则在一次电路发生单相接地故障时，电压表会被烧毁。

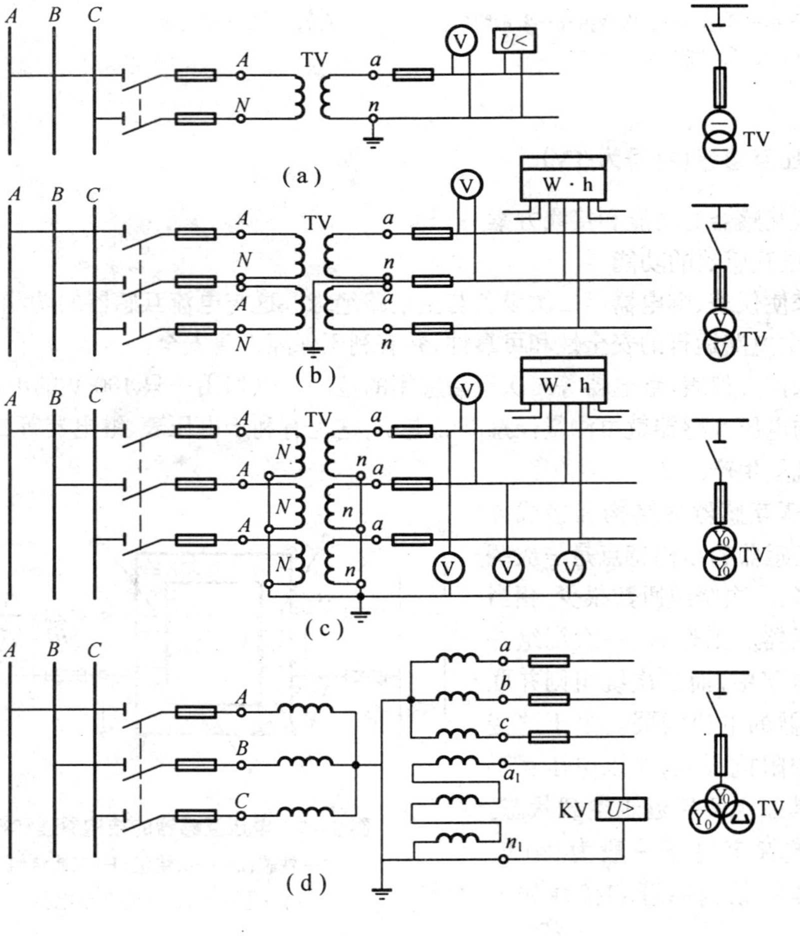


**图 2-8　电压互感器的接线方案**

(a)一个单相电压互感器；(b)两个单相电压互感器接成V/V形；(c)三个单相电压互感器接成$Y_0/Y_0$形；(d)三个单相三绕组电压互感器或一个三相五芯柱三绕组电压互感器接成$Y_0/Y_0/\angle\triangle$形

④绝缘监视电压表与图 2－8(c)的二次接线相同,其接成⌵(开口三角)形的辅助二次绕组,再接电压继电器。在一次电路电压正常时,由于三个相电压对称,因此开口三角两端的电压接近于零。当一次电路发生单相接地故障时,开口三角两端将出现近100 V的电压(零序电压),使电压继电器动作,发出接地故障信号。

2.电压互感器的类型和形式

电压互感器按相数分为单相和三相两类;按绕组绝缘和冷却方式分为油浸式和干式(含环氧树脂浇注式)两类。图 2－9 是应用广泛的 JDZJ－10 型电压互感器,它为单相三绕组,环氧树脂浇注绝缘,额定电压为10000 V/$\sqrt{3}$:100 V/$\sqrt{3}$:100 V/3。三个 JDZJ－10 型电压互感器接成如图 2－8(d)所示 $Y_0/Y_0$/⌵形的接线,供小接地电流的系统中作电压、电能测量及绝缘监视之用。

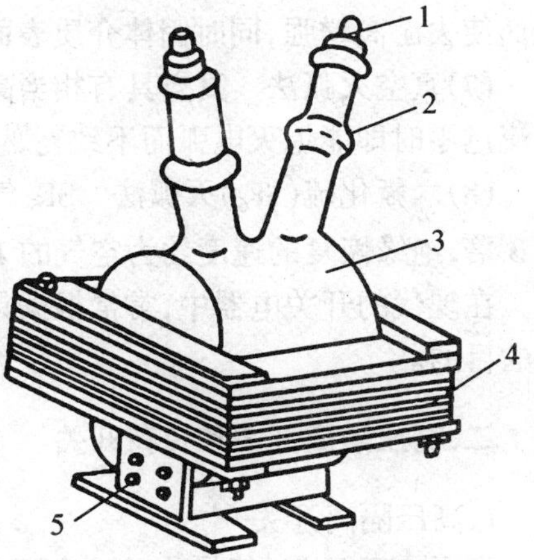

**图 2－9 JDZJ－10 型电压互感器**

1—一次接线端子;2—高压绝缘套管;3——、二次绕组(环氧树脂浇注);4—壳式铁芯;5—二次接线端子

3.电压互感器使用注意事项

(1)电压互感器工作时二次侧不得短路　由于电压互感器一、二次绕组都是在并联状态下工作的,如果发生短路,将产生很大的短路电流,会烧毁电压互感器,甚至危及一次电路的安全运行,因此电压互感器的一、二次侧都必须装设熔断器进行短路保护。

(2)电压互感器的二次侧必须有一端接地　这与电流互感器二次侧接地的目的相同,也是为了防止一、二次绕组绝缘击穿时,一次侧的高压窜入二次侧,危及人身和设备的安全。

(3)电压互感器在连接时必须注意其极性　按 GB1207－1997《电压互感器规则》,单相电压互感器的一、二次绕组端子分别标 $A$、$N$ 和 $a$、$n$,其中 $A$ 与 $a$、$N$ 与 $n$ 分别为对应的同名端,即同极性端;而三相电压互感器按相序,一次绕组端子仍标 $A$、$B$、$C$,二次绕组端子仍标 $a$、$b$、$c$,一、二次侧的中性点则分别标 $N$、$n$,其中 $A$ 与 $a$、$B$ 与 $b$、$C$ 与 $c$、$N$ 与 $n$ 分别为对应的同名端,即同极性端。

## 第三节 高压隔离开关和高压负荷开关开关电器

### 一、开关电器中的电弧问题

高低压开关电器用于高低压电路的通断。通断负荷电路,特别是通断存在着短路故障的电路,会在开关电器的触头间产生电弧,因此对于开关电器,其触头间电弧的产生和熄灭问题很值得关注,这直接影响到开关电器的结构性能。电弧的熄灭方法如下。

(1)速拉灭弧法　迅速拉长电弧,使弧隙的电场强度骤降,离子的复合迅速增强,从而加速灭弧。这是开关电器最基本的一种灭弧法。

(2)冷却灭弧法　降低电弧温度,可使电弧中的热游离减弱,正负离子的复合增强,从而有助于电弧熄灭。

(3)吹弧或吸弧灭弧法　利用外力(如气流、油流或电磁力)来吹动或吸动电弧,使电弧加速冷却，同时拉长电弧，从而加速灭弧。

(5)粗弧分细灭弧法　将粗大的电弧分散成若干平行的细小电弧，使电弧与周围介质的接触面增大，改善电弧的散热条件，降低电弧的温度，从而使电弧中离子的复合和扩散都得到增强，加速电弧的熄灭。

(6)狭沟灭弧法　使电弧在固体介质所形成的狭沟中燃烧，由于电弧的冷却条件改善，从而使去游离增强，同时固体介质表面的复合也比较强烈，从而有利于加速灭弧。

(7)真空灭弧法　真空具有相当高的绝缘强度。装在真空容器内的触头分断时，在交流电流过零时即能熄灭电弧而不致复燃。真空断路器就是利用真空灭弧原理制成的。

(8)六氟化硫($SF_6$)灭弧法　$SF_6$ 气体具有优良的绝缘和灭弧性能，其绝缘强度约为空气的 3 倍，绝缘恢复的速度约为空气的 100 倍，因此它能快速灭弧。

在现代的开关电器中，常常根据具体情况，综合利用上述某几种灭弧方法来实现快速灭弧的目的。

## 二、高压隔离开关和负荷开关

### 1.高压隔离开关

高压隔离开关(符号为 QS)主要是用来隔离高压电源，以保证其他设备和线路的安全检修。它的结构特点是断开后有明显可见的断开间隙，而且断开间隙的绝缘及相间绝缘都是足够可靠的，能充分保障人身和设备的安全。但是隔离开关没有专门的灭弧装置，因此它不允许带负荷操作。然而它可用来通断小电流，例如励磁电流不超过 2A 的空载变压器、电容电流不超过 5A 的空载线路以及电压互感器和避雷器电路等。高压隔离开关按安装地点分为户内式和户外式两类。图 2－10 所示为 GN8－10 型户内式高压隔离开关的外形，图2－11所示为 GWZ－35 型户外式高压隔离开关的外形。户内式高压隔离开关通常采用 CS6 型手动操作机构操作。图 2－12 是 CS6 型手动操作机构与 GN8 型隔离开关配合的一种安装方式。户外式高压隔离开关，35 kV 及其以上的通常采用杠杆传动的手动操作机构，而 10 kV 及其以下的则一般采用绝缘操作棒进行操作。

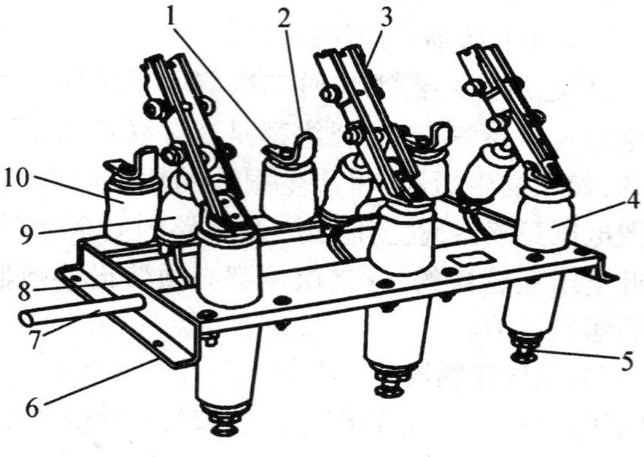


**图 2－10　GN8－10 型户内式高压隔离开关**

1—上接线端子；2—静触头；3—闸刀；4—套管绝缘子；5—下接线端子；6—框架；7—转轴；8—拐臂；9—升降绝缘子；10—支柱绝缘子

### 2.高压负荷开关

高压负荷开关(符号为 QL)具有简单的灭弧装置，能通断一定的负荷电流和过负荷电流，但不能断开短路电流，因此它必须与高压熔断器串联使用，借助熔断器来实现短路保护，切断短路故障。负荷开关断开后，与隔离开关一样，有明显可见的断开间隙，从而有隔离电源、保证安全检修的功用。图 2－13 是一种比较常见的 FN3－10RT 型户内压气式高压负荷开关的外形图。上半部为负荷开关本身，很像一般高压隔离开关，实际上它也就是在高压隔离开关基础上加一个简单的灭弧装置。

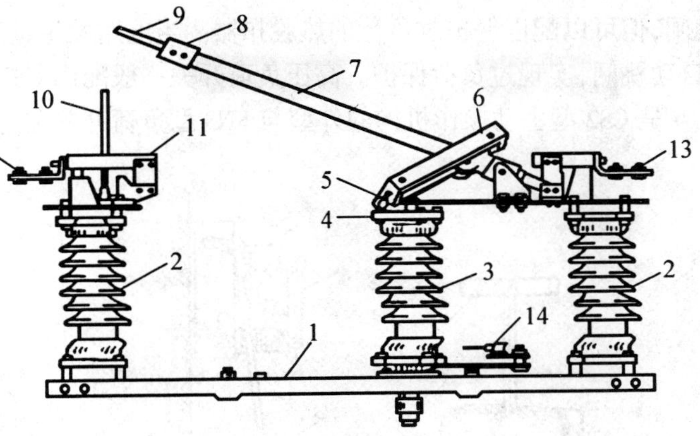


**图 2-11 GW2-35 型户外式高压隔离开关**

1—角钢架；2—支柱绝缘子；3—旋转绝缘子；4—曲柄；5—轴套；6—传动框架；7—管形闸刀；8—工作动触头；9，10—灭弧角条；11—插座（静触头）；12，13—接线端子；14—曲柄传动机构

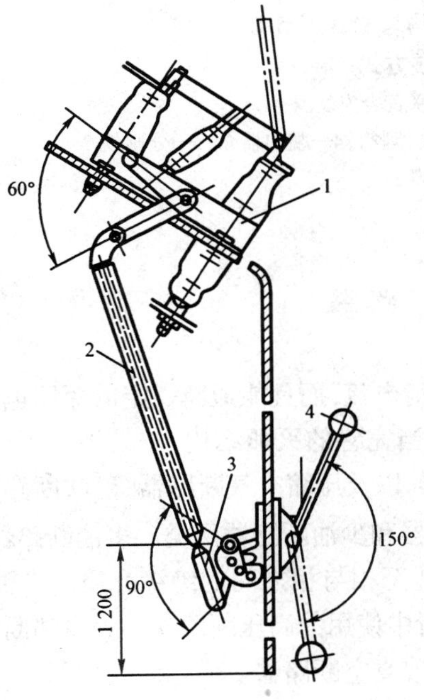


**图 2-12 CS6 型手动操作机构与 GN8 型隔离开关配合的一种安装方式**

1—GN8 型隔离开关；2—ϕ20 mm 焊接钢管；3—调节杆；4—CS6 型手动操作机构

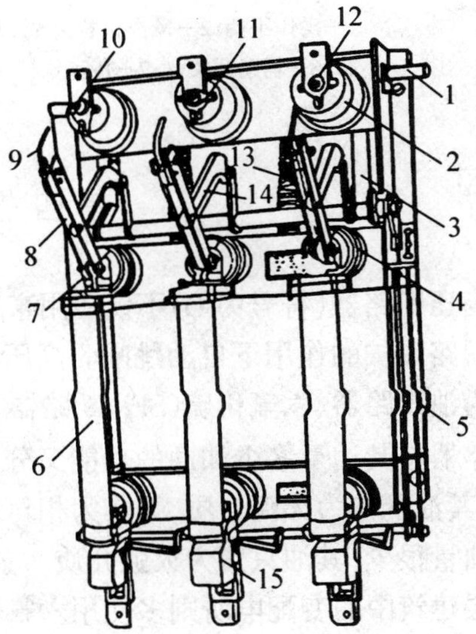


**图 2-13 FN3-10RT 型高压负荷开关**

1—主轴；2—上绝缘子（内为汽缸）；3—连杆；4—下绝缘子；5—框架；6—RN1 型高压熔断器；7—下触座；8—闸刀；9—弧动触头；10—绝缘喷嘴（内有弧静触头）；11—主静触头；12—上触座；13—断路弹簧；14—绝缘拉杆；15—热脱扣器

高压负荷开关的灭弧能力不足以熄灭短路电弧，因此负荷开关不能配以保护短路的继电保护来自动跳闸，但可以配以保护过负荷的热脱扣器。当电路发生过负荷时，热脱扣器动作，使负荷开关自动跳闸，实现过负荷保护。高压负荷开关一般配用 CS2 型手动操作机构进行操作。图 2-14 是 CS2 型手动操作机构的外型与 FN3 型负荷开关配合的一种安装方式。

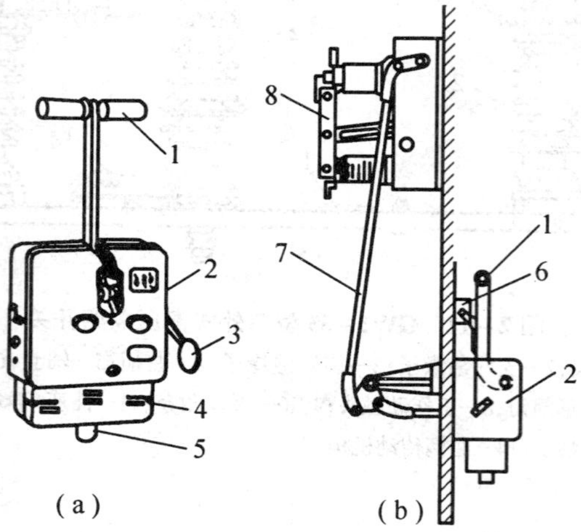


**图 2-14　CS2 型手动操作机构与 FN3 型负荷开关配合的一种安装方式**

(a)外形结构图；(b)与负荷开关配合安装图

1—操作手柄；2—操作机构外壳；3—分闸指示牌(掉牌)；4—脱扣器盒；5—分闸铁芯；6—辅助开关盒；7—传动杠杆；8—负荷开关闸刀

## 第四节　高压断路器

高压断路器(符号为 Q)不仅能用来通断正常负荷电流，而且能通断一定的短路电流，并能在短路保护的作用下自动跳闸。高压断路器有相当完善的灭弧结构，按其采用的灭弧介质分为油断路器、六氟化硫($SF_6$)断路器、真空断路器，以及压缩空气断路器、磁吹断路器等。油断路器按其油量多少和油的功能又分为多油断路器和少油断路器两类。多油断路器的油量多，其油既作为灭弧介质，又作为相对地(外壳)，甚至相与相之间的绝缘介质。少油断路器的油量很少，其油只作为灭弧介质。企业变配电所中使用的高压断路器多为少油断路器，而高层建筑中的变配电所则多使用六氟化硫断路器或真空断路器。

### 一、SN10-10 型高压少油断路器

SN10-10 型少油断路器是我国统一设计、应用最广的一种户内式少油断路器，按断流容量分为Ⅰ、Ⅱ、Ⅲ型。SN10-10Ⅰ型的断流容量为 300MVA；SN10-10Ⅱ型的断流容量为 500 MVA；SN10-10Ⅲ型的断流容量为 750 MVA。图2-15是 SN10-10 型高压少油断路器的外形图，其一相油箱的内部结构剖面图如图 2-16 所示。

SN10-10 型少油断路器由框架、传动机构和油箱等三个主要部分组成，油箱是其核心部分。油箱下部是由高强度铸铁制成的基座，其中装有操作断路器动触头(导电杆)的转轴

和拐臂等传动机构。油箱中部是灭弧室，外面套有高强度的绝缘筒。油箱上部是铝帽，铝帽内的上部是油气分离室，下部装有插座式静触头。插座式静电杆插入静触头，首先接触弧触片。断路器合闸时，导电杆插入静触头，首先接触弧触片。断路器分闸时，导电杆离开静触头，最后离开弧触片。因此，无论断路器合闸或分闸，电弧总在导电杆端部与弧触片之间产生。为了确保电弧能偏向弧触片，在灭弧室上部靠弧触片一侧还嵌有吸弧铁片，利用铁磁吸弧原理使电弧偏向弧触片，从而不致烧毁静触头中的工作触头。弧触片和导电杆端部的弧触头均用耐弧的铜钨合金制成。这种断路器合闸时的导电回路是上接线端子 + 静触头 + 动触头（导电杆）+ 中间滚动触头 + 下接线端子。

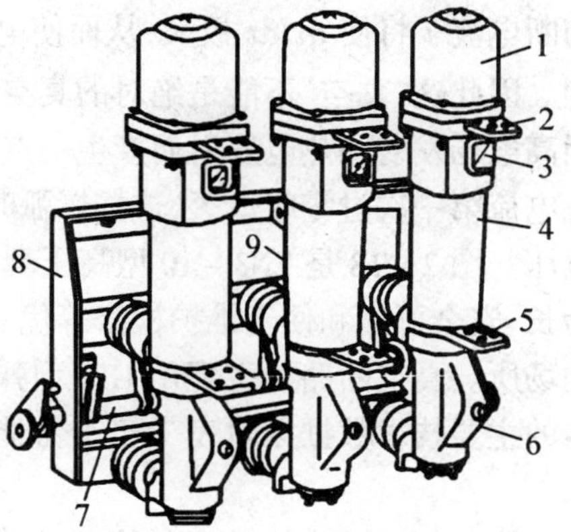


**图 2－15 SN10－10 型高压少油断路器**

1—铝帽；2—上接线端子；3—油标；4—绝缘筒；5—下接线端子；6—基座；7—主轴；8—框架；9—断路弹簧

这种少油断路器在油箱上部设有油气分离室，使灭弧过程中产生的油气混合物旋转分离，气体从油箱顶部的排气孔排出，而油则附着油箱内壁流回灭弧室。SN10－10 型少油断路器可配用 CD10 型直流电磁操作机构或 CT7 型交直流弹簧储能操作机构。以往断路器还有配用 CS2 型手动操作机构的，它能手动和电动分闸，但只能手动合闸，且因受操作速度所限，其所操作的断路器开断的短路容量不宜大于 100 MVA，因此这类手动操作机构现已不再用于断路器操作了。

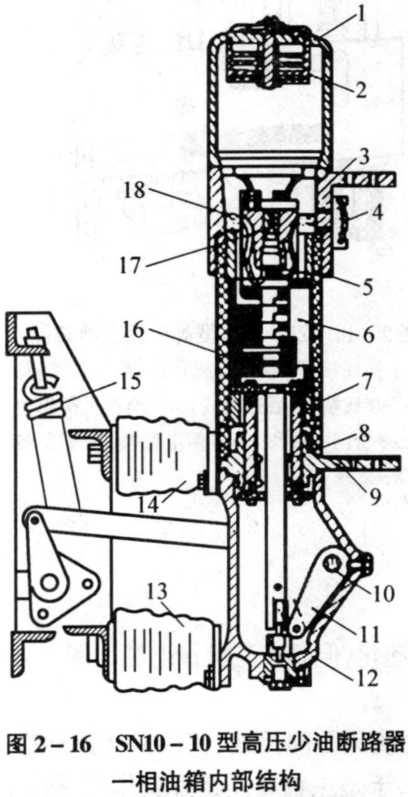


**图 2－16 SN10－10 型高压少油断路器一相油箱内部结构**

1—铝帽；2—油气分离室；3—上接线端子；4—油标；5—插座式静触头；6—灭弧室；7—动触头（导电杆）；8—中间滚动触头；9—下接线端子；10—转轴；11—拐臂；12—基座；13—下支柱绝缘子；14—上支柱绝缘子；15—断路弹簧；16—绝缘筒；17—逆止阀；18—绝缘油

## 二、高压六氟化硫断路器

六氟化硫（$SF_6$）断路器是利用 $SF_6$ 气体作灭弧介质及触头断开间隙绝缘介质的一种断路器。$SF_6$ 断路器的结构按其灭弧方式分为双压式和单压式两类。双压式具有两个气压系统，压力低的作为绝缘，压力高的作为灭弧；单压式只有一个气压系统，灭弧时，$SF_6$ 的气流靠压气活塞产生。单压式结构简单，我国现在生产的 LN1、LN2 型断路器均为单压式。图 2－17 是 LN2－10 型高压 $SF_6$ 断路器的外形图，它通过喷嘴吹弧，使电弧迅速熄灭。

## 三、高压真空断路器

高压真空断路器是利用“真空”（气压为 $10^{-2}\sim10^{-6}$ Pa）灭弧的一种断路器，其触头装在真空灭弧室内。由于真空中不存在气体游离的问题，所以这种断路器的触头断开时，很难出现大的电弧。但是在感性电路中，灭弧速度过快，瞬间切断电流 $i$ 将使 $\mathrm{d}i/\mathrm{d}t$ 极大，从而使电路产生过电压（$u_L = L\mathrm{d}i/\mathrm{d}t$），这对供电系统是很不利的。因此这“真空”不能是绝对的真空，实际上也不可能是绝对的真空，在触头带载断开时，因高电场发射和热电发射而产生一点电弧，该电弧通常称为“真空电弧”。真空电弧能使交流电流第一次过零时熄灭，这样燃弧时间既短（最多半个周期 0.01 s），又不致产生危险的过电压。图 2－18 是 ZN3－10 型高压真空断路器的外形图，它具有体积小、质量轻、动作快、寿命长、安全可靠和便于维护检修等优点，但价格较贵，主要适用于频繁操作和安全要求较高的场所。真空断路器也配用 CT7 型弹簧操作机构或 CD10 型电磁操作机构。部分高压断路器的主要技术数据见附表 3，部分万能式低压断路器的主要技术数据见附表 4。

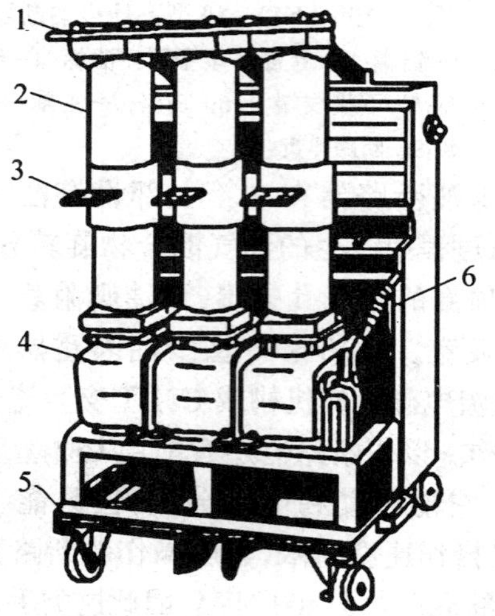


**图 2－17　LNZ－10 型高压 $SF_6$ 断路器**

1—上接线端子；2—绝缘筒（内为汽缸及触头灭弧系统）；3—下接线端子；4—操作机构箱；5—小车；6—断路弹簧

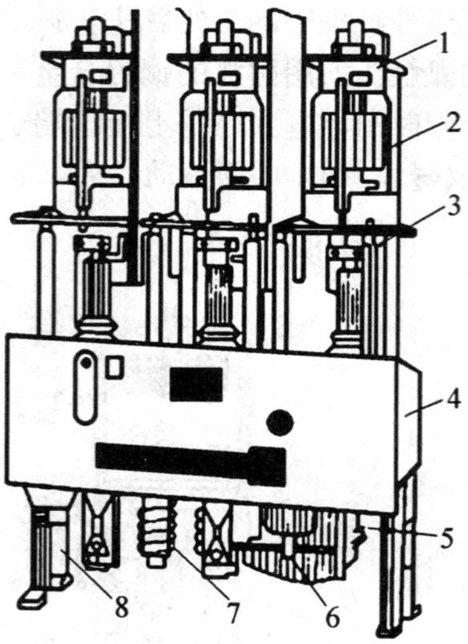


**图 2－18　ZN3－10 型高压真空断路器**

1—上接线端子（后边出线）；2—真空灭弧室；3—下接线端子（后边出线）；4—操作机构箱兰盘；5—合闸电磁铁；6—分闸电磁铁；7—断路弹簧；8—底座

## 四、高压断路器的操作机构

1. CD10 型电磁操作机构

它能手动和远距离控制分闸和合闸，易于实现自动化，但需直流操作电源。图 2－19 是其传动原理示意图。

分闸时如图 2－19(a)，跳闸铁芯上的撞头因手动或远距离控制，使跳闸线圈通电而往上撞击连杆系统，使搭在 L 形搭钩上的连杆滚轴下落，于是主轴在断路弹簧作用下转动，使断路器跳闸，并带动辅助开关切换。断路器跳闸后，跳闸铁芯下落，正对此铁芯的两连杆也恢复到跳闸前的状态。合闸时如图 2－19(b)，合闸铁芯因手动或远距离控制，使合闸线圈通电而上举，连杆滚轴又搭在 L 形搭钩上，同时使主轴反抗断路弹簧的作用而转动，断路器合闸，并带动辅助开关切换，整个连杆系统又处在稳定的合闸状态。

2. CT7 型弹簧操作机构

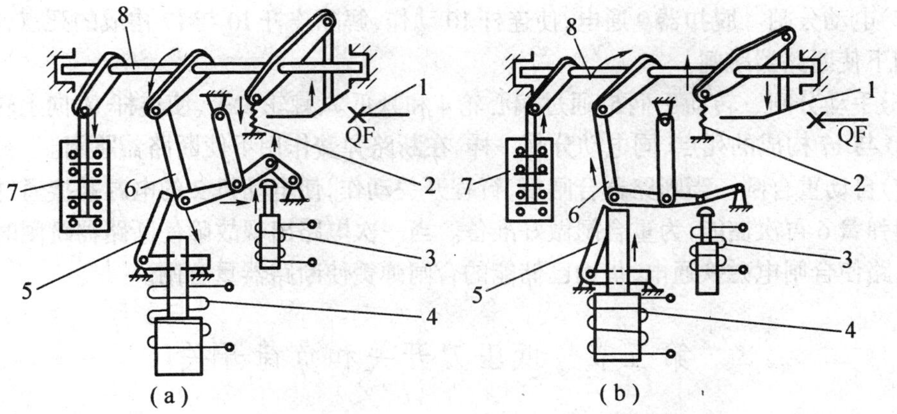


**图 2-19 CD10 型电磁操作机构的传动原理示意图**

(a)分闸时;(b)合闸时

1—高压断路器;2—断路弹簧;3—跳闸线圈;4—合闸线圈;5—L 形搭钩;6—连杆;7—辅助开关;8—操作机构主轴

弹簧操作机构全称为弹簧储能式电动操作机构,由交直流两用串励电动机使合闸弹簧储能,在合闸弹簧释放能量的过程中将断路器合闸。弹簧操作机构可手动和远距离分、合闸,并可实现一次自动重合闸,而且由于可交流操作,使保护和控制装置简化,但其结构复杂,价格较贵。CT7 型弹簧操作机构的传动原理如图2-20所示。

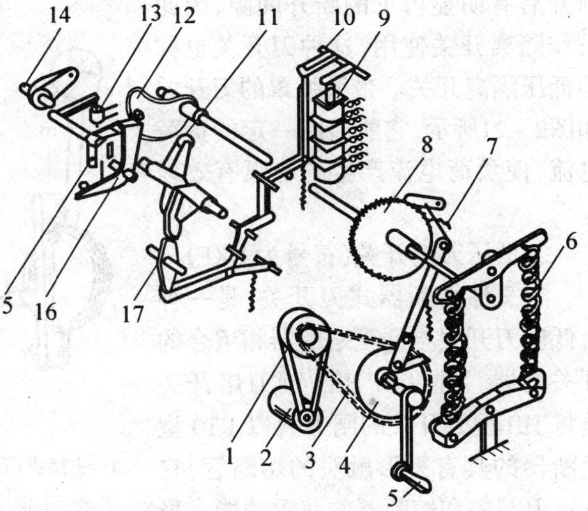


**图 2-20 CT7 型弹簧操作机构传动原理示意图**

1—传动皮带;2—储能电动机;3—链条;4—偏心轮;5—手柄;6—合闸弹簧;7—棘爪;8—棘轮;9—脱扣器;10,17—连杆;11—拐臂;12—凸轮;13—合闸电磁铁;14—输出轴;15—掣子;16—杠杆

(1)电动机储能 电动机 2 通电转动时,通过皮带 1、链条 3 和偏心轮 4 带动棘爪 7 和棘轮 8,棘轮 8 推动偏心凸轮 12 使合闸弹簧 6 拉伸。当凸轮 12 转过最高点后,通过掣子 15、杠杆 16 及凸轮上的小滚轮把拉伸的弹簧维持在储能状态。在储能结束瞬间,行程开关动作,电动机电源被切断。

(2)手动储能 沿顺时针方向转动手柄 5,与上述电动机储能动作过程相同,使合闸弹簧储能。手动储能一般只在调整或电源有故障时使用。

(3)电动合闸 合闸电磁铁 13 通电,掣子 15 动作。在合闸弹簧 6 作用下,凸轮 12 驱动拐臂 11 动作,通过输出轴 14 带动断路器合闸。连杆 10 与 17 构成死点维持断路器在合闸状态。

(4)手动合闸 转动操作手柄 5,使拉杆向上移动,带动掣子 15 上移,与杠 16 脱离,解除自锁，同电动合闸一样，在合闸弹簧6作用下使断路器合闸。

(5)电动分闸　脱扣器9通电，使连杆10动作，解除连杆10与17构成的死点，在断路弹簧作用下使断路器跳闸。

(6)手动分闸　转动手柄5，通过偏心轮4和棘爪7、棘轮8等，使连杆10向上转动，解除连杆10与17构成的死点，同电动分闸一样，在断路弹簧作用下使断路器跳闸。

(7)自动重合闸　当断路器合闸后，行程开关动作，使电动机2的电源被接通，操作机构的合闸弹簧6再次储能，为重合闸做好准备。当一次电路出现故障使断路器跳闸时，自动重合闸电路使合闸电磁铁通电，借助已储能的合闸弹簧使断路器重合闸。

## 第五节　低压刀开关和负荷开关

### 一、低压刀开关

1.低压刀开关(符号为QK)

按操作方式分为单投和双投两种；按极数分为单极、双极和三极三种；按灭弧结构分为不带灭弧罩和带灭弧罩两种。不带灭弧罩的刀开关一般只能在无负荷下操作。由于刀开关断开后有明显可见的断开间隙，因此可作隔离开关使用，这种刀开关也称为低压隔离开关。带灭弧罩的刀开关如图2－21所示，它能通断一定的负荷电流，使负荷电流产生的电弧有效地熄灭。

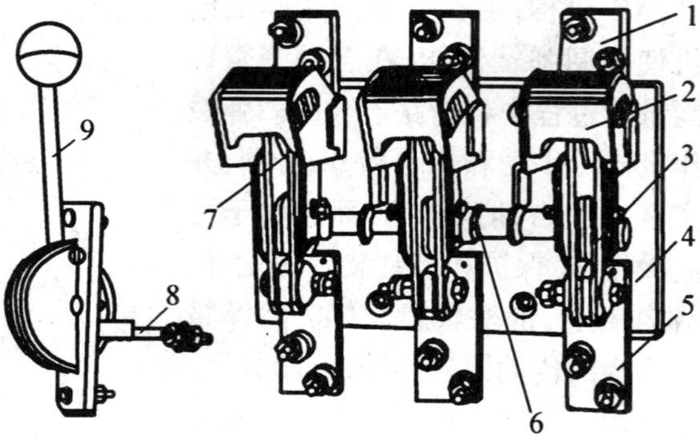


**图2－21　HD13型低压刀开关**

1—主接线端子；2—灭弧栅；3—闸刀；4—底座；5—下接线端子；6—主轴；7—静触头；8—连杆；9—操作手柄

2.低压刀熔开关(符号为QKF)

它又称熔断器式刀开关，是一种由低压刀开关与低压熔断器相组合的开关电器。常见的HR3型刀熔开关是将HD型刀开关的闸刀换以RT0型熔断器的具有刀形触头的熔断管，它具有刀开关和熔断器的双重功能。采用这种组合开关电器，可以简化低压配电装置的结构，经济实用，因此广泛应用在低压配电装置上。

### 二、低压负荷开关

低压负荷开关(符号为QL)由低压刀开关与低压熔断器组合而成，外装封闭式铁壳或开启式胶盖。装铁壳的俗称铁壳开关；装胶盖的俗称胶壳开关。低压负荷开关具有带灭弧罩的刀开关和熔断器的双重功能，既可带负荷操作，又能进行短路保护，但是当熔断器熔断后，必须更换熔体后方可恢复供电。

### 三、低压断路器

低压断路器(符号为QF)又称低压自动开关(符号为QA)。它既能带负荷通断电路，又能在短路、过负荷和欠电压情况下自动跳闸，切断电路。低压断路器的原理结构和接线如图2－22所示。当电路上出现短路故障时，其过电流脱扣器10动作，使断路器跳闸。如果出现过负荷时，串联在一次线路上的加热电阻8加热，使断路器中的双金属片9上弯，断路器跳闸。当线路电压严重下降或失压时，失压脱扣器5动作，同样使断路器跳闸。如果按下脱扣按钮6或7，使分励脱扣器4通电或使失压脱扣器5失电，则可使断路器远距离跳闸。低压断路器按其灭弧介质分为空气断路器和真空断路器等；按其用途分为配电用断路器、电动机保护用断路器、照明用断路器和漏电保护断路器等；按其保护性能分为非选择型断路器、选择型断路器和智能型断路器等；按结构形式分为万能式断路器和塑料外壳式断路器两类。在塑料外壳式断路器中，有一种是在现代各类建筑的低压配电线路终端广泛应用的模数化小型断路器，有的将它另列一类。非选择型断路器一般为瞬时动作，只作短路保护用；也有的为长延时动作，只作过负荷保护用。选择型断路器具有两段保护或三段保护。两段保护为瞬时（或短延时）和长延时特性。三段保护为瞬时、短延时和长延时特性，其中瞬时和短延时特性适于短路保护，而长延时特性适于过负荷保护。图2－23所示为低压断路器的三种保护动作特性曲线。

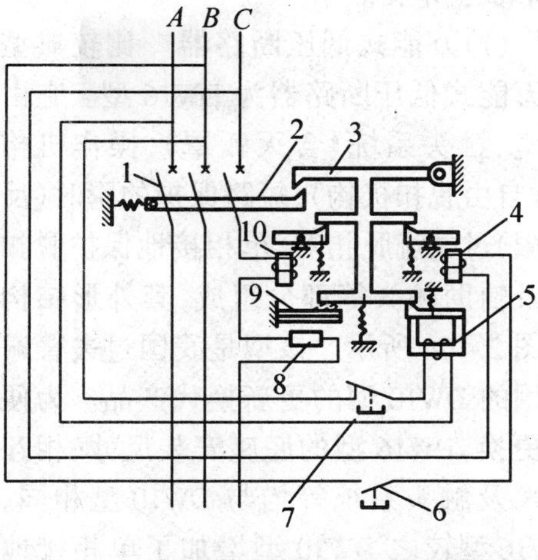


**图2－22　低压断路器的原理结构和接线**

1—主触头2—跳钩；3—锁扣；4—分励脱扣器；5—失压脱扣器；6—脱扣按钮（常闭）；7—脱扣按钮（常开）；8—加热电阻；9—热脱扣按钮（双金属片）；10—过电流脱扣器

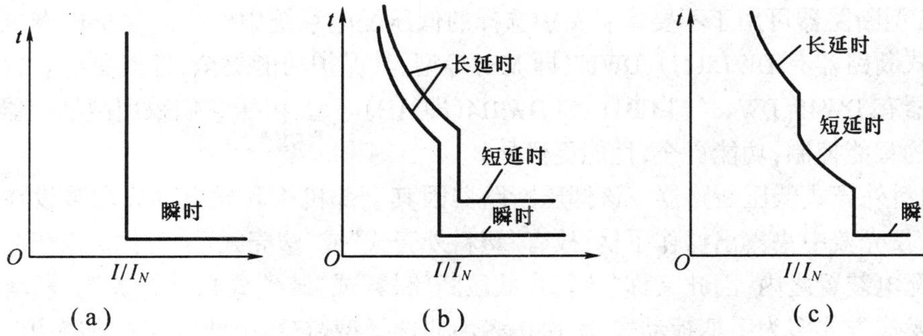


**图2－23　低压断路器的保护动作特性曲线**

(a)瞬时动作式；(b)两段保护式；(c)三段保护式

智能型断路器是脱扣器采用以微处理器或单片机为核心的智能控制，其保护功能更全，并且能对各种保护的动作参数进行在线监测、调节和调试。

1.万能式低压断路器

这种低压断路器因其保护方案和操作方式较多，装设地点也较灵活，故有“万能式”之称。万能式有一般型、高性能型和智能型几种结构形式，又有固定式、抽屉式两种安装方式和手动、电动两种操作方式，一般具有多段式保护特性，主要用于低压配电系统中作为总开关和保护电器。

(1)万能式低压断路器　比较典型的万能式低压断路器为DW16型。它由底座、触头系统(含灭弧罩)、操作机构(含自由脱扣机构)、短路保护的瞬时(反时限)过电流脱扣器、单相接地保护脱扣器及辅助触头等部分组成,其外形结构如图2-24所示。该型是我国过去普遍应用的DW10型的更新换代产品。为便于更换,DW16型的底座安装尺寸、相互距离及触头系统等均与DW10型相同。DW16型较之DW10型增加了单相接地保护脱扣器,它利用其本体上的过负荷保护脱扣器的电流互感器作为检测元件,接地保护用小型电流继电器和分励脱扣器作为执行元件,以驱动断路器的脱扣机构,实现其单相接地短路保护的功能。

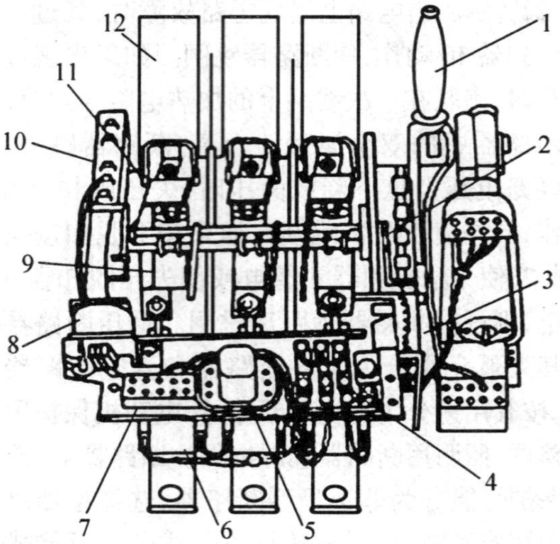


**图2-24　DW16型万能式低压断路器**

1—操作手柄(带电动操作机构);2—自由脱扣;3—欠电压脱扣器;4—热继电器过电流脱扣;5—接地保护用小型电流继电器;6—过负荷保护脱扣器;7—接线端子;8—分励脱扣器;9—短路保护用过电流脱扣器;10—辅助触头;11—底座;12—灭弧罩

DW16型的过负荷保护用的长延时(反时限)过电流脱扣器由电流互感器和双金属片式热继电器组成,通过上述单相接地保护脱扣器动作于断路器的脱扣机构。

DW16型的短路保护用的瞬时过电流脱扣器则利用弓形母线穿过铁芯,当其衔铁吸合时,通过连杆传动机构动作于断路器的脱扣机构。

DW16型断路器可用于不要求有保护选择的低压配电系统中作控制保护电器。高性能型的万能式断路器有DW15(H)、DW17(即ME)等型,其保护功能更全,性能更好。智能型万能式断路器有DW45、DW48(即CB11)和DW914(即AH)等型,由于它们采用微处理器或单片机为核心的智能控制,功能更全,性能更优异。

(2)塑料外壳式低压断路器　该低压断路器因其全部机构和导电部分均装设在一个塑料外壳内,仅壳盖中央露出操作手柄,故有"塑料外壳式"或"塑壳式"之名称。由于它通常装设在低压配电装置之内,因此又称"装置式低压断路器"或"装置式自动开关"。塑料外壳式断路器的操作方式多为手柄扳动式,其保护多为非选择型,它用于低压分支电路中。塑壳式断路器的操作机构通常采用四连杆机构,可自由脱扣,其操作手柄有三个位置:

①合闸位置　手柄扳向上边,跳钩被锁扣扣住,触头维持在闭合状态;

②自由脱扣位置　脱扣器动作,带动牵引杆,使锁扣释放跳钩,从而使触头断开,手柄移至中间位置;

③分闸及再扣位置　手柄扳向下边,跳钩又被锁扣扣住,从而完成"再扣"动作,为下次合闸作好准备。

如果断路器自动跳闸后,不将手柄扳至再扣位置(即分闸位置),想要合闸也是合不上的。这不只是塑料外壳式低压断路器如此,前面所讲的万能式低压断路器也同样如此。

2.模数化小型断路器

塑料外壳式断路器的类型繁多。国产的典型型号为DZ20型,其内部结构如图2－25所示。该低压断路器中有一类是63A及其以下的小型断路器,由于它具有模数化的结构和小型尺寸,因此通常称为“模数小型断路器”。它现已广泛应用在低压配电系统终端,作为各种工业和民用建筑特别是住宅中照明线路及小型动力设备、家用电器等的通断控制,以及过负荷、短路和漏电保护等之用。

模数化小型断路器的优点是体积小,分断能力强,机电寿命长,具有模数化的结构尺寸和通用型卡轨式安装结构,组装灵活方便,安全性能好。由于模数化小型断路器是应用在“家用及类似场所”,所以其产品执行的标准为GB10963－1989《家用及类似场所用断路器》,该标准是等效采用的IEC898国际电工标准。结构适用于未受过专门训练的人员使用,安全性能好,但不能进行维修,损坏后必须换新。模数化小型断路器由操作机构、热脱扣器、电磁脱扣器、触头系统和灭弧室等部件组成,所有部件都装在一塑料壳内,如图2－26所示。有的小型断路器还备有分励脱扣器、失压脱扣器、漏电脱扣器和报警触头等附件,供需要时选用,以拓展断路器的功能。

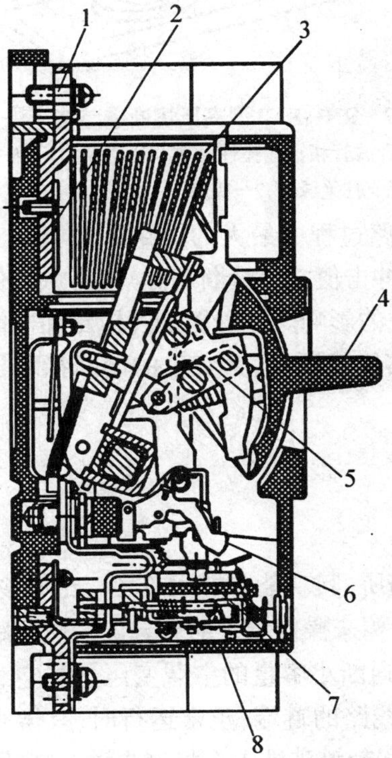


**图2－25　DZ20型塑料式断路器的内部结构**

1—引入线接线端;2—主触头;3—灭弧室;4—操作手柄;5—跳钩;6—锁扣;7—过电流脱扣器;8—塑料外壳

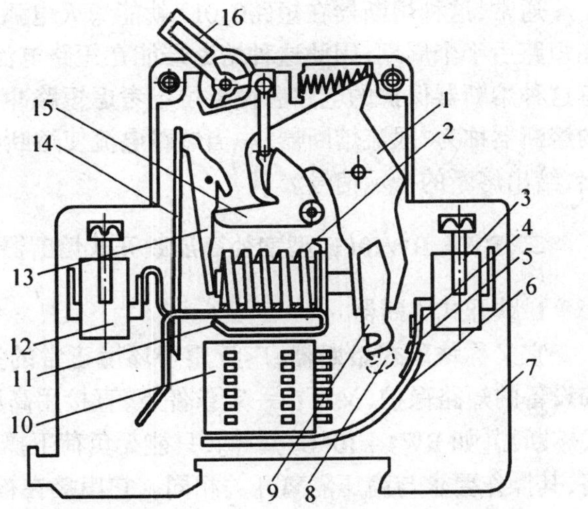


**图2－26　模数化小型断路器的结构**

1—动触头杆;2—瞬动电磁铁(电磁脱扣器);3—接线端子;4—主静触头;5—中线静触头;6—弧角;7—塑料外壳;8—中线动触头;9—主动触头;10—灭弧栅片(灭弧室);11—弧角;12—接线端子;13—锁扣;14—双金属片(热脱扣器);15—脱扣钩;16—操作手柄

模数化小型断路器常用的型号有C45N、DZ23、DZ47、M、K、S、PX200C等系列。部分万能式低压断路器的主要技术数据见附表4。

## 第六节　高低压熔断器

熔断器(符号为 FU)是一种应用很广的过电流保护电器,其主要功能是对电路及电路设备进行短路保护,但有的也具有过负荷保护的功能。用户供配电系统中,室内广泛采用RN1、RN2 型高压管式熔断器,室外广泛采用 RW4、RW10(F)型高压跌开式熔断器。

### 一、RN1、RN2 型室内高压熔断器

RN1 型与 RN2 型的结构基本相同,都是瓷质熔管内充石英砂填料的密闭管式熔断器。RN1 型主要用作高压线路和设备的短路保护,其熔体在正常情况下能使负荷电流通过主电路,因此其结构尺寸较大。RN2 型只用作电压互感器一次侧的短路保护,其熔体额定电流一般为0.5 A,因此其结构尺寸较小,瓷熔管较细。图 2-27 是 RN1、RN2 型高压熔断器的外形结构图。

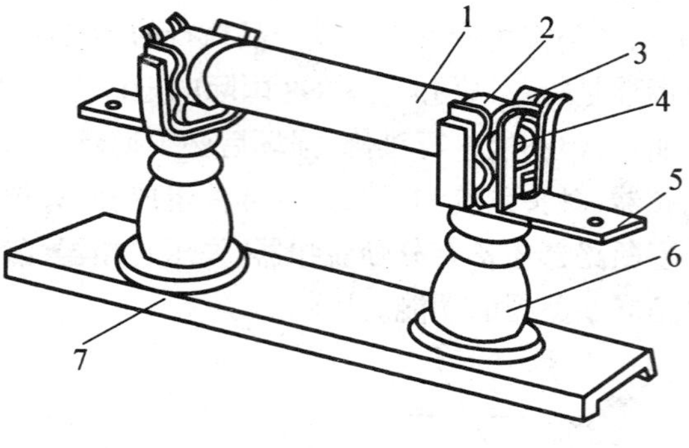


**图 2-27　RN1、RN2 型高压熔断器结构**

1—瓷熔管;2—金属管帽;3—弹性触座;4—熔断指示;5—接线端子;6—瓷支柱绝缘子;7—底座

通常,这种熔断器在短路0.01 s就能熄灭电弧,而短路过程中最大的短路瞬时电流出现在短路后半个周期,因此这种熔断器能在短路电流达到冲击值之前熔断切除短路,从而使装有这种熔断器保护的电路和设备可不考虑短路冲击电流的影响。这种能躲过短路冲击电流的熔断器称为“限流熔断器”。当短路电流使熔断器的熔体熔断后,其红色的熔断指示器弹出,给出熔断的指示信号。

### 二、RW4、RW10(F)型室外高压跌开式熔断器

1.跌开式熔断器

它又称跌落式熔断器,广泛用于环境正常的室外场所,其功能是既可作 6~10 kV线路和设备的短路保护,又可在一定条件下,直接用高压绝缘棒来操作熔管的分合。一般型跌开式熔断器[如 RW4-10(G)型等],只能无负荷下操作,或通断小容量的空载变压器和空载线路,其操作要求与高压隔离开关相同。它串接在被保护线路的首端,正常运行时,其熔管上端的动触头借熔丝张力拉紧后,利用绝缘钩棒将熔管连同动触头推入上静触头内锁紧,同时下动触头与下静触头也相互压紧,从而使电路接通。当线路上发生短路时,短路电流使熔丝熔断,形成电弧。纤维质消弧管内壁由于电弧燃烧而使之分解出大量气体,此时管内压力剧增,并沿着管道形成强烈的气流纵向吹弧,从而将电弧迅速熄灭。熔丝熔断后,熔管的上动触头因失去熔丝的张力而下翻,使锁紧机构释放熔管。在触头弹力及熔管自重的作用下,熔管回转向下跌开,造成明显的断开间隙。这种跌开式熔断器采用了“逐级排气”的结构。由图 2-28 可以看出,其熔管上端在正常运行时是封闭的,可以防止雨水浸入。在分断较小的短路电流时,由于上端封闭而形成单端排气,使管内保持足够大的气压,有利于熄灭较小短路电流产生的电弧。而在分断较大的短路电流时,由于管内产生的气体多,气压大,使上端的薄膜冲开而形成两端排气,这样有助于防止分断大的短路电流时可能造成的熔管爆裂,从

而有效地解决了自产气熔断器分断大小电流故障的矛盾。

2. RW10-10(F)负荷型跌开式熔断器

RW10-10(F)负荷型跌开式熔断器能带负荷操作，其操作要求与高压负荷开关相同，是在一般型跌开式熔断器的上静触头上加装简单的装置和弧触头（图 2-29），因此它能带负荷操作。

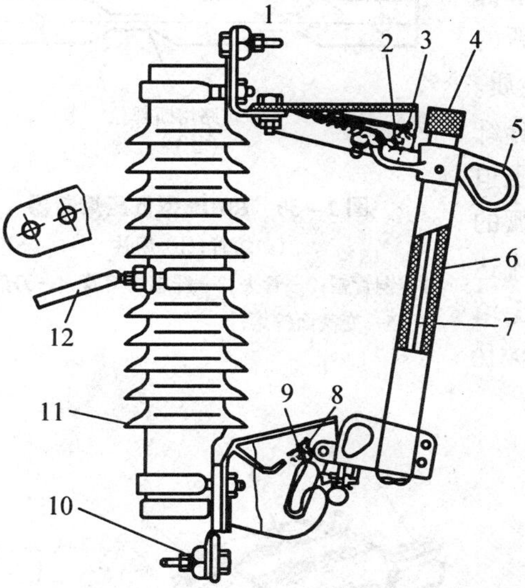


**图 2-28 RW4-10(G)型跌开式熔断器**

1—上接线端子；2—上静触头；3—上动触头；4—管帽（带薄膜）；5—操作环；6—熔管（外层为酚醛纸管或环氮玻璃布管，内套纤维消弧管）；7—铜熔丝；8—下动触头；9—下静触头；10—下接线端子

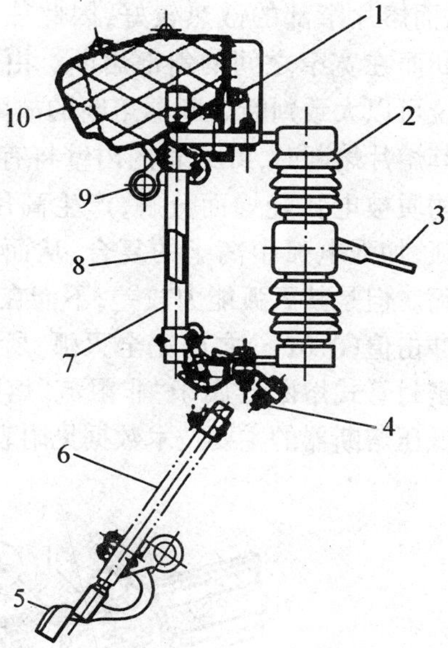


**图 2-29 RM10-10(F)型跌开式熔断器**

1—主接线端子；2—绝缘瓷瓶；3—固定安装板；4—下接线端子；5—动触头；6,7—熔管；8—铜熔丝；9—操作环；10—灭弧室（内有静触头）

跌开式熔断器是依靠电弧燃烧使熔管内消弧管内壁产生气体吹弧来灭弧的，即使负荷型跌开式熔断器加装有简单的灭弧装置，其灭弧能力都不强，灭弧速度不很快，不能在短路电流达到冲击值[即半个周期(0.01 s)内]熄灭电弧，因此这种跌开式熔断器属于"非限流"熔断器。

## 三、低压熔断器

低压熔断器的功能主要是串接在低压配电系统中用来进行短路保护，有的能同时实现过负荷保护。

低压熔断器的类型繁多，有插入式、螺旋式、无填料密封管式、有填料密封管式，以及引进国外技术生产的有填料管式 gF、aM 系列和高分断能力的 NT 型等。下面分别介绍供配电系统中应用较多的 RM10 型密封管式熔断器、填料管式熔断器和 RZ1 型自复式熔断器。

1. RM10 型低压密封管式熔断器

RM10 型熔断器由纤维熔管、变截面锌熔片和触头底座等部分组成。其熔管的结构如图2-30(a)所示，安装在熔管内的变截面锌熔片如图2-30(b)所示。

锌熔片之所以冲制成宽窄不一的变截面，目的在于改善熔断器的保护性能。短路时，短路电流首先使熔片窄部(阻值较大)加热熔化，熔管内形成几段串联短弧，同时由于中间各段熔片跌落，迅速拉长电弧，使短路电弧加速熄灭。在过负荷电流通过时，由于电流加热熔片的时间较长，而熔片窄部的散热较好，因此往往不在窄部熔断而在宽窄之间的斜部熔断。由熔片熔断的部位可以大致判断熔断器熔断的故障电流性质。当其熔片熔断时，纤维管的内壁将有极少部分纤维物质被电弧烧灼而分解，产生高压气体，压迫电弧，加强电弧中离子的复合，从而加速电弧的熄灭。但是其灭弧能力较差，不能在短路电流达到冲击值(0.01 s)之前完全灭弧，所以这类无填料密封管式熔断器属于“非限流”熔断器。RM10型低压熔断器的主要技术数据见附表5。

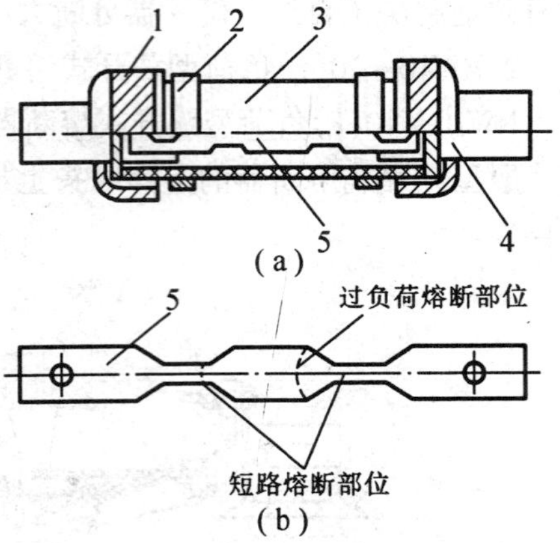


**图 2-30　RM10 型低压熔断器**

(a)熔管；(b) 熔片

1—铜管帽；2—管夹；3—纤维制熔管；4—刀形触头；5—变截面锌熔片

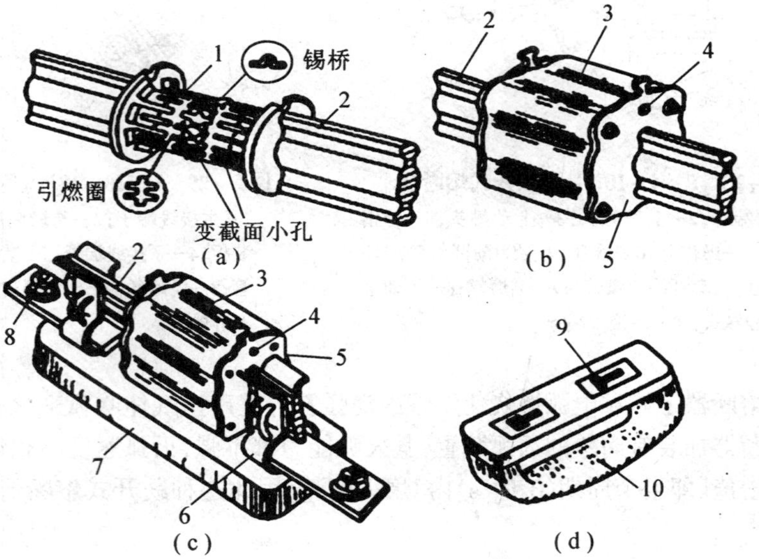


**图 2-31　RT0 型低压熔断器**

(a)熔体；(b)熔管；(c)熔断器；(d)操作手柄

1—栅状铜熔体；2—刀形触头；3—瓷熔臂；4—熔断指示器；5—端面盖板；6—弹性触座；7—瓷底座；8—接线端子；9—扣眼；10—绝缘拉手手柄

2.RT0 型低压有填料管式熔断器

RT0 型熔断器主要由瓷熔管、栅状铜熔体和触头底座等部分组成，如图 2-31 所示。其栅状铜熔体具有引燃栅。由于引燃栅的等电位作用，可使熔体在短路电流通过时形成多根并行电弧。同时熔体又具有变截面小孔，可使熔体在短路电流通过时再将每根长弧分割为多段短弧。加之所有电弧都在石英砂中燃烧，可使电弧中正负离子强烈复合。因此，这种有石英砂填料的熔断器灭弧能力很强,具有“限流”作用。此外,其栅状铜熔体的中段弯曲处点有焊锡(称之“锡桥”),对较小短路电流和过负荷电流进行保护。熔体熔断后,有红色的熔断指示器从一端弹出,便于运行人员监视。RT0 型低压熔断器的主要技术数据见附表 6。

上述 RM 型和 RT 型及其他一般的熔断器都有一个共同缺点,就是熔体熔断后,必须更换熔体后方能恢复供电,从而使中断供电的时间延长,给供电系统和用电负荷造成一定的停电损失。下面介绍的自复式熔断器就弥补了这一缺点,它既能切断短路电流,又能在短路故障消除后自动恢复供电,无需更换熔体。

3.RZ1 型低压自复式熔断器

我国设计生产的 RZ1 型自复式熔断器的结构如图 2-32 所示。它采用金属钠作熔体,在常温下,钠的电阻率很小,可以顺畅地通过正常的负荷电流。但在短路时,钠受热迅速汽化,其电阻率变得很大,从而可限制短路电流。在金属钠汽化限流的过程中,装在熔断器一端的活塞将压缩氩气而迅速后退,降低了由于钠汽化而产生的压力,以免熔管因承受不了过大的气压而爆破。在短路限流动作完成后,钠蒸气冷却又恢复为固态钠。此时,活塞在被压缩的氩气作用下将金属钠推回原位,使之恢复正常工作状态。

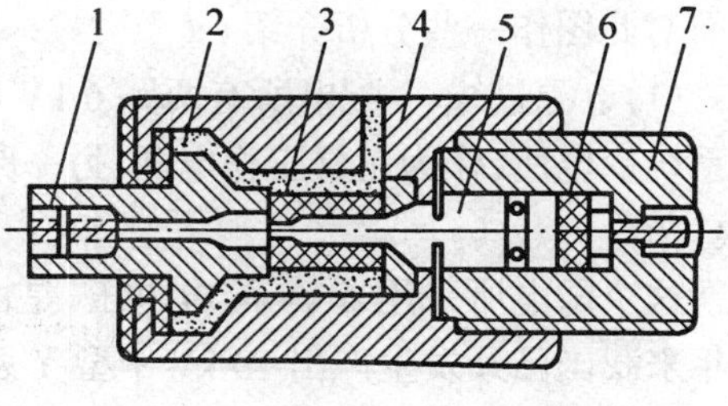


**图 2-32　RZ1 型低压自复式熔断器**

1—接线端子;2—云母玻璃;3—氧化铍瓷管;4—不锈钢外壳;5—钠熔体;6—氩气;7—接线端子

这就是自复式熔断器能自动限流又自动恢复正常工作的基本原理。自复式熔断器通常与低压断路器配合使用,或者组合为一种带自复式熔断体的低压断路器。例如我国生产的 DZ10-100R 型低压断路器,就是 DZ10-100 型低压断路器与 RZ1-100 型自复式熔断器的组合,利用自复式熔断器来切断短路电流,而利用低压断路器来通断电路和实现过负荷保护。它既能有效地切断短路电流,又能减轻低压断路器的工作负荷,提高供电可靠性。

## 第七节　供配电系统的结线方案

### 一、工厂供电系统的结线和结构

1.概述

工厂变配电所的电路图,按功能可分为以下两种:一种是表示变配电所的电能输送和分配路线的电路图,称为主电路图或一次电路图;另一种是表示用来控制、指示、测量和保护依次电路及其设备运行的电路图,称为二次电路图或二次回路图。

对变配电所主电路的结线方案(简称主结线)有以下基本要求。

(1)安全性　要符合国家标准和有关技术规范的要求,能充分保证人身和设备安全。例如,在高压断路器的电源侧及可能反馈电能的负荷侧,必须装设高压隔离开关;架空线路末端及变配电所高压母线上,必须装设避雷器以防护过电压等。

(2)可靠性　要满足各级电力负荷对供电可靠性的要求。因事故被迫中断供电的机会越少、停电时间越短、影响范围越小,主结线的可靠性就越高。因此,变配电所的主结线方案,必须与其负荷级别相适应。

(3)灵活性　能适应系统所需要的各种运行方式,便于操作维护,并能适应负荷的发展,有扩张改建的可能性。

(4)经济性　在满足以上要求的前提下,尽量使主结线简单,投资少,运行费用低,并节约电能和有色金属消耗量。例如应选用技术先进、经济适用的节能产品等。

2.高压配电所的主结线图

变压配电所担负着从电力系统受电并向各车间变电所及某些高压用电设备配电的任务。

图2－33所示中型工厂供电系统中高压配电所及其附设2号车间变电所的主结线图。下面对此图作一些分析介绍。

(1)电源进线　配电所有两路6 kV电源进线。最常见的进线方案是一路电源来自电力系统变电所,作为正常工作电源;另一路电源则来自临近单位的高压联路线,作为备用电源。

这个配电所采用6 kV配电电压,是由于有6 kV高压电动机组,否则宜采用10 kV。近几年来我国已开发生产出10 kV中型Y系列电动机,因此亦可采用10 kV配电电压。

图中的No.101和No.112是专用的电能计量柜。国家标准GBJ63—90《电力装置的电测量仪表装置设计规范》规定:“装设在63 kV以下的电力用户处电能计量点的计费电度表,应设置专用的互感器”。“电力用户处的电能计量装置,宜采用全国统一标准的电能计量柜”。图中的GG－1A－J型专用电能计量柜,实际上就是连接计费电度表的专用电压和电流互感器柜。凡由地区变电所用专线供电的工厂变配电所,其专用电能计量柜宜装设在进线开关柜的前面,如图2－33所示。如果工厂变配电所接在电力系统的公共干线上,则专用电能计量柜宜装在进线开关柜的后面。这样,当计量柜发生短路故障时,可由进线开关柜中的断路器跳闸,不致影响公共干线的正常运行。

图中的进线开关柜(No.102和No.111)采用GG－1A(F)－11型,内装SN10－10型高压断路器,便于切除操作,并可配以继电保护和自动装置,使供电可靠性较高。

(2)母线　母线又名汇流排,它是各级电压配电装置的中间环节,其作用是汇集、分配和传送电能。

工厂高压配电所的母线,通常采用单母线制。若为双电源进线,则一般采用单母线分段制。要求分段开关带负荷通断时,必须用断路器(其两侧装隔离开关)。如不要求带负荷通断时,则分段开关可采用隔离开关(例如图2－33中的GN6－10/400)。分段隔离开关可安装在墙上或母线桥上,也可采用专门的分段柜(亦称联络柜,例如GG－1A－119)。

图2－33所示高压配电所通常采用一路电源工作,类一路电源备用的运行方式,即母线分段开关闭合,两段母线并列运行。当工作电源失电时,可手动或自动地投备用电源,具有较好的可靠性和灵活性。

为了检测、饱和和控制住电路设备,母线上接有电压互感器,进线和出线上均串接有电流互感器。为了了解高压侧的三相电压情况及有无单相接地故障,应装设$Y_0/Y_0/\triangle$结线的电压互感器。如果只要了解三相电压情况或计量三相电能,则可装设V/V结线的电压互感器。为了了解各条线路的三相负荷情况及实现相间短路保护,高压侧应在A、C两相装设电流互感器;低压侧中出线及照明出线因三相负荷可能不均衡而应在三相都装设电流互感器,而低压动力回路则可只在一相装设电流互感器。

另外,高压架空线路的末端及高压母线上,均应装设防止雷电波沿线侵入变配电所的高

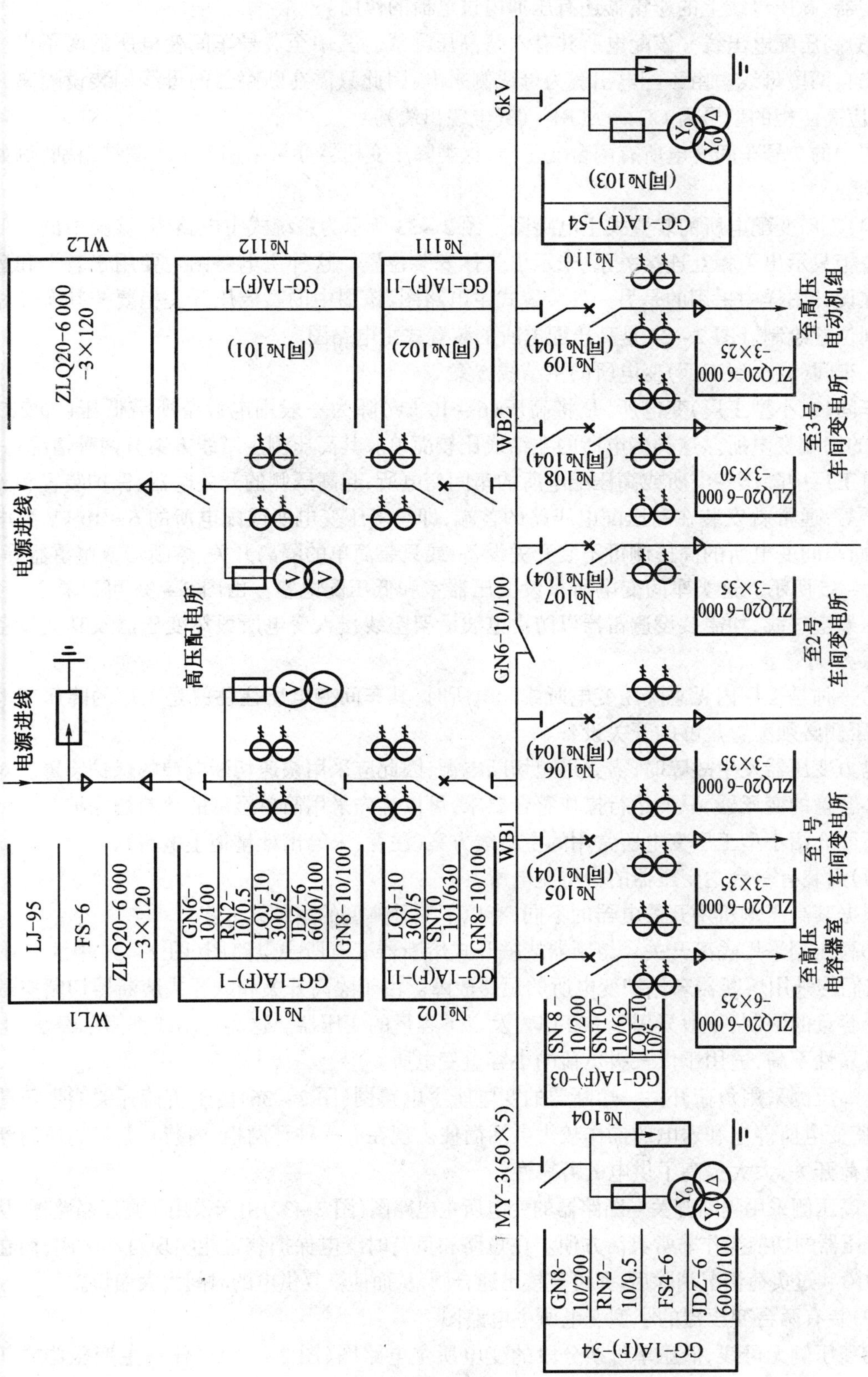


图2-33　图1-1所示高压配电所及其附设2车间变电所的主结线图

压避雷器，高压母线上的避雷器还有压抑内过电椅的作用。

(3)高压配电出线　该配电所共有六路高压出线。其中至2号车间变电所的两条出线分别来自两段母线。由于配电出线为母线侧来电，因此只需在断路器的母线侧装设隔离开关，相应高压柜的型号为GG-1A(F)-03(电缆出线)。

图中的2号车间变电所有两台变压器，这类降压变压器亦可采用Dyn11联结组别，例如S9系列。

(4)工厂变配电所的装置式主电路图　图2-33所示为系统式主电路图，该图中的高低压开关柜只示出了相互连接关系，未示出具体安装位置。这种主电路图主要用于教学和运行。在设计图样中采用的是另一种装置式主电路图，该图中的高低压开关柜要按其实际相对排列位置绘制。图2-34是高压配电所的装置式主电路图。

3.车间(或小型工厂)变电所的主结线方案

车间(或小型工厂)变电所，是将高压(6-10 kV)降为一般用电设备所需低压(如220/380V)的终端变电所。这类变电所的主结线比较简单。其高压侧主结线方案分两种情况；一种是有工厂中降压变电所或高压配电所的车间变电所，起高压侧的开关电器、保护装置和测量仪器等；通常就安装在高压配电线路的首端，即总降压变电所或配电所的6-10 kV配电室内，而车间变电所的高压侧可不装开关设备，或只装简单的隔离开关、熔断器或避雷器等，如图2-35所示。这类车间变电所只设变压器室和低压配电室。由图2-35可以看出，凡是高压架空进线，均需装设避雷器以防雷电波沿架空线侵入变电所毁坏变压器及其他设备的绝缘。

另一种是工厂内无总降压变电所或配电所时，其车间变电所往往就是工厂的降压变电所，高压侧必须配置足够的开关设备。

电力变压器发生故障时，需要迅速切断电源，因此应采用快速切断电源的保护装置。对于较小容量的变压器，只要运行操作符合要求，可以优先采用简单经济的熔断器保护。

下面介绍小型工厂变电所常用的主结线方案(注意:未绘出计量柜主电路)。

(1)只装有一台主变压器的小型变电所

根据其高压侧所用开关电器的不同，有以下三种典型的主结线方案。

①高压侧采用隔离开关-熔断器或跌开式熔断器变电所主电路图(图2-35中的c、d、e、g)它们均采用熔断器来保护变电所的短路故障。由于隔离开关和跌开式熔断器切断空载变压器容量的限制，一般只用于500 kVA及以下容量的变压器。这类主结线都简单经济，但供电可靠性不高，适用于供三级负荷的小容量变电所。

②高压侧采用负荷开关-熔断器的变电所主电路图(图2-36)由于负荷开关能带负荷操作，使变电所停电和送电的操作较为灵活简便。现在有一种环网柜，内装有新型高压熔断器和负荷开关，大大提高了供电的可靠性。

③高压侧采用隔离开关-断路器的变电所主电路图(图2-37)由于采用了高压断路器，从而使变压器的切换操作非常灵活方便。在短路和负荷时继电保护装置能实现自动跳闸，而在短路故障和过负荷情况消除后，又可直接迅速合闸，从而使恢复供电的时间大大缩短。

(2)装有两台变压器的小型变电所主电路图

①高压侧无母线、低压单母线分段的变电所主电路图(图2-38)当任一主变压器或任一电源线停电检修或发生故障时，通过倒闸操作闭合低压母线分段开关QF5，即可恢复供电，因而具有较高的供电可靠性。

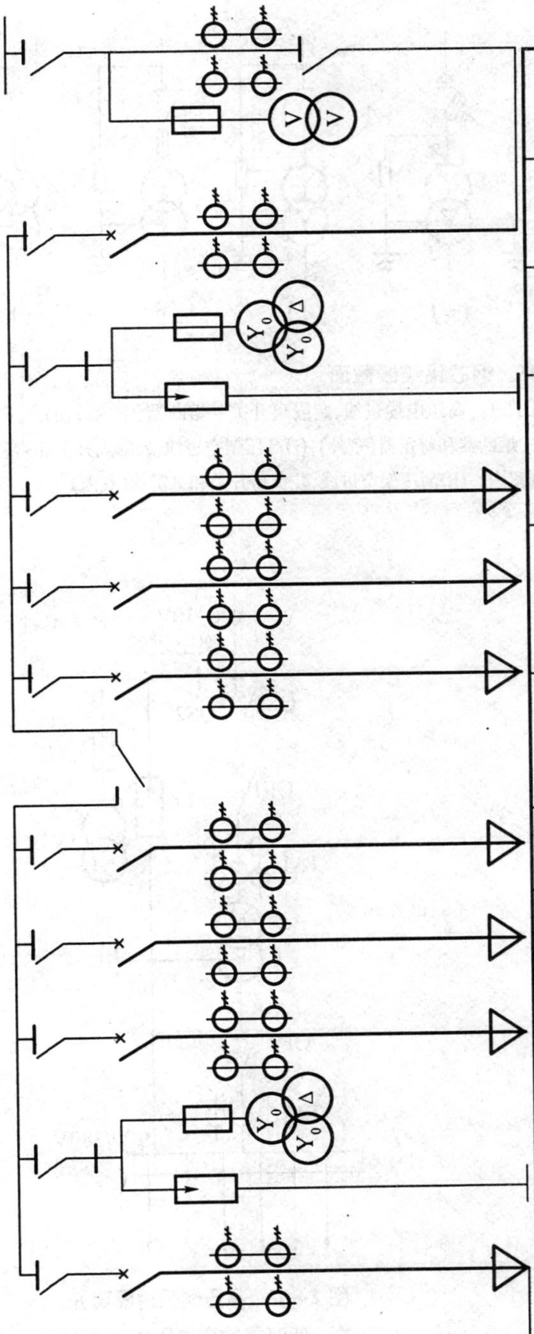


| | | |
|---|---|---|
| №101 | 电能计量柜 | GG-1A-J |
| №102 | 1号进线开关柜 | GG-1A(F)-11 |
| №103 | 避雷器及电压互感器 | GG-1A(F)-54 |
| №104 | 出线柜 | GG-1A(F)-03 |
| №105 | 出线柜 | GG-1A(F)-03 |
| №106 | 出线柜 | GG-1A(F)-03 |
| GN6-10/400 | | |
| №107 | 出线柜 | GG-1A(F)-03 |
| №108 | 出线柜 | GG-1A(F)-03 |
| №109 | 出线柜 | GG-1A(F)-03 |
| №110 | 避雷器及电压互感器 | GG-1A(F)-54 |
| №111 | 2号进线开关柜 | GG-1A(F)-11 |
| №112 | 电能计量柜 | GG-1A-J |

图2-34 所示高压配电所的装置式主电路图

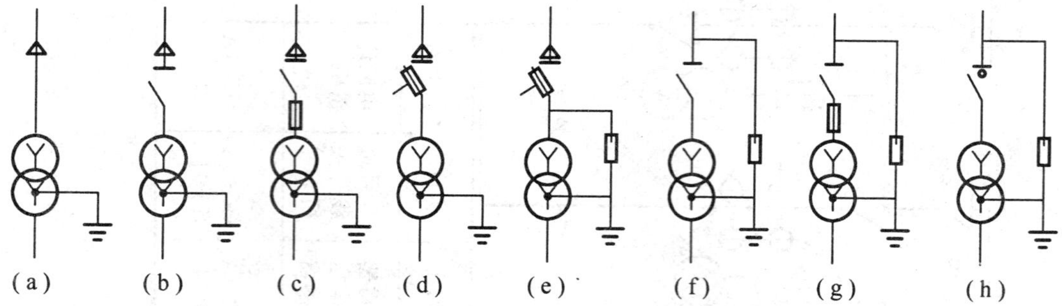


**图 2－35　钢芯铝绞线截面**

(a)高压电缆进线,无开关;(b)高压电缆进线,装隔离开关;(c)高压电缆进线,装隔离开关－熔断器(室内);(d)高压电缆进线,装跌开式熔断器(室外);(e)高压架空进线,装跌开式熔断器和避雷器(室外);(f)高压架空进线,装隔离开关和避雷器(室内);(g)高压架空进线,装隔离开关－熔断器和避雷器(室内);(h)高压架空进线,装负荷开关和避雷器(室内)

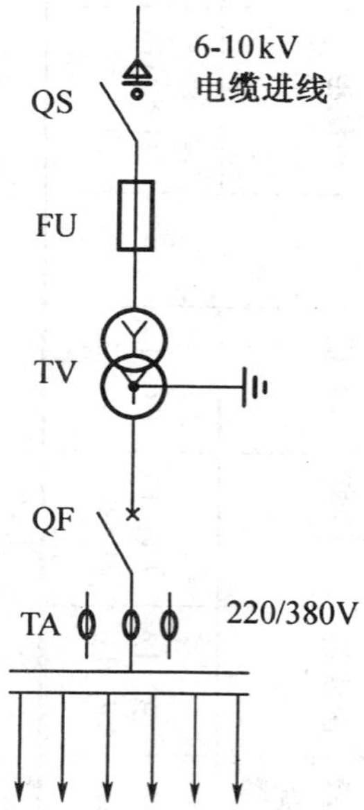


**图 2－36　高压侧采用负荷开关－熔断器的变点所主电路图**

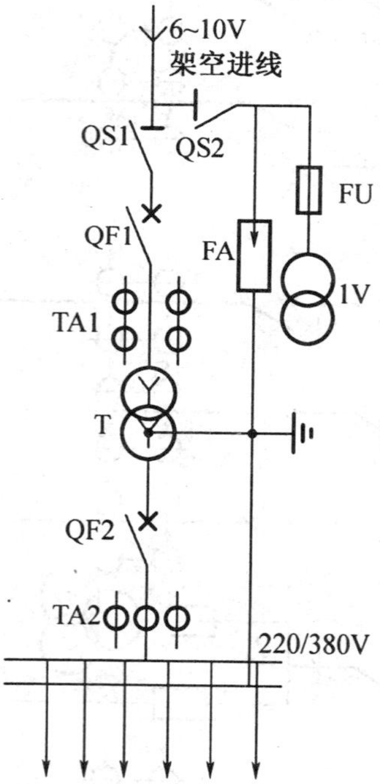


**图 2－37　高压侧采用隔离开关－断路器的变电所主电路图**

②高压采用单母线、低压单母线分段的变电所主电路图(图 2－39)这种主结线适用于装有两台及以上变压器或具有多路高压出线变电所。当任一台变压器检修或发生故障时,通过切换操作,仍能很快恢复供电。

③高低压均为单母线分段的变压所主电路图(图 2－40)这种主电路的两段高压母线在正常时可以接通运行,也可以分段运行。当发生故障时,通过切换,可切除故障部分,恢复对整个变电所供电,因此供电可靠性很高,可供一、二级负荷。

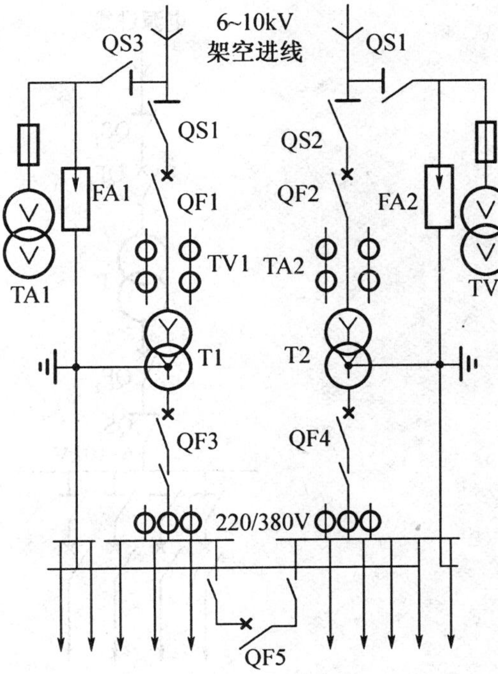


**图 2－38　高压侧无母线、低压单母线分段的变电所主电路图**

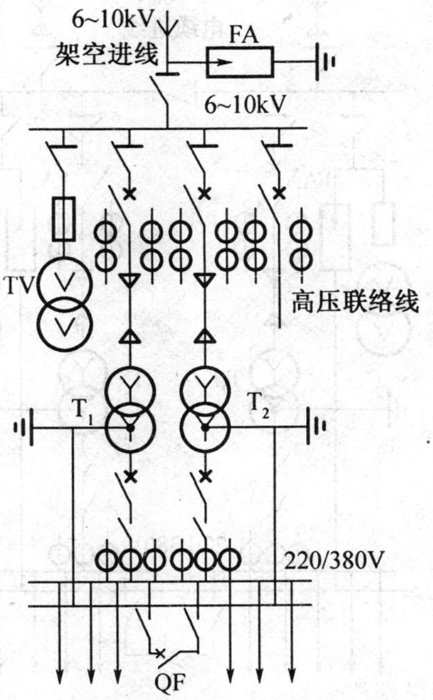


**图 2－39　高压采用单无线线、低压单母线分段的变电所主电路图**

4.工厂总降压变电所的主结线方案

电源进线电压为 35 kV 及以上的大中型工厂,一般需两级降压,即先经总降压变电所将电压降为 6～10 kV 的高压配电电压,然后经车间变电所降为一般低压用电设备所需的电压(如 220/380 V)。

(1)单台变压器的总降压变电所主电路图

如图 3－41 所示,在主变压器的两侧装设断路器 QF1 和 QF2,用于正常通断及故障时自动切断电路。二次侧各路出线也都经过断路器送出。在 6～10 kV 母线上还应装设一组 $Y_0/Y_0\triangle$结线或 $Y_0/Y_0$ 结线的电压互感器(图 2－41 中未绘出),用于监视 6～10 kV 系统的单相接地故障。这种结线的优点是简单经济,但供电可靠性不高,只适于三级负荷。

(2)两台主变压器的总降压变电所主电路图

当负荷在数千千伏安以上,且具有大量重要负荷时,通常采用双电源两台主变压器的总降压变电所,如图 2－42 所示。

这种双电源两台主变压器的变电所,其电源侧通常采用桥式结线,即在两路电源进线之间跨接一台桥路开关 $QF_{10}$(其两侧有隔离开关 $QS_{101}$、$QS_{102}$),犹如一座桥梁。这样增加投资不多,却可以大大提高供电的灵活性和可靠性,可适用与一、二级负荷的工厂。桥式结线分外桥式与内桥两种。

图 1－42(a)为外桥式结线,它的桥路开关 $QF_{10}$ 接在高压断路器 $QF_{11}$ 和 $QF_{12}$ 的外侧。

图 2－42(b)为内桥式结线,它的桥路开关 $QF_{10}$ 接在高压断路器 $QF_{11}$ 和 $QF_{12}$ 的内侧。

①外桥式结线(图 2－42(a))的运行操作　如果要停用主变压器 $T_1$,只要断开 $QF_{11}$ 和

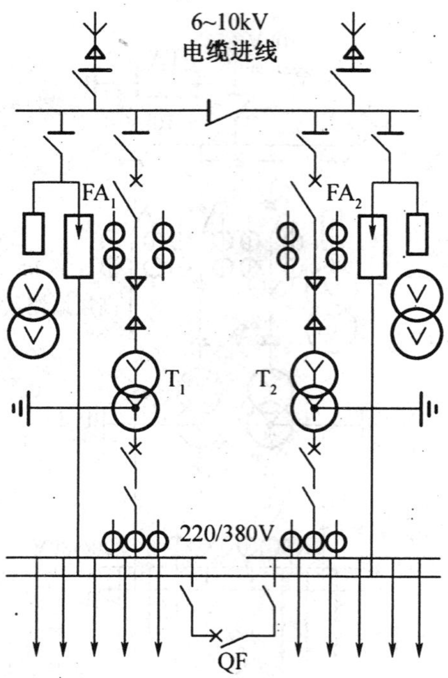


图 2－40　高低压侧均为单母线分段的变电所主电路图

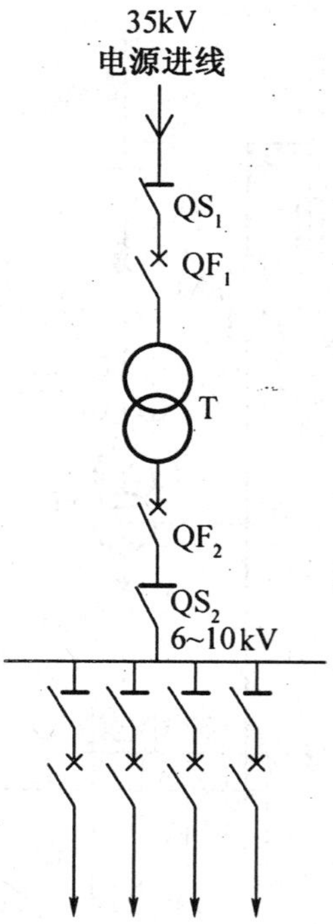


图 2－41　单台变压器的总降压变电所主电路图

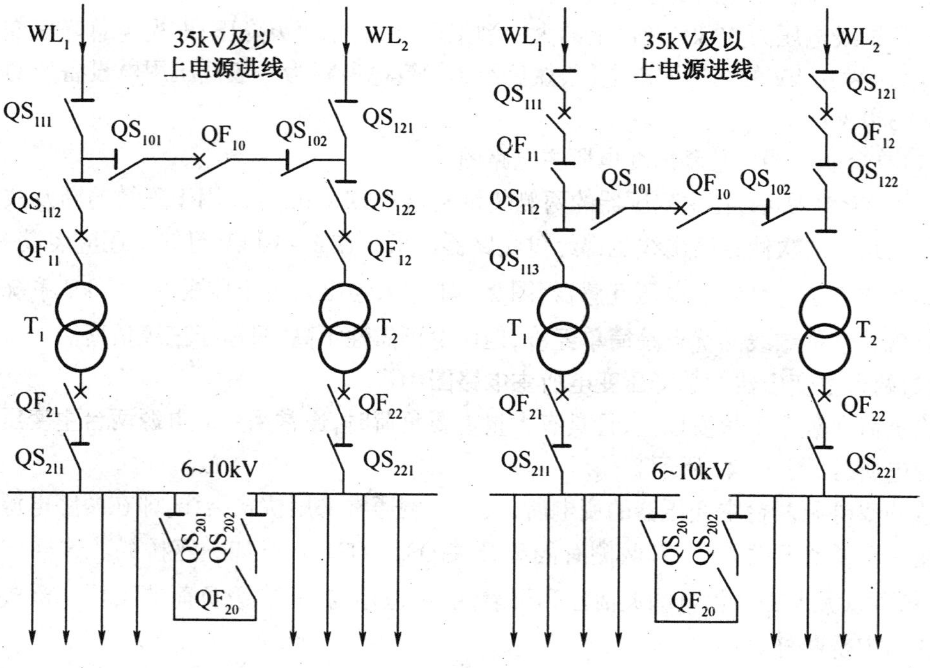


图 2－42　桥式接线的总降压变电所主电路图
(a)外桥式结线；(b)内桥式结线

$QF_{21}$即可。如果要停用主变压器 $T_2$，只要断开 $QF_{12}$和 $QF_{22}$即可，操作均较简便。如果要检修电源进线 $WL_1$，则需先断开 $QF_{11}$和 $QF_{10}$，然后断开 $QS_{111}$，再合上 $QF_{11}$和 $QF_{10}$，使两台主变压器均由电源进线 $WL_2$ 供电，显然操作比较麻烦。

因此，外桥式结线多用于电压线路较短，故障和检修机会较少而变电所负荷变动较大、适用经济运行需经常切换的总降压变电所。

②内桥式结线如图 2－42b 所示的运行操作　如果电源进线 $WL_2$ 失电或检修时，只要断开 $QF_{12}$和 $QS_{122}$、$QS_{121}$，然后合上 $QF_{10}$（其两侧的 QS 应先合上），即可使两台主变压器均由电源进线 $WL_1$ 供电，操作比较简便。

如果要停用变压器 $T_2$，则需先断开 $QF_{12}$、$QF_{22}$及 $QF_{10}$，然后断开 $QS_{123}$、$QS_{221}$，再合上 $QF_{12}$和 $QF_{10}$，使变压器 $T_1$ 仍可由两路电源进线供电，显然操作比较麻烦。

因此，内桥式结线多用于电源线路较长，故障和检修机会较多而主变压器不需经常切换的总降压变电所。

## 二、工厂电力线路的结线方式

电力线路是电力系统的重要组成部分，担负着输送和分配电能的任务。

工厂电力线路的结线方式与工厂的电源进线电压有关。采用 380 V 电压为电源进线电压的工厂，只有低压电力线路的结线方式问题。采用 6～10 kV 或更高电压为电源进线电压的工厂，则还有高压电力线路的结线方式问题。高压电力线路的结线方式，可按单电源供电、双电源供电和环形供电等几种形式来讨论。

1.单电源供电的结线方式

主要有放射式和树干式两种。这两种结线方式的对比分析，如表 2－1 所示。

**表 2－1　放射式结线与树干式结线对比**

| 名称 | 放射式结线 | 树干式结线 |
|---|---|---|
| 结线图 | 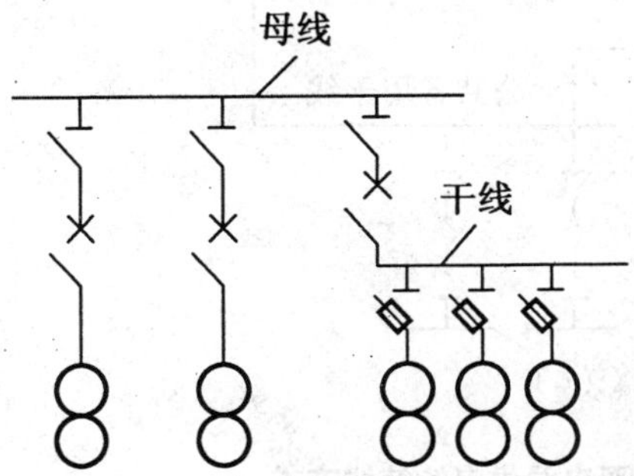 | |
| 特点 | 每个用户由独立线路供电 | 多个用户由一条干线供电 |
| 优点 | 可靠性高，线路故障时只影响一个用户；操作、控制灵活 | 高压开关设备少，耗用导线也较少，投资省；易于适应发展，增加用户时不必另增线路 |
| 缺点 | 高压开关设备多，耗用导线也多，投资大；不易适应发展，增加用户时，要增加较多线路和设备 | 可靠性较低，干线故障时全部用户停电；操作、控制不够灵活 |
| 适用范围 | 离供电点较近的大容量用户；供电可靠性要求高的重要用户 | 离供电点较远的小容量用户；不太重要的用户 |
| 提高可靠性的措施 | 改为双放射式结线，每个用户由两条独立线路供电；或增设公共备用干线 | 改为双树干式结线，重要用户由两路干线供电；或改为环行供电 |

2.双电源供电的结线方式

主要有双放射式,双树干式和公共备用干线的结线等。

①双放射式结线　即一个用户由两条放射式线路供电,如图 2-43(a)所示。当一条线路故障或失电时,用户可由另一条线路保持供电,多用于容量较大的重要负荷。

②双树干式结线　即一个用户由两条不同的电源的树干式线路供电,如图 2-43(b)所示。供电可靠性高于单电源供电的树干式,而投资又低于双电源供电的放射式,多用于容量不太大且离供电点较远的重要负荷。

③公共备用干线式结线　即各个用户由单放射式线路供电,而从公共备用干线上取得备用电源,如图 2-43(c)所示。每个用户都可获得双电源,又能节约投资和有色金属,可用于容量不太大的多个重要负荷。

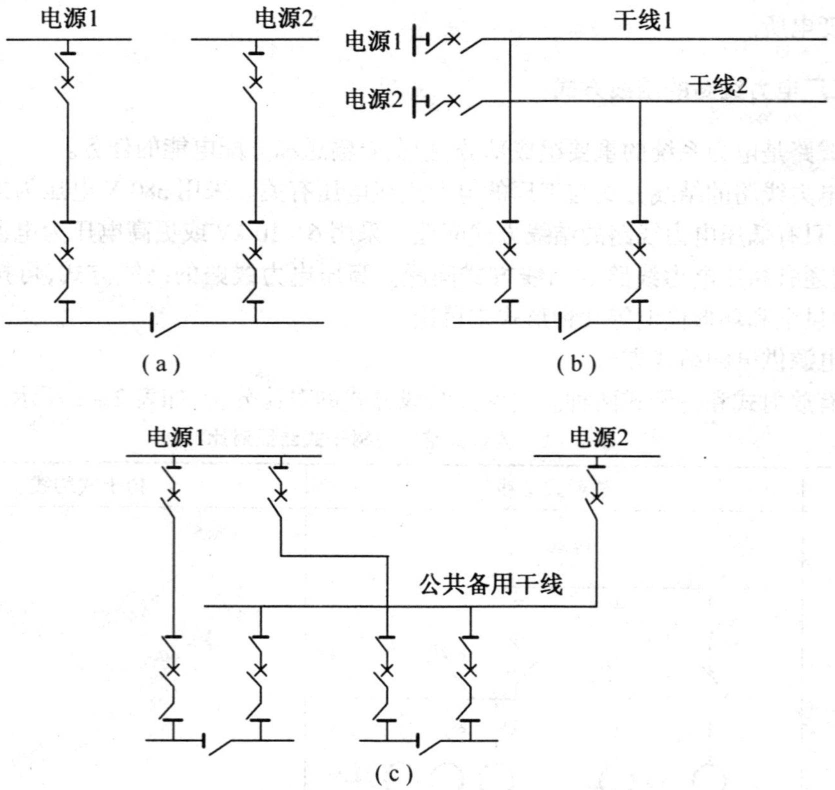


**图 2-43　双电源供电的结线方式**

(a)双放射式;(b)双树干式;(c)公共备用干线式

(3)环形供电的结线方式

如图 2-44 所示,将同一电源的两段母线 $WB_1$ 和 $WB_2$ 上引出两条链式干线的末端(例如 B 点和 D 点),用线路 $WL_5$ 联络起来。正常情况下 $QS_4$ 或 $QS_8$ 是断开的,两条线路开环运行。当任何一段线路故障或检修时,只须经短时间的停电切换,即可恢复供电。读者可自行分析当线路 $WL_2$ 故障时的停电切换过程。

环形结线一般用于二、三级负荷。

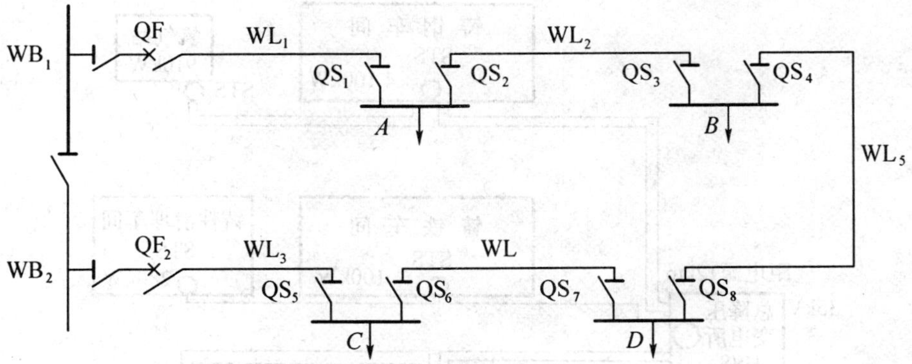


图 2-44 环行供电的结线方式

一种采用环网开关柜实现的环形供电方式已在深圳和上海浦东等地得到了广泛的应用。在城市电网中采用环网供电技术具有很好的经济效益和技术指标。

3.工厂供电系统举例

图 2-45 是某重型机器厂的平面图,各厂房的计算负荷已标在图上。图 2-46 是该厂变电所主结线图,其中铸钢车间、氧气站、水压机车间及煤气站均有一级负荷,其他车间是三级负荷。

下面分析该厂供电系统是怎样考虑的。

(1)厂区配电电压 由于本厂具有多台 6 kV 高压电动机,而且本厂厂区范围不大,因此厂区高压配电采用 6 kV。

(2)电源进线电压 由于全厂计算负荷达 8 100 kVA,而且本厂离系统电源 12 km,超出 6 kV 线路合理输送功率和距离,因此采用 35 kV 作为电源进线电压,在厂区设总降压变电所,降为 6 kV 后送往各个车间变电所。又因本厂具有相当数量的一级负荷,所以采用两路 35 kV 线路供电,取得两个独立电源,以满足一级负荷对供电电源的要求。

总降压变电所设两台8 000 kVA变压器,这样,每台单独运行是都能满足全厂一、二级负荷的要求。

总降压变电所的 35 kV 侧采用外桥式结线。6 kV 侧采用分段单母线,分段开关采用断路器,可以带负荷通断。

(3)厂区高压电力线路的结线方式 铸钢车间和氧气站都为一级负荷,而且两车间距离不远。如果分别采用双放射式供电,那么总降压变电所就需要装 4 台 6 kV 开关柜,在厂区需敷设 4 条 6 kV 线路。如果采用双树干式对这两个车间供电,则对每个车间来说,仍为双电源供电,但总降压变电所只要装两台 6 kV 开关柜,可节省两台 6 kV 开关柜,而且也可以少敷设两条 6 kV 线路,后一方案既满足了负荷对供电可靠性的要求,又简化了总降压变电所主电路和厂区高压电力线路,节省了投资,是最佳方案。由于高压电动机绝缘强度不如电力变压器,为避免雷击危害高压电动机,所以从总降压变电所到这两个车间的 6 kV 线路,不采用架空线路,而采用电缆线路。

水压机车间及煤气站,都为一级负荷,两个车间距离也不远,因此也采用用双树干式供电,也由于有高压电动机,同样采用电缆线路。

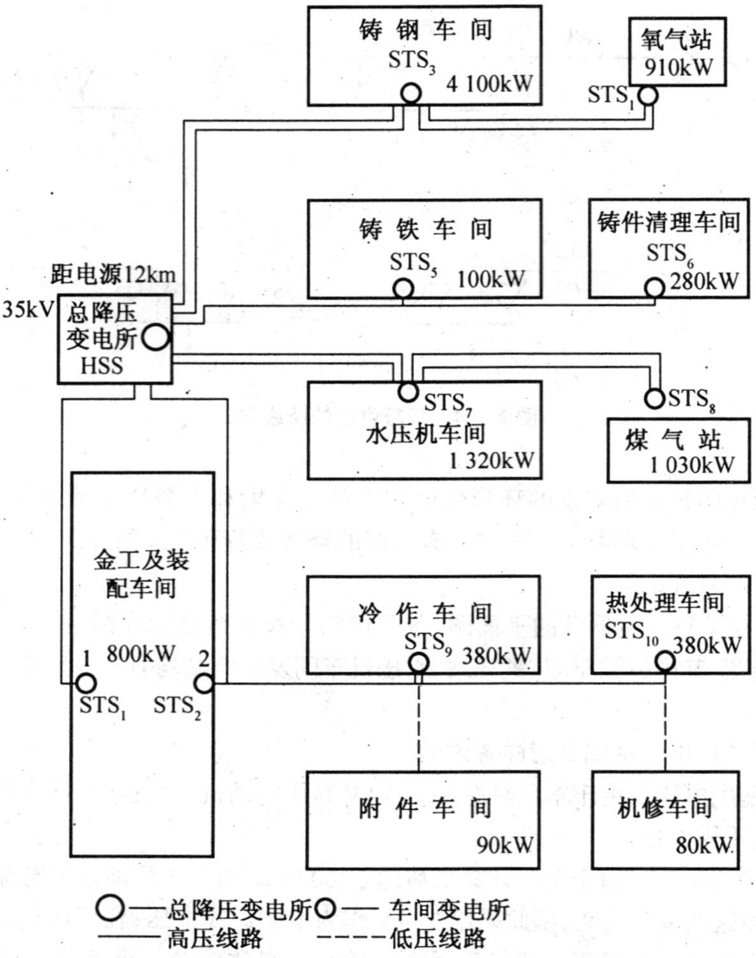


**图 2-45　某重型机器厂平面图**

铸铁车间及铸件清理车间变电所，由于是三级负荷，因此采用一路树干式线路供电。

金工及装配车间，由于负荷重，面积大，为减少 380 V 线路的电压损耗及电能损耗，因此分设两个车间变电所，如图 2-45 所示。

附件车间，由于它的负荷很小，因此由冷作车间变电所以 380V 电压供电。同理，机修车间则由热处理车间变电所供电。

金工车间的 STS2 与冷作车间的 STS9，热处理车间的 STS10 等三个车间变电所，都是功率不大的三级负荷，而且彼此靠近，因此采用一条树干式线路供电。由于这一条干线上没有高压电动机，因此采用架空线路，既便于分支，又可节省投资。

金工车间的另一变电所 STS1，因没有顺路的 6kV 线路，只好由总降压变电所以放射式供电。由于此线路不长，故采用电缆线路。

4.各车间变电所高压开关的选择

铸钢车间，氧气站，水压机车间及煤气站等车间变电所，由于都是一级负荷，因此其车间变电所的变压器高压侧都采用高压断路器控制，便于装设继电器保护和自动切换装置。

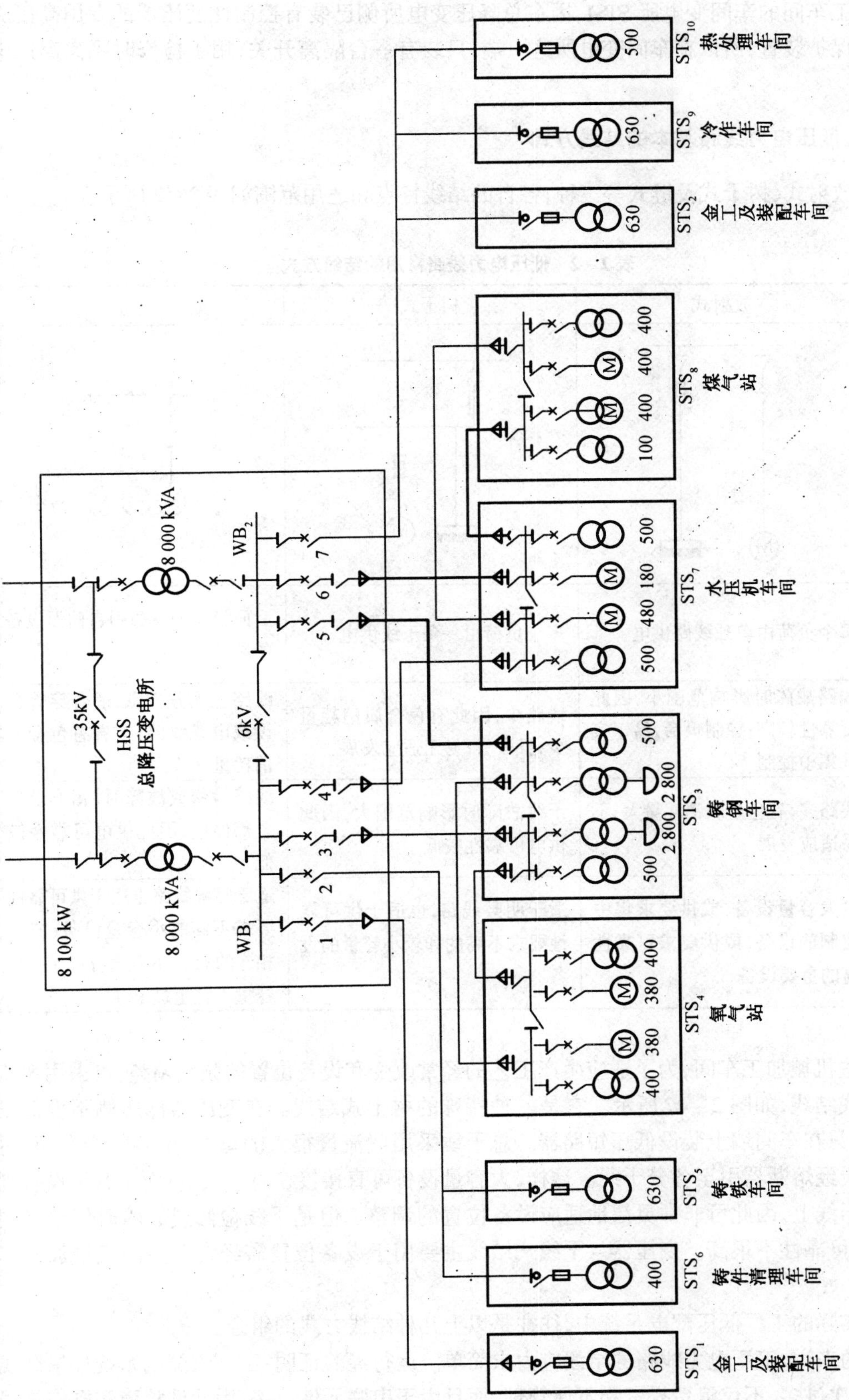


图2-46 某重型机器厂变电所主结线路

金工车间的车间变电所 STS1,因在总降压变电所侧已装有控制此变压器的专用高压断路器及保护装置,所以在车间变电所这一端,只装有一台隔离开关,用于检修时隔离高压电源。

### 三、低压电力线路基本的结线方式

有放射式,树干式及链式等三种,各自的结线特点和适用范围如表 2-2 所示。

**表 2-2　低压电力线路常用的结线方式**

| 名称 | 放射式 | 树干式 | 链式 |
| --- | --- | --- | --- |
| 结线图 | 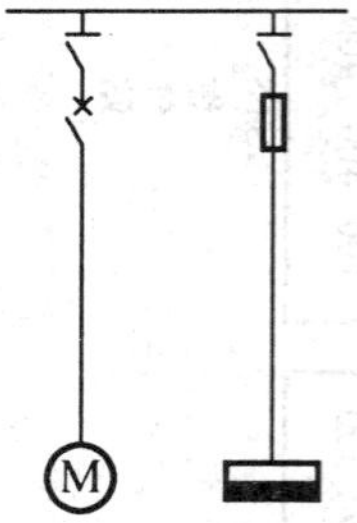 | 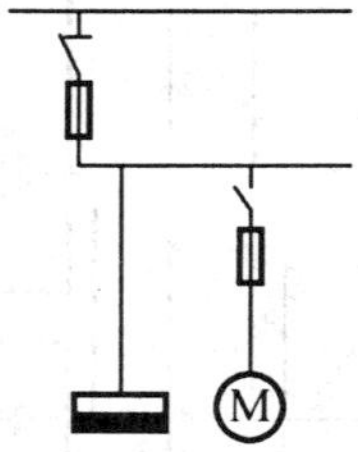 | 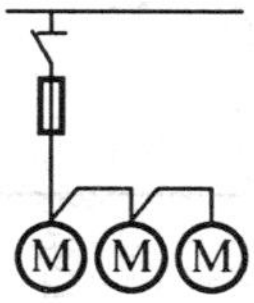 |
| 特点 | 每个负荷由单独线路供电 | 多个负荷由一条干线供电 | 后面设备的电源引自前面设备的端子 |
| 优点 | 线路故障时影响范围小,因此可靠性较高;控制灵活,易于实现集中控制 | 线路少,因此有色金属消耗量少,投资省;易于适应发展 | 线路上无分支点,适合穿管敷设或电缆线路;节省有色金属消耗量 |
| 缺点 | 线路多,有色金属消耗量大;不易适应发展 | 干线故障时影响范围大,因此供电可靠性较低 | 线路检修或故障时,相连设备全部停电,因此供电可靠性较低 |
| 适用范围 | 供大容量设备,或供要求集中控制的设备,或供要求可靠性高的重要设备 | 适于明敷线路,也适于供可靠性要求不高的和较小容量的设备 | 适于暗敷线路也适于供可靠性要求不高的小容量设备;链式相连的设备不宜多于 5 台,总容量不宜超过 10 kW |

有些机械加工车间,为了适应生产工艺的经常改变和设备位置的频繁调整,可采用变压器干线式结线,如图 2-47 所示。它是一种特殊的树干式结线。在变压器低压侧不设低压配电屏,只在车间墙上装设低压短路器。总干线采用载流量很大的母线,贯穿整个车间,再从总干线经熔断器引至各分干线。这样,大容量设备可直接接在总干线上,而小容量设备则接在分干线上,因此可非常灵活地适应设备位置的调整。但是干线检修或故障时停电范围大,供电可靠性不很高。变压器-干线式结线主要用于设备位置需经常调整的机械加工车间。

在实际的工厂低压配电系统中,往往是以上几种结线方式的组合。

总的来说,工厂电力线路的结线应力求简单。运行经验证明:工厂供配电系统如果结线复杂,层次过多,不仅浪费投资和不便管理,而且由于串联元件过多,因元件故障和操作错误而发生事故的可能性也随之增加,且处理事故和恢复供电的操作也比较麻烦,从而延长了停

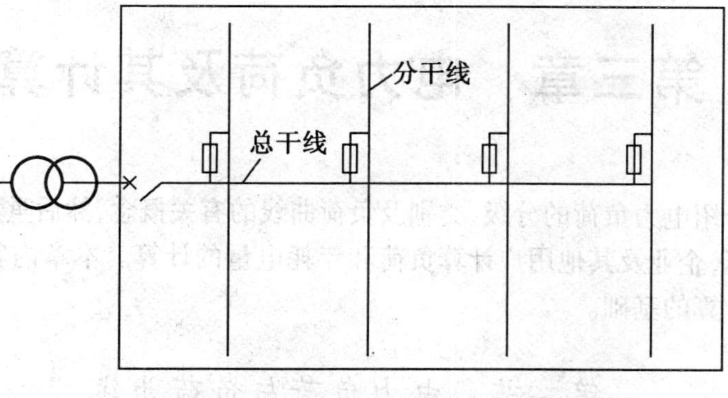


图 2-47 变压器-干线式结线

电时间。同时由于配电级数多,继电保护级数也相应增多,对供配电系统的故障保护十分不利。因此,《供配电系统设计规范》(GB50052—95)规定:“供电系统应简单可靠,同一电压供电系统的变配电级数不宜多于两级”。

## 复习思考题

2-1 什么是变压器的联结组别?Yyn11 联结的变压器为什么有利于防雷?在哪些情况下可采用 Yyn0 联结?

2-2 变压器并联运行必须满足哪些条件?

2-3 电流互感器的作用是什么?有哪些常用的联结方式?为什么电流互感器二次侧不能开路?

2-4 电压互感器有何用途?有哪些常用的联结方式?为什么电压互感器二次侧必须一端接地?

2-5 高压隔离开关有何功用?它为什么不能带负荷操作?它为什么能作为隔离电器来保证安全?

2-6 高压负荷开关有何功用?它可装设什么保护装置,在什么情况下可自动跳闸?在装设有高压负荷开关的线路上采用什么措施保护短路?

2-7 高压断路器有何功用?少油断路器中的油和多油断路器中的油各有何作用?

2-8 六氟化硫断路器和真空断路器各用什么介质灭弧?它们和高压少油断路器比较,有哪些优点?各适用什么场合?

2-9 模数化小型断路器有何结构特点?主要用于哪些场合?

2-10 熔断器有哪些作用?什么叫“冶金效应”?铜熔线上的锡球是做什么用的?

2-11 一般跌开式熔断器的结构特点和功能?负荷型跌开式断路器的结构特点和功能?

2-12 工厂总降压变电所的主结线方案有哪些,说明每种方案基本要点。

2-13 工厂电力线路结线方式有哪些,比较每种方式的有什么不同特点。

# 第三章 电力负荷及其计算

本章首先介绍电力负荷的分级、类别及负荷曲线的有关概念,然后重点讲述用电设备组计算负荷的计算,企业及其他用户计算负荷和年耗电量的计算。本章内容是供配电系统运行分析和设计计算的基础。

## 第一节 电力负荷与负荷曲线

### 一、电力负荷的分级及其对供电电源的要求

电力负荷既可指用电设备或用电单位(用户),也可指用电设备或用电单位所耗用的电功率或电流。本节指用电单位(用户)或用电设备。电力负荷根据其对供电可靠性的要求及中断供电在政治、经济上所造成损失或影响的程度分为以下三级。

1.一级负荷

它是指中断供电将造成人身伤亡者;在政治、经济上造成重大损失者,例如重大设备损坏、大量产品报废、用重要原料生产的产品大量报废、国民经济中重点企业的连续生产过程被打乱需要长时间才能恢复等;中断供电将影响有重大政治、经济意义的用电单位的正常工作,例如重要交通枢纽、重要通信枢纽、重要宾馆、大型体育场馆、经常用于国际活动的大量人员集中的公共场所等处的重要电力负荷。在此负荷中,当中断供电将发生中毒、爆炸和火灾等情况,以及特别重要的场所不允许中断供电的负荷,应视为特别重要的负荷。

一级负荷对供电电源的要求:由于一级负荷属重要负荷,所以应由两个独立电源供电,当一个电源发生故障时,另一个电源不应同时受到损坏;一级负荷中特别重要的负荷,除由两个电源供电外,还应增设应急电源,并严禁将其他负荷接入应急供电系统。可作为应急电源的有独立于正常电源的发电机组,供电网络中独立于正常电源的专用馈电线路、蓄电池、干电池。

2.二级负荷

它是指中断供电将在政治、经济上造成较大损失者,例如主要设备损坏、大量产品报废、连续生产过程被打乱需较长时间才能恢复、重点企业大量减产等;中断供电将影响重要用电单位的正常工作,例如交通枢纽、通信枢纽等处的重要电力负荷,以及中断供电将造成大型影剧院、大型商场等较多人员集中的重要公共场所秩序混乱者。

二级负荷对供电电源的要求:二级负荷虽属重要负荷,但其重要程度次于一级负荷。它宜由两回线路供电,供电变压器一般应为两台。在负荷较小或地区供电条件困难时,二级负荷可由一回 6 kV 及其以上专用的架空线路或电缆供电;当采用架空线时,可为一回架空线供电;当采用电缆线路时,应采用两根电缆组成的线路供电,其每根电缆应能承受 100% 的二级负荷。

3.三级负荷

所有不属于一级、二级负荷者即为三级负荷。

三级负荷对供电电源的要求：三级负荷属不重要负荷，对供电电源无特殊要求。

对工业和民用建筑部分的重要电力负荷的级别，可分别查 JBJ6-1996《机械工厂电力设计规范》和 JGJ/T16-1992《民用建筑电气设计规范》。

## 二、电力负荷的类别

1.按用途分

有照明负荷和动力负荷。照明负荷为单相负荷，在三相系统中很难做到三相平衡。而动力负荷一般可视为三相平衡负荷。

2.按行业分

有工业负荷、非工业负荷和居民生活负荷等。

3.按工作制分

(1)长期连续工作制　这类设备长期连续运行，负荷比较稳定，例如通风机、空气压缩机、电动发电机组、电炉和照明灯等。机床电动机的负荷虽然一般变动较大，但大多还是长期连续工作的。

(2)短时工作制　这类设备的工作时间较短，而停歇时间相对较长，例如机床上的某些辅助电动机(进给电动机、升降电动机等)。

(3)断续周期工作制　这类设备周期性地工作—停歇—工作，如此反复运行，而工作周期一般不超过10 min，例如电焊机和起重机械。

## 三、用电设备的额定容量、负荷持续率及负荷系数

1.用电设备的额定容量

它是指用电设备在额定电压下和规定的使用寿命内能连续输出或耗用的最大功率，对电动机，其额定容量是指其轴上正常输出的最大功率，因此其耗用的功率就是从电网吸取的功率，应为其额定容量除以本身的效率。对电灯和电炉等，其额定容量是指其在额定电压下耗用的功率，而不是指其输出的功率。

(1)电机、电炉和电灯等设备的额定容量均用有功功率 $P_N$ 表示，单位为瓦(W)或千瓦(kW)。

(2)变压器、互感器和电焊机等设备的额定容量一般用视在功率 $S_N$ 表示，单位为伏安(VA)或千伏安(kVA)。

(3)电容器类设备的额定容量则用无功功率 $Q_c$ 表示，单位为乏(var)或千乏(kvar)。

必须指出，对断续周期工作制的设备(如电焊机、吊车等)来说，其额定容量是对应于一定的负荷持续率(duty cycle)的。

2.负荷持续率

负荷持续率又称暂载率或相对工作时间，符号为 ε；其定义为一个工作周期 $T$ 内工作时间 $t$ 与 $T$ 的百分比，即

$$t \overset{\text{def}}{=\!=} \frac{t}{T} \times 100\% = \frac{t}{t_0 + t} \times 100\% \qquad (3-1)$$

式中 $t_0$ 为工作周期 $T$ 内的停歇时间；$T$、$t$ 和 $t_0$ 的单位均为秒(s)。同一设备在不同负荷持续率下运行时，其输出的功率是不同的。例如某设备在 $\varepsilon_1$ 下的设备容量为 $P_1$，那么该设备在 $\varepsilon_2$ 下的设备容量 $P_2$ 该是多少呢？这应该进行“等效”换算，即按在同一周期内不同负荷

($P_1$ 或 $P_2$)下造成相同的热损耗条件来进行换算。假设设备的内阻为 $R$,则电流 $I$ 通过该设备在 $t$ 时间内产生的热量为 $I^2Rt$,因此在 $R$ 不变,且产生的热量相同的条件下,$I \propto 1/\sqrt{t}$。又电压相同时,设备容量 $P \propto I$,因此 $P \propto = 1/\sqrt{t}$,而由式(3-1)可知,同一周期的负荷持续率 $\varepsilon \propto t$,由此 $P \propto 1/\sqrt{t}$,即设备容量与负荷持续率的二次方根成反比关系,因此

$$P_2 = P_1\sqrt{\frac{\varepsilon_1}{\varepsilon_2}} \tag{3-2}$$

3.用电设备的负荷系数

用电设备的负荷系数 $K_L$ 为设备在最大负荷时输出或耗用的功率与设备额定容量的比值

$$K_L \overset{\text{def}}{=\!=} \frac{p}{p_n} \tag{3-3}$$

表征了设备容量的利用程度。负荷系数的符号有时也用 $\beta$ 表示。

## 四、负荷曲线的有关概念

1.负荷曲线的绘制与类型

负荷曲线是表征电力负荷随时间变动情况的一种图形。它绘制在直角坐标上,纵坐标轴表示负荷功率(一般用有功功率),横坐标轴表示负荷变动所对应的时间。

负荷曲线按负荷对象分为工厂(企业)、车间及某台设备的负荷曲线。按负荷的功率性质分为有功和无功负荷曲线。按所表示的负荷变动时间分为年、月、日和工作班的负荷曲线。按绘制方式分为依点连成的负荷曲线[图 3-1(a)]和梯形负荷曲线[图 3-1(b)]。

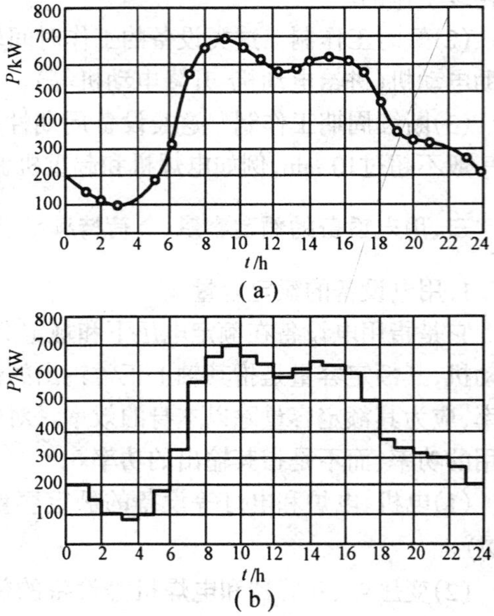


**图 3-1 日有功负荷曲线**

(a)依点连成的负荷曲线;(b)梯形负荷曲线

年负荷曲线通常给成负荷持续时间曲线,按负荷大小依次排列。另一种形式的年负荷曲线是按全年每日的最大负荷(通常取每日最大负荷的半小时平均值)绘制的,称为年每日最大负荷曲线,如图 3-2 所示。

年最大负荷曲线可用来确定拥有多台电力变压器的变电所在一年的不同时期宜于投入几台运行,即所谓"经济运行方式",以降低电能损耗,提高供配电系统运行的经济性。

2.与负荷曲线有关的物理量

(1)年最大负荷和年最大负荷利用小时　年最大负荷 $P_{max}$ 是指全年中负荷最大的工作班内(该工作班的最大负荷不是偶然出现的,而是在负荷最大的月份内至少出现过 2~3 次)消耗电能最多的半小时平均负荷 $P_{30}$。年最大负荷利用小时 $T_{max}$ 是假设电力负荷按年最大负荷 $P_{max}$(亦即 $P_{30}$)持续运行时,在此 $T_{max}$ 时间内电力负荷所耗用的电能,恰与该电力负荷全年实际耗用的电能相等,如图 3-3 所示,因此年最大负荷利用小时是一个假想时间,按下

式计算

$$T_{max} \xlongequal{def} \frac{W_a}{P_{max}} \tag{3-4}$$

式中 $W_a$ 为电力负荷全年实际耗用的电能。

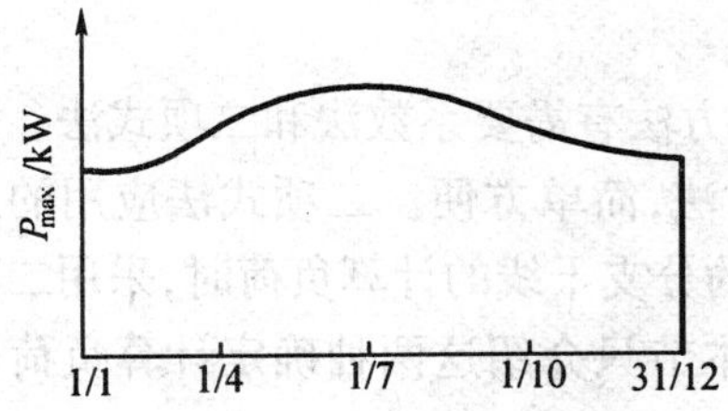


图 3-2 年每日最大负荷曲线

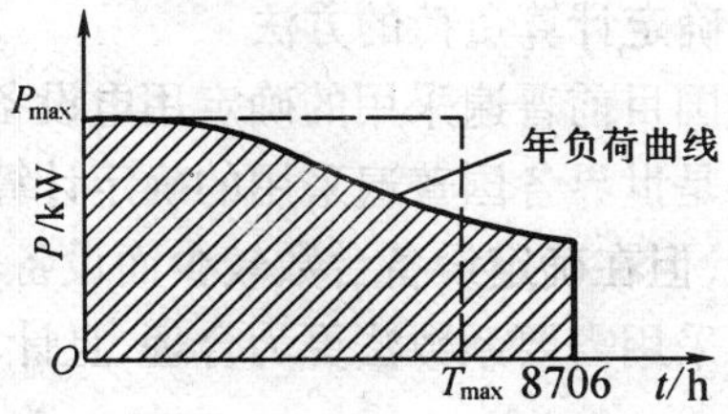


图 3-3 年最大负荷和年最大负荷利用小时

年最大负荷利用小时是反映电力负荷特征的一个重要参数,与企业的工作制有明显的关系。例如一班制企业 $T_{max} \approx 1\,800 \sim 3\,000$ h,两班制企业 $T_{max} \approx 3\,500 \sim 4\,800$ h,三班制企业 $T_{max} \approx 5\,000 \sim 7\,000$ h。

(2)平均负荷和负荷曲线填充系数　年平均负荷(average load) $P_{av}$ 就是电力负荷全年平均耗用的功率,即

$$P_{av} \xlongequal{def} \frac{W_a}{8\,760} \tag{3-5}$$

式中 $W_a$ 为全年所耗用的电能。

负荷曲线填充系数就是将起伏波动的负荷曲线"削峰填谷",由此求出的平均负荷 $P_{av}$ 与最大负荷 $P_{max}$ 的比值,亦称负荷系数或负荷率,即

$$\beta \xlongequal{def} \frac{P_{av}}{P_{max}} \tag{3-6}$$

负荷曲线填充系数表征了负荷曲线不平坦的程度,亦即负荷变动的程度。就发挥整个电力系统效能来说,应尽量设法提高 $\beta$ 值,因此供配电系统在运行中必须实行负荷调整。

## 第二节 三相用电设备组计算负荷的确定

### 一、概述

1.计算负荷

它是指通过统计计算求出的,用来按发热条件选择供配电系统中各元件的负荷值。按照计算负荷选择的电气设备和导线电缆,如果以计算负荷持续运行,其发热温度不致超出允许值,因而不会影响其使用寿命。由于导体通过电流达到稳定温升的时间大约需 $3 \sim 4\tau$,$\tau$ 为发热时间常数,而截面在 16 $mm^2$ 以上的导体均在 10 min 以上,也就是载流导体大约经 30 min后可达到稳定的温升值,因此通常取半小时平均最大负荷 $P_{30}$(亦即年最大负荷 $P_{max}$)作为"计算负荷"。计算负荷是供配电设计计算的基本依据。如果计算负荷确定过大,将使设备和导线电缆选择偏大,造成投资和有色金属的浪费。如果计算负荷确定过小,又将使设

备和导线电缆选择偏小，造成设备和导线电缆运行时过热，增加电能和电压损耗，甚至使设备和导线电缆烧毁，发生事故。因此正确确定计算负荷具有重要的意义。但是也要指出，由于负荷情况复杂，影响计算负荷的因素很多，虽然各类负荷的变化有一定规律可循，但准确确定计算负荷却十分困难。实际上，负荷也不可能是一成不变的，它与设备的性能、生产的组织以及能源供应状况等诸多因素有关，因此负荷计算也只能力求接近实际。

2.确定计算负荷的方法

我国目前普遍采用的确定用电设备组计算负荷的方法有需要系数法和二项式法。需要系数法是世界各国普遍采用的确定计算负荷的基本方法，简单方便。二项式法应用的局限性较大，但在确定设备台数较少而设备容量差别悬殊的分支干线的计算负荷时，采用二项式法较之采用需要系数法更为合理，且计算也较简化。本节只介绍这两种确定计算负荷的方法。

## 二、按需要系数法确定三相用电设备组的计算负荷

1.需要系数的概念

用电设备组的计算负荷是指用电设备组从供电系统中取用的半小时最大负荷 $P_{30}$，如图3-4所示。用电设备组的设备容量 $P_e$ 是指用电设备组所有设备(不包括备用设备)的额定容量 $P_N$ 之和，即 $P_e=\sum P_N$。而设备的额定容量是设备在额定条件下的最大输出功率。但实际上，用电设备组的设备不一定都同时运行，运行的设备也不太可能都是满负荷，同时设备和线路在运行中都有功率损耗，因此用电设备组进线上的有功计算负荷应为

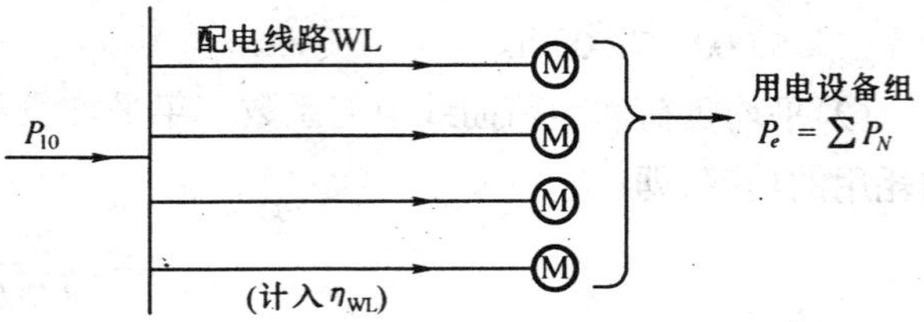


**图3-4 用电设备组的计算负荷**

$$P_{30}=\frac{K_{\sum}K_L}{\eta_e\eta_{WL}}P_e \tag{3-7}$$

式中 $K_{\sum}$——设备组的同时系数，即设备组在最大负荷时运行的设备容量与全部(不含备用)设备容量之比；

$K_L$——设备组的负荷系数，即设备组在最大负荷时的输出功率与运行的设备容量之比；

$\eta_e$——设备组的平均效率，即设备组在最大负荷时的输出功率与其取用功率之比；

$\eta_{WL}$——配电线路的平均效率，即配电线路在最大负荷时的末端功率(即设备组的取用功率)与其首端功率(即计算负荷 $P$)之比。

令(3-7)式中的 $K_{\sum}K_L/(\eta_e\eta_{WL})=K_d$，这里的 $K_d$ 即为“需要系数”。由此可得需要系数的定义式为

$$K_d=\frac{P_{30}}{P_e} \tag{3-8}$$

即用电设备组的需要系数 $K_d$ 是用电设备组在最大负荷时需要的有功功率与其设备容量的比值。实际上，用电设备组的需要系数 $K_d$ 不仅与其工作性质、设备台数、设备效率及线路

损耗等因素有关,而且与其操作人员的技能水平和生产组织等多种因素有关,因此需要系数值宜尽可能实测分析确定,使之尽量接近实际。

附表9,10分别列出了工业和民用建筑用电设备组的需要系数值,供参考。

2.需要系数法的基本计算公式及其应用

由式(3-8)可得,按需要系数法确定三相用电设备组有功计算负荷 $P_{30}$ 的基本公式为

$$P_{30}=K_dP_e \tag{3-9}$$

式中 $P_e$ 为用电设备组所有设备(不含备用设备)的额定容量之和。

必须指出,对断续周期工作制的用电设备组,其设备容量应为各设备在不同负荷持续率下的铭牌容量换算到一个统一的负荷持续率下的容量之和。断续周期工作制的用电设备常用的有电焊机和吊车电动机,它们的容量换算要求如下。

(1)电焊机组的容量换算　要求统一换算到 $\varepsilon=100\%$,因此由式(3-2)可得换算后的设备容量为

$$P_e=P_N\sqrt{\frac{\varepsilon_N}{\varepsilon_{100}}}=S_N\cos\varphi\sqrt{\frac{\varepsilon_N}{\varepsilon_{100}}} \tag{3-10}$$

即

$$P_e=P_N\sqrt{\varepsilon_N}=S_N\cos\varphi\sqrt{\varepsilon_N} \tag{3-11}$$

式中　$P_N,S_N$——电焊机的铭牌容量($P_N$ 为有功容量,$S_N$ 为视在容量);

$\varepsilon_N$——与 $P_N,S_N$ 对应的负荷持续率(计算中用小数);

$\varepsilon_{100}$——其值为100%的负荷持续率(计算中用1);

$\cos\varphi$——铭牌规定的功率因数。

(2)吊车电动机组的容量换算　要求统一换算到 $\varepsilon=25\%$,因此由式(3-2)可得换算后的设备容量为

$$P_e=P_N\sqrt{\frac{\varepsilon_N}{\varepsilon_{25}}}=2P_N\sqrt{\varepsilon_N} \tag{3-12}$$

式中　$P_N$——吊车电动机的铭牌标示容量;

$\varepsilon_N$——与 $P_N$ 对应的负荷持续率(计算中用小数);

$\varepsilon_{25}$——其值为25%的负荷持续率(计算中用0.25)。

注意:电葫芦、起重机、行车等均按吊车类考虑。

(3)照明灯具设备容量的计算。照明灯具按其光源类别分,有热辐射光源和气体放电光源两大类。热辐射光源包括白炽灯和碘钨灯等,其容量就按其铭牌容量计算。而气体放电电源如荧光灯等,由于它还采用有镇流器(实际为铁心线圈),它也要额外消耗一定功率(除电子镇流器外),因此在计算其设备容量时,宜按其光源容量乘以1.1~1.2的系数,一般对荧光灯,乘以1.2系数,对其他气体放电光源如高压汞灯,钠灯等,乘以1.1系数。

(4)可按下列各式分别求其余的计算负荷:

无功计算负荷

$$Q_{30}=P_{30}\tan\varphi \tag{3-13}$$

视在计算负荷

$$S_{30}=\frac{P_{30}}{\cos\varphi} \tag{3-14}$$

计算电流

$$I_{30}=\frac{S_{30}}{\sqrt{3}U_N} \tag{3-15}$$

式中 $\cos\varphi$——用电设备组的平均功率因数；

$\tan\varphi$——对应于 $\cos\varphi$ 的正切值；

$U_N$——用电设备组的额定电压。

必须注意:附表 9 中所列的需要系数值是按车间设备台数较多的情况来确定的,所以需要系数值一般都比较低。例如冷加工机床组的需要系数值平均只有 0.2 左右。因此需要系数法比较适用于确定车间的计算负荷。如果采用需要系数法来计算分支干线上用电设备组的计算负荷,则附表 9 中所列需要系数值往往偏小,宜适当取大。只有 1～2 台机械设备时,宜取 $K_d=1$,即 $P_{30}=P_e$。在 $K_d$ 适当取大的同时,$\cos\varphi$ 值也宜适当取大。只有一台电动机时,其 $P_{30}=P_N/\eta$,式中 $P_N$ 为电动机额定容量,$\eta$ 为电动机效率。一台电动机的计算电流 $I_{30}=I_N=P_N/(\sqrt{3}U_N\eta\cos\varphi)$。

**例题 3－1** 已知某车间的金属切削机床组,拥有电压为 380 $V$ 的三相电动机 11 kW 1 台,7.5 kW 3 台,4 kW 12 台,1.5 kW 8 台,0.75 kW 10 台。试求其计算负荷。

**解** 此机床组掉动机的总容量为:

$$P_e=11\ \text{kW}\times1+7.5\ \text{kW}\times3+4\ \text{kW}\times12+1.5\ \text{kW}\times8+0.75\ \text{kW}\times10=101\ \text{kW}$$

查附表 9 中"小批生产的金属冷加工机床电动机"项,得 $K_d=0.16\sim0.2$(取 0.2), $\cos\varphi=0.5$, $\tan\varphi=1.73$,因此可得:

有功计算功率 $P_{30}=0.2\times101\ \text{kW}=20.2\ \text{kW}$

无功计算负荷 $Q_{30}=20.2\ \text{kW}\times1.73=34.95\ \text{kvar}$

视在计算负荷 $S_{30}=20.2\ \text{kW}/0.5=40.4\ \text{kVA}$

计算电流 $I_{30}=40.4\ \text{kVA}/(0.38\ \text{kV})=61.4\ \text{A}$

**例题 3－2** 某配车间 380 线路,供电给 3 台吊车电动机,其中 1 台 7.5 kW($\varepsilon=60\%$),2 台 3 kW($\varepsilon=15\%$)。试求该线路的计算负荷。

**解** 按规定,吊车电动机容量统一换算到 $\varepsilon=25\%$,因此题示 3 台吊车电动机总容量为:

$$P_e=7.5\ \text{kW}\times2\sqrt{0.6}+3\ \text{kW}\times2\times2\sqrt{0.15}=16.3\ \text{kW}$$

查附表 9 得 $K_d=0.1\sim0.15$(取 0.15),$\cos\varphi=0.5$,$\tan\varphi=1.73$,因此可得:

有功计算功率 $P_{30}=0.15\times16.3\ \text{kW}=2.45\ \text{kW}$

无功计算负荷 $Q_{30}=2.45\ \text{kW}\times1.73=4.24\ \text{kvar}$

视在计算负荷 $S_{30}=2.45\ \text{kW}/0.5=4.9\ \text{kVA}$

计算电流 $I_{30}=4.9\ \text{kVA}/(\sqrt{3}\times0.38\ \text{kV})=7.44\ \text{A}$

3.按二项式法确定三相用电设备组的计算负荷

按二项式法确定有功计算负荷的基本公式为

$$P_{30}=bP_e+cP_x \tag{3-16}$$

式中 $bP_e$——用电设备组的平均负荷,其中 $P_e$ 为用电设备组的设备,总计算方法与需要系数法相同；

$cP_x$——用电设备组中 $x$ 台容量最大的设备时增加的附加负荷，其中 $P_x$ 是 $x$ 台最大设备的设备标示容量；

$b$，$c$——二项式系数。

其余的计算负荷 $Q_{30}$、$S_{30}$ 和 $I_{30}$ 的计算公式与前述需要系数法相同。

必须注意，按二项式法确定计算负荷时，如果设备总台数 $n<2x$ 时，则 $x$ 要相应地取小一些，建议取为 $x=n/2$，且按“四舍五入”的修约规则取为整数。例如某机床电动机组只有 7 台电动机，而附表 10 规定，$x=5$，但这里的 $n=7<2x=10$，因此建议取，$x=7/2\approx 4$ 来计算，即取其中 4 台最大容量电动机的容量来计算 $P_x$。如果用电设备组只有 1～2 台设备时，就可认为 $P_{30}=P_x$，即 $b=1$，$c=0$。对于单台电动机，则 $P_{30}=P_n/\eta$，这里 $\eta$ 为电动机效率。当设备台数较少时，$\cos\varphi$ 也要适当取大。由于二项式法确定的计算负荷，不仅考虑了用电设备组的平均最大负荷，而且考虑了少数大容量设备投入运行时对总计算负荷的附加影响，因此二项式法较之需要系数法更适于确定设备台数较少而容量差别较大的低压分支干线的计算负荷。

**例题 3－3**　试用二项式法确定例 1 所述机修车间金属切削机床组的计算负荷。

**解**　由附表 9 得 $b=0.14$，$c=0.4$，$x=5$，$\cos\varphi=0.5$，$\tan\varphi=1.73$。而设备总容量为：

$P_e=101$ kW(见例题 1)

$x$ 台最大容量设备的容量为：

$P_x=P_5=11\ \text{kW}\times 1+7.5\ \text{kW}\times 3+4\ \text{kW}\times 1=37.5\ \text{kW}$

因此可求得其有功计算负荷为：

$0.14\times 101\ \text{kW}+0.4\times 37.5\ \text{kW}=29.14\ \text{kW}$

同理按公式可求得其无功功率计算负荷为：

$=29.14\ \text{kW}\times 1.73=50.4\ \text{kvar}$

可求得其视在功率计算负荷为：

$S_{30}=29.14\ \text{kW}/0.5=58.3\ \text{kVA}$

可求得其计算电流为：

$I_{30}=58.3\ \text{kVA}/(\sqrt{3}\times 0.38\ \text{kV})=88.6\ \text{A}$

比较例 1 和例 3 的计算结果可以看出，按二项式法计算的结果比按需要系数法计算的结果稍大，特别是在设备台数较少的情况下。供电设计的经验说明，选择低压分支干线或支路时，特别是用电设备台数少而各台设备容量相差悬殊时，宜采用二项式法计算。

## 三、多组用电设备计算负荷的确定

### 1. 用需要系数法确定多组用电设备计算负荷

确定多组用电设备的干线上或车间变电所低压母线上的计算负荷时，应考虑各组用电设备的最大负荷不同时出现的因素。因此在确定多组用电设备的计算负荷时，应结合具体情况对其有功负荷和无功负荷分别计入一个综合系数(又称同时系数或参差系数) $K_{\sum p}$ 和 $K_{\sum q}$。

总的有功计算功率：

$$P_{30}=K_{\sum p}\sum P_{30} \tag{3-17}$$

总的无功计算负荷:

$$Q_{30} = K_{\sum_q} \sum Q_{30} \tag{3-18}$$

以上两式中 $\sum P_{30.i}$ 和 $\sum Q_{30.i}$ ,分别为各组设备的有功和无功计算负荷之和。

总的视在计算负荷

$$S_{30} = \sqrt{P_{30}^2 + Q_{30}^2} \tag{3-19}$$

总的计算电流

$$I_{30} = \frac{S_{30}}{\sqrt{3}U_N} \tag{3-20}$$

注意:在计算多组设备总的计算负荷时,为了简化和统一,各组的设备台数不论多少,各组的计算负荷均按附表 9 所列的计算系数计算,而不必考虑因设备台数少而适当增大 $K_d$ 和 $\cos\varphi$ 的问题。

**例题 3-4** 某机工车间 380 V 线路上,接有流水作业的金属切削机床电动机 30 台共 85 kW,其中较大容量电动机有 11 kW 1 台,7.5 kW 3 台,4 kW 6 台,其他为更小容量的电动机。另有通风机 3 台,共 5 kW;电葫芦 1 个,3 kW($\varepsilon = 40\%$)。试确定各组的和总的计算负荷。

**解** 先求各组的计算负荷:

(1)机床组 查附表 9 得 $K_d = 0.18 \sim 0.25$(取 0.25),$\cos\varphi = 0.5$,$\tan\varphi = 1.73$,因此

$P_{30(1)} = 0.258\ 5\ \text{kW} = 21.3\ \text{kW}$

$Q_{30(1)} = 21.3\ \text{kW} \times 1.73 = 36.8\ \text{kvar}$

$S_{30(1)} = 21.3\ \text{kW}/0.5 = 42.6\ \text{kVA}$

$I_{30(1)} = 42.6\ \text{kVA}/\sqrt{3}(0.38) = 64.7\ \text{A}$

(2)通风机组 查附表 9 得 $K_d = 0.7 \sim 0.8$(取 0.8),$\cos\varphi = 0.8$, $\tan\varphi = 1.73$,因此

$P_{30(2)} = 0.8 \times 5\ \text{kW} = 4\ \text{kW}$

$Q_{30(2)} = 4\ \text{kW} \times 0.75 = 3\ \text{kvar}$

$S_{30(2)} = 4\ \text{kW}/0.8 = 5\ \text{kVA}$

$I_{30(2)} = 5\ \text{kVA}/(\sqrt{3} \times 0.38\ \text{kV}) = 7.6\ \text{A}$

(3)电葫芦 查附表 9 得 $K_d = 0.1 \sim 0.15$(取 0.55),$\cos\varphi = 0.5$,$\tan\varphi = 1.73$,而 $\varepsilon = 25\%$,故此设备为:

$$P_e = 3\ \text{kW} \times 2\sqrt{0.4} = 3.79\ \text{kW}$$

因此

$P_{30(3)} = 0.15 \times 3.79\ \text{kW} = 0.569\ \text{kW}$

$Q_{30(3)} = 0.569\ \text{kW} \times 1.73 = 0.984\ \text{kvar}$

$S_{30(3)} = 0.569\ \text{kW}/0.5 = 1.138\ \text{kVA}$

$I_{30(3)} = 1.138\ \text{kVA}/(\sqrt{3} \times 0.38\ \text{kV}) = 1.73\ \text{A}$

1 以上三组设备总的计算负荷(取 $K_{\sum q} = 0.95$, $K_{\sum Q} = 0.97$)为:

$P_{30} = 0.95(21.3 + 4 + 0.569)\ \text{kW} = 24.6\ \text{kW}$

$Q_{30} = 0.97\ \text{kW}(36.8 + 3 + 0.984)\text{kvar} = 39.6\ \text{kvar}$

$S_{30}=\sqrt{24.6^2+39.6^2}$ kVA = 46.6 kVA

$I_{30}=46.6$ kVA/($\sqrt{3}$0.38 kV) = 70.8 A

2.采用二项式法确定多组用电设备总的计算负荷

应考虑各组设备的最大负荷不同出现的因素。但不是计入一个小于 1 的综合系数 $K_\Sigma$。而是在各组设备中取其中一组最大的附加负荷$(cP_x)_{max}$，再加上各组的平均负荷 $bP_e$。由此可得总的有功计算负荷为：

$$P_{30}=\sum(bP_e)_i+(cP_x)_{max} \tag{3-21}$$

总的无功计算负荷为：

$$Q_{30}=\sum(bP_e\tan\varphi)_i+(cP_x)_{max}\tan\varphi_{max} \tag{3-22}$$

式中，$\tan\varphi$ 为最大附加负荷$(cP_x)_{max}$的设备组的平均功率因数角的正切值。

总的计算负荷：

$$S_{30}=\sqrt{P_{30}^2+Q_{30}^2} \tag{3-23}$$

总的计算电流

$$I_{30}=\frac{S_{30}}{\sqrt{3}U_N} \tag{3-24}$$

为了简化和统一，按二项式法计算多组设备总的计算负荷时，与前述按需要系数法计算一样，也不论各台设备台数多少，各组的计算负荷 $b,c,x$ 和 $\cos\varphi,\tan\varphi$ 等均按附表 9 所列数据。

**例题 3-5** 试用二项式法确定例 3 所述机工车间 380 V 线路上各组设备的和总的计算负荷。

**解** 先求各组的平均负荷，附加负荷和计算负荷

(1)机床组 查附表 9 得 $b=0.14, c=0.5, x=5, \cos\varphi=0.5, \tan\varphi=1.73$

因此 $bP_{e(1)}=0.14\times85$ kW = 11.9 kW

$cP_{x(1)}=0.5\times(11$ kW $\times1+7.5$ kW $\times3+4$ kW $\times1)=18.8$ kW

故

$P_{30(1)}=11.9$ kW + 11.8 kW = 30.7 kW

$Q_{30(1)}=30.7$ kW × 1.73 = 53.1 kvar

$S_{30(1)}=30.7$ kW/0.5 = 61.4 kVA

$I_{30(1)}=61.4$ kVA/($\sqrt{3}\times0.38$) = 93.3 A

(2)通风机组 查附表 9 得 $b=0.65, c=0.25, x=5, \cos\varphi=0.8, \tan\varphi=0.75$

因此 $bP_{e(2)}=0.65\times5$ kW = 3.25 kW

$cP_{x(2)}=0.25\times5$ kW = 1.25 kW

故

$P_{30(2)}=3.25$ kW + 1.25 kW = 4.5 kW

$Q_{30(2)}=4.5$ kW × 0.75 = 3.38 kvar

$S_{30(2)}=4.5$ kW/0.8 = 5.63 kVA

$I_{30(2)}=5.63$ kVA/($\sqrt{3}\times0.38$ kV) = 8.55 A

(3)电葫芦　查附表9得 $b=0.06,c=0.2,x=3,\cos\varphi=0.5,\tan\varphi=1.73$。电葫芦在 $\varepsilon=40\%$ 时 $P_N=3$ kW,换算到 $\varepsilon=25\%$ 时 $P_e=3.79$ kW(见例3)。

因此

$$bP_{e(3)}=0.06\times3.79\text{ kW}=0.227\text{ kW}$$

$$cP_{x(3)}=0.2\times3.79\text{ kW}=0.758\text{ kW}$$

故

$$P_{30(3)}=0.227\text{ kW}+0.758\text{ kW}=0.985\text{ kW}$$

$$Q_{30(3)}=0.985\text{ kW}\times1.73=1.70\text{ kvar}$$

$$S_{30(3)}=0.985\text{ kW}/0.5=1.97\text{ kVA}$$

$$I_{30(3)}=1.97\text{ kVA}/(\sqrt{3}0.38\text{ kV})=2.99\text{ A}$$

比较以上各组的附加负荷 $cP_x$ 可知,机床组的 $cP_{x(1)}=18.8$ kW 最大。因此总计算负荷为:

$$P_{30}=(11.9+3.25+0.227)\text{ kW}+18.8\text{ kW}=34.2\text{ kW}$$

$$Q_{30}=(11.9\times1.73+3.25\times0.75+0.22\times71.73)\text{ kvar}+18.8\text{ kvar}\times1.73=55.9\text{ kvar}$$

$$S_{30}=\sqrt{34.2^2+55.9^2}\text{ kVA}=65.5\text{ kVA}$$

$$I_{30}=65.5\text{ kVA}/(\sqrt{3}\times0.38\text{ kV})=99.5\text{ A}$$

**四、用户无功功率补偿及补偿后的用户计算负荷**

按《供电营业规则》规定:用户在当地供电企业规定的电网高峰负荷时的功率因数,100 kVA及以上的高压供电用户,不得低于0.90;其他电力用户,不得低于0.85。因此用户必须在充分发挥设备潜力,改善设备运行性能,提高自然功率因数的情况下,如果达不到要求,需要无功功率补偿。

补偿的一般方法是采用静态电容器组补偿。

要使功率因数 $\cos\varphi$ 提高到 $\cos\varphi'$,必须装设的无功功率补偿容量为:

$$Q_C=Q_{30}-Q'_{30}=P_{30}(\tan\varphi-\tan\varphi') \quad (3-25)$$

$$Q_C=\Delta q_c P_{30} \quad (3-26)$$

式中,$\Delta q_c$ 称为无功功率补偿率,是表示要使1*KW*的有功功率由 $\cos\varphi$ 提高到 $\cos\varphi'$ 所需要的无功功率补偿的kvar值。

在确定了总的补偿容量后,即可根据所选的并联电容器的单个容量来确定电容器的个数 $n$,$n=Q_C/q_c$ 既:,对于单相电容器,应取3的倍数,以便三相平衡。用户装设了无功装置以后,则在确定补偿装置装设地点以前的总负荷应扣除无功补偿容量 $Q_C$,即总的计算负荷:

$$Q'_{30}=Q_{30}-Q_C \quad (3-27)$$

无功补偿后的视在计算负荷:

$$S_{30}=\sqrt{P_{30}^2+(Q_{30}-Q_C)^2} \quad (3-28)$$

# 第三节 尖峰电流及其计算

## 一、尖峰电流的有关概念

尖峰电流是指持续时间 1~3 s 的短时最大负荷电流,例如电动机的启动电流等。

尖峰电流主要用来选择熔断器和低压断路器,整定继电器保护和检测电动机自起动条件等。

## 二、单台用电设备尖峰电流的计算

单台用电设备的尖峰电流就是其起动电流,因而尖峰电流为:

$$I_{pk} = I_{st} = K_{st} I_N$$

式中,$I_N$ 为用电设备的额定电流;$I_{st}$ 为用电设备的起动电流;$K_{st}$ 为用电设备的起动电流倍数,对笼型电动机 $K_{st} = 5 \sim 7$,绕线转子电动机 $K_{st} = 2 \sim 3$,直流电动机 $K_{st} = 1.7$,电焊变压器 $K_{st} = 3$ 或稍大。

## 三、多台用电设备尖峰电流的计算。

引至多台用电设备的线路上的尖峰电流按下式计算:

$$I_{pk} = K_{\sum} \sum_{i=1}^{n-1} I_{N.i} + I_{st.\max} \quad (3-29)$$

或

$$I_{pk} = I_{st} + (I_{st} - I_N)_{\max} \quad (3-30)$$

式中,$I_{st.\max}$ 和 $(I_{st} - I_N)_{\max}$ 分别为用电设备中起动电流与额定电流之差最大的那台用电设备的起动电流和它的起动电流与额定电流之差;$\sum_{i=1}^{n-1} I_{N.i}$ 为将 $I_{st} - I_N$ 为最大的设备除外的其他 $n-1$ 台设备的额定电流之和;$K_{\sum}$ 为上述 $n-1$ 台设备的综合系数(又称同时系数),按台数多少选取,一般为 0.7-1;$I_{30}$ 为全部用电设备投入运行时线路的计算电流。

**例题 3-6** 有一条 380 V 三相线路,供电给如下表 3-1 所示 5 台电动机。该线路的计算电流为 50 A。试求该线路的尖峰电流。

**解** 由表可知,M4 的 $I_{st} - I_N = 58\ \text{A} - 10\ \text{A} = 48\ \text{A}$ 在所有电动机中为最大,因此按式 $I_{pk} = I_{st} + (I_{st} - I_N)_{\max}$ 可得线路的尖峰电流为:

$$I_{pk} = 50\ \text{A} + (58\ \text{A} - 10)\text{A} = 98\ \text{A}$$

表 3-1 负荷资料

| 参数 | 电动机 | | | | |
|---|---|---|---|---|---|
| | M1 | M2 | M3 | M4 | M5 |
| 额定电流/A | 8 | 18 | 25 | 10 | 15 |
| 起动电流/A | 40 | 65 | 46 | 58 | 36 |

## 复习思考题

3-1 电力负荷按重要程度分哪几种？各级负荷对供电电源有何要求？

3-2 用电设备按工作制分哪几种？各有何工作特点？

3-3 什么叫负荷持续率？它表征哪类用电设备的工作特征？它与设备容量有何换算关系？

3-4 什么叫年最大负荷和年最大负荷利用小时？什么叫平均负荷和负荷曲线填充系数？

3-5 什么叫计算负荷？为什么计算负荷采用半小时最大负荷？

3-6 确定用电设备组计算负荷的需要系数法和二项式法各有什么特点？各适用于哪些场合？

3-7 再确定多组用电设备的视在计算负荷和计算电流时，可否将各组的视在计算负荷和计算电流分别直接相加？为什么？应如何正确计算？

3-8 什么叫尖峰电流？如何计算多台设备的尖峰电流？

# 第四章　供配电系统的保护

## 第一节　短路电流计算及供电系统保护

电力系统处于正常工作状态时，电网中的负载保持恒定不变，此时电压、电流、功率等也都保持不变，其值与负载阻抗有关。

短路是电力系统最严重的故障。所谓短路就是指用电设备或线路中不同极性(或不同相)的导电部分碰在一起或同时与金属船壳相碰(俗称搭壳)。在交流三相系统中，可能发生的短路故障有单相短路、二相短路和三相短路。

发生短路故障的原因很多，多数情况是由于电气设备或电线的绝缘材料本身老化、受机械损伤、操作不当等原因造成的。短路故障超过正常电流 10 倍以上的电流不但会直接导致电机、电器或电缆的烧毁，同时还会使导线与导线之间产生强大的电动力冲击而破坏电气设备。除此之外，短路电流还会导致电网电压的急聚下降及并联运行发电机间的失步，破坏电力系统的稳定运行，以致于最后会造成整个电力系统断电。所以当电力系统一旦某处发生短路故障时，要求保护装置能很快地将故障线路自动切断，以确保电气设备的安全和电力系统的正常运行。

在短路电流实际计算中，由于电磁和机电暂态过程复杂，同步发电机在暂态所产生的过程也十分复杂。发电机和电动机的数量最多，分布情况复杂，再加励磁和调速系统的影响，短路计算十分复杂繁琐，难于得到精确的数据。因此，通常采用简化和近似的计算。随着电子计算机的应用和先进的计算方法的引入，目前已有计算机进行快速和精确地计算短路电流的方法。即便如此，由于短路电路中各元件的参数不易获得，如果考虑方方面面的影响因素，短路电流计算数学模型也是计算机难以承受的高次微分方程，所以在计算时采用一定的简化和近似。

### 一、三相短路时的物理过程和物理量

船舶电力系统发生短路时，同步发电机所产生的过渡过程十分复杂。为了对短路时的一些概念有一个比较明确的了解，我们假定发电机的功率非常大，以至在电网发生短路时，其端电压仍然不变。船舶交流电力系统短路电流的简单计算，实际上是“无限大”容量电力系统的短路电流计算。

1.三相交流电路短路的简单分析

为了了解简单三相交流电路突然短路的瞬态过程的有关概念，假设电力系统三相交流电路是对称的，且暂时不考虑发电机内部瞬态过程的电流、电压规律，便可以了解整个三相交流电路的电流、电压的变化规律。

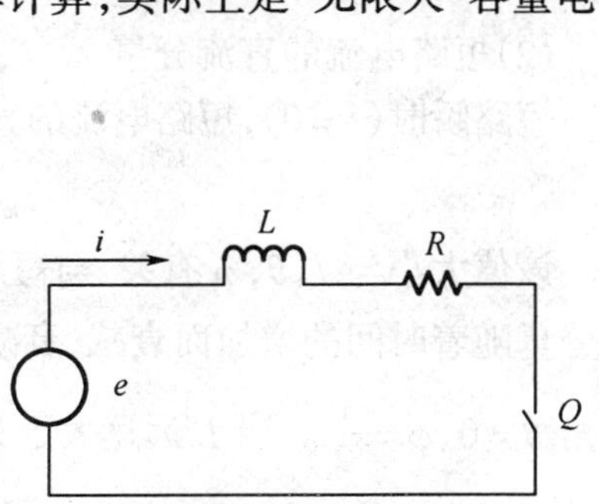

**图 4－1　无穷大电力系统短路的等值电路**

图 4－1 为“无限大”系统短路的等值电路(单相)，$e$ 为电源电动势，电感 $L$ 和电阻 $R$ 为短路线路的

综合电感和电阻。

$$e=\sqrt{2}E\sin(\omega t+\theta) \tag{4-1}$$

当合上 $Q$ 就是此“无限大”电力系统发生短路，其瞬态过程可用下述非线性方程式来表示

$$e(t)=Ri(t)+L\frac{\mathrm{d}i(t)}{\mathrm{d}t} \tag{4-2}$$

根据 $e(t)=\sqrt{2}E\sin(\omega t+\theta)$，先求得上式的通解，再根据初始条件 $t=0$ 时，$i=0$，求得 $i(t)$的解为

$$e=\sqrt{2}I\sin(\omega t+\theta-\varphi)-\sqrt{2}I\sin(\theta-\varphi)\mathrm{e}^{-\frac{1}{T_{dc}}}=i_{ac}+i_{bc} \tag{4-3}$$

$$I=\frac{E}{\sqrt{(\omega L)^2+R^2}}=\frac{E}{\sqrt{R^2+X^2}} \tag{4-4}$$

式中 $I$——短路电流交流分量有效值；

$E$——电源电动势有效值；

$T_{dc}$——时间常数：$T_{dc}=\frac{L}{R}=\frac{\tan\varphi}{\omega}$

$\omega$——角速度；

$f$——频率；

$\theta$——短路瞬间电压相位角(合闸相位角)；

$\varphi$——短路电路功率因数角，$\varphi=\tan^{-1}\frac{\omega L}{R}$

从式中可以看出，简单交流电路的短路电流 $i(t)$由稳态电流分量即周期分量 $i_{ac}$和直流分量即非周期分量 $i_{bc}$两部分组成。直流分量随时间而衰减，交流分量与直流分量合成三相短路全电流为非对称短路电流。短路电流的波形如图 4-2 所示。

(1)短路电流交流分量，即

$$i_{ac}(t)=\sqrt{2}I\sin(\omega t+\theta-\varphi) \tag{4-5}$$

可以知道，交流分量是一个稳态值，是正弦交变的周期函数，其最大值为$\sqrt{2}I$。短路瞬间($t=0$)，短路电流的交流分量(即短路周期分量初始值)为 $i_{ac}(0)=\sqrt{2}I\sin(\theta-\varphi)$。发生短路后，各个不同时间短路电流交流分量瞬时值不同，当 $\sin(\omega t+\theta-\varphi)=\pm1$ 时，其值最大 最大值在 $i_{acm}=\pm\sqrt{2}I$ 最大值在$\omega t+\theta-\varphi=\frac{\pi}{2}+k\pi\quad k=0,1,2,3\cdots\cdots$时出现。

(2)短路电流的直流分量

短路瞬时($t=0$)，短路电流的直流分量为

$$i_{dc}(0)=-\sqrt{2}I\sin(\theta-\varphi) \tag{4-6}$$

该值大小与 $I,\theta,\varphi$ 有关，与短路瞬时短路电流交流分量 $i_{ac}(0)$大小相等，方向相反。直流分量随着时间的增加而衰减，衰减快慢取决于时间常数。当 $\sin(\theta-\varphi)=-1$，即合闸初相角 $\theta=0$、$\varphi=\frac{\pi}{2}$。当 $L$ 远远大于 $R$ 时，$i_{dc}(0)$为最大值$\sqrt{2}I$，得到非对称最大峰值，$\theta=0$ 为非对称最大峰值合闸相位角。

2. 非对称短路电流的最大峰值

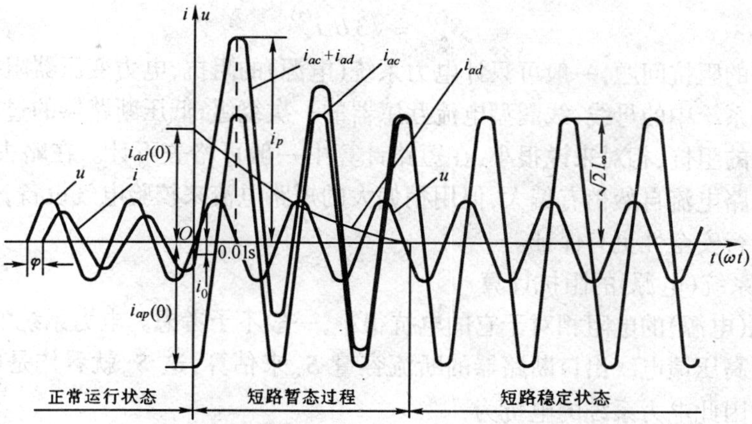


图 4-2　无限大电力系统供电的电路短路电流波形

非对称短路电流最大峰值一般称为冲击短路电流，从短路电流波形可看出，近似地认为在非周期分量初始值为最大值时的相位角（$\theta=\varphi-\frac{\pi}{2}$）。且对称短路电流为最大时，既 $\omega t=\pi$ 或 $t=\frac{T}{2}$时，亦即在短路发生后第一个半周期出现，最大非对称短路电流：

$$I_p=\sqrt{2}I+\sqrt{2}I\mathrm{e}^{-\frac{\pi}{\tan\varphi}}=\sqrt{2}(1+\mathrm{e}^{-\frac{\pi}{\tan\varphi}})I \tag{4-7}$$

最大非对称短路电流是在时出现的短路全电流，它是对称电流有效值的 $n$ 倍，亦称为冲击系数。

$$n=\sqrt{2}(1+\mathrm{e}^{-\frac{\pi}{\tan\varphi}} \tag{4-8}$$

### 三、短路计算的一般方法

1.采用欧姆法进行三相短路计算

欧姆法是因其短路计算中的阻抗都采用有名单位“欧姆”而得名，亦称有名单位制法。在无限大容量系统中发生三相短路时，其三相短路电流周期分布有效值可用下式计算：

$$I_k^{(3)}=\frac{U_c}{\sqrt{3}\left|Z_{\sum}\right|}=\frac{U_c}{\sqrt{3}\sqrt{R_{\sum}^2+X_{\sum}^2}} \tag{4-9}$$

式中，$U_c$ 为短路计算的短路计算电压，由于线路首端短路时其短路最为严重，因此按线路首端电压考虑，即短路计算电压取比线路额定电压 $U_N$ 高 5%，按我国电压标准，$U_c$ 为 0.4，0.69，3.15，6.3，10.5，37 等 kV；$Z_{\sum}$，$R_{\sum}$ 和 $X_{\sum}$ 分别为短路电路的总阻抗，总电阻和总电抗。

在高压电路的短路计算中，通常 $R_{\sum}\ll X_{\sum}$，因此可只计 $X_{\sum}$，不计 $R_{\sum}$。在低电压电路的短路计算中，也只有 $R_{\sum}>X_{\sum}/3>/3$ 时才需要计入电阻。

如果不计电阻，则三相短路电流周期分量有效值为：

$$I_k^{(3)}=\frac{U_c}{\sqrt{3}X_{\sum}} \tag{4-10}$$

三相短路电流容量按下式计算：

$$S_k^{(3)} = \sqrt{3} U_k I_k^{(3)} \tag{4-11}$$

关于短路电路的阻抗问题，一般可只计电力系统（电源）的阻抗，电力变压器阻抗和电力线路阻抗。而供电系统中的母线，线圈型电流互感器的一次绕组，低压断路器的过电流脱扣线圈及开关触头等的阻抗，相对来说很小，在短路计算中一般可略去不计。在略去上述阻抗后，计算所得的短路电流自然稍有偏大，但用稍偏大的短路电流来校验电气设备，倒可以使所选电气设备的运行安全性更有保证。

(1) 电力系统（电源）的阻抗计算

电力系统（电源）的电阻相对于它的电抗很小，一般不予考虑。电力系统的电抗，可用电力系统变电所高压馈电线出口断路器的断流容量 $S_{oc}$ 来估算，这 $S_{oc}$ 就看作是电力系统的极限短路容量。因此电力系统的电抗为：

$$X_S = \frac{U_c^2}{S_{oc}} \tag{4-12}$$

式中，$U_c$ 为高压馈电线的短路计算电压，但为了便于短路电路总阻抗的计算，免去阻抗换算的麻烦，此式的 $U_c$ 可直接采用短路计算点的短路计算电压；$S_{oc}$ 为电力系统出口断路器的熔断容量。如果只有开断电流 $I_{oc}$ 数据，则其断流容量可按下式求得：

$$S_{oc} = \sqrt{3} U_N I_{oc} \tag{4-13}$$

式中，$U_N$ 为断路器额定电压。

(2)电力变压器的阻抗计算

①电力变压器的阻抗 $R_T$，可由变压器的短路损耗 $\Delta P_k$（即负载损耗 $\Delta P_L$）近似计算：

因
$$\Delta P_k = 3I_N^2 R_T = 3 \times \left(\frac{S_N}{\sqrt{3} U_N}\right)^2 R_T = \left(\frac{S_N}{U_c}\right)^2 R_T$$

故
$$R_T \approx \Delta P_k \left(\frac{U_c}{S_N}\right)^2 \tag{4-14}$$

式中，$U_c$ 可取短路计算点的短路计算电压，以免阻抗换算；$S_N$ 为变压器的额定容量；$\Delta P_k$ 为变压器的短路损耗。

②电力变压器的 $X_T$ 可由变压器的阻抗电压 $U_z\%$（即短路电压 $U_k\%$）近似计算：

因
$$U_z\% = \frac{\sqrt{3} I_N X_T}{U_c} \times 100 \approx \frac{S_N X_T}{U_c^2} \times 100$$

故
$$X_T = \frac{U_z\% U_c^2}{100 S_N} \tag{4-15}$$

式中，$U_z\%$ 为电力变压器的阻抗电压百分值。

(3)电力线路的阻抗计算

①电力线路的电阻 $R_{WL}$ 可由导线电缆的单位长度电阻 $R_0$ 值求得，即

$$R_{WL} = R_0 l \tag{4-16}$$

式中，$R_0$ 为导线电缆单位长度的电阻，可查有关手册或产品样本（参看附表 7-8）；$l$ 为线路长度。

②电力线路的电抗 $X_{WL}$ 可由导线电缆的单位长度电抗 $X_0$ 值求得，即

$$X_{WL} = X_0 l \tag{4-17}$$

式中，$X_0$ 为导线电缆单位长度的电抗，可查有关手册或产品样本(参看附表 7－8)；如果线路的结构数据不祥，无法查找时，可按下表取其电抗平均值，因而同一电压的同类线路的电抗值变动的幅度一般不大，这从附表 7－8 可以看出；$l$ 为线路长度。

**表 4－1　电力线路每相的单位长度电抗平均值**

| 线路结构 | 单位长度电抗平均值(欧/千米) | | |
|---|---|---|---|
| | 220/380 V | 6～10 kV | 35 kV 及以上 |
| 架空线路 | 0.32 | 0.35 | 0.4 |
| 电缆线路 | 0.066 | 0.08 | 0.12 |

求出短路电路中各主要元件的阻抗后，就化简电路，求出其等效总阻抗，然后按前面式(4－9)或式(4－10)计算其三相短路周期分量 $I_k^{(3)}$，再按有关公式计算其他短路电流 $I''^{(3)}$，$I_\infty^{(3)}$ 和 $i_{sh}^{(3)}$ 等，并按式(6－11)计算三相短路容量 $S_k^{(3)}$。

必须注意：在计算短路电路的阻抗时，假如电路内含有电力变压器，则电路内各元件的阻抗都应统一换算到短路点的短路计算电压中去。阻抗等效换算的条件是元件的功率损耗不变。

由 $\Delta P = U^2/R$ 和 $\Delta Q = U^2/X$ 可知，元件的阻抗值与电压平方成正比，因此阻抗换算的公式是：

$$R' = R\left(\frac{U'_c}{U_c}\right)^2$$

$$X' = X\left(\frac{U'_c}{U_c}\right)^2$$

式中　$R$——换算前元件的电阻；

$X$——换算前元件的电抗；

$U_c$——换算前元件所在处的短路计算电压；

$R'$——换算后元件的电阻；

$X'$——换算后元件的电抗；

$U'_c$——短路计算点的短路计算电压。

就短路计算中考虑的几个主要元件的阻抗来说，只有电力线路的阻抗有时需要换算。例如计算低压侧的短路电流时，高压侧线路的阻抗就需要换算到底压侧去。而电力系统和电力变压器的阻抗，由于其阻抗计算公式中均含有 $U_c^2$，因此在计算其阻抗时，公式中的 $U_c$ 直接代以短路计算点的短路计算电压，就相当于阻抗已经换算到短路计算点一侧了。

**例题 4－1**　某供配电系统如图 4－3 所示。已知电力系统出口断路器为 SN10－10II 型。试求该用户变电所高压 10 kV 母线上空 $k-1$ 点短路和低压 380 V 母线上 $k-2$ 点短路的三相短路电流和短路容量。

**解**　求 $k-1$ 点的三相短路电流和短路容量($U_{c1} = 10.5\ kV$)

(1)计算短路电路中各元件的电抗和总电抗

①电力系统的电抗：由附表 3 可查得 SN10－10II 型断路器的断流容量 $S_{oc} = 500$ MVA，因此

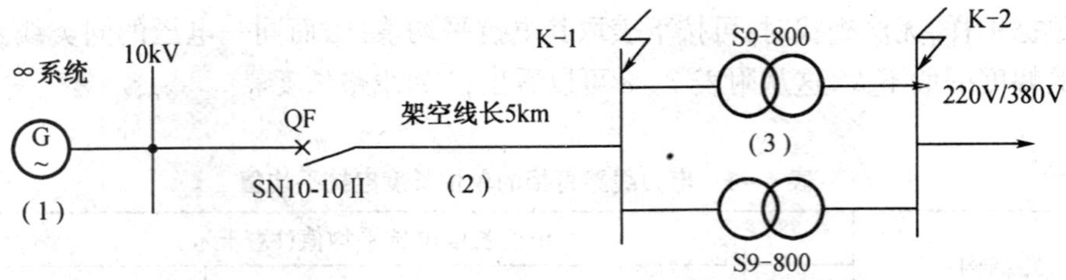


图 4-3

$$X_1=\frac{U_{c1}^2}{S_{oc}}=10.5)^2/500\ \text{MVA}=0.22\ \Omega$$

②架空线路的电抗:如表 6-1 查得 $X_0=0.35\ \Omega/\text{km}$,因此

$$X_2=X_0 l=0.35\ \Omega/\text{km}\times 5\ \text{km}=1.75\ \Omega$$

③绘 $k-1$ 点的等效电路如图 4-4(a)所示,并计算其总电抗如下:

$$X_{\sum(k-1)}=X_1+X_2=0.22\ \Omega+1.75\ \Omega=1.97\ \Omega$$

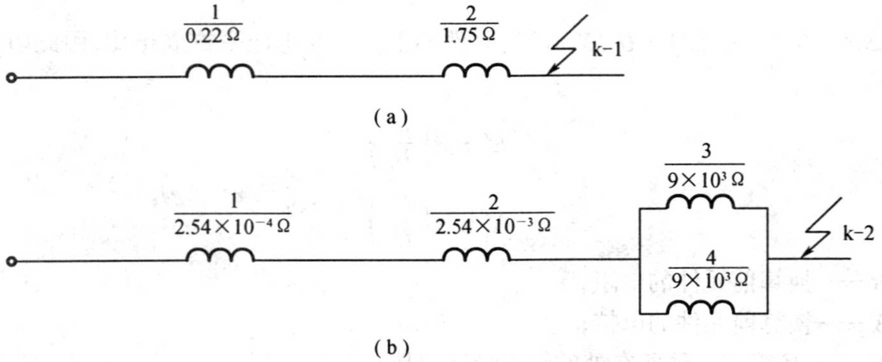


图 4-4 短路等效电路图(欧姆法)

(2)计算三相短路电流和短路容量

①三相短路电流周期分量有效值:

$$I_{k-1}^{(3)}=\frac{U_{c1}}{\sqrt{3}X_{\sum(k-1)}}=10.5/(\sqrt{3}\times 1.97)=3.08\ \text{kA}$$

②三相短路次暂态电流和稳态电流有效值:

$$I''^{(3)}=I_{\infty}^{(3)}=I_{k-1}^{(3)}=3.08\ \text{kA}$$

③三相短路冲击电流及第一个周期短路全电流有效值:

$$i_{sh}^{(3)}=2.55I''^{(3)}=2.55\times 3.08\ \text{kA}=7.85\ \text{kA}$$

$$I_{sh}^{(3)}=1.51I''^{(3)}=1.51\times 3.08\ \text{kA}=4.65\ \text{kA}$$

④三相短路容量:

$$S_{k-1}^{(3)}=\sqrt{3}U_{c1}I_{k-1}^{(3)}=\sqrt{3}\times 10.5\ \text{kVA}\times 3.08\ \text{kA}=56.0\ \text{MVA}$$

2.求 $k-2$ 点三相短路电流和短路容量($U_{c2}=0.4\ \text{kV}$)

(1)计算短路电路中各元件的电抗和总电抗

①电力系统的电抗：

$$X_1' = \frac{U_{c2}^2}{S_{oc}} = (0.4)^2/500\ \text{MVA} = 3.2\times 10^{-4}\ \Omega$$

②架空线路的电抗：如表 6－1 查得 $X_0 = 0.35\ \Omega/\text{km}$，因此

$$X' = X_0 l\left(\frac{U_{c2}}{U_{c1}}\right)^2 = 0.35\ \Omega/\text{km}\times 5\ \text{km}\times\left(\frac{0.4\ \text{kV}}{10.5\ \text{kV}}\right)^2 = 2.54\times 10^{-3}\ \Omega$$

③电力变压器的电抗：

$$X_3 = X = \frac{U_z\%U_{c2}^2}{100S_N} = \frac{4.5}{100}\times\frac{(0.4\ \text{kV})^2}{800\ \text{kVA}} = 9\times 10^{-6}\ \text{k}\Omega = 9\times 10^{-3}\ \Omega$$

④计算其总电抗如下：

$$X_{\sum(k-2)} = X_1' + X_2' + X_3 \mathbin{//} X_4 = X_1' + X_2' + \frac{X_3X_4}{X_3+X_4}$$

$$= 3.2\times 10^{-4}\ \Omega + 2.54\times 10^{-3}\ \Omega + 9\times 10^{-3}\ \Omega/2 = 7.36\times 10^{-3}\ \Omega$$

(2)计算三相短路电流和短路容量

①三相短路电流周期分量有效值：

$$I_{k-2}^{(3)} = \frac{U_{c2}}{\sqrt{3}X_{\sum(k-2)}} = 0.4\ \text{kV}/(\sqrt{3}\times 7.36\times 10^{-3}\ \Omega) = 31.4\ \text{kA}$$

②三相短路次暂态电流和稳态电流有效值：

$$I''^{(3)} = I_\infty^{(3)} = I_{k-2}^{(3)} = 31.4\ \text{kA}$$

③三相短路冲击电流及第一个周期短路全电流有效值：

$$i_{sh}^{(3)} = 1.84I''^{(3)} = 1.84\times 31.4\ \text{kA} = 57.8\ \text{kA}$$

$$i_{sh}^{(3)} = 1.09I''^{(3)} = 1.09\times 31.4\ \text{kA} = 34.2\ \text{kA}$$

④三相短路容量

$$S_{k-2}^{(3)} = \sqrt{3}U_{c2}I_{k-2}^{(3)} = \sqrt{3}\times 0.4\ \text{kVA}\times 31.4\ \text{kA} = 21.8\ \text{MVA}$$

2.采用标幺制法进行三相短路计算

标幺制法因其短路计算中的有关物理量是采用标幺值(相对值)而得名，又称相对单位制法。

某一物理量的标幺值 $A_d^*$，为该物理量的实际值 $A$ 与所选定的基准值 $A_d$ 的比值，即

$$A_d^* \overset{def}{=\!=} \frac{A}{A_d} \tag{4－18}$$

按标幺值法进行短路计算时，须先选定基准容量 $S_d$ 和基准电压 $U_d$。

基准容量，工程设计中通常取 $S_d = 100\ \text{MVA}$。

基准电压，通常取元件所处的短路计算电压，即取 $U_d = U_c$。

选定了基准容量 $S_d$ 和基准电压 $U_d$ 之后，可按下式计算基准电压：

$$I_d = \frac{S_d}{\sqrt{3}U_d} = \frac{S_d}{\sqrt{3}U_c} \tag{4－19}$$

下面分别讲述供配电系统中各主要元件的电抗标幺值的计算(取 $Sd100MVA$，$UdUc$)。

(1)电力系统的电抗标幺值

$$X_S^* = \frac{X_S}{X_d} = \frac{U_c^2}{S_{oc}} \bigg/ \frac{U_c^2}{S_d} = \frac{S_d}{S_{oc}} \tag{4-20}$$

(2)电力变压器的电抗标幺值

$$X_T^* = \frac{X_T}{X_d} = \frac{U_z\% U_c^2}{100 S_N} \bigg/ \frac{U_c^2}{S_d} = U_z\% S_d / 100 S_N \tag{4-21}$$

(3)电力线路的电抗标幺值

$$X_{WL}^* = \frac{X_{WL}}{X_d} = \frac{X_0 l}{U_c^2 / S_d} = X_0 l \frac{S_d}{U_c^2} \tag{4-22}$$

求出短路电路中各主要元件的电抗标幺值后,即可利用其等效电路图进行电路化简,计算其总电抗标幺值 $X_{\sum}^*$ 。由于各元件电抗采用标幺值,与短路点电压无关,因此无须进行电压换算,这也是标幺值法较之欧姆法优越之处。

无限大容量系统三相短路电流周期分量有效值的标幺值按下式计算:

$$I_k^* = \frac{I_k^{(3)}}{I_d} = \frac{U_c}{\sqrt{3} X_{\sum}} \bigg/ \frac{S_d}{\sqrt{3} U_c} = \frac{U_c^2}{S_d X_{\sum}} = \frac{1}{X_{\sum}^*} \tag{4-23}$$

由此可求三相短路电流周期分量有效值:

$$I_k^{(3)} = I_k^{(3)*} I_d = \frac{I_d}{X_{\sum}^*} \tag{4-24}$$

求得 $I_k^{(3)}$ 后,即可利用前面的有关公式计算 $I''^{(3)}$, $I_\infty^{(3)}$, $I_{sh}^{(3)}$, $i_{sh}^{(3)}$ 等。

三相短路容量的计算公式为:

$$S_k^{(3)} = \sqrt{3} U_c I_k^{(3)} \frac{I_d}{X_{\sum}^*} \tag{4-25}$$

**例题 4-2** 试用标幺值法计算例 1 所示供电系统中 $k-1$ 点和 $k-2$ 点的三相短路电流和短路容量。

**解** 确定基准量

取 $S_d = 100$ MVA, $U_{d1} = U_{c1} = 10.5$ kV, $U_{d2} = U_{c2} = 0.4$ kV

而

$$I_{d1} = \frac{S_d}{\sqrt{3} U_{c1}} = \frac{100 \text{ kVA}}{\sqrt{3} \times 10.5 \text{ kVA}} = 5.50 \text{ kA}$$

$$I_{d2} = \frac{S_d}{\sqrt{3} U_{c2}} = \frac{100\text{kVA}}{\sqrt{3} \times 0.4\text{kVA}} = 144 \text{ kA}$$

(2)计算短路电路中各主要元件的电抗标幺值

①电力系统的电抗标幺值:由附表 3 查得 SN10-10II 型断路器的 500 MVA,因此

$$X_1^* = \frac{S_d}{S_{oc}} = \frac{100 \text{ MVA}}{500 \text{ MVA}} = 0.2$$

②电力线路的电抗标幺值:由附表查得 $X_0 = 0.35$ Ω/km,因此

$$X_2^* = X_0 l \frac{S_d}{U_{c1}^2} = 0.35 \text{ Ω/km} \times 5 \text{ km} \times \frac{100 \text{ MVA}}{(10.5 \text{ kV})^2} = 1.59$$

③电力变压器的电抗标幺值

$$X_3^* = X_3^* = U_z\% S_d / 100 S_N = \frac{4.5 \times 100 \times 10^3 \text{ kVA}}{100 \times 800 \text{ kVA}} = 5.625$$

绘短路等效电路如图 4-5 所示。图上标出各元件的符号(分子)和电抗标幺值(分母),

并标出短路计算点 $k-1$ 和 $k-2$。

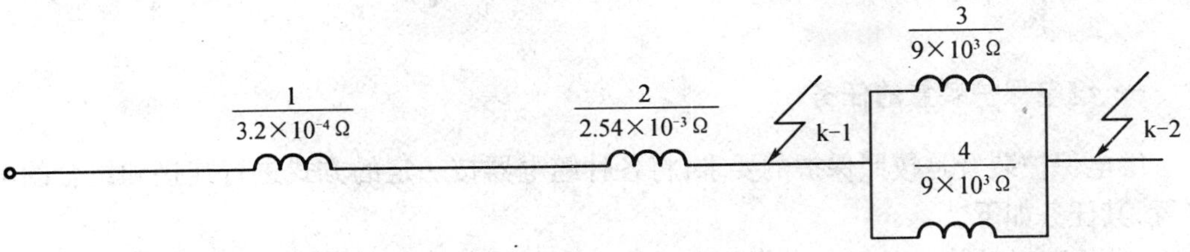


**图 4－5　短路等效电路图(标幺值法)**

(3)求 $k-1$ 点的短路电路总阻抗标幺值及三相短路电流和短路容量

①总阻抗标幺值

$$X^*_{\sum(k-1)} = X^*_1 + X^*_2 = 0.2 + 1.59 = 1.79$$

②三相短路电流周期分量有效值

$$I^{(3)}_{k-1} = \frac{I_{d1}}{X^*_{\sum(k-1)}} = 5.50\ \text{kA}/1.79 = 3.07\ \text{kA}$$

③其他三相短路电流

$$I''^{(3)} = I^{(3)}_{\infty} = I^{(3)}_{k-1} = 3.07\ \text{kA}$$

$$i^{(3)}_{sh} = 2.55I''^{(3)} = 2.55 \times 3.07\ \text{kA} = 7.83\ \text{kA}$$

$$I^{(3)}_{sh} = 1.51I''^{(3)} = 1.51 \times 3.07\ \text{kA} = 4.64\ \text{kA}$$

④三相短路容量

$$S^{(3)}_{k-1} = \frac{S_d}{X^*_{\sum(k-1)}} = 100\ \text{MVA}/1.79 = 55.9\ \text{MVA}$$

(4)求 $k-2$ 点的短路电路总电抗标幺值及三相短路电流和短路容量

①总阻抗标幺值

$$X^*_{\sum(k-2)} = X^*_1 + X^*_2 + X^*_3 \ /\!/\ X^*_4 = 0.2 + 1.59 + 5.625/2 = 4.60$$

②三相短路电流周期分量有效值

$$I^{(3)}_{k-2} = \frac{I_{d2}}{X^*_{\sum(k-2)}} = \frac{144\ \text{kA}}{4.60} = 31.3\ \text{kA}$$

③其他三相短路电流

$$I''^{(3)} = I^{(3)}_{\infty} = I^{(3)}_{k-1} = 31.3\ \text{kA}$$

$$i^{(3)}_{sh} = 1.84I''^{(3)} = 1.84 \times 31.3\ \text{kA} = 57.6\ \text{kA}$$

$$I^{(3)}_{sh} = 1.09I''^{(3)} = 1.09 \times 31.3\ \text{kA} = 34.1\ \text{kA}$$

④三相短路容量

$$S^{(3)}_{k-2} = \frac{S_d}{X^*_{\sum(k-2)}} = 100\ \text{MVA}/4.6 = 2.17\ \text{MVA}$$

## 第二节　继电保护的任务与要求

### 一、继电保护装置的任务

继电保护装置是按照保护的要求，将各种继电器按一定的方式进行连接和组合的电气装置，其任务如下。

(1)故障时动作并跳闸　在供配电系统出现故障时，反映故障的继电保护装置动作，使最近的断路器跳闸，切除故障部分，使系统的其他部分恢复正常运行，同时发出信号，提醒运行值班人员及时处理。

(2)异常状态时发出报警信号　在供配电系统出现不正常工作状态(如过负荷或出现故障苗头)时，有关继电保护装置发出报警信号，提醒运行值班人员及时处理，消除异常工作状态，以免发展为故障。

### 二、继电保护的基本要求

(1)选择性　当供配电系统发生故障时，离故障点最近的保护装置动作，切除故障，而系统的其他部分仍正常运行。满足这一要求的动作称为选择性动作。如果系统发生故障时，靠近故障点的保护装置不动作(拒绝动作)，而离故障点远的前一级保护装置动作(越级动作)，就叫做失去选择性。

(2)可靠性　保护装置在应该动作时就应该动作，不应该拒绝动作；而在不应该动作时就不应该误动作。保护装置的可靠程度，与保护装置的元件质量、接线方案，以及安装、整定和运行维护等多种因素有关。

(3)速动性　为了防止故障扩大，减小故障的危害程度，并提高电力系统的稳定性，因此在系统发生故障时，继电保护装置应尽快地动作，切除故障。

(4)灵敏度　这是表征保护装置对其保护区内故障和不正常工作状态反应能力的一个参数。如果保护装置对其保护区内极其轻微的故障都能及时地反应动作，则说明保护装置的灵敏度高。灵敏度用灵敏系数来衡量。

对过电流保护，其灵敏系数的定义为

$$S_p \overset{\text{def}}{=\!=} \frac{I_{k.\min}}{I_{op1}} \tag{4-26}$$

式中　$I_{k.\min}$——保护装置的保护区末端在系统最小运行方式时的最小短路电流；

$I_{op1}$——保护装置的一次侧动作电流，即保护装置动作电流 $I_{op}$ 换算到一次电路侧的值。

对低电压保护，其灵敏系数的定义为

$$S_p \overset{\text{def}}{=\!=} \frac{U_{op1}}{U_{k.\max}} \tag{4-27}$$

式中　$U_{k.\max}$——保护装置的保护区末端短路时，在保护装置安装处母线上的最大残余电压；

$U_{op1}$——保护装置的一次侧动作电压，即保护装置动作电压换算到一次电路侧的值。

在 GB50062－1992《电力装置的继电保护和自动装置设计规范》中，对各种继电保护的灵敏系数均有一个最小值的规定，应以此作为各种继电保护灵敏度检验的依据。以上四项要求对于一个具体的保护装置来说，不一定都是同等重要的，而是往往有所侧重。例如对电力变压器，由于它是供配电系统中最关键的设备，因此对它的保护装置的灵敏度要求较高；而对一般电力线路的保护装置，其灵敏度要求可低一些，但其选择性要求较高。又例如，在无法兼顾保护选择性和速动性的情况下，为了快速切除故障以保护某些关键设备，或者为了尽快恢复系统的正常运行，有时甚至牺牲选择性来保证速动性。继电保护装置除了满足上述四项基本要求外，还应便于调试和维修，并且尽可能满足系统运行所要求的灵活性。

## 第三节　常用的保护继电器及其接线和操作方式

### 一、继电器的分类

继电器是一种在其输入的物理量(包括电气量和非电气最)达到规定值时，其电气量输出电路被接通或分断的自动电器。

继电器按其输入量的性质分为电气继电器和非电气继电器两类。按其用途分为控制继电器和保护继电器两类。前者用于自动控制电路，后者用于继电保护电路。保护继电器按其在继电保护电路中的功能分为测量继电器和无测量继电器两类。

### 二、常用的机电型保护继电器

1. 电磁式电流继电器和电压继电器

这两种继电器在继电保护装置中均为启动元件，属测量继电器。

(1)常用的 DL－10 系列电磁式电流继电器　它的基本结构如图 4－6 所示。当继电器线圈中通过的电流达到动作值时，使固定在转轴上的 Z 形钢舌片被铁芯吸引而偏转，导致继电器触点切换，使动合(常开)触点闭合，动断(常闭)触点断开，这就称为继电器动作。当线圈断电时，Z 形钢舌片被释放，继电器返回。过电流继电器线圈中的使继电器动作的最小电流称为继电器的动作电流，用 $I_{op}$ 表示。过电流继电器线圈中的使继电器由动作状态返回到起始位置的最大电流称为继电器的返回电流 $r_{re}$。继电器的返回电流与动作电流的比值称为继电器的返回系数，即

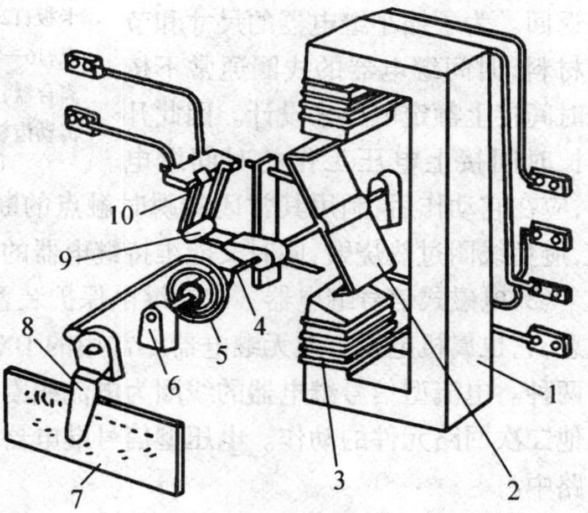


**图 4－6　DL－10 系列电磁式电流继电器的内部结构**

1—铁芯；2—钢舌片；3—线圈；4—转轴；5—作用弹簧；6—轴承；7—标度盘牌；8—启动电流调节转杆；9—动触点；10—静触点

$$K_{re} \stackrel{\text{def}}{=\!=} \frac{I_{re}}{I_{op}} \tag{4-8}$$

对于过电流继电器，$K_{re}<1$，一般为 0.8～0.85。$K_{re}$ 越接近于 1，说明继电器越灵敏。如果过电流继电器的 $K_{re}$ 过低，则可能使保护装置发生误动作，这将在后面讲过电流保护动作

电流整定时加以说明。电磁式电流继电器的动作电流有两种调节方法。

①平滑调节　拨动调节转杆来改变弹簧的反作用力矩，可平滑地调节动作电流值。

②级进调节　利用两个线圈的串联和并联来调节，当两个线圈由串联改为并联，动作电流将增大一倍。反之，由并联改为串联时，动作电流将减小一半。这种电流继电器的动作很快，可认为是“瞬时”动作的，因此它是一种瞬时电器。

(2)电磁式时间继电器　它在继电保护装置中用来获得所需要的延时，属于机电式有或无继电器。常用的 DS-110，120 系列电磁式时间继电器的基本结构如图 4-7 所示。当继电器线圈接上工作电压时，铁芯被吸入，使被卡住的一套钟表机构被释放，同时切换瞬时触点。在拉引弹簧作用下，经过整定的时间，使主触点闭合。继电器的时限可借改变主静触点与主动触点的相对位置来调整，调整的时间范围标在标度盘上。当继电器的线圈断电时，继电器在返回弹簧的作用下返回。为了缩小继电器的尺寸和节约材料，时间继电器的线圈通常不按长时间接上额定电压来设计。因此凡需长时间接上电压工作的时间继电器，应在它动作后，利用其常闭的瞬时触点的断开，使其线圈串入限流电阻，以限制线圈电流，避免线圈过热烧毁，同时又能维持继电器的动作状态。

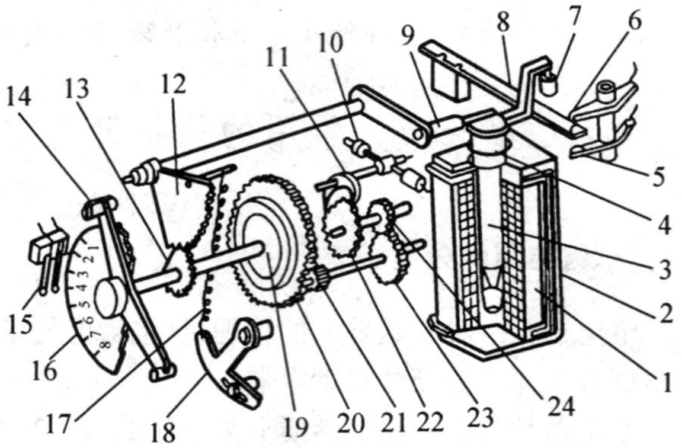


**图 4-7　DS-110、120 系列电磁式时间继电器的内部结构**

1—线圈；2—铁芯；3—可动铁芯；4—返回弹簧；5，6—瞬时静触头；7—绝缘件；8—瞬时动触点；9—压杆；10—平衡锤；11—摆动卡板；12—扇形齿轮；13—传动齿轮；14—主动触点；15—上静触点；16—标度盘；17—拉引弹簧；18—弹簧拉力调节器；19—摩擦离合器；20—主齿轮；21—小齿轮；22—掣轮；23，24—钟表机构传动齿轮

(3)电磁式信号继电器　它在继电保护装置中用来发出指示信号，以提醒运行值班人员注意，它也属机电式有或无继电器。常用的 DX-11 型电磁式信号继电器有电流型和电压型两种。电流型信号继电器的线圈为电流线圈，串联在二次回路内，由于其阻抗小，不影响其他二次回路元件的动作。电压型信号继电器的线圈为电压线圈，阻抗大，只能并联在二次回路中。

(4)电磁式中间继电器　电磁式中间继电器在继电保护装置中用作辅助继电器，以弥补主继电器触点数量或触点容量的不足。它通常接在保护的出口回路中，用以接通断路器的跳闸线圈，所以它又称出口继电器。中间继电器也属机电式有或无继电器。

2.感应式电流继电器

它兼有上述电磁式电流继电器、时间继电器、信号继电器和中间继电器的功能，而且可用来同时实现过电流保护和电流速断保护，从而可使继电保护装置大大简化，减少投资，因此在用户的中小型变配电所中应用极为广泛。感应式电流继电器属测量继电器。常用的 GL-10，20 系列感应式电流继电器的内部结构如图 4-8 所示，它由感应元件和电磁元件两大部分组成。感应元件主要包括线圈 1、带短路环 3 的铁芯 2 及装在可偏转的框架 6 上的转动铝盘 4。电磁元件主要包括线圈 1、铁芯 2 和衔铁 15。其中线圈 1 和铁芯 2 是两组元件共用的。

## 三、继电保护装置的接线方式

过电流的继电保护装置中，启动继电器与电流互感器之间的连接主要有两相两继电器式和两相一继电器式两种接线方式。

1.两相两继电器式接线

图4-9是两相两继电器式接线。这种接线如果一次电路发生三相短路或任意两相短路时，都至少有一个继电器要动作，从而使一次电路的断路器跳闸。为了表述继电器电流 $I_{KA}$ 与电流互感器二次电流 $I_2$ 的关系，特引入一个接线系数(wining coefficient) $K_W$，其定义式为

$$K_W \overset{\text{def}}{=\!=} \frac{I_{KA}}{I_2} \qquad (4-29)$$

两相两继电器式接线在一次电路发生任何形式的相间短路，其 $K_W=1$，保护装置的灵敏度都相同。

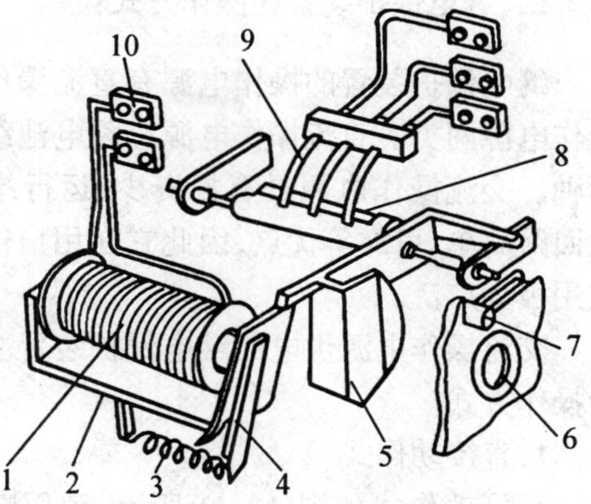


**图4-8　GL-10,20系列感应式电流继电器的内部结构**

1—线圈；2—铁芯；3—短路环；4—可转铝盘；5—钢片；6—可偏转铝框架；7—调节弹簧；8—制动永久磁铁；9—扇形齿轮；10—蜗杆；11—扁杆；12—继电器触点；13—时限调节螺杆；14—速断电流调节螺钉；15—衔铁；16—动作电流调节插销

2.两相一继电器式接线

图4-10是两相一继电器式接线。这种接线正常工作时，流入继电器的电流为两相电流互感器二次电流之差，因此又称两相电流差接线。在其一次电路发生三相短路时，流入继电器的电流为互感器二次电流的$\sqrt{3}$倍，即 $K_W^{(3)}=\sqrt{3}$。在其一次电路的其他两相发生短路时，流入继电器的电流为互感器二次电流的2倍，即 $K_W=2$。在其一次电路与接继电器的相关两相发生短路时，流入继电器的电流只有一相互感器的二次电流，即 $K_W=1$。

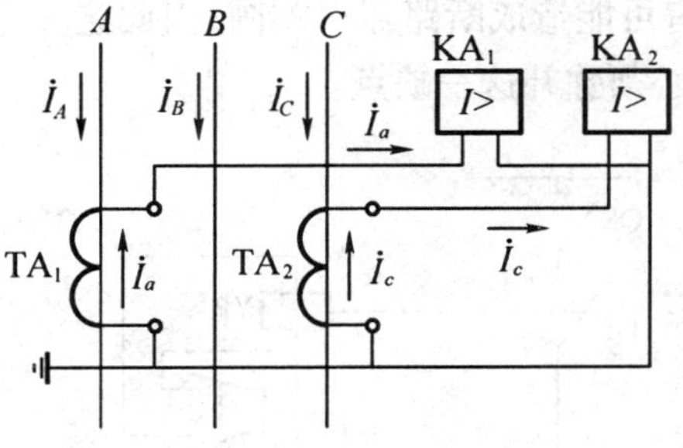


**图4-9　两相两继电器式接线**

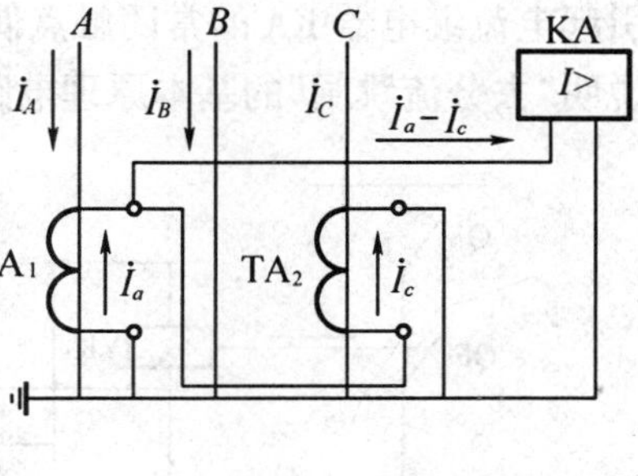


**图4-10　两相一继电器式接线**

GL-11、15,GL-21、25型电流继电器的主要技术数据见附表11。

由以上分析可知，两相一继电器式接线能反映各种相间短路故障，但不同相间短路的保护灵敏度不同，有的相差一倍，因此不如两相两继电器式接线。不过这种接线少用一个继电器，较为简单、经济。它主要用于高压电动机保护。

## 四、继电保护装置的操作方式

继电保护装置的操作电源有直流操作电源和交流操作电源两类。直流操作电源有蓄电池组和整流电源两种。交流操作电源具有投资少、运行维护方便及二次回路简单、可靠等优点，因此它在用户供配电系统中应用极为广泛。

交流操作电源供电的继电保护装置主要有以下两种操作方式。

1. 直接动作式

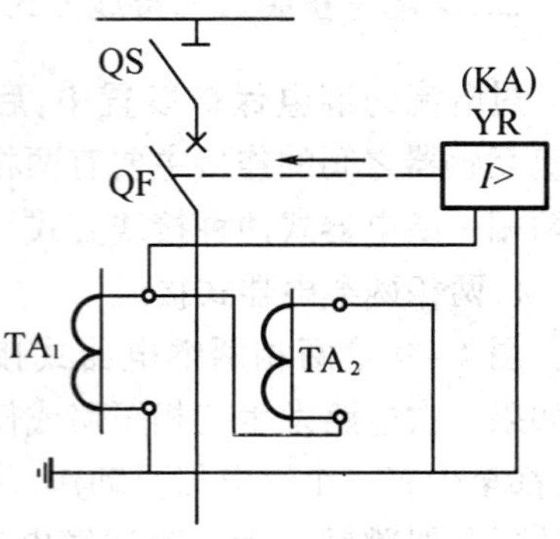


**图 4－11　直接动作式过电流保护电路**

QF—断路器；$TA_1$，$TA_2$—电流互感器；YR—跳闸线圈（即直动式继电器 KA）

直接动作式如图 4－11 所示，利用断路器操作机构内的过电流脱扣器（跳闸线圈）YR 作为过电流继电器，接成两相两继电器式或两相一继电器式。正常运行时，YR 流过的电流远小于其动作电流（脱扣电流），因此不动作。而在一次电路发生相间短路时，短路电流反映到电流互感器二次侧，流过 YR，达到或超过 YR 的动作电流，从而使断路器 QF 跳闸。这种操作方式简单经济，但保护灵敏度低，实际中较少采用。

2. "去分流跳闸"的操作方式

(1) 去分流跳闸的操作方式如图 4－12 所示。其原理电路［图 4－12(*a*)］正常运行时，电流继电器 *KA* 不动作，常闭触点将跳闸线圈 *YR* 短路，*YR* 中无电流通过，断路器 *QF* 不会跳闸。在一次电路发生相间短路时，继电器 KA 动作，其常闭触点断开，使跳闸线圈 YR 的短路分流支路被去掉，从而使电流互感器的二次电流全部通过 YR，断路器 QF 跳闸，即所谓去分流跳闸。这种交流操作方式接线简单，也较灵敏可靠，但要求继电器触点的分断能力足够大才行。现生产的 GL－15，16 型感应式电流继电器，其触点的短时分断电流可达 150 A，完全满足去分流跳闸的要求。但需指出，这一去分流跳闸电路有一个致命缺点，就是由于外界振动引起电流继电器 KA 的常闭触点偶然断开时，有可能造成断路器误跳闸，因此这一电路只是说明"去分流跳闸"的基本原理电路，实际电路必须弥补这一缺点。

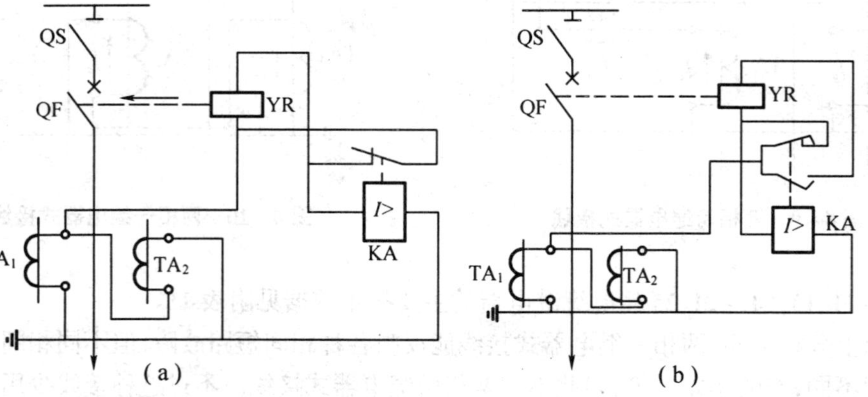


**图 4－12　"去分流跳闸"的过电流保护电路**

(a)原理电路；(b)实际电路

QF—断路器；$TA_1$，$TA_2$—电流互感器；KA—电流继电器（GL－15，25 型）；YR—跳闸线圈

(2)“去分流跳闸”的实际电路如图 4－12($b$)所示。采用 $GL-15$、25 型感应式电流继电器,它具有先合后断的转换触点。此触点的结构和动作说明如图 4－13 所示。在图 4－13 所示实际电路中,继电器 $KA$ 的一对常开触点与跳闸线圈 $YR$ 串联后,又与 $KA$ 的一对常闭触点并联,然后串联 $KA$ 线圈后接于电流感器 $TA_1$、$TA_2$ 的二次侧。当一次电路发生相间短路时,电流继电器 $KA$ 动作,经一定延时后,其常开触点先闭合,随后常闭触点断开,这时断路器因其跳闸线圈 $YR$ 去分流而跳闸,切除短路故障。由于跳闸线圈 $YR$ 与继电器常开触点串联,因此在继电器常闭触点因外界振动偶然断开时也不至造成误跳闸。但是继电器这两点的动作程序必须是常开触点先闭合,常闭触点后断开,即必须采用图 4－13 所示的先闭后断的转换触点;否则,如果常闭触点先断开,将造成电流互感器二次侧带负荷开路,这是安全运行所不允许的,同时也将使继电器失电返回,不起保护作用。

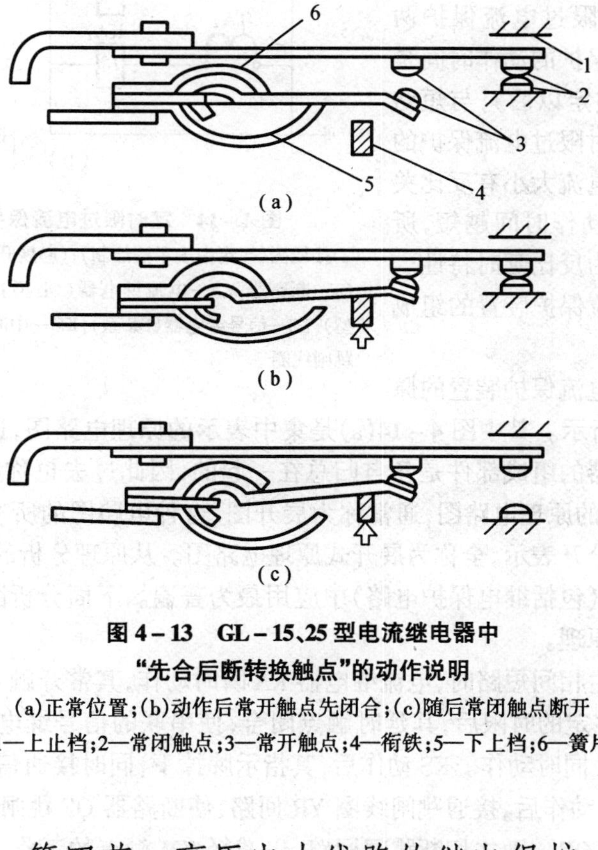


**图 4－13 GL－15、25 型电流继电器中**
**“先合后断转换触点”的动作说明**

(a)正常位置;(b)动作后常开触点先闭合;(c)随后常闭触点断开
1—上止档;2—常闭触点;3—常开触点;4—衔铁;5—下上档;6—簧片

## 第四节 高压电力线路的继电保护

### 一、电力线路继电保护概述

按 GB50062－1992《电力装置的继电保护和自动装置设计规范》规定:对 3～66 kV 电力线路,应装设相间短路保护、单相接地保护和过负荷保护。作为线路的相间短路保护,主要采用带时限的过电流保护和瞬时动作的电流速断保护。如过电流保护的时限不大于 0.5～0.75 s时,可不装设电流速断保护。相间短路保护应动作于跳闸,以切除短路故障。

作为线路的单相接地保护有两种方式：

(1)绝缘监视装置装设在变配电所的高压母线上，动作于信号；

(2)有选择性的单相接地保护(亦称零序电流保护)一般动作于信号，但当单相接地危及人身和设备安全时，则应动作于跳闸。

## 二、带时限的过电流保护

它按其动作时限特性分为定时限过电流保护和反时限过电流保护两种。定时限过电流保护的动作时间是固定不变的(一经整定以后)，与短路电流大小无关。反时限过电流保护的动作时间则与短路电流大小有反比关系，短路电流越大，动作时间越短，所以反时限特性也称为反比延时特性。

1.定时限过电流保护装置的组成和原理

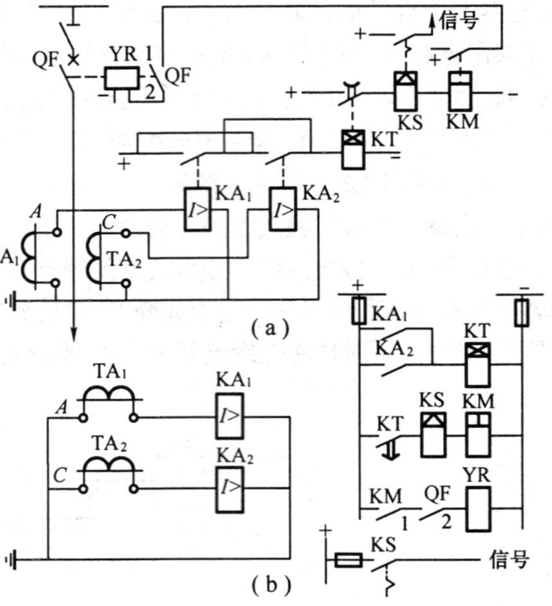


**图 4－14　定时限过电流保护的原理电路**

(a)接线图(按集中表示法绘制)；(b)展开图(按分开表示法绘制) QF—断路器；KA—电流继电器(DL 型)；KT—时间继电器(DS 型)；KS—信号继电器(DX 型)；KM—中间继电器(DZ 型)；YR—跳闸线圈

线路定时限过电流保护装置的原理电路如图 4－14 所示。其中图 4－14(a)是集中表示的原理电路图，通常称为接线图。这种电路图的所有电器的组成部件是各自归总在一起的，因此过去也称归总式电路图。图 4－14(b)是分开表示的原理电路图，通常称为展开图，这种电路图的所有电器的组成部件按各部件所属回路来分开表示，全称为展开式原理电路图。从原理分析的角度来说，展开图简明清晰，在二次回路(包括继电保护电路)中应用最为普遍。下面分析图 4－14 所示定时限过电流保护的工作原理。

当一次电路发生相间短路时，电流继电器 KA 瞬时动作，其常开触点闭合使时间继电器 KT 启动。KT 经过整定的时限后，其延时触点闭合，使串联的信号继电器(电流型)KS 和出口的中间继电器 KM 同时动作。KS 动作后，其指示牌掉下，同时接通信号回路，给出灯光信号和音响信号。KM 动作后，接通跳闸线圈 YR 回路，使断路器 QF 跳闸，切除短路故障。QF 跳闸后，其辅助触点 $QF_{1-2}$ 随之切断跳闸回路，以减轻 KM 触点的工作。在短路故障被切除后，继电保护装置除 KS 外的其他所有继电器均自动返回起始状态，而 KS 可手动复位。

2.反时限过电流保护装置的组成和原理

线路反时限过电流保护装置的原理电路如图 4－15 所示。当一次电路发生相间短路时，电流继电器 KA 动作，经一定延时后，其常开触点闭合，随后常闭触点断开，使断路器 QF 因其跳闸线圈 YR 去分流而跳闸。在 GL 型继电器去分流跳闸的同时，其信号牌掉下，指示保护装置已经动作。在短路故障被切除后，继电器自动返回，其信号牌则可手动复位。

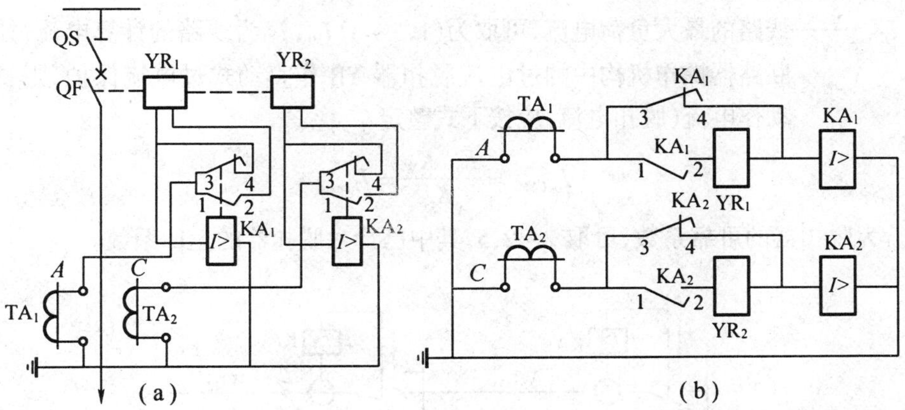


**图 4－15　反时限过电流保护的原理电路**

(a)接线圈(按集中表示法绘制);(b)展开图(按分开表示法绘制)

QF—断路器;TA—电流互感器;KA—电流继电器(GL－15,25 型);YR—跳闸线圈

## 三、过电流保护动作的整定

### 1.过电流保护动作电流的整定

带时限的过电流保护(包括定时限和反时限)的动作电流 $I_{op}$,应躲过线路的最大负荷电流 $I_{L.\max}$(包括正常过负荷电流和尖峰电流),以免在 $I_{L.\max}$通过线路时保护装置误动作,而且其返回电流也应躲过,否则保护装置还可能误动作。为了说明这一点,以图 4－15(a)所示电路来说明。

当线路 $WL_2$ 的首端 $K$ 点发生短路时,由于短路电流远远大于线路上的所有负荷电流和尖峰电流,所以沿线路的所有过电流保护装置包括 $KA_1$、$KA_2$ 都要启动。按照保护选择性的要求,应是靠近故障点 $K$ 的保护装置 $KA_2$ 首先断开 $QF_2$,切除故障线路 $WL_2$。当 $WL_2$ 被切除后,前面的线路就可恢复正常运行。因此包括 $KA_1$ 在内的前面所有过电流保护装置应立即返回,不致断开 $QF_1$ 及前面的断路器。假设 $KA_1$ 的返回电流未躲过线路 $WL_1$ 的最大负荷电流,即 $KA_1$ 的返回系数过低时,则在 $KA_2$ 断开 $QF_2$ 以后,$KA_1$ 可能不返回而继续保持动作状态,因此经过 $KA_1$ 所整定的动作时限后,错误地又断开 $QF_1$,造成 $WL_1$ 停电,从而使故障停电范围扩大,这是不能允许的,所以保护装置的返回电流也必须躲过线路的最大负荷电流。设电流互感器的电流比为 $K_i$,保护装置的接线系数为 $K_W$,保护装置的返回系数为 $K_{re}$,则最大负荷电流换算到继电器中去的电流为 $K_W I_{L.\max}/K_i$。现在要求返回电流也要躲过最大负荷电流,即 $I_{re} > K_W I_{L.\max}/K_i$,而 $I_{re} = K_{re}I_{op}$,因此 $K_{re}I_{op} > K_W I_{L.\max}/K_i$。将此式改写为等式,并计入一个可靠系数 $K_{re1}$,由此得到过电流保护装置动作电流的整定计算公式为

$$I_{op} = \frac{K_{re1} K_W}{K_{re}K_i} I_{L.\max} \tag{4-30}$$

式中　$K_{re1}$——保护装置的可靠系数,对 DL 型电流继电器取 1.2,对 GL 型电流继电器取 1.3;

$K_W$——保护装置的接线系数,$K_{re}$对两相两继电器式接线为 1,对两相一继电器式接

线为$\sqrt{3}$；

$I_{L.max}$——线路的最大负荷电流，可取为$(1.5\sim3)I_{30}$，$I_{30}$为线路的计算电流，如果采用断路器操作机构中的过电流脱扣器YR作直动式过电流保护，则脱扣器的动作电流（脱扣电流）应按下式整定

$$I_{op(YR)}=\frac{K_{re1}K_W}{K_i}=I_{L.max} \quad (4-31)$$

式中 $K_{re1}$为脱扣器的可靠系数，可取2～2.5，其中已计入脱扣器的返回系数。

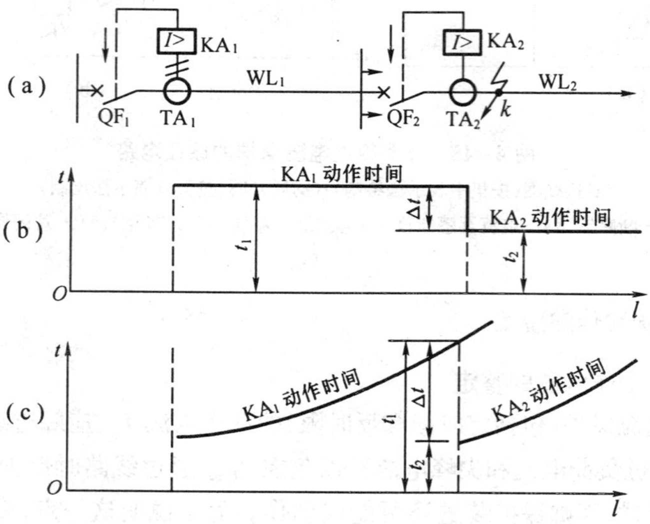


**图4－16　线路过电流保护整定说明图**

(a)电路；(b)定时限过电流保护的时限整定说明；(c)反时限过电流保护的时限整定说明

2.过电流保护动作时间的整定

过电流保护的动作时间应按“阶梯原则”进行整定，以保证前后两级保护装置动作的选择性。这就是在后一级保护装置所保护的线路首端[图4－16(a)中的$K$点]发生三相短路时，前一级保护的动作时间应比后一级保护中最长的动作时间都要大一个时间级差$\Delta t$，如图4－16(b)、(c)所示，即

$$t_1\geqslant t_2+\Delta t \quad (4-7)$$

对定时限过电流保护，因采用DL型电流继电器，其可动部分惯性小，可取$\Delta t=0.5$ s；对反时限过电流保护，因采用GL型电流继电器，其可动部分惯性大，可取$\Delta t=0.7$ s。

对定时限过电流保护的动作时间，利用时间继电器来整定。反时限过电流保护的动作时间，由于GL型电流继电器的时限调节机构是按10倍动作电流的动作时间来标度的，因此需根据前后两级保护的GL型电流继电器的动作特性曲线来整定。假设图4－16(a)所示线路中，后一级保护$KA_2$的10倍动作电流的动作时间已经定为$t_2$，现要整定前一级保护$KA_1$的10倍动作电流的动作时间，整定计算的方法步骤如下（参看图4－17）。

(1)计算$WL_2$首端的三相短路电流反映到$KA_2$中去的电流

$$I_{k(2)} = \frac{K_{W(2)}}{K_{i(2)}} I_k \qquad (4-33)$$

式中 $K_{W(2)}$——$KA_2$ 与电流互感器相连的接线系数；

$K_{i(2)}$——$KA_2$ 所连电流互感器的电流比。

(2)计算 $I_{k(2)}$ 对 $KA_2$ 的动作电流 $I_{op(2)}$ 的倍数

$$n_2 = \frac{I_{k(2)}}{I_{op(2)}} \qquad (4-34)$$

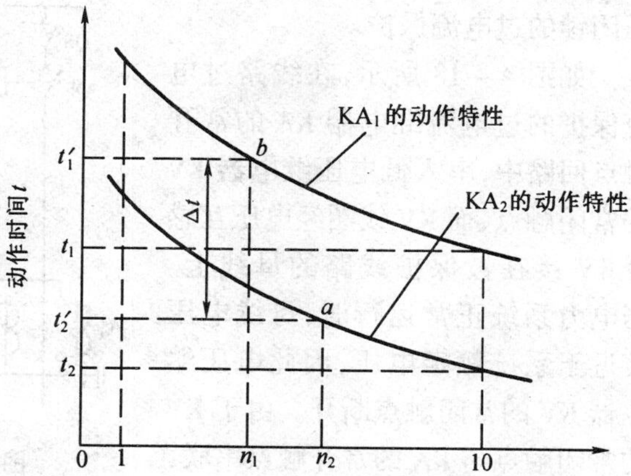


图 4－17 反时限过电流保护动作时间的整定

(3)确定 $KA_2$ 的实际动作时间。在图 4－17 所示的 $KA_2$ 动作特性曲线的横坐标轴上，找出 $n_2$，然后向上找到该曲线上 $a$ 点，该点所对应的纵坐标轴上的时间 $t_2$ 就是 $KA_2$ 在通过 $I_{k(2)}$ 时的实际动作时间。

(4)计算前一级保护 $KA_1$ 的实际动作时间。根据保护选择性的要求，$KA_1$ 的实际动作时间应为 $t_1 = t_2 - \Delta t$，取 $\Delta t = 0.7$ s，故 $t_1 = t_2 + 0.7$ s。

(5)计算 $WL_2$ 首端的三相短路电流 $I_k$ 反映到 $KA_1$ 中去的电流值为

$$I_{k(1)} = \frac{K_{W(1)}}{K_{i(1)}} I_k \qquad (4-35)$$

式中 $K_{W(1)}$——$KA_1$ 与电流互感器相连的接线系数；

$K_{i(1)}$——$KA_1$ 所连电流互感器的电流比。

(6)计算 $I_{k(1)}$ 对 $KA_1$ 的动作电流 $I_{op(1)}$ 的倍数

$$n_1 = \frac{I_{k(1)}}{I_{op(1)}} \qquad (4-36)$$

(7)确定 $KA_1$ 应整定的 10 倍动作电流的动作时间，先从图 4－17 所示 $KA_1$ 的动作特性曲线的横坐标轴上找出 $n_1$，再从纵坐标轴上找出 $t_1$，然后找到 $n_1$ 与 $t_1$ 相交的坐标 $b$ 点，这 $b$ 点所在曲线对应的 10 倍动作电流的动作时间 $t_2$ 即为所求。

如果 $n_1$ 与 $t_1$ 已相交的坐标点不在给出的曲线上，而在两条曲线之间，这只有从两条曲线来粗略计算其 10 倍动作电流的动作时间。

## 四、过电流保护的灵敏度及提高灵敏度的措施

1.过电流保护灵敏度的检验条件

保护灵敏度 $S_p = I_{k.\min}/I_{op1}$，对于线路过电流保护，$I_{k.\min}$ 应取被保护线路末端在电力系统最小运行方式下的两相短路电流 $I_{k.\min}^{(2)}$，而 $I_{op1} = I_{op}K_i/K_W$，因此过电流保护灵敏度的检验条件（即满足的条件）为

$$S_P = \frac{K_W I_{k.\min}^{(2)}}{K_i I_{op}} \geqslant 1.5 \qquad (4-37)$$

如果过电流保护作为后备保护时，则 $S_P \geqslant 1.2$ 即可。当过电流保护灵敏度达不到上述要求时，可采用下述的低电压闭锁保护来提高灵敏度。

2.提高灵敏度的措施——低电压闭锁的过电流保护

如图 4－18 所示，在线路过电流保护的过电流继电器 KA 的常开触点回路中，串入低电压继电器 KV 的常闭触点，而 KV 线圈经电压互感器 TV 接在被保护线路的母线上。当电力系统正常运行时，母线电压接近于系统额定电压，因此电压继电器 KV 的常闭触点断开。由于 KV 的常闭触点与 KA 的常开触点串联，所以这时的 KA 即使由于线路过负荷而误动作，KA 的触点闭合，也不致造成断路器 QF 误跳闸。正因为如此，凡装有低电压闭锁的过电流保护装置的动作电流 $I_{30}$，不必按躲过线路的最大负荷电流 $I_{L.\max}$ 来整定，而只需按躲过线路的计算电流 $I_{30}$ 来整定，当然保护装置的返回电流也应躲过 $I_{30}$。因此装有低电压闭锁的过电流保护的动作电流整定计算公式为

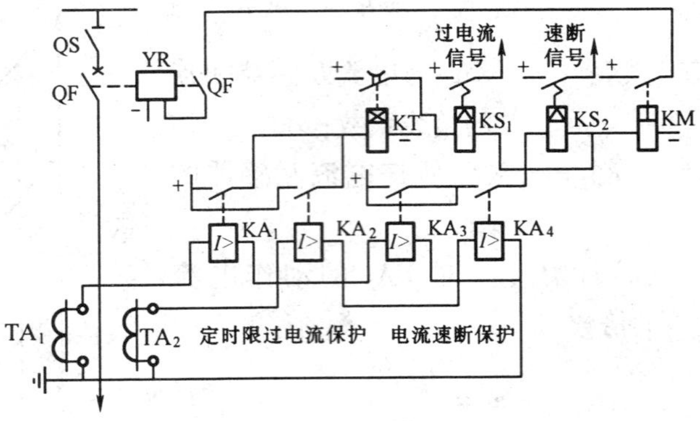


**图 4－18　低电压闭锁的过电流保护电路**

QF—高压断路器；TA—电流互感器；TV—电压互感器；KA—电流继电器；；KS—信号继电器；KM—中间继电器；KV—电压继电器

$$I_{op} = \frac{K_{re1} K_{W}}{K_{re} K_{i}} I_{30} \qquad (4-38)$$

式中各系数的含义和取值与式(4－30)相同，由于 $I_{op}$ 的减小，故从式(4－38)可知，能有效地提高其保护灵敏度。上述低电压继电器 KV 的动作电压 $U_{op}$ 应按躲过母线正常最低工作电压 $U_{\min}$ 来整定，当然其返回电压也应躲过 $U_{\min}$。因此低电压继电器动作电压的整定计算式为

$$U_{op} = \frac{U_{\min}}{K_{re1} K_{re} K_{u}} \approx 0.6 \frac{U_N}{K_u} \qquad (4-39)$$

式中　$U_{\min}$——母线最低工作电压，取$(0.85 \sim 0.95)U_N$；

$U_N$——线路额定电压；

$K_{re1}$——低电压保护装置的可靠系数，取 1.2；

$K_{re}$——低电压继电器的返回系数，一般取 1.25；

$K_u$——低电压互感器的电压比。

定时限过电流保护与反时限过电流保护的比较如下。

(1)定时限过电流保护的优点是动作时间比较精确，整定简便，而且无论短路电流大小，动作时间都是一定的，不会出现因短路电流小、动作时间长而使故障时间延长和事故扩大的问题。缺点是所需继电器多，接线复杂，并且需直流操作电源，投资较大。此外，靠近电源处的保护装置，其动作时间较长，这是带时限过电流保护共有的缺点。

(2)反时限过电流保护的优点是继电器数量大为减少，而且可同时实现电流速断保护，加之可采用交流操作，因此简单、经济，投资大大减少，它在中小用户供配电系统中得到广泛应用。缺点是动作时间的整定比较麻烦，而且误差较大，当短路电流较小时，其动作时间可能相当长，从而延长了故障持续时间。

**例题 4-3**　某 10 kV 电力线路，如图 4-19 所示。已知 $TA_1$ 的电流比为 100/5 A，$TA_2$ 的电流比为 50/5 A。$WL_1$ 和 $WL_2$ 的过电流保护均采用两相两继电器式接线，继电器均为 GL-15/10 型。现 $KA_1$ 已经整定，其动作电流为 7 A，10 倍动作电流的动作时间为 1 s。$WL_2$ 的计算电流为 28 A，$WL_2$ 首端 $k-1$ 点的三相短路电流为 800 A，其末端 $k-2$ 点的三相短路电流为 250 A。试整定 $KA_2$ 的动作电流和动作时间，并验证其灵敏度。

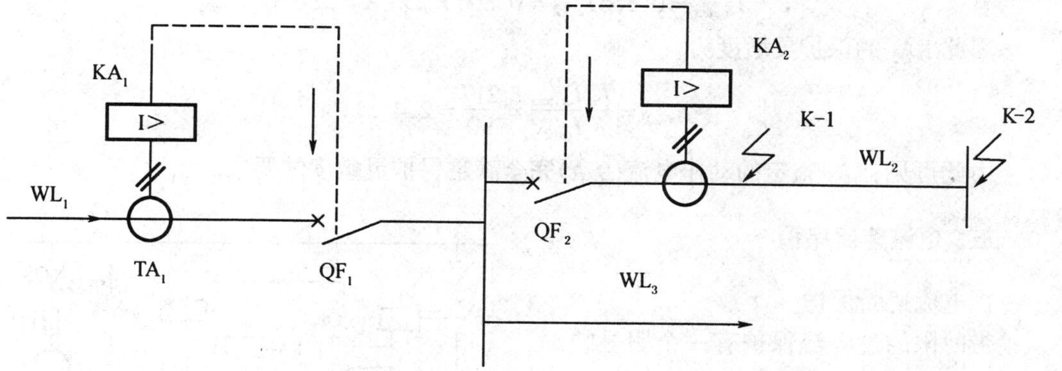


**图 4-19　某电力线路**

**解**　(1)整定 $KA_2$ 的动作电流

取 $I_{L.\max}=2I_{30}=2\times28\ \text{A}=56\ \text{A}$，$K_{rel}=1.3$，$K_{re}=0.8$，$K_i=50/5=10$，故

$$I_{OP(2)}=\frac{K_{re1}K_w}{K_{re}K_i}I_{L.\max}=1.3\times1/(0.8\times10)\times56\ \text{A}=9.1\ \text{A}$$

根据 GL-15/10 型电流继电器的规格，动作电流整定为 9 A。

(2)根据 $KA_2$ 的动作时间，先确定哪个 $KA_1$ 的实际动作时间。由于 $k-1$ 点发生三相短路时 $KA_1$ 中的电流为

$$I'_{k-1(1)}=\frac{K_{w(1)}}{K_{i(1)}}I_{k-1}=800/20=40\ \text{A}$$

$I'_{k-1(1)}$ 对 $KA_1$ 的动作电流倍数为

$$n_1=\frac{I'_{k-1(1)}}{I_{op(1)}}=40/7=5.7$$

利用 $n_1=5.7$ 和 $KA_1$ 整定的时限 $t_1=1$ s，去查 GL-15 型继电器的动作特性曲线，得 $KA_1$ 的实际动作时间 $t'_1=1.3$ s。

由此可知，$KA_2$ 的实际动作时间为

$$t'_2=t'_1-\Delta t=1.3\ \text{s}-0.7\ \text{s}=0.6\ \text{s}$$

下面确定 $KA_2$ 的 10 倍动作电流的动作时间 $t_2$。由于 $k-1$ 点发生三相短路时 $KA_2$ 中的电流为

$$I'_{k-1(2)}=\frac{K_{w(2)}}{K_{i(2)}}I_{k-1}=\frac{800}{10}=80\ \text{A}$$

$I'_{k-1(2)}$ 对 $KA_2$ 的动作电流倍数为

$$n_2 = \frac{I'_{k-1(2)}}{I_{op(2)}} = \frac{80}{9} = 8.9$$

利用 $n_2 = 8.9$ 和 $KA_2$ 的实际动作时间 $t'_2 = 0.6$ s，去查 GL－15 型继电器的动作特性曲线，得 $KA_2$ 的 10 倍动作电流的动作时间 $t_2 = 0.7$ s。

(3)检验 $KA_2$ 的保护灵敏度　$KA_2$ 保护的线路 $WL_2$ 末端 $k-2$ 点的两相短路电流为其保护区内的最小短路电流，即

$$I^{(2)}_{k.\min} = 0.866 I^{(3)}_{k-2} = 0.866 \times 250\ \text{A} = 217\ \text{A}$$

因此 $KA_2$ 的保护灵敏度为

$$S_{p(2)} = \frac{K_w I^{(2)}_{k.\min}}{K_i I_{op(2)}} = \frac{217}{90} = 2.4 < 1.5$$

由此可见，$KA_2$ 整定的动作电流(9 A)完全满足保护灵敏度的要求。

## 五、电流速断保护

### 1.电流速断保护

带时限的过电流保护有一个明显缺点，就是它越靠近电源动作时间越长，而且短路电流也是越靠近电源越大，因此危害也就更加严重。对此 GB50062－1992 规定，在过电流保护动作时间超过 0.5～0.7 s 时，应装设瞬时动作的电流速断保护装置，如图 4－20 所示。采用 GL 型电流继电器，利用该继电器的电磁元件来实现电流速断保护，而其感应元件则用来实现反时限过电流保护，因此非常简单、经济。

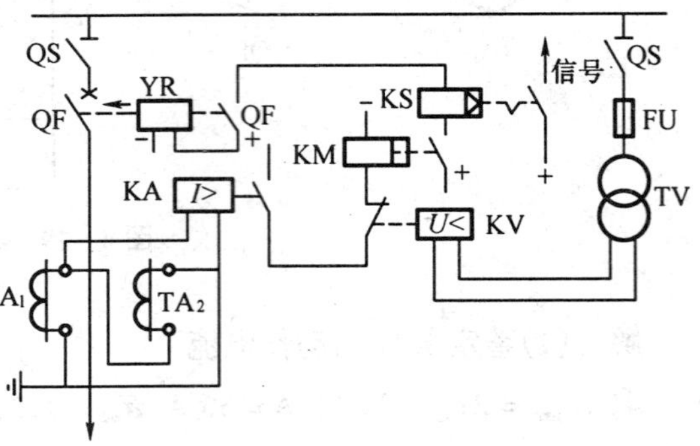


图 4－20　线路的定时限过电流保护和电流速断保护电路图

为了保证前后两级瞬动的电流速断保护的选择性，因此电流速断保护的动作电流(即速断电流)$I_{qb}$，应按躲过它所保护线路末端的最大短路电流(即末端三相短路电流)$I_{k.\max}$ 来整定。因为只有如此整定，才能避免作后一级速断保护所保护的线路首端发生三相短路时，前一级速断保护误动作的可能性，以保证选择性。如图 4－21 所示线路中，前一段线路 $WL_1$ 末端 $k-1$ 点的三相短路电流，实际上与后一段线路 $WL_2$ 首端 $k-2$ 点的三相短路电流几乎相等，因为 $k-1$ 点与 $k-2$ 点之间距离很近，所以电流速断保护的动作电流的整定计算式为

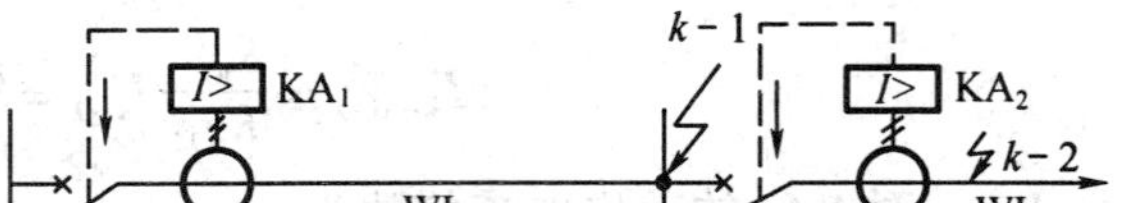


图 4－21　线路电流速断保护的死区

$$I_{qb} = \frac{K_{re1}K_W}{K_i}I_{k.\max} \tag{4-40}$$

式中 $K_{re1}$——可靠系数，对 DL 型电流继电器取 1.2～1.3；对 GL 型电流继电器取 1.4～1.5；对过流脱扣器，取 1.8～2；

$I_{k.\max}$——前一级保护躲过的最大短路电流；

$I_{op1}$——前一级保护整定的一次动作电流。

2.电流速断保护的"死区"及其弥补

由于电流速断保护的动作电流躲过了线路末端的最大短路电流，因此靠近末端的一段线路上发生的不一定是最大的短路电流（如两相短路电流）时，电流速断保护不会动作。这说明，电流速断保护不能保护线路的全长。这种保护装置不能保护的区域称为"死区"，如图 4-21 所示。

为了弥补死区得不到保护的缺陷，凡是装设电流速断保护的线路，必须配备带时限的过电流保护。过电流保护的动作时间应比电流速断保护至少长一个时间级差，$\Delta t = 0.5$～0.75，而且前后的过电流保护的动作时间仍需符合"阶梯原则"，即前一级过电流保护的动作时间比后一级过电流保护的动作 $H$ 时间要长一个时间级差，以保证选择性。在电流速断的保护区内，速断保护为主保护，过电流保护作为后备；而在电流速断的死区内，则过电流保护为基本保护。

3.电流速断保护的灵敏度

它按其接装处（即线路首端）在系统最小运行方式下的两相短路电流 $I_k^{(2)}$ 作为最小短路电流 $I_{k.\min}$ 来检验，因此电流速断保护的灵敏度必须满足的条件为

$$S_p = \frac{K_W I_k^{(2)}}{K_i I_{qb}} \geqslant 1.5 \sim 2 \tag{4-41}$$

一般 $S_p \geqslant 2$，个别 $S_p \geqslant 1.5$。

**例题 4-4** 试整定例题 4-3 所示线路中 $KA_2$ 继电器的速断电流倍数，并检验其灵敏度。

**解** (1)整定 $KA_2$ 的速断电流倍数

由例 4-1 知，$WL_2$ 末端的 $I_{k.\max} = 250$ A；又 $K_w = 1$，$K_i = 10$，取 $K_{rel} = 1.4$。因此速断电流应整定为

$$I_{qb} = \frac{K_{rel}K_w}{K_i}I_{k.\max} = 1.4 \times 250/10 = 35\ \text{A}$$

已知 $KA_2$ 的 $I_{op} = 9$ A，故其速断电流倍数应整定为

$$n_{qb} = \frac{I_{qb}}{I_{op}} = 35/9 = 3.9\ \text{A}$$

(2)检验 $KA_2$ 速断保护的灵敏度

$I_{k.\max}$ 取 $WL_2$ 首端 $k-1$ 点的两相短路电流，即

$$I_{k.\min} = I_{k-1}^{(2)} = 0.866 I_{k-1}^{(3)} = 0.866 \times 800\ \text{A} = 693\ \text{A}$$

故 $KA_2$ 的速断保护灵敏度

$$S_p = \frac{K_w I_{k-1}^{(2)}}{K_i I_{qb}} = 693\ \text{A}/(10 \times 35)\ \text{A} = 1.98$$

由此可见，$KA_2$ 整定的速断电流倍数基本满足保护灵敏度的要求。

**六、线路的过负荷保护**

线路的过负荷保护只对有可能经常出现过负荷的电缆线路予以装设，一般是延时动作于信号，其接线如图 4－22 所示。

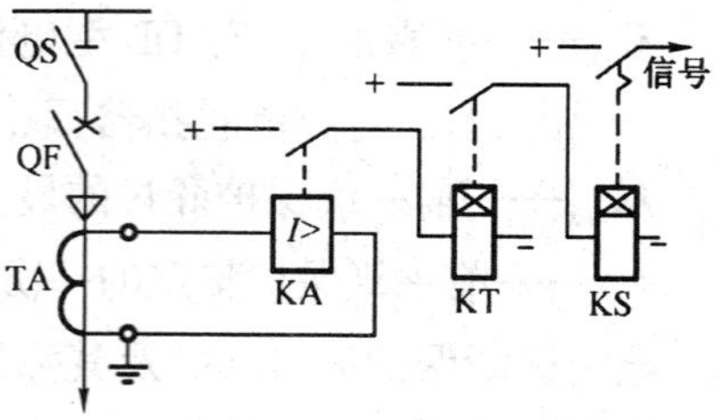


**图 4－22　线路的过负荷保护电路**

TA—电流互感器；KA—电流继电器；KT—时间继电器；KS—信号继电器

过负荷保护的动作电流按躲过线路的计算电流 $I_{30}$来整定，其整定计算式为

$$I_{op(oL)}=\frac{1.2\sim1.3}{K_i}I_{30} \qquad (4-42)$$

式中 $K_i$ 为电流互感器的电流比，动作时间一般取 10～15 s。

## 第五节　电力变压器的继电保护

**一、电力变压器继电保护概述**

高压为 6～10 kV 的配电变电所主变压器，通常装设有带时限的过电流保护。如果过电流保护的动作时间大于 0.5～0.7 s，则应补充装设电流速断保护。容量在 800 kVA 及其以上的油浸式变压器和 400 kVA 及其以上的车间内(室内)油浸式变压器，按规定应装设气体继电保护(通称瓦斯保护)。容量在 400 kVA 及其以上的变压器，当数台并列运行或单台运行并作为其他负荷的备用电源时，应根据可能过负荷的情况装设过负荷保护。过负荷保护及气体继电保护在变压器内部有轻微故障(通称“轻瓦斯”)时，动作于信号，而其他保护(包括气体继电保护)在变压器内部有严重故障(通称“重瓦斯”)时，一般均动作于跳闸。

对于高压侧为 35 kV 及其以上的总降压变电所主变压器来说，也应装设过电流保护、电流速断保护和气体继电保护；在有可能过负荷时，还需装设过负荷保护。如果单台运行的变压器容量在10 000 kVA及其以上或并列运行的变压器每台容量在 6 300 kVA 及其以上时，则要求装设纵联差动保护来取代电流速断保护。

1.变压器的过电流保护、电流速断保护和过负荷保护

(1)变压器的过电流保护　无论是采用电流继电器还是脱扣器，也无论是定时限还是反时限，变压器过电流保护的组成和原理与前面所讲电力线路过电流保护的组成和原理完全相同。

变压器过电流保护动作电流的整定，也与电力线路过电流保护的整定基本相同，只是式(4－5)和式(4－6)中的 $I_{k.max}$应取为$(1.5\sim3)I_{1N.T}$，这里 $I_{1N.T}$为变压器的额定一次电流。变压器过电流保护动作时间的整定，也与电力线路过电流保护的整定相同，即按“阶梯原则”整定。但对电力系统的终端(用户)变电所，其动作时间可整定为最小值(0.5 s)。变压器过电流保护的灵敏度，按变压器低压侧母线在系统最小运行方式下发生两相短路时换算到高压侧的短路电流值 $I_{k.min}$来检验，要求灵敏系数 $S_p\geqslant1.5$ s，如果达不到可采用低电压闭锁的过电流保护。

(2)变压器的电流速断保护　它的组成和原理与电力线路的电流速断保护完全相同。

它的动作电流(速断电流)的整定计算公式也与线路电流速断保护的基本相同,只是式(4-15)中的 $I_{k.\max}$应取为低压母线的三相短路电流周期分量有效值换算到高压侧的短路电流值,即变压器电流速断保护的速断电流应按躲过低压母线三相短路电流周期分量有效值来整定。

变压器电流速断保护的灵敏度,按其保护装置安装处(即高压侧)在系统最小运行方式下发生两相短路的短路电流 $I_k^{(2)}$ 来检验,要求灵敏系数 $S_p \geqslant 1.5 \sim 2$。

变压器的电流速断保护也有保护不到的"死区"。弥补死区的措施是配备带时限的过电流保护。

考虑到电力变压器在空载投入或突然恢复电压时将出现一个冲击性的可高达(8~10)$I_{1N.T}$的励磁涌流,为防止此冲击性电流引起电流速断保护误动作,可在速断保护后将变压器空载试投几次,以检查速断保护是否误动作。

(3)变压器的过负荷保护　它的组成和原理与电力线路的过负荷保护完全相同。变压器的定时限过电流保护、电流速断保护和过负荷保护的综合电路如图4-23所示。变压器过负荷保护的动作电流整定计算公式与电力线路过负荷保护的也基本相同,只是式(4-42)中应取为变压器的额定一次电流 $I_{1N.T}$,其动作时间取为 10~15 s。

**例题 4-5**　某配电变电所有一台 10/0.4 kV,1 000 kVA的配电变压器。已知变压器低压侧母线的三相短路电流 $I_k^{(3)} = 10$ kA,高压侧继电保护用电流互感器电流比是 100/5,继电器采用 GL-15/10 型,接成两相两继电器式。试整定该过电流继电器的动作电流,动作时间及速断电流倍数。

**解**　(1)过电流保护动作电流的整定取 $K_{rel} = 1.3$,而 $K_w = 0.8$, $K_i 100/5 = 20$,

$$I_{L.\max} = 2I_{lN.T} = 2 \times 1\ 000\ \text{kVA}/(\sqrt{3} \times 10\ \text{kV}) = 115.5\ \text{A},故$$

$$I_{op} = 115.5\ \text{A} \times 1.3/(0.8 \times 20) = 9.4\ \text{A}$$

动作电流整定为 9 A。

(2)过电流保护动作时间的整定 考虑到配电变电所为系统的终端变电所,因此过电流保护的 10 倍动作电流的动作时间整定为 0.5 s。

(3)电流速断保护速断电流的整定

取 $K_{rel} = 1.5$,而 $I_{k.\max} = 16\ \text{kA} \times 0.4\ \text{kV}/10\ \text{kV} = 0.64\ \text{kA} = 640\ \text{A}$,故

$$I_{qb} = 640 \times 1.5/20 = 48\ \text{A}$$

因此速断电流倍数应整定为

$$n_{qb} = \frac{I_{qb}}{I_{op}} = \frac{48}{9} = 5.3$$

图 4-23 变压器的定时限过电流保护、电流速断保护和过负荷保护的综合电路图。变压器低压侧的单相短路保护可采取下列措施之一。

(1)低压侧装设三相均带过电流脱扣器的低压断路器保护,既作为低压侧的主开关,操作方便,便于自动投入,提高供电可靠性,又可用来保护低压侧的相间短路和单相短路。这种措施在各类用户配电变电所中得到广泛应用。低压侧三相装设熔断器保护这种措施既可保护变压器低压侧的相间短路,也可保护其单相短路。但由于熔断器熔断后更换熔体需一定时间,影响连续供电,所以这种措施主要用在供不重要负荷的较小容量的变压器。

(2)在变压器低压侧中性点引出线上装设零序电流保护如图 4-24 所示,这种零序电流

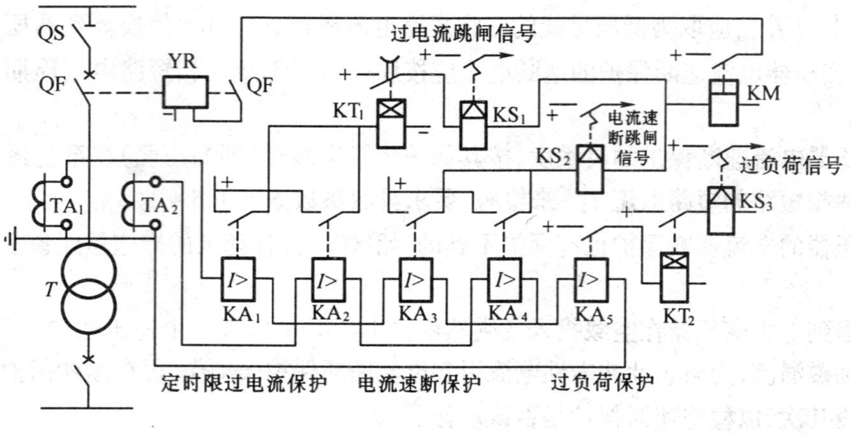


**图 4-23　变压器的定时限过电流保护、电流速断保护和过负荷保护的综合电路图**

保护的动作电流按躲过变压器低压侧的最大不平衡电流来整定，其整定计算公式为

$$I_{op(0)} = \frac{K_{re1}K_{dsp}}{K_i} I_{2N.T} \qquad (4-43)$$

式中　$I_{2N.T}$——变压器的额定二次电流；

$K_{dsp}$——不平衡系数，一般取 0.25；

$K_{re1}$——可靠系数，取 1.3；

$K_i$——零序电流互感器的电流比。

零序电流保护的动作时间一般取 0.5～0.7 s，灵敏度按低压干线末端发生单相短路来检验。对架空线 $S_p \geqslant 1.5$；对电缆线 $S_p \geqslant 1.25$。

这种零序电流保护灵敏度较高，但投资较大，故一般用户较少采用。

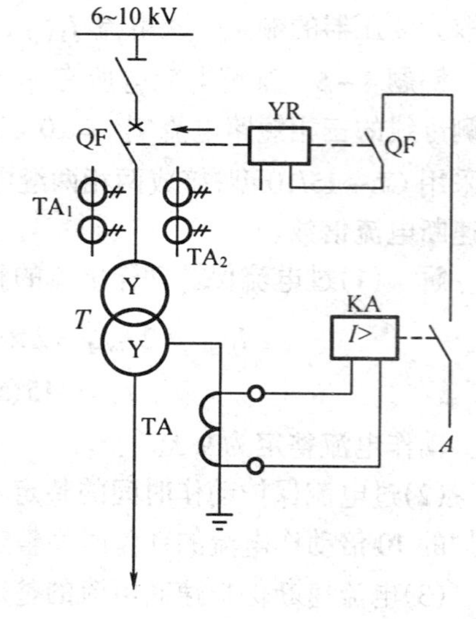


**图 4-24　变压器的零序电流保护**

QF—高压断路器；TAN—零序电流互感器；kA—电流互感器(GL 型)；YR—跳闸线圈

(3)采用两相三继电器接线或三相三继电器接线的过电流保护如图 4-25 所示，这两种接线的过电流保护既能实现相间短路保护，又能实现对变压器低压侧的单相短路保护，并且保护灵敏度也较高。

这里必须指出：通常作为变压器过电流保护的两相两继电器接线和两相一继电器接线，均不宜作为低压单相短路保护。下面分别进行简单的分析。

采用两相两继电器式过电流保护的变压器在低压侧单相短路时的电流分析(参看图 4-26)。

假设末装设电流互感器的 $B$ 相所对应的低压侧 $b$ 相发生单相短路，则低压单相短路电流 $\dot{I}_K^{(1)} = \dot{I}_b$，按照对称分量法可分解为正序分量 $\dot{I}_{b1} = \dot{I}_b/3$，负序分量 $\dot{I}_{b2} = \dot{I}/3$，零序分量 $I_{b0} = I_b/3$ 由此可会出变压器低压侧各相电流的正序、负序和零序的相量图。对于三相三心柱的电力变压器，低压侧互差 120°。的正序分量和负序分量能感应到高压侧去；但低压侧的零序分量 $I_{a0}$、$I_{b0}$、$I_{c0}$ 是同相的，它们产生的零序磁通不可能在三相三心柱的变压器铁心内闭合，

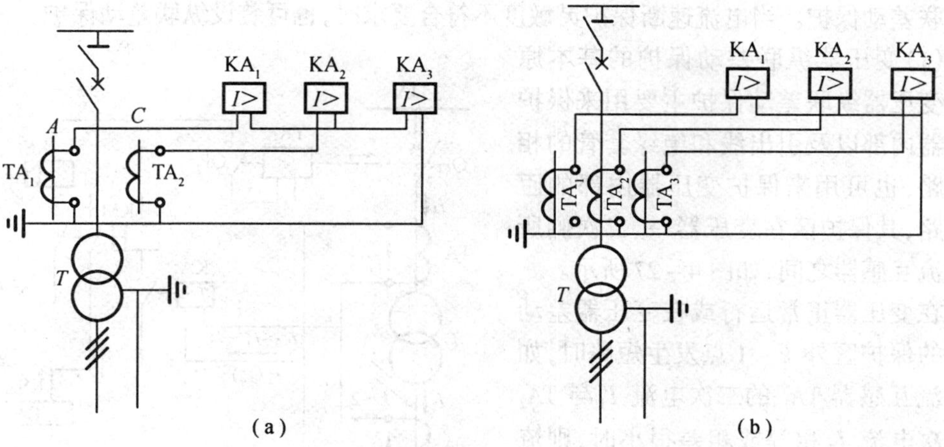


**图 4-25　适于变压器低压侧单相短路保护的两种过电流保护接线方式**

(a)两相三继器式;(b)三相三继电器式

这些磁通不可能与高压绕组交链,高压侧就不可能感应出零序电流。因此变压器各相电流只有正序分量与负序分量的迭加。

由以上分析可知,当变压器低压侧 $b$ 相发生单相短路时,在变压器高压侧两相两继电器接线的继电器中只能反应 1/3 的单相短路电流,灵敏度很低,所以这种接线不适于作低压侧的单相短路保护。

采用两相一继电器式过电流保护的变压器在低压侧单相短路时的电流分析(参看图 4-26)。同样假设未装电流互感器的 $B$ 相所对应的低压侧 $b$ 相发生单相短路,根据上述分析可得电流分布如图 4-26 所示,高压侧的继电器中根本无电流通过,即它根本不能反映低压侧的单相短路电流,因此这种接线不能作低压侧的单相短路保护。

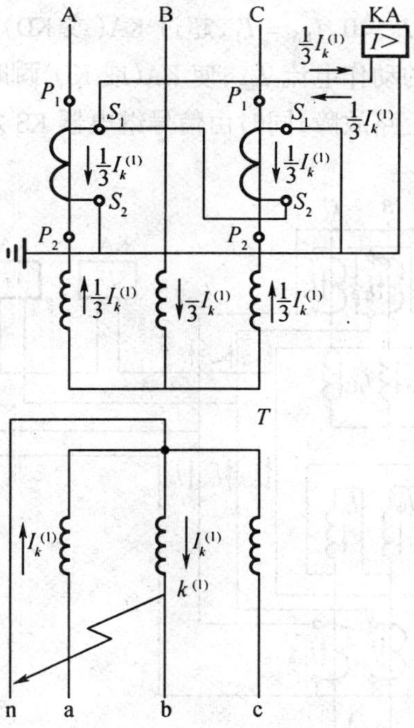


**图 4-26　采用两相两继电器式过电流保护的变压器($Yyn0$ 联结)在低压侧单相短路**

必须指出,通常作为变压器过电流保护的两相两继电器接线和两相一继电器接线,均不宜作为低压单相短路保护。

2.变压器的纵联差动保护

差动保护分为纵联差动保护和横联差动保护两种。纵联差动保护用于单回路,横联差动保护用于双回路。差动保护利用故障时产生的不平衡电流来动作,保护灵敏度很高,而且动作迅速。

按 GB50062-1992 规定,10 000 kVA 及其以上的单独运行变压器和 6 300 kVA 及以上的并列运行变压器,应装设纵联差动保护;6 300 kVA 及其以下单独运行的重要变压器,也可装设纵联差动保护。当电流速断保护灵敏度不符合要求时,也可装设纵联差动保护。

(1)变压器纵联差动保护的基本原理　变压器纵联差动保护主要用来保护变压器内部以及引出线和绝缘套管的相间短路,也可用来保护变压器内部的匝间短路,其保护区在变压器一、二次侧所装电流互感器之间,如图 4-27 所示。

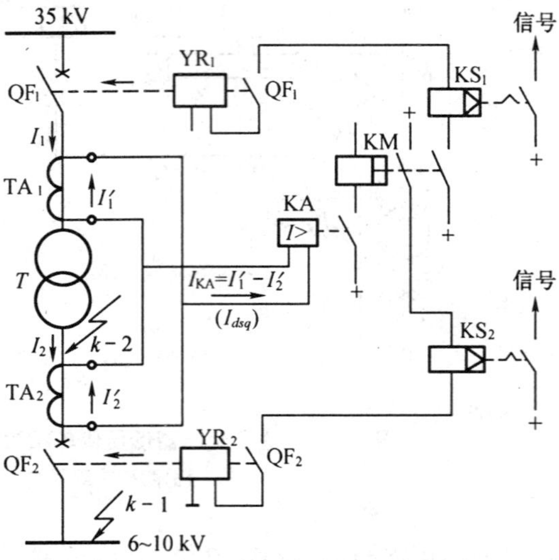


图 4-27　变压器纵联差动保护的单相原理电路

在变压器正常运行或在变压器差动保护的保护区外 $k-1$ 点发生短路时,如果电流互感器 $TA_1$ 的二次电流 $I'_1$ 与 $TA_2$ 的二次电流 $I'_2$ 相等或相差很小时,则流入继电器 KA(或差动继电器 KD)的电流从 $I_{KA}=I'_1-I'_2\approx 0$,继电器 KA(或 KD)不会动作。而在差动保护的保护区内 $k-2$ 点发生短路时,对于单端供电的变压器来说,$I'_2=0$,$I_{KA}=I'_1$,超过 KA(或 KD)所整定的动作电流 $I_{dsp}$,使 KA(或 KD)瞬时动作,然后通过出口继电器 KM 使断路器 QF 跳闸,切除短路故障,同时由信号继电器 KS 发出信号。

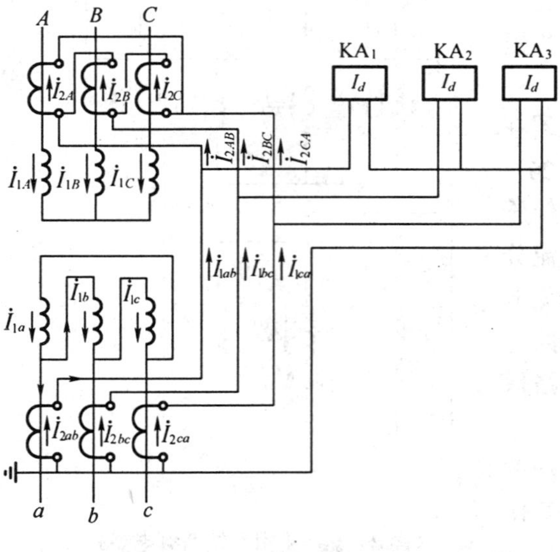


图 4-28　Ydll 连接变压器的纵联差动保护接线

(2)Yd11 连接变压器的纵联差动保护接线　总降压变电所的主变压器通常采用 Ydll 连接组,这就造成该变压器两侧电流有 30°的相位差。为了消除它在差动回路中产生的不平衡电流 $I_{dsq}$,因此将装设在变压器星形连接一侧的电流互感器接成三角形连接,而装设在变压器三角形连接一侧的电流互感器接成星形连接,如图 4-28 所示。由相量图可知,这样就可消除差动回路中由于变压器两侧电流相位不同而引起的不平衡电流。

此外,在变压器纵联差动保护装置中,还应设法减小由两侧电流互感器电流比与变压器电压不能完全配合,以及由变压器励磁涌流(只通过变压器一次绕组)而引起的不平衡电流,因此这种保护装置比较复杂,成本也比较高。实际上,在差动回路中产生不平衡电流的因素很多,不可能完全消除,而只能使之减小到最小值。

(3)变压器纵联差动保护动作电流的整定　变压器纵联差动保护的动作电流 $I_{op(d)}$ 应满足以下三个条件。

①躲过变压器差动保护区外短路时出现的最大不平衡电流 $I_{dsq.max}$,即

$$I_{op(d)} = K_{rel} I_{dsq.\max} \tag{4-44}$$

式中 $K_{rel}$ 为可靠系数，取1.3。

②躲过变压器的励磁涌流，即

$$I_{op(d)} = K_{rel} I_{1N.T} \tag{4-45}$$

式中　$I_{1N.T}$——变压器的额定一次电流；

$K_{rel}$——可靠系数，取1.3～1.5。

③在电流互感器二次回路断线且变压器处于最大负荷时，差动保护不应误动作，因此需满足下式要求

$$I_{op(d)} = K_{rel} I_{L.\max}$$

式中　$I_{L.\max}$——最大负荷电流，取 $(1.2 \sim 1.3) I_{1N.T}$；

$K_{rel}$——可靠系数，取1.3。

## 第六节　供配电系统的二次回路

### 一、供配电系统二次回路的定义

供配电系统的二次回路，是指用来控制、指示、检测和保护一次电路运行的电路，亦称二次电路或二次系统，包括控制系统、信号系统、监测系统及继电保护和自动装置等。

二次回路按电源性质分，有直流回路和交流回路。交流回路又分为交流电流回路和交流电压回路。交流电流回路由电流互感器供电，交流电压回路由电压互感器供电。二次回路按用途分，有断路器控制回路、信号回路、测量和监视回路，断电保护回路和自动装置回路。二次电路的操作电源是供给高压断路器分合闸回路和继电保护装置，信号回路，监测系统及其他二次设备所需的电源。因此对二次回路操作电源的供电可靠性要求很高，也要求具有足够大的容量，且要求尽可能不受供配电系统运行的影响。二次电路的操作电源，分直流和交流两大类。直流操作电源有由蓄电池供电的电源和由整流装置供电的电源两种。

1.直流操作电源

(1)由蓄电池供电的直流操作电源　蓄电池主要有铅酸蓄电池和镉镍蓄电池两种。铅酸蓄电池单个的额定电压为2 V。充电终了时，端电压可达2.7 V；而放电后，端电压降至1.95 V。为获得220 V的直流操作电压，且计及线路的电压降，应按230 V来考虑蓄电池的个数。因此所需蓄电池个数 $n = \frac{230}{1.95} = 118$ 个。但考虑到充电完毕时端电压的升高，因此长期接入操作电源母线的蓄电池个数 $n_1 = \frac{230}{2.7} = 88$ 个。而其他用于调节电压的蓄电池个数 $n_2 = n - n_1 = 118 - 88 = 30$ 个。均接在专门的调压开关上。

采用铅酸蓄电池组作操作电源，不受供电系统运行情况的影响，工作可靠；但它充电时放出氢和氧的混合气体，有爆炸危险，且随着排气还带出硫酸气体，有强腐蚀性，对人体健康和设备安全都有很大的危害。因此铅酸蓄电池组，必须装设在专用的蓄电池室内，其结构需考虑防腐防爆，从而投资很大，一般用户供配电系统中不予采用。

镍镉蓄电池单个的额定电压为1.2 V，充电终了时，端电压可达1.75 V；而放电后，端电压可降为1 V。

采用镍镉蓄电池组作操作电源,除不受供电系统运行情况的影响,工作可靠以外,还有其大电流放电性好,功率大,机械强度高,使用寿命长,腐蚀性小,无需专用。

(2)由整流装置供电的直流操作电源

整流电源主要有硅整流电容储能式和复式整理两种

硅整理电容储能式直流电源,为了避免交流供电系统的影响,它不单独采用硅整流器作为直流操作电源,而配合以电容器储能。在交流供电系统正常运行时,通过硅整理器供给直流操作电源,同时通过电容器储能。当交流供电系统电压降低或消失时,由储能电容器对继电器和跳闸回路供电,使之能正常工作,切除故障。

图 4-29 是一种硅整流电容储能直流操作电源系统的接线图为了保证直流操作电源的

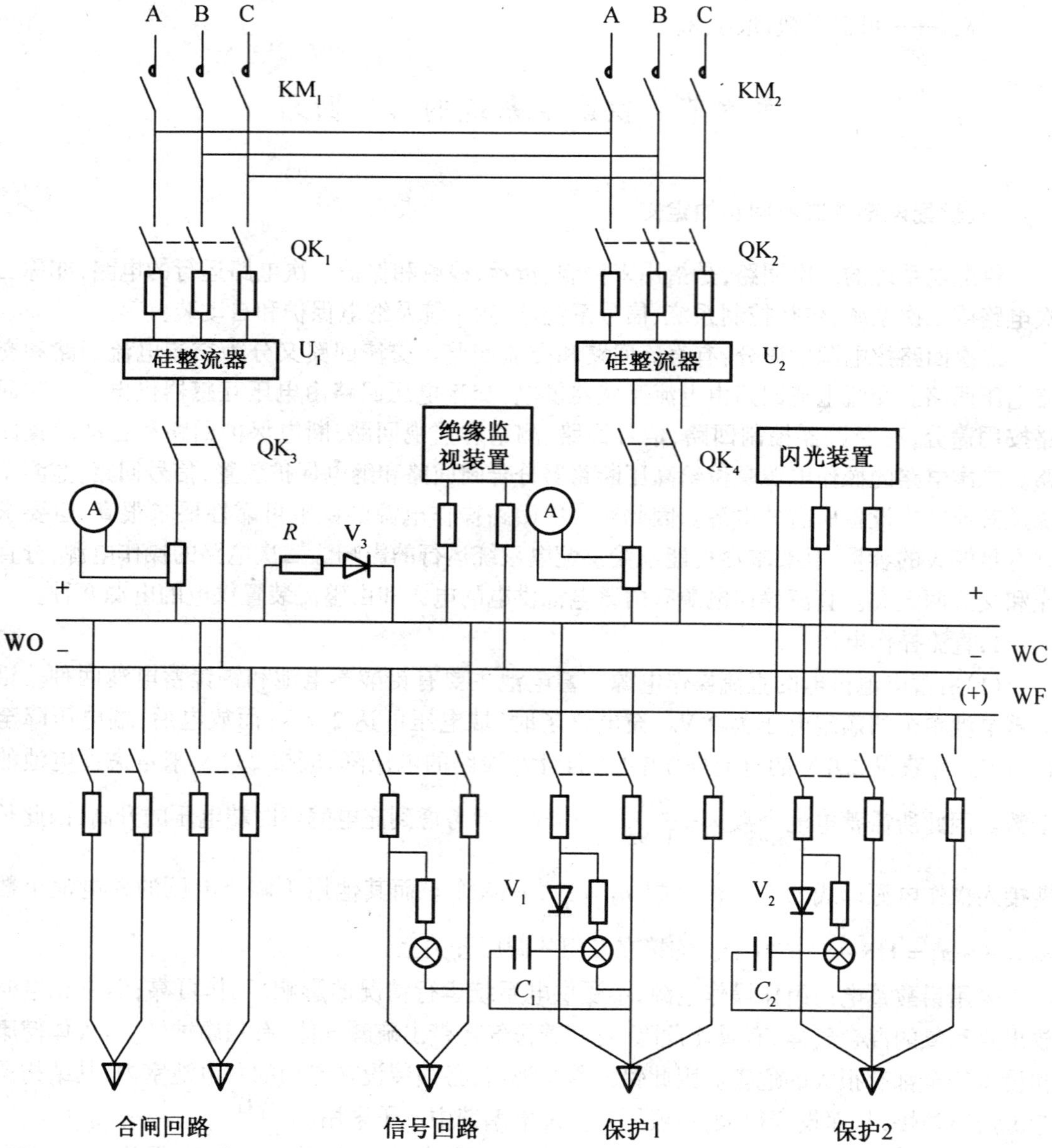


图 4-29　硅整流电容储能式直流系统接线图

可靠性，采用两个交流电源和两台硅整流器。硅整流器 $U_1$ 主要用作断路器合闸电源，并可向控制，信号和保护回路供电。硅整流器 $U_2$ 的容量较小，则仅向控制，信号和保护回路供电。逆止元件 $V_1$ 和 $V_2$ 的主要作用：一是当直流电源电压因交流供电系统电压降低时，使储能电容 $C_1$，$C_2$ 所储电能仅用于补偿自身所在的保护回路，而不向其他元件放电；二是限制 $C_1$，$C_2$ 向各断路器控制回路中的信号灯和重合闸继电器等放电，以保证所供电的继电保护和跳闸线圈可靠动作。逆止元件 $V_3$ 和限流元件 $R$ 接在两组直流母线 WO(+)和 WO(+)之间，使直流合闸母线 WO 只向控制小母线 WC 供电，防止断路器合闸时，硅整流器 $U_2$ 又向合闸母线供电。$R$ 用来限制控制回路短路时通过 $V_3$ 的电流，以免 $V_3$ 烧毁。储能电容 $C_1$ 用于对高压线路的断电保护和跳闸回路供电，而储能电容 $C_2$ 用于对其他元件的继电保护和跳闸回路供电。储能电容器多采用大容量的电解电容器，其容量应能保证继电保护和跳闸回路可靠地动作。

复式整流是指提供直流操作电压的整流电源有两种：一是电压源，由变配电所变压器或电压互感器供电，经铁磁谐振稳压器和硅整流器供电给控制，信号和保护等二次回路。二是电流源，由电流互感器供电，同样经铁磁谐振稳压器和硅整流器供电给控制，信号和保护等二次回路。

图 4－30 是复式整流装置接线原理图。由于复式整流装置既有电压源又有电流源，因此能保证交流供电系统在正常或故障情况下，直流系统均能可靠供电。与上述电容储能式相比，复式整流装置能输出较大功率，电压的稳定性也更好。

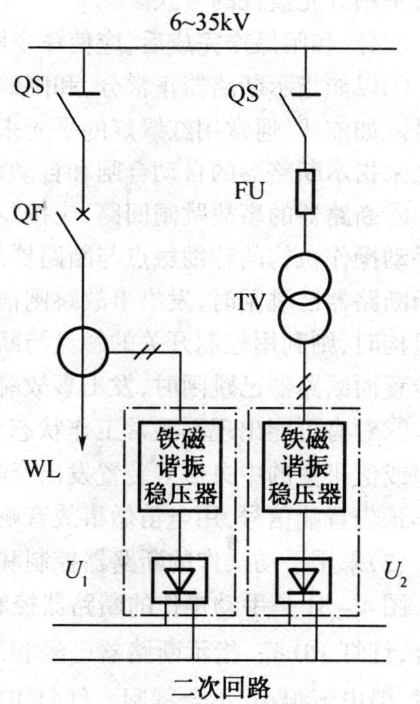


**图 4－30　复式整流装置**

2.交流操作电源

对采用交流操作的断路器，应采用交流操作电源。相应的所有保护继电器，控制装置，信号装置及其他二次元件均采用交流型式。

交流操作电源分电流源和电压源两种。电流源取自电流互感器，主要供电给继电保护和跳闸回路。电压源取自变配电所的所用变压器或电压互感器，通常所用变压器作为正常工作电源，而电压互感器容量小，一般只作为油浸式变压器瓦斯保护的交流操作电源。

高压断路器跳闸回路的操作电源，常见的有直接动作式和去分流跳闸式。采用交流操作电源，可以使二次回路大大简化，投资大大减少，而且其工作可靠，维护方便，但是不适用于比较复杂的继电保护，自动装置及其他二次回路。交流操作电源广泛应用于中小变配电所，中断路器采用手动操作或弹簧储能操作，继电保护操作采用交流操作的场合。

## 二、高压断路器的控制与信号回路

1.概述

高压断路器的控制回路，就是控制高压断路器分，和闸的回路。电磁操动机构采用直流操作电源，弹簧储能操动机构和手力操动机构可交直流两用，但一般采用交流操作电源。

信号回路是用来指示一次回路运行状况的二次回路。信号按用途分，有断路位置信号，故障信号和预告信号等。

断路器位置信号用来显示断路器正常工作的位置状态。红灯亮，表示断路器处于合闸通电状态；绿灯亮，表示断路器处于分闸断电状态。

事故信号用来显示断路器在事故情况下的工作状态。红灯闪光，表示断路器自动合闸通电；绿灯闪光，表示断路器自动跳闸断电。此外，事故信号还有事故音响信号和光字牌。

预告信号是在一次电路出现不正常状态或发现故障苗头时发出报警信号。例如电力变压器过负荷或者油浸式变压器轻瓦斯动作时，就发出区别于上述事故音响信号的另一种预告音响信号，同时光字牌亮，指示出故障性质和地点，以便值班人员及时处理。

对断路器的控制和信号回路主要有下列要求。

①应能监视控制回路保护装置及其分，和闸回路的完好性，以保证断路器的正常工作，通常采用灯光监视的方式。

②分，和闸操作完成后，应使命令脉冲解除，即能断开分，和闸的电源。

③以能指示断路器正常分，和闸的位置状态，并在自动合闸和自动跳闸时有明显的指示信号。如前述，通常用红绿灯的平光来指示断路器的合闸和分闸的正常位置，而用红绿灯的闪光来指示断路器的自动合闸和自动跳闸。

④断路器的事故跳闸回路，应按“不对应原理”接线。当断路器采用手动操作机构时，利用手动操作机构的辅助触点与断路器的辅助触点构成“不对应”关系，即操作机构在合闸位置而断路器已跳闸时，发出事故跳闸信号。当断路器采用电磁操动操作机构或弹簧操动操作机构时，则利用控制开关的触点与断路器的辅助触点构成“不对应”关系，即控制开关在合闸位置而断路器已跳闸时，发出事故跳闸信号。

⑤对有可能出现不正常工作状态或故障的设备，应装设预告信号。预告信号应能使控制室或值班室的中央信号装置发出音响和灯光信号，并能指示故障地点和性质。通常用电铃作预告音响信号，用电笛做事故音响信号。

(2)采用手动操作的断路器控制和信号回路

图 4－31 是手动操作的断路器控制和信号回路原理图。这时断路器的辅助触点 $QF_{3-4}$ 闭合，红灯 RD 亮，指示断路器已经和闸通电。由于有限流电阻 $R_2$，跳闸线圈 YR 虽有电流通过，但电流很小，不会跳闸。红灯 RD 亮，还表示跳闸回路及控制回路电源的熔断器 $FU_1$ 和 $FU_2$ 是完好的。

分闸时，扳下操作手柄使断路器分闸。这时断路器的辅助触电 $QF_{3-4}$ 断开，切断跳闸回路，同时辅助触点 $QF_{1-2}$ 闭合，绿灯 GN 亮，指示断路器已经分闸断电。绿灯 GN 亮，还表示控制回路电源的熔断器 $FU_1$ 和 $FU_2$ 是完好的，即绿灯 RD 同时起着监视跳闸回路完好性的作用。

在正常的操作断路器分，和闸时，由于操动机构辅助触点 QM 与断路器辅助触点 $QF_{5-6}$ 是同时切换的，所以故障信号总是断路器的，不会错误地发出灯光，音响信号。

当一次电路发生短路故障时，继电保护装置动作，其出口断路器触点 KM 闭合，接通跳闸回路（$QF_{3-4}$原已闭合），使断路器跳闸。随后 $QF_{3-4}$ 断开，红灯 RD 灭，并切断 YR 电源；同时 $QF_{1-2}$闭合，绿灯 GN 亮。这时操动机构的操作手柄虽然仍在合闸位置，但其黄色指示牌下掉，表示断路器自动跳闸。在信号回路中，由于操作手柄仍在合闸位置，其辅助触点 QM 闭合，而断路器已故障跳闸，$QF_{5-6}$ 返回闭合，因此故障信号接通，发出灯光和音响信号。当值班员得知事故跳闸信号后，可将断路器操作手柄扳下至分闸位置，这时黄色指示牌随之返回，事故灯光，音响信号随之消失。

控制回路中分别与指示灯 GN 和 RD 串联的电阻 $R_1$ 和 $R_2$，除了具有限流作用外，还有防止指示灯灯座短路时造成控制回路短路或断路器误跳闸的作用。

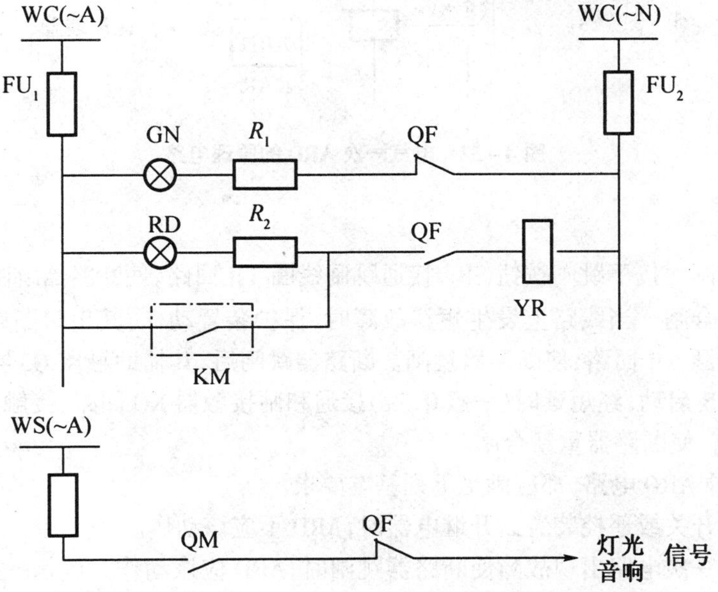


**图 4-31 手动操作的断路器控制和信号回路原理图**

### 三、供配电系统的自动装置

1. 电力线路的自动重合闸装置

运行经验表明，电力系统的短路故障特别是架空线路上的短路故障大多是暂时性的，这些故障在断路器跳闸后，多数能很快地自行消除。例如雷击闪络或鸟兽造成的线路短路故障，往往在雷击过后或鸟兽烧死之后，线路大多能恢复正常运行。因此如采用自动重合闸装置，使断路器在跳闸后，经很短时间有自动重新合闸送电，从而可大大提高供电可靠性，避免因停电而给国民经济带来巨大损失。

自动重合闸装置按其操作方式分，有机械式和电气式；按组成元件分，有机电型，晶体管型和微机型；按重合次数分，有一次重合式，二次重合式和三次重合式。

供配电系统中采用 ARD，一般是一次重合式，因此一次重合式比较简单经济，而且基本上能满足供电可靠性的要求。运行经验证明，ARD 的重合成功率随重合次数的增加而显著降低。对架空线路来说，一次重合成功率可达 60% ~ 90%，而二次重合成功率只有 15% 左右，三次重合成功率仅 3% 左右。因此一般用户的供配电系统中只采用一次重合闸。

图 4-32 电气是一次自动重合闸的原理电路图。

(1)手动合闸　按下合闸按钮 $SB_1$，使合闸接触器 KO 通电动作，接通合闸线圈 YO 回路，

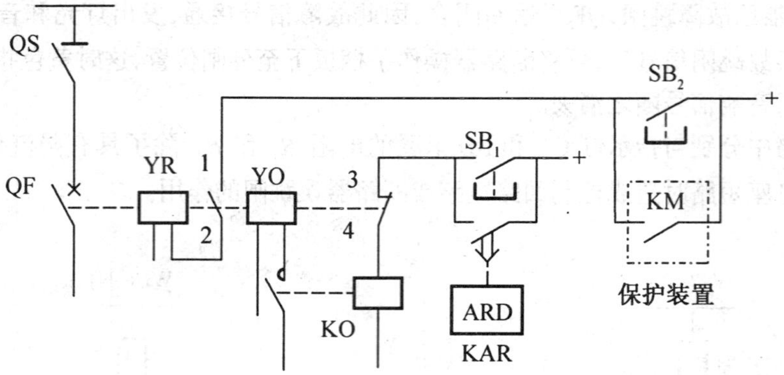


**图 4-32　电气一次 ARD 的原理电路**

使断路器合闸。

(2)手动跳闸　按下跳闸按钮 $SB_2$,接通跳闸线圈 YR 回路,使断路器跳闸。

(3)自动重合闸　当线路上发生短路故障时,保护装置动作,其出口断路器触点 KM 闭合,接通跳闸线圈 YR 回路,使断路器跳闸。断路器跳闸后,其辅助触点 Q3-4 闭合,同时重合闸继电器 KAR 启动,经短延时(一般 0.5 s)接通和闸接触器 KO 回路,接触器 KO 又接通合闸线圈 YO 回路,使断路器重新合闸。

不论哪一种 ARD 电路,都应满足下列基本要求。

(1)用控制开关或遥控装置断开继电器时,ARD 不应该动作。

(2)如果是一次电路出现故障使断路器跳闸时,ARD 应该动作。但是一次 ARD,只应重合一次,因此应有防止断路器多次重合于发生永久性故障的一次电路上的"防跳"措施。

(3)ARD 动作后,应能自动返回,为下一次动作做好准备。

(4)ARD 应与继电保护相配合,使继电保护在 ARD 动作前或动作后加速动作。大多采取重合闸后加速保护装置动作的方案,使 ARD 重合与永久性故障上时,快速断开故障电路,缩短故障时间,减轻故障对系统的危害。

2.备用电源自动投入装置

在要求供电可靠性较高的变配电所中,通常设有两路或以上电源进线,或者设有自备电源。在企业的车间变电所低压侧,大多设有与相邻车间变电所相连的低压联络线。如果在作为备用电源的线路上装设备用电源自动投入装置,则在工作电源线路突然断电时,利用失压保护装置使该线路的断路器跳闸,而备用电源线路的断路器则在 APD 作用下迅速和闸,使备用电源投入运行,从而大大提高供电可靠性,保证对用户的不间断供电。

图 4-33 是备用电源自动投入运行装置的原理电路图。

(1)正常工作状态　断路器 $QF_1$ 合闸,电源 $WL_1$ 供电;而断路器 $QF_2$ 断开,电源 $WL_2$ 备用。$QF_1$ 的辅助触点 $QF_{3-4}$ 闭合,时间继电器 KT 动作,其触点是闭合的,但由于断路器 $QF_1$ 的另一对触点 $QF_{1-2}$ 处于断开状态,因此合闸接触器 KO 不会通电动作。

(2)备用电源自动投入　当工作电源 *WL*1 断电引起失压保护动作使断路器 $QF_1$ 跳闸时,其辅助触点 QF1 3-4 断开,使时间继电器 *KT* 断电。在其延时断开触点尚未断开前,由于断路器 $QF_1$ 的辅助触点 $QF_{1-2}$ 闭合,接通合闸解除器 KO 回路,使之动作,接通断路器 $QF_2$

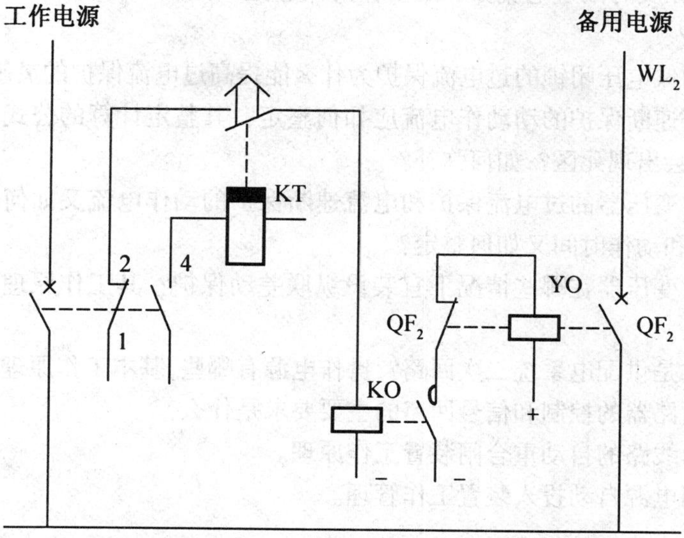


图 4-33 备用电源自动投入运行装置的原理电路图

的合闸线圈 YO 回路，使 $QF_2$ 合闸，从而使备用电源 $WL_2$ 运行。在 KT 的延时断开触点景延时断开后，切断 KO 合闸回路。$QF_2$ 合闸后，其辅助触点 $QF_{1-2}$断开，切断 YO 合闸回路。

## 复习思考题

4-1 什么是短路？发生短路故障的原因有哪些？

4-2 什么是无限大系统 ？

4-3 短路计算中，什么是欧姆法？它的基本公式有哪些？

4-4 在用欧姆法进行短路计算时，要计算电力系统中哪些部分的阻抗？有哪些基本公式？

4-5 标幺值是什么意思？对系统短路用标幺值法进行计算，需要选定哪些基准量？如何对电抗的标幺值进行计算？

4-6 继电保护有哪些任务？对继电保护有哪些基本要求？

4-7 过电流保护的灵敏度是如何定义的？低电压保护的灵敏度又是如何定义的？

4-8 电磁式电流继电器，时间继电器，信号继电器和中间继电器在继电保护装置中各起什么作用？感应式电流继电器有哪些功能？

4-9 什么叫过电流继电器的动作电流，返回电流和返回系数？如果过电流继电器的返回系数过低，会出现什么情况？

4-10 两相两继电器接线和两相一继电器接线作为时间短路保护，各有什么优缺点？什么叫接线系数？接线系数的大小说明什么问题？

4-11 什么叫“去分流跳闸”的操作方式？去分流跳闸的操作回路中为什么要采用先和后断转换触点？

4-12 过电流保护装置的动作电流应如何整定？其整定计算的公式是怎样的？

4-13 过电流保护装置的动作时间应如何整定？定时限过电流保护的动作时间整定

是调节什么地方？反时限过电流保护的动作时间整定又是调节什么地方？什么叫10倍动作电流动作时间？

4－14　采用低电压闭锁的过电流保护为什么能提高过电流保护的灵敏度？

4－15　电流速断保护的动动作电流应如何整定？其整定计算的公式是怎样的？电流速断保护为什么会出现死区？如何弥补？

4－16　电力变压器的过电流保护和电流速断保护的动作电流又如何整定？其过负荷保护的动作电流和动作时间又如何整定？

4－17　电力变压器在哪些情况下宜装设纵联差动保护？其工作原理是怎样的？其动作电流如何整定？

4－18　什么是供配电系统二次回路？操作电源有哪些,基本工作原理。

4－19　对断路器的控制和信号回路的主要要求是什么？

4－20　电力线路的自动重合闸装置工作原理。

4－21　备用电源自动投入装置工作管理。

# 第五章　船舶电力系统

## 第一节　船舶电力系统的组成

### 一、船舶电力系统的组成

船舶电力系统是指由一个或几个在统一监控之下运行的船舶电源及与之相连接的船舶电网所组成的、用以向负载供电的整体。换句话说，船舶电力系统是由电源装置、电力网和负载按照一定方式连接的整体，如图 5 – 13，5 – 14 所示。船舶电力系统是船上电能生产、传输、分配和消耗等全部装置与网络的总称。图 5 – 1 为船舶电力系统单线示意图。

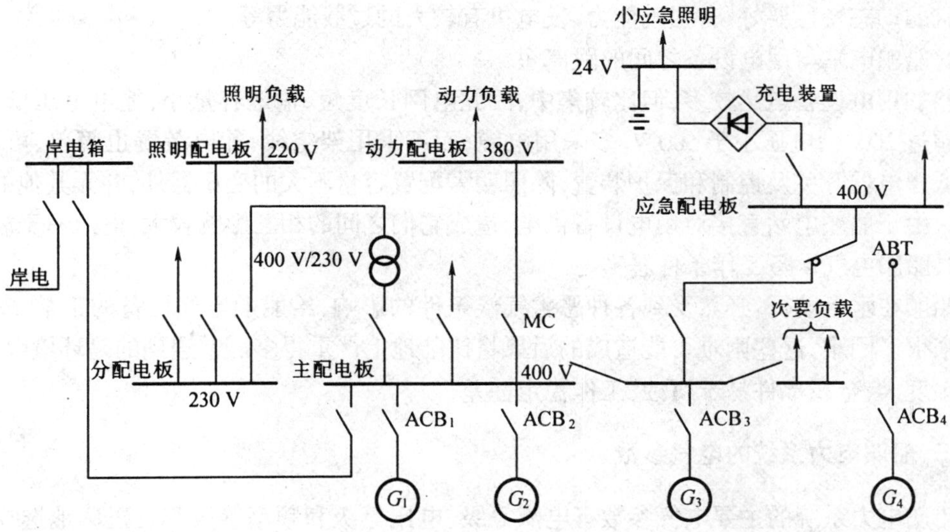


**图 5 – 1　船舶电力系统单线示意图**

$G_1$、$G_2$、$G_3$—主发电机；$G_4$—应急发电机；$ACB_1$、$ACB_2$、$ACB_3$、$ACB_4$—空气断路器；

MCB—装置式断路器；ABTS—汇流排转换接触器

1. 电源装置

它是将其他形式的能量（如机械能、化学能、核能）转换成电能的装置。目前船上常用的电源有发电机组和蓄电池。

2. 配电装置

它主要用于控制、保护、监测和分配船舶电源产生的电力，并对船舶正常航行或应急状况下使用的电力负载进行配电的开关设备和控制设备的组合装置。可分为主配电板、应急配电板、区域配电板、分配电板、充放电板和岸电箱等。

3. 船舶电力网

它是指向全船供电的电缆与电线组成的馈电系统的总称，其作用是把电源的电能传输给全船所有的用电设备。船舶电力网可分为动力电网、照明电网、应急电网、低压电网和弱电电网等。

4.负载

它又称船舶用电设备,是将电能转变为机械能、光能、热能和其他形式能的总称。可分为采用电动机拖动的甲板机械设备、舱室机械设备;采用电光源的照明设备、信号设备;采用电加热的电炉、电灶等设备。

## 二、船舶电力系统的特点

船舶电力系统由于受到水上环境条件及船舶自身运行情况的影响,与陆地电力系统比较有以下特点。

1.容量较小

船舶电力系统电源多为单一电站,一般容量小于2 000 kW,单机容量小于1 000 kW。由于船舶上大的用电负载(如起货机等),其功率可与发电机容量相比拟,因此电动机的启动电流引起的电网电压降较大,这就要对船舶电力系统的稳定性提出更高的要求。如要求船用发电机的动态特性要好、有强励能力、发电机有较大的过载能力等。

2.船舶电站与用电设备之间的距离短

船舶用电设备虽然较多,但比较集中,因此电网长度短,输送容量小,输电电压低,一般不会超过200 m,电压小于500 V,多采用电缆,而不采用架空线,配电装置也简单、可靠,只采用低压电器开关及控制和保护装置,除照明需配置容量不大的变压器外,并无其他的变压设备。由于船舶电站直接对用电设备供电,造成它们之间的相互影响较大,电压易于波动。

3.船舶电气设备工作条件恶劣

船舶在水上航行,必然受到各种恶劣气候条件的影响,给船舶电气设备的正常、安全运行带来很多困难,这些困难可能造成的后果将比陆地上严重得多。常遇到的是环境温度高,相对湿度大,金属部件易于腐蚀,工作稳定性差。

## 三、船舶电力系统的电气参数

船舶电力系统的主要电气参数有电流等级、电压等级和频率等级等。正确地选择合适的电气参数,可以保证船舶电力系统的可靠性和稳定性。

1.电流种类

它又称为电制。船舶电力系统常采用的是交流和直流两种电制。

直流电动机采用启动器后启动冲击小,可以实现大范围内的平滑调速;直流配电板上的开关电器及仪表也较交流配电板简单;直流电网传输电流时没有集肤效应,效率较高,而且蓄电池组无需整流设备可直接充电。但是,采用交流电制会使船舶电气设备的维修、保养工作大大简化。因为船舶电气设备主要是各种电机和电器,交流电机没有整流子,具有结构简单、体积小、质量轻、运行可靠的优点;鼠笼式异步电动机不需启动设备,控制设备少;通过变压器,可以方便地将电压变换成各种负载所需要的电压等级,使照明网络与动力网络没有直接电的联系,相互影响大为减小;交流电的采用也使岸电连接变得更加容易。

由于电子技术的迅速发展和大功率半导体器件的出现,成功地解决了曾经阻碍船舶电力系统交流化的一系列难题(调速、调压、调频和并联运行等),使交流电制得到普及。目前,对于一般船舶,不论是货船、液货船、集装箱船,还是客船和调查船,都优先采用交流电制。

2. 额定电压等级

随着船舶大型化、自动化和舰船设备的更新以及生活、工作条件的改善，船舶电器的负荷急速增加，发电机的功率也必然随之增加，从而带来以下问题：

(1)对 500 V 以下的电力系统来说，短路电流的增大使开关电器与保护装置的断流容量难以满足要求；

(2)制造 500 V 以下的大功率发电机(2 000 kW 以上)和电动机(200 kW 以上)，在技术上是非常困难的(已接近功率极限)，经济上也不合算；

(3)如果大功率电能传输仍采用 500 V 以下的电压，则将使电缆的截面增大，并需多股并联，造成布线与安装上的困难。

由于上述原因，所以发展了船舶中压电力系统。当发电机单机容量超过 2 000 ~ 2 500 kW 时，可考虑采用 3.3 kV 电压；电动机功率超过 2 000 kW 以上时，也可用中压 3 kV 供电。

采用中压电力系统后，保护装置、接地、变压器、配电方式、开关形式、电缆端头的构造及处理方法都与 500 V 以下系统有很大的差别，使用时必须注意。

3. 额定频率等级

对于船舶电力系统的频率，我国"海规"规定为 50Hz，与陆用电力系统的频率标准一样。国外一些国家采用 60 Hz。船舶供电系统的频率见附表 11。对于一些弱电设备，如无线电导航系统，则采用 500 Hz 和 1 000 Hz 的中频电源，这些中频电源通常由变流机组或变频器供电。

国外一些军舰为减轻电气设备的质量和尺寸，开始采用 400 Hz 的中频电源供电。但提高频率也带来一些不利因素，如要求制造特殊频率的电机、电器和仪表等；同时，交流阻抗加大，损耗增加，需要制造高速机械装置和高速轴承与电动机配套。此外，中频电器、变压器的工作噪声和电磁干扰较大。

## 四、船舶电力系统的发展概况

电在船上得到应用已有 100 多年的历史。从早期用于单一照明到电力驱动，再到辅机的电力拖动而得到不断的发展；随着船舶向大型化、自动化方向发展，电力系统本身的容量也得到不断增大。20 世纪 40 年代，万吨级船舶平均容量只有 60 kW，而目前已上升到 1 500 kW 以上，自动化程度不断提高，并朝着"高可靠性智能化"方向发展。

20 世纪 60 年代后，我国自行设计研制了新一代的舰艇和船舶。主要有导弹驱逐舰、核潜艇及万吨级远洋货轮。从仿制逐步走向自行设计、试制和生产。我国自行设计、试制完成了交流 200 kW、400 kW、1 200 kW 柴油发电机组和汽轮发电机组等。大力发展船舶交流电气设备，完成了船舶起货机用恒力矩变极变速异步电动机及控制装置、轴带发电机系统成套装置、DZ910 系列船用塑壳式自动开关设备的试制与生产。在我国自行设计制造的沿海及远洋轮船上普遍采用了交流电制，从而实现了船电交流化。

20 世纪 80 年代开始，我国实行对外开放，对内搞活的发展经济政策，积极开展从国外引进船用电气设备制造的先进技术工作，加以消化吸收，国产船用电气设备正逐步打入国际市场。同时积极开展国际交流和学术交流活动，按 IEC 标准修订我国船电设备标准，以适应船舶向大型化、自动化方向发展的需要。近年来，我国的船舶制造技术得到迅猛发展。

总之，随着船舶自动化技术的不断提高，发展的目标是把自动化船舶的研究与开发推向无人化程度，并保证机电设备处于最佳运行状态，出现异常情况时能够及时发现和排除故障。

## 第二节　船舶电力系统容量的确定

### 一、概述

1.确定船船舶电力系统容量的根据

船舶在各种状态下的用电量不尽相同,船舶电力系统的容量并不是全船各用电设备功率的总和。因为全船电气设备虽然很多,但根据船舶在航行或停泊时的工作情况不断变化的特点,全部用电设备不可能同时工作,如锚机、货机、货油泵、分油机、消防泵等,已工作的用电设备,也不可能都处于满载状态,如舵机、锚机等。所以船舶用电设备的额定容量总和远远大于实际用电量的总和。如果按用电设备额定容量总和来选择发电机,不仅造价高,而且运行也不经济。

确定船舶电力系统容量的主要根据是船舶用电设备的实际功率需要量的总和。由于用电设备的实际功率需要量往往不是一个常数,而是随工作情况而变的变量,这样就不能用一个现成的理论公式进行计算或用一个模型实验来计算,只能按照统计规律,积累大量的经验数据,采用近似算法进行估算,所以应该与轮机设备等有关专业密切配合,对用电设备负载和使用情况加以全面分析,以获得比较准确的计算结果。

2. 船舶运行状态分类

在进行电力负载计算时,通常要考虑船舶运行工况,虽然不同类型、用途的船舶,其运行工况略有不同,但都有相应的运行工况,为了使电站更合理的适应各种工况的要求,电力负荷的计算通常分工况进行。一般船舶运行工况可划分成以下几类:

(1)航行状态　指满载货物全速航行状态;

(2)进出港状态　指港内低速航行或机动时的工作状态;

(3)压载状态　进出港压载航行状态;

(4)靠离码头状态　一般考虑起锚和系缆状态,有时该工况与进出港工况合并为进出港工况;

(5)停泊状态　指船舶停靠在码头或锚地上无作业状态;

(6)装卸货状态　指货轮的装卸货或油轮的装卸油状态;

(7)作业状态　调查船的海上作业、工程船舶的水上作业等;

(8)应急状态　指船舶在火灾或海损时的状态。

应注意的是类型不同的船舶其运行状态的划分也完全不相同,所以考虑时应视具体情况而定。

3.连续负载和间断负载

顾名思义,连续负载即连续运行的负载,间断负载即间断运行的负载。

连续使用的大功率辅机对发电机影响较大,所以进行电力负载计算时,对其需要功率的估算应仔细慎重,精度要尽量高。对小容量的辅机也采用大容量辅机的计算方法当然是理想的,但十分繁琐,可以采用实际的平均值,对计算结果不会产生很大误差。

对于频繁波动的负载所需功率的计算,通常是求其均方根值,而不是按其最大值计算。电动机启动时的过电流或过载,一般不要在其需要功率的计算上再加算。

4.确定船舶电力系统容量的方法

目前确定船舶电力系统容量的方法较多,各种方法略有不同,即使是同一方法在不同用途的船舶上使用也有差别。常用的方法有负荷系数表格法(包括需要系数法、三类负载法)、日夜负载法(昼夜航行图表法)、概率分析计算法、算式计算法及以某项特殊负载为基数的计算方法等。

上述方法中,目前应用较多的是需要系数法和三类负载法。如果需要系数、负载系数或同时使用系数等选取恰当,均能够得到比较准确的计算结果。

## 二、用需要系数法确定电力系统容量

1.需要系数

负载实际需要功率是由各设备的种类及其使用方法决定的,其值可用需要系数来计算。所谓需要系数就是指用电设备使用时实际所需要的最大功率与额定状态时所需要的输入功率之比,即

$$\text{需要系数} = \frac{\text{设备的需要功率}}{\text{设备的额定输入功率}} \times 100\% \tag{5-1}$$

设备的额定输入功率对电动机而言,就是其额定输入功率;对照明和弱电设备而言,可采用安装的总功率;对负载随时间上下波动时,一般取其平均功率。

需要系数随船舶运行工况不同而不同,对于一般商船可以取下述各值:

| | |
|---|---|
| 一般辅机 | 60% ~95% |
| 舵　机 | 20% ~30% |
| 电热设备 | 50% ~100% |
| 一般照明 | 70% ~80%(航行) |
| | 60% ~70%(装卸货) |
| | 50% ~60%(停泊) |
| 工作灯 | 100%(装卸货) |

有关负载分类及其需要系数 $K$ 值如下。

(1)电动起货机可以看作间断负载。实际计算负载时,通常是把这些起货机看作一组连续的负载,用需要系数计算,该需要系数与起货装置台数有关,用一概略数值表示,如表5-1、表5-2所示。

(2)发电机-电动机系统以拖动电动机的额定输入功率作为基准;变极式鼠笼电动机一般以第二挡的额定输入功率作为基准;对于甲板起重机,通常以提升和回转同时动作时所需额定输入功率作为基准。

(3)如果起货机、绞车等装卸货装置耗电大,占整个用电负载比例较高时,用该需要系数计算,有时显得不够合适,这时应采用概率计算法计算其所需功率,这种方法需要周密地调查装卸货的工作周期以及负载周期,还应计算出概率计算的置信系数,提供给用户。

2.同时系数

各间断性负载不会都在同一时刻使用,所以在确定的条件下,可能运行的各间断负载的最大需要功率之和,总比所有间断负载所需要的最大功率之和要小。为此把运行的间断负载的最大需要功率与所有间断负载的最大需要功率之比称为同时系数(日本海事协会将其倒数称之为不等系数)。

**表 5-1　连续负载分类及其需要系数 $K$ 值**

| 辅机种类 | | | 需要系数 $K$/% | | | 备　注 |
|---|---|---|---|---|---|---|
| | | | 航行 | 进出港 | 装卸货 | |
| 柴油机船舶辅机 | | 淡水冷却泵 | 85 | 85 | | |
| | | 海水冷却泵 | 85 | 85 | | |
| | | 滑油泵 | 65 | 65 | | |
| | | 燃油油头冷却水泵 | 85 | 85 | | |
| | | 燃油油头冷却油泵 | 70 | 75 | | |
| | | $C$ 重油净油机及泵 | 65 | | | |
| | | 燃油净油机及泵 | 65 | | | |
| | | 增压器及泵 | 65 | 65 | | |
| | 辅锅炉 | 给水泵 | 85 | 85 | 85 | |
| | | 重油喷射泵 | 65 | 65 | 65 | |
| | | 鼓风机 | 85 | 85 | 85 | |
| | | 废气锅炉 | 85 | | | |
| | | 空气压缩机 | | 85 | | |
| | | 发电机冷却水泵 | | | 85 | |
| 通用辅机 | | 淡水泵 | 85 | 85 | 85 | |
| | | 卫生水泵 | 85 | 85 | 85 | |
| | | 通风机 | 85 | 85 | 85 | |
| | | 造水装置及其泵 | 85 | | | |
| 甲板机械 | | 绞车 | | | 30~40 | 根据形式和台数决定 |
| | | 货油泵 | | | 30 | |
| | | 舵机 | 20 | 20 | | |
| | 居住区用 | 风机 | 80 | 80 | 50 | |
| | | 电势器 | 80 | 80 | 50 | |
| | | 冷库装置 | 80 | 80 | 50 | |
| | | 鼓风机 | 80 | 80 | 50 | |
| | | 泵舱鼓风机 | | | 80 | |
| | | 货舱通风机 | 60~80 | 60~80 | | 不包含去湿风机 |
| | | 热水循环泵 | 80 | 80 | 80 | |
| | 冷藏机 | 粮食用 | 60 | 80 | 60 | 按台数决定 |
| | | 货物用 | 60 | 80 | 80 | |
| | | 货油用惰性气体鼓风机 | 70 | 70 | 85 | 同上 |
| | | 石油液化气液化压缩机 | 90 | 90 | 90 | |
| | | 石油液化气负载泵 | | | 90 | |
| | | 石油液化气用惰性气体发生装置 | 80 | 80 | 80 | |

**表 5-1(续)**

| 辅机种类 | | | | | 需要系数 K/% 航行 | 进出港 | 装卸货 | 备注 |
|---|---|---|---|---|---|---|---|---|
| 其他 | 货舱照明 | 固定 | | | | 100 | 100 | |
| 其他 | 货舱照明 | 移动 | | | | | 80 | |
| 其他 | 探照灯 | | | | | | 80 | |
| 其他 | 电动发电机组 | | | | 70 | 70 | 70 | |
| 其他 | 陀螺罗经 | | | | 80 | 80 | | |
| 其他 | 烟囱照明 | | | | | 100 | 100 | |
| 其他 | 电灯 | 居住区用 | | | 80 | 80 | 70 | |
| 其他 | 电灯 | 机舱用 | | | 100 | 100 | 100 | 不包括手提灯 |
| 其他 | 电灯 | 航行信号灯 | | | 100 | 100 | | |
| 其他 | 雷达 | | | | | 100 | | |
| 汽轮机 | 主循环水泵 | | | | 75~90 | 75~90 | | |
| 汽轮机 | 发电机循环水泵 | | | | 80~90 | 80~90 | | |
| 汽轮机 | 主给水泵 | 货船 | | | 65~70 | 50~60 | | |
| 汽轮机 | 主给水泵 | 油船 | | | 70~80 | 50~60 | | |
| 汽轮机 | 辅给水泵 | | | | | | | 连续负载,装卸货时的 K 由实际情况决定 |
| 汽轮机 | 主凝水泵 | | | | 65~75 | 50~60 | | |
| 汽轮机 | 辅凝水泵 | | | | | | | 发电机不使用主凝水泵时,由实际情况决定 |
| 汽轮机 | 滑油泵 | | | | 60~70 | 60~70 | | |
| 汽轮机 | 燃油喷射泵 | | | | 75~85 | 75~85 | 75~85 | |
| 船舶辅机 | 强力鼓风机 | 控制速度及叶轮的情况时 | A | 货船 | 55~65 | 50~60 | | 需要系数 K 由使用情况决定 |
| 船舶辅机 | 强力鼓风机 | 控制速度及叶轮的情况时 | A | 油船 | 65~75 | 50~60 | | |
| 船舶辅机 | 强力鼓风机 | 控制速度及叶轮的情况时 | B | 货船 | 65~75 | 55~65 | | |
| 船舶辅机 | 强力鼓风机 | 控制速度及叶轮的情况时 | B | 油船 | 65~75 | 55~65 | | |
| 船舶辅机 | 强力鼓风机 | 风板控制时 | | 货船 | 75~85 | 70~80 | | |
| 船舶辅机 | 强力鼓风机 | 风板控制时 | | 油船 | 80~90 | 70~80 | | |
| 船舶辅机 | 排水泵 | 有低压蒸汽时 | | 货船 | 70 | 70 | 70 | |
| 船舶辅机 | 排水泵 | 有低压蒸汽时 | | 油船 | 65~75 | 55~70 | 80~90 | |
| 船舶辅机 | 排水泵 | 无低压蒸汽时 | | 货船 | 70 | 70 | 70 | 电动甲板机械 |
| 船舶辅机 | 排水泵 | 无低压蒸汽时 | | 货船 | 25 | 25 | 25 | 气动甲板机械 |
| 船舶辅机 | 排水泵 | 无低压蒸汽时 | | 油船 | 55~70 | 55~70 | 75~90 | |
| 船舶辅机 | 自动燃烧装置 | | | | 80~90 | | | |
| 船舶辅机 | 辅空压机 | | | | 80~90 | 80~90 | 80~90 | |
| 船舶辅机 | 吹灰尘用空压机 | | | | 80~90 | | | 根据锅炉种类可作间歇负载 |
| | 机修机械电动机 | | | | | 80~90 | 80~90 | |

$$同时系数 = \frac{运行的间断负载的最大需要功率之和}{所有间断负载的最大需要功率之和} \qquad (5-2)$$

船舶的不同运行状态其值也是不同的,同时还受到船舶装载状态、航区和季节的影响,通常根据经验和实际试验结果确定。无精确计算值时,同时系数可选定 0.3~0.5 范围内。

3.负载表的编制

**表 5-2 间歇负载分类及其需要系数 $K$ 值**

| 负荷种类 | | 需要系数 $K$/% | | | 备注 |
|---|---|---|---|---|---|
| | | 航行 | 进出港 | 装卸货 | |
| 柴油机船舶辅机、柴油机和汽轮机船舶通用辅机 | $A$ 重油净油机及泵 | 65 | | 65 | 这是以 $C$ 重油为主航行的船舶，但以 $A$ 重油为主的船舶，航行时为连续负载 |
| | 净油泵 | | | 80 | |
| | 总用泵 | 65 | | | |
| | 增压泵 | 85 | | | |
| | 压载泵 | 85 | 65 | 85 | |
| | 燃油驳运泵 | 80 | | 80 | |
| | 滑油循环泵 | 80 | | 80 | |
| | 滑油净油泵 | 80 | | 80 | 也有当连续负载使用的 |
| 甲板机械 | 绞车 | | 40 | | |
| | 舱口盖绞车 | | | 80 | |
| | 驳运泵 | | | 55~65 | |
| | 舷梯绞车 | 15~25 | 80 | | |
| | 绞盘 | | | | |
| | 锚绞盘 | | 40 | | |
| 其他设备 | 厨房、膳室、盥洗：电灶 | 40~60 | 40~60 | 40~60 | 由形式和内容决定 |
| | 厨房、膳室、盥洗：电烘箱 | 40~60 | 40~60 | 40~60 | 同上 |
| | 厨房、膳室、盥洗：其他设备 | 40 | 40 | 40 | 安装功率特别大时，需要再加上其功率 |
| | 探照灯 | | 80 | | |
| | 蓄电池用充电机 | 80 | 80 | 80 | |
| | 雷达 | 100 | | | |
| | 无线电装置 | 80 | | | |
| | 航海仪器 | 60 | 60 | | |
| | 电笛、电喇叭 | 80 | 80 | | |

注：消防泵、机床、电焊机及起重机等未计入。

(1)计算各用电设备的额定输入功率。

(2)选择计算工况，并确定各工况下所需使用的电气设备，并按连续负载和间断负载加以区分。

(3)确定各用电设备的需要系数。

(4)计算各用电设备的所需功率，并计算出各工况下所需总功率。

(5)选用间断负载的同时系数，计算总需要功率。

上述计算可以用式表述为

$$P_G = \sum K_i \cdot P_{ci} + K_2 \sum K_i \cdot P_{1i} \tag{5-3}$$

式中 $P_G$——计算总功率；

$P_{ci}$——各连续负载额定输入功率；

$P_{1i}$——各间断负载额定输入功率；

$K_i$——需要系数；

$K_2$——同时系数。

当间断负载中有较大的负载时，为了精确计算结果，可以采用连续负载所需要功率之和($\Sigma K_i \cdot P_{ci}$)加上最大的间断负载所需功率($K_1 \cdot P_{1i}$)，再加上其他间断负载所需的功率之和($K_2 \Sigma K_{(i-1)} \cdot P_{1(i-1)}$)。

(6)考虑 5% 网络损失，计算所需要总功率。

(7)根据上述总功率，选择发电机组的容量和台数，并计算各工况下使用发电机的负载率。

### 三、三类负载法

由于需要系数法主要是根据用设备的负荷状态和工作制等因素，只考虑一个总的系数 $K$ 来确定用电设备和发电机的容量，因此准确性较差。对于用电设备较多，且有较充分数据可供选用的较大型船舶，大多采用多系数的三类负载法确定电站容量。它的主要特点是借助各种数据，求得各用电设备的几种负荷系数，再确定每台用电设备的实际需要功率。另外，还将各用电设备按其在船上的地位和作用，分成三类负载予以区别对待，并考虑同时使用情况，因此得出的结果比较精确。

1.三类负载的确定

第Ⅰ类负载　某一运行状态下连续使用的重要负载，例如航行状态下的舵机，主机冷却水泵；离靠码头状态下的锚机；装卸货状态下的货机。

第Ⅱ类负载　某一运行状态下短时或重复短时使用的负载，例如航行状态下的燃油输送泵、滑油输送泵、卫生水泵和空压机等

第Ⅲ类负载　某一状态下偶尔短时使用的负荷或可以在用电高峰时间以外使用的负载，例如靠离码头状态下的电动舷梯；航行状态下的机修设备等。

三类负载的分法与船舶运行工况有关，如在航行工况下使用若干小时后停止使用若干小时的负载(如燃油离心分油机等)作为第Ⅱ类负载；而在靠离码头时，虽然起锚机工作时间较短(仅有 30 min 左右)，但在该工况下，一般都作为第Ⅰ类负载。现将万吨级柴油机船电气设备的负载分类列入表 5－3。

**表 5－3　万吨级柴油机船电气设备负载分类**

| 第Ⅰ类负载 | | 第Ⅱ类负载 | | 第Ⅲ类负载 |
|---|---|---|---|---|
| 舵机 | 消防泵 | 燃油离心分油机 | 主空气压缩机 | 主机盘车机 |
| 起货机 | 货油泵 | 轻柴油离心分油机 | 油灶鼓风机 | 机舱起吊机 |
| 起锚机 | 冷藏货舱压缩机 | 滑油离心分油机 | 空调压缩机空调淡水泵 | 车床 |
| 绞盘 | 冷却泵 | 燃油油驳运泵 | | 砂轮 |
| 主机淡水泵 | 盐水接力泵 | 轻柴油输送泵 | 空调送风机 | 钻床 |
| 主机海水泵 | 货舱通风机 | 滑油输送泵 | 伙食冷库压缩机 | 电焊机 |
| 主机滑油泵 | 机舱通风机 | 舱底泵 | 电动锅炉给水泵 | 救生艇吊艇机 |
| 主机喷油嘴冷却泵 | $CO_2$ 室抽风机 | 压载泵 | 电动锅炉循环泵 | 舷梯起吊机 |
| 排气涡轮滑油泵 | 冷藏机舱送风、抽风机 | 日用淡水泵 | 充电机组 | 探照灯 |
| 主机燃料油循环泵 | | 卫生水泵 | 无线电 | |
| 涡轮发电机凝水泵 | 厨房送风、抽风机 | 饮水泵 | 雷达 | |
| 锅炉燃油泵 | 浴室、厕所抽风机 | 热水循环泵 | | |
| 锅炉鼓风机 | 照明设备 | 蒸发器凝水泵 | | |
| 消防总用泵 | 助航、通信用变流机 | 蒸发器给水泵 | | |

2.电动机负载系数计算

由于船舶电站的大部分电能均为电动机械所消耗,因此在计算全船电力负载时,应进行周密的调查研究和细致的分析,力求准确计算或选用电动机的负载系数。

电气设备负载系数用某一期间内的负载平均需要功率与同一期间内的负载最大需要功率的比值来表征,即

$$负载系数=\frac{某一期间负载的平均需要功率}{同一期间负载的最大需要功率}\times 100\% \tag{5-4}$$

对电动机而言,每台辅机选配的电动机有一定的额定功率 $P_1$,每台辅机有一最大轴功率 $P_2$,所以可求得电动机的利用系数 $K_1$ 为

$$K_1=\frac{P_2}{P_1} \tag{5-5}$$

每台辅机又有一实际使用功率 $P_3$,由此可以求得机械负载系数 $K_2$ 为

$$K_2=\frac{P_3}{P_2} \tag{5-6}$$

由上式可求得电动机负载系数 $K_3$ 为

$$K_3=K_1\cdot K_2=\frac{P_2}{P_1}\cdot\frac{P_3}{P_2}=\frac{P_3}{P_1} \tag{5-7}$$

由于电动机效率 $\eta$ 不等,所以电动机的额定需要功率 $P_4$ 应为

$$P_4=\frac{P_1}{\eta} \tag{5-8}$$

在电力负载计算中,电动机实际需要功率 $P_5$ 应为

$$P_5=K_3\cdot P_4\approx K_3\cdot\frac{P_1}{\eta} \tag{5-9}$$

由于交流异步电动机在低负载时效率变差,所以实际上电动机在 $P_3$ 功率下运行时的效率并不等于电动机的额定效率 $\eta$。

对于交流电动机,求出有功功率后,有时还要计算无功功率。但一般船舶在进出港和航行等工况,总的功率因数是较高的,一般不低于 0.7,所以对选择发电机功率不会有很大影响,为简化计算,可不计算无功功率。

3.负载系数的确定

当数据充分时,可以根据辅机的轴功率、机械负载系数和电动机的额定功率求得。如果没有确切资料,可参考表 5-4 选取。

4.同时系数的确定

(1)第Ⅰ类负载　有时考虑到各辅机和用电设备最大负载的不同时性,可取其同时系数为 0.8~0.9。

(2)第Ⅱ类负载　可按该负载的平均工作时间和工作周期之比来估算。当没有确切资料时,可参考表 5-5 选取。不难看出,利用同时系数逐一计算各间断负载的所需功率也是十分繁琐的,所以实际计算时,通常采用负载系数计算出各间断负载总需要功率之后,再乘以总的同时系数的方法,这一同时系数一般取 0.3~0.5。

如果某一间断负载较大,比如其需要功率大于或接近其他间断负载总和时,则该大功率

的间断负载一般不乘以同时系数。

(3)第Ⅲ类负载　在计算电力负载时，通常可以不计，但对小型船舶或考虑高峰负载时，应予以充分注意。

**表 5-4　负载系数变化范围**

| 用电设备 | 负载系数 | 附注 | 用电设备 | 负载系数 | 附注 |
|---|---|---|---|---|---|
| 主机冷却泵 | 0.6~0.9 | | 滑油驳运泵 | 0.65~1.0 | |
| 主机滑油循环泵 | 0.65~0.9 | | 淡水泵 | 0.6~1.0 | |
| 排气涡轮滑油泵 | 0.70~1.0 | | 卫生水泵 | 0.8~1.0 | |
| 喷油嘴冷却泵 | 0.7~1.0 | | 热水循环泵 | 0.8~1.0 | |
| 辅锅炉给水泵 | 0.85~1.0 | | 主机盘车机 | 0.8~1.0 | |
| 辅锅炉燃油泵 | 0.65~0.9 | 柴油机船 | 货油泵 | 0.6~0.85 | |
| 辅锅炉鼓风机 | 0.6~0.85 | | 机修设备 | 0.5~0.7 | |
| 主空气压缩机 | 0.75~1.0 | | 机舱通风机 | 0.6~1.0 | |
| 燃油离心分油器 | 0.65~1.0 | | 泵舱通风机 | 0.7~0.9 | |
| 滑油离心分油器 | 0.65~1.0 | | 货舱通风机 | 0.6~0.8 | |
| 轻柴油输送泵 | 0.65~1.0 | | 电热器 | 0.5~0.9 | |
| 重柴油输送泵 | 0.7~1.0 | | 消磁装置 | 1.0 | |
| | | | 变流机 | 0.35~0.8 | |
| 主机循环水泵 | 0.7~0.9 | | 充电机 | 0.4~1.0 | |
| 主凝水泵 | 0.65~0.75 | | 锚机 | 0.6~0.9 | |
| 燃油泵 | 0.75~0.85 | | 舵机 | 0.2~1.0 | |
| 主机滑油循环泵 | 0.6~0.9 | | 起货机 | 0.3~0.65 | |
| 给水泵 货船 | 0.65~0.7 | 汽轮机船 | 绞盘 | 0.3~0.8 | |
| 给水泵 油船 | 0.75~0.8 | | 绞车 | 0.3~0.8 | |
| 自动燃烧装置 | 0.8~0.9 | | 无线电 | 0.8~1.0 | |
| 总用空气压缩机 | 0.8~0.9 | | 探照灯 | 0.8~1.0 | |
| 总用泵 | 0.65~0.75 | | 工作灯 | 0.8~1.0 | |
| 舱底压载泵 | 0.85~1.0 | | 照明 | 0.6~1.0 | |
| 舱底泵 | 0.75~1.0 | | | | |
| 救火泵 | 0.75~1.0 | | | | |
| 燃油驳运泵 | 0.75~1.0 | | | | |

**表 5-5　第Ⅱ类负载同时系数**

| 名　称 | 航行 | 进出港 | 靠离码头 | 停泊 | 海上停泊 | 应急 |
|---|---|---|---|---|---|---|
| 轻柴油驳运船 | 0.3 | 0.3 | 0.2 | — | 0.2 | — |
| 重柴油驳运船 | 0.3 | 0.3 | 0.2 | — | 0.2 | — |
| 滑油驳运船 | 0.2 | 0.2 | 0.2 | — | 0.2 | — |
| 滑油离心分油器 | 0.3 | 0.3 | — | — | 0.3 | — |
| 燃油离心分油器 | 0.3 | 0.3 | — | — | 0.3 | — |
| 主空气压缩机 | — | 0.4 | 0.4 | — | — | — |
| 辅锅炉给水泵 | 0.3 | 0.3 | 0.3 | 0.3 | 0.3 | — |
| 蒸发器给水泵 | 0.3 | 0.3 | — | — | 0.3 | — |
| 舱底泵 | — | — | 0.5 | — | — | 0.3 |
| 舱底压载泵 | — | — | 0.5 | — | — | 0.3 |
| 污水泵 | 0.2 | — | — | 0.2 | — | — |

表 5-5(续)

| 名　　称 | 航行 | 进出港 | 靠离码头 | 停泊 | 海上停泊 | 应急 |
| --- | --- | --- | --- | --- | --- | --- |
| 卫生水泵 | 0.5 | — | — | 0.5 | 0.5 | — |
| 淡水泵 | 0.5 | — | — | 0.5 | 0.5 | — |
| 热水循环泵 | 0.5 | — | — | 0.6 | 0.5 | — |
| 冷藏机 | 0.3 | 0.2 | 0.2 | 0.3 | 0.2 | — |
| 空调冷却水泵 | 0.3 | 0.2 | 0.2 | 0.3 | 0.2 | — |
| 厨房用电 | 0.4 | 0.4 | 0.4 | 0.4 | 0.4 | 0.2 |
| 回转起货机(起货) | — | — | — | 0.5 | 0.5 | — |
| 回转起货机(变幅) | — | — | — | 0.3 | 0.3 | — |
| 回转起货机(回转) | — | — | — | 0.3 | 0.3 | — |
| 绞车 | — | — | — | 0.4 | 0.4 | — |

5.负载表的编制

(1)根据有关专业提供的数据,确定全船电气设备,并计算各电动机和电气设备的额定输入功率。

(2)根据船舶类型选定所需计算工况,按负载分类确定各工况下所需使用的电动机等电气设备。

(3)计算负载系数,并计算各用电设备在各工况下的实际使用功率。

(4)计算各工况下各类负载的实际使用功率的总和。

(5)选定同时系数,计算总负载。在交流系统中,有时还需要计算无功功率和平均功率因数。

(6)考虑5%的网络损失,计算所需的总功率。

(7)根据上述总功率,选择发电机组的容量和台数,并计算各工况下使用发电机的负载率。

## 四、主发电机容量和台数的选择

为了满足船舶各运行工况的用电,必须正确地选择主发电机的容量和台数。

船舶设计早期,由于各用电设备容量尚不明确,一般都采用根据主机功率和船舶吨位大小,利用经验公式进行估算电站容量的大小。

发电机容量应根据电力负载计算书的计算结果最后决定。实际决定发电机容量时,对交流发电机特别要注意系统的功率因数、发电机的电压波动特性和负载的变化特性。除此之外,还应根据可靠性和经济性的分析确定,并遵循下述原则。

(1)发电机及其原动机,在不超过额定值而在额定值附近运行时效率最高。

(2)发电机组的容量和台数应能在任一发电机组停止工作时,仍然能继续对正常推进运行、船舶安全以及具有冷藏级船舶的冷藏货物所必需的设备供电,同时基本生活条件也应得到保证。

(3)发电机组应能在任一发电机或其原动机不工作时,其余发电机组仍能供应从瘫船状态启动主推进装置所必需的电力。

(4)在交流系统中,当一台发电机停止工作时,其余的发电机组应有足够的容量,以保证当最大电动机启动时产生的瞬态电压降不会使任何电动机失速或其他电气设备失效。容量特别大且非船舶安全航行所必需的电动机(例如侧推器电动机),可以在所有发电机投入工作情况下启动,但不应导致任何重要设备停止工作。

(5)当以柴油机为原动机时,在连续运行条件下,希望柴油机额定输入功率有 10% 左右的余量,同时还要注意到,不应使柴油机明显的运行在低负载状态。

(6)主发电机组至少应为两台,从便于维护、保养和管理出发,最好选用同类型的发电机组。

## 第三节　船舶用电设备

### 一、船舶用电设备的分类

1.动力装置用辅机　指为主机和主锅炉服务的辅机,如燃油泵、滑油泵、海水冷却泵、淡水冷却泵、油水分离器、空压机、鼓风机等。

2.甲板机械　包括舵机、锚机、绞缆机、起货机、吊艇机、舷梯绞车等。

3.舱室辅机　包括生活用水泵、消防泵、总用泵、舱底泵、压载泵以及为柴油副机和辅锅炉服务的辅机等。

4.机修机械　包括车床、钻床、电焊机、机舱电吊车等。

5.冷藏通风机械　包括冷藏货舱、伙食冷库、空调装置等用的制冷机和通风机等。

6.照明设备　包括舱室照明、航行灯、信号灯、舱面探照灯以及电风扇等。

7.弱电设备　包括船内外通信设备、导航设备和警报等。

8.厨房设备　包括电灶、电烤箱等厨房机械用辅机和电茶炉等。

9.自动化设备及其他　包括自动化装置、蓄电池充电设备、冷藏集装箱和艏部侧推装置以及特种船舶的专用设备等。

上述用电设备的分类,随船舶的种类、吨位和主机型式等不同而有很大差别,在进行电力负载计算时,在直观、明了的前提下,可以增减与合并。

### 二、用电设备对船舶电力系统的要求

1.对电压的要求

船舶用电设备只有在额定电压下才能充分发挥其功率,为此对电压的稳定性要求较高。如果电源电压受外界影响而发生波动,则要求尽快恢复至额定电压附近,否则将影响用电设备的正常运行。

2.对频率的要求

电网频率的变化将对三相异步电动机带来较大的影响。我国船舶电网频率为 50 Hz,英美等国为 60 Hz,因此在接岸电时,船舶电网的频率必须与岸电频率相等,否则将影响用电设备的正常运行或造成事故。

3.对两路配电的要求

为了确保船舶安全航行,在发生海损事故时可能损坏关键用电设备的电源线,因此要求这些设备由两路独立配电,输电的电缆应彼此远离,一般在船舶两舷敷设此二路电缆。这样当一路电源损坏后,可用转换开关很快换接另一路电源,以使这些设备连续工作,如舵机、航行灯、信号灯、主机遥控等。

# 第四节　船舶配电装置

船舶配电装置是用来接收和分配船舶电能,并能对发电机、电网及各种用电设备进行切换、控制、保护、测量和调整等工作的设备。它是由各种开关、自动控制与保护装置、测量仪表及互感器、调节和信号指示等电气设备按一定要求组合而成的一个整体,其功能主要有:

(1)正常运行时接通和断开电路(手动或自动);

(2)电力系统发生故障或不正常运行状态时,保护装置动作,切断故障元件或发出报警信号;

(3)测量和显示运行中的各种电气参数,例如电压、频率、电流、功率、电能、绝缘电阻等;

(4)进行某些电气参数或有关的其他参数的调整,如电压、频率(转速)的调整;

(5)对电路状态、开关状态以及偏离正常工作状态进行信号指示。

## 一、配电装置的种类

(1)主配电板　用来控制、监视和保护主发电机的工作,并将主发电机产生的电能,通过主电网或直接给用电设备配电。

(2)应急配电板　用来控制、监视和保护应急发电机的工作,并将应急发电机产生的电能,通过主应急电网或直接给用电设备配电。

(3)蓄电池充放电板　用来控制、监视和保护充电发电机与充电整流器对蓄电池组的充电与放电工作,并将蓄电池组的电能通过低压电网或直接给用电设备配电。

(4)岸电箱　船舶停靠码头或大修时,船上发电机停止供电,将岸上电源线接到船上岸电箱,再由岸电箱送电到应急配电板和主配电板进行分配。

(5)区配电板　介于主配电板或应急配电板与分电箱(亦称分配电板或分配电箱)之间,用以向分电箱和最后支路供电的配电板。

(6)分电箱(分配电板)　将由主配电板输送来的电能向不同区域的成组用电设备进行配电,并装有保护装置。按其使用目的和使用性质,通常分为:

①电力分电箱(或称分配电板);

②照明分电箱(或称分配电板);

③无线电分配电板(或称无线电电源板);

④助航通信分配电板;

⑤专用设备分配电板如冷藏集装箱电源板。

(7)交流配电板　当船舶采用直流电制时,由于多数通信导航设备仍需要交流电源,所以需装设交流变流机组。交流配电板用来控制和监测交流变流机组,并给用电设备配电。

(8)电工试验板　接有全船各种电源和必要的检测仪表,专供船上检修和校验各种用电设备的配电板。

## 二、配电板的结构形式

1.防护式

较大型配电板(如主配电板、应急配电板等)均采用此种结构,用钢板制成,板前有面板,以便操作时不触及带电部分,板后敞开,不能防止水滴渗入,便于修理,连接电缆一般从下部开孔引入。

2.防滴式

机舱和舵机舱中的分配电板采用此种结构，用钢板制成外壳，能防止与垂直线成15°的下落水滴浸入。电缆多从下面引入，亦有从侧面通过套管引入的，两侧可开散热窗。

3.防水式

适于露天或潮湿处安装（如岸电箱），它能够经受0.4～1 MPa的集中水流从任何方向进行喷射15 min而不致有水滴进入，连接电缆的引入采用水密填料函。

### 三、配电板的配电方式

配电板分配出去的电能必须与发电机的电源引线组成回路，因此发电机电源引线方式不同将决定不同的配电方式。

1.直流电制的配电方式

双线绝缘系统；一极接地的双线系统；利用船体作为回路的单线系统；中线接地，但不以船体为回路的三线系统；中线接地，并以船体为回路的三线系统。

2.交流电制的配电方式

（1）三相交流电制的配电方式　三相三线绝缘系统；中点接地的三相三线系统（以船体作为中性线回路的三相三线系统）；中点接地，但不以船体作为中性线回路的三相四线系统。

（2）交流电制和单相交流电制的配电方式　单相双线绝缘系统；一极接地的单相双线系统；一极以船体作为回路的单线系统。

各有关规范有些具体的规定，必须予以充分的重视。例如中国船级社《钢质海船入级与建造规范》规定：1 600总吨及1 600总吨以上的船舶动力、电热及照明系统，均不应采用利用船体作回路的配电系统。又规定钢铝混合结构的船舶，严禁铝质部分作导电回路。

对于油船、化学品船等液货船及其他特殊船舶，必须注意其配电系统的特殊要求，如油船可以采用的配电系统只限制在直流双线绝缘系统；交流单相双线绝缘系统；交流三相三线绝缘系统。

实际上目前交流船舶绝大多数都采用三线绝缘系统，只有个别船舶采用中性点接地的三相四线制。采用三相三线绝缘系统的优点是三相照明系统与动力系统无直接电的联系，相互影响小；发生单相接地不形成短路，仍可维持电气设备短时工作；测量三相电流可用二个电流互感器和电流转换开关、一个电流表进行。

### 四、配电板的汇流排

汇流排是指配电板中用铜质裸条排制成的发电机电源引出线及电网并联线等。它具有外形美观大方，通过电流大，散热条件好，并连接头方便等优点，因此在配电板中得到广泛应用。汇流排应满足以下要求。

（1）汇流排及其连接件应为铜质的，一般采用电导率为97%以上的铜材，连接处应作防腐和氧化处理。汇流排的允许最高温度为45 ℃，连接处的温升不得高于表5－6规定。

（2）汇流排和裸线的颜色应满足有关规范和规则的要求。例如按我国标准和中国船级社（CCS）的要求如下。

对直流汇流排和裸线的极性颜色规定是正极为红色；负极为蓝色；接地线为绿色和黄色间隔。

对交流汇流排和裸线的相序颜色规定是第一相为绿色；第二相为黄色；第三相为褐色或紫色；接地线为绿色和黄色间隔；中性线为浅蓝色。

**表 5-6 汇流排连接处允许温度**

| 汇流排类别 | 环境温度为 45 ℃时允许温升/℃ |
|---|---|
| 铜-铜 | 40 |
| 铜烫锡-铜烫锡 | 45 |
| 铜镀银-铜镀银 | 55 |

(3)汇流排在配电板内的排列应符合有关规范和规则的规定。例如按我国国家标准和 CCS 的要求，应满足表 5-7 的规定。

**表 5-7 汇流排在配电板内排列**

| 汇流排 | 相序或极性 | 汇流排安装的相互位置 | | | 辅图 |
|---|---|---|---|---|---|
| | | 垂直布置 | 水平布置 | 引下线 | |
| 交流 | 第一相 | 上 | 前 | 左 | 配电板正视方向示意图 |
| | 第二相 | 中 | 中 | 中 | 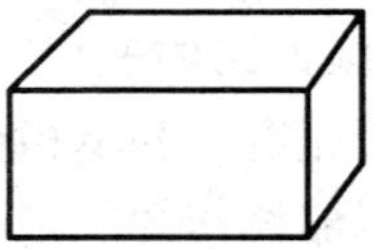 |
| | 第三相 | 下 | 后 | 右 | |
| 直流 | 正极 | 上 | 前 | 左 | |
| | 均压极 | 中 | 中 | 中 | |
| | 负极 | 下 | 后 | 右 | |

注：交流中性线汇流排可放在适当位置。

(4)均压汇流排的载流能力应不小于电站中最大发电机额定电流的 50%；交流三相四线制中，中性线汇流排的截面积应不小于相汇流排截面积的 50%。

(5)主汇流排分段　与主汇流排相连的发电机总容量超过 1 000 kW 时，主汇流排至少应分为两部分，这两部分之间可用负荷开关或自动开关连接起来。发电机及任何有二台设备的负载都应在这两部分上平均连接。

## 第五节　主配电板原理图

船舶主配电板是将主发电机的控制、保护、监测及配电等功能组合在一起的配电装置。

### 一、主配电板原理图设计

在发电机容量和台数确定以后，便可进行全船配电系统的设计。完成上述工作内容后即可进行主配电板设计。主配电板设计的主要工作内容有发电机励磁方式的确定；并车方式的确定；负载分配方式的确定；测量和监测仪表的选择；配电电器的选择和参数的整定；汇流排的选择；主配电板原理图的绘制；主配电板的结构设计等。这些工作内容集中于主配电板原理图、布置图和结构图的设计中。

1.配电板原理图的设计原则

(1)一般按屏绘制,每台发电机均采用独立的控制屏,所以应根据发电机台数和容量决定发电机屏的数量,并选定发电机保护开关,再根据配电系统用电设备的负载大小和性质,决定配电屏的数量。

(2)根据系统短路电流的计算结果,选定发电机保护开关和配电用保护开关的短路容量(包括分断容量和接通容量)。

(3)根据系统短路电流的计算结果,确定发电机保护装置和配电用保护装置的整定值。

(4)应按有关标准规定的图形符号和文字代号绘制原理图。图中应有设备明细表,标明各元器件的名称、型号、规格和数量等。

2.发电机控制屏设计要点

(1)发电机控制屏主要包括发电机励磁控制、发电机并车控制、测量仪表、保护装置、连锁、报警以及指示回路等。

(2)各发电机控制屏应设有指示发电机开关(如断路器)接通与切断的指示灯。

(3)各直流发电机控制屏上应设有能单独对其电压进行调节的手动调压器。该调压器在发电机所允许的工作温度范围内以及负载自空载至满载之间任何负载下,电压应为额定值的 80% ~ 105% ,电压调整精度应为:

①对于额定输出超过 100 kW 的发电机为额定电压的 0.5% 以内;

②对于额定输出不超过 100 kW 的发电机为额定电压的 1% 以内。

手动调压器的电路一般应能分断,并应有防止分断时产生过电流的措施。只有将空载电压调低至接近剩磁电压,调压器才不允许分断。

(4)直流发电机的均压连接线的截面不得小于自发电机到主配电板之间负载连接线截面的 50% 。

(5)各直流发电机控制屏上应设有发电机充磁设备。

(6)在须并联运行的交流发电机控制屏上,应设有对原动机转速进行遥控调节的设施,其调速范围应保证 10% 。

(7)如果发电机设有空间加热器,其加热器开关应设在发电机控制屏上,并应与发电机供电开关连锁,以保证只有当发电机停止运行时才能接通。

(8)主发电机供电与岸电供电之间必须有连锁,以免同时供电。该连锁方式可以采用以岸电为主、以发电机为主及以供电方为主的不同线路。

(9)发电机控制屏上必须装设的测量仪表如表 5-8 所示,其他有关规则的要求列入表 5-9。

**表 5-8　发电机控制屏最低装设测量仪表**

| 发电机种类 | 运行状态 | 仪表种类 | 数　量 |
|---|---|---|---|
| 直　流 | 单机运行 | 电流表 | 各发电机 1 个(接于正极) |
| | | 电压表 | 各发电机 1 个 |
| | 并联运行 | 电流表 | 各发电机 1 个(接于正极) |
| | | 电压表 | 2 个(1 个测量汇流排电压;1 个能测量各发电机电压) |

**表 5-8(续)**

| 发电机种类 | 运行状态 | 仪表种类 | 数　量 |
|---|---|---|---|
| 交流 | 单机运行 | 电流表 | 各发电机 1 个[能分别测量各相(线)电流] |
| | | 电压表 | 各发电机 1 个[能分别测量各相(线)电压] |
| | | 功率表 | 各发电机 1 个[容量小于 50 kW(kVA)者除外] |
| | | 频率表 | 各发电机 1 个 |
| | | 励磁电流表 | 各发电机 1 个 |
| | 并联运行 | 电流表 | 各发电机 1 个[能分别测量各相(线)电流] |
| | | 电压表 | 2 个[1 个测量汇流排电压;1 个能测量各发电机各相(线)电压] |
| | | 功率表 | 各发电机 1 个 |
| | | 频率表 | 2 个(1 个测量汇流排频率;1 个能测量各发电机频率) |
| | | 同步表 | 各发电机共用 1 个 |
| | | 励磁电流表 | 各发电机 1 个 |

注:励磁电流表只在必要时设置。

**表 5-9　有关规则对交流发电机控制屏装设测量仪表的要求**

| 运行状态 | 规则<br>仪表种类 | NK | ABS | LR | IEC |
|---|---|---|---|---|---|
| 单机运行 | 电 表 | 各发电机 1 个(测各相电流) | 同左 | 各发电机 1 个(测各相电流)或各发电机 3 个(测各相电流) | 同左 |
| | 电压表 | 各发电机 1 个(测各相电压) | 各发电机 1 个(测发电机各相及汇流排一相电压) | 各发电机 1 个 | 同左 |
| | 功率有 | 各发电机 1 个(不大于 50 kVA 可省略) | 各发电机 1 个 | 各发电机 1 个(不大于 50 kVA 不要求) | 各发电机(三相用)1 个(不大于 50 kVA 不要求) |
| | 频率表 | 1 个(测各发电机频率) | 同左 | 各发电机 1 个 | 同左 |
| 并联运行 | 电流表 | 各发电机 1 个(测各相电流) | 同左 | 各发电机 1 个(测各相电流)或各发电机 3 个(测各相电流) | 同左 |
| | 电压表 | 2 个(测发电机各相电压、测汇流排电压) | 各发电机 1 个(测发电机各相及汇流排一相电压) | 汇流排 1 个、发电机 1 个(测各发电机电压) | 同左 |
| | 功率表 | 各发电机 1 个 | 同左 | 同左 | 各发电机(三相用)1 个 |
| | 频率表 | 2 个(测各发电机频率、测汇流排频率) | 1 个(测各发电机频率) | 汇流排 1 个、发电机 1 个(测各发电机频率) | 同左 |
| | 同步指示器和同步灯 | 各一套,包括在同步指示器内,可省略任一种 | 各 1 套(带选择开关) | 各一套或相当装置 | 同左 |

注:1. 励磁电流表 NK 规定可以根据需要各发电机设 1 个,IEC 推荐加装。
2. NK 规定,其中 1 个电压表可以测量岸电供电电压。
3. 自动控制发电机有控制板时,上述仪表也可以装在控制板上(NK、ABS),但控制板装在机舱外时,配电板上还需装设发电机单机或并联运行的必要仪表(NK)。

(10)测量仪表可以采用直接连接和间接连接方法。直流仪表的间接连接可以采用分流器和分压器;交流仪表的间接连接可以采用电流互感器和电压互感器。电流互感器的次级额定电流一般为5 A;电压互感器的次级额定电压一般为100 V。

为了节省测量仪表,通常采用转换开关进行有关测量。例如用一个电压表和转换开关分别测量发电机各相(线)电压,用一个电流表和转换开关分别测量发电机的相(线)电流。

(11)使用电压互感器应注意的问题

①次级绕组一定要接壳(地)　这样可以避免初次级之间因绝缘损坏而造成初级高压对人身和仪表的损坏。

②初级应装熔断器　为防止次级输出短路,在初级装熔断器进行保护。

③次级输出应为高阻抗　因电压互感器的容量较小,电压较低,内阻抗不大,故要求各仪表的内阻要大,以保证其工作电压的稳定。船用电压互感器可对电压表、功率表、功率因数表同步表、频率表、逆功率继电器和绝缘表等供电。

④相序和极性应符合有关仪表的要求并应有明确标记:三相电压互感器的次级输出端应有 $A$、$B$、$C$ 三相标记和相应极性,同名端用"*"作标记,供各仪表使用。如功率表、功率因数表及逆功率继电器等对相序和极性都有严格的要求。

(12)使用电流互感器应注意的问题

①次级绕组一定要接壳(地)　原因同电压互感器。

②初级不安装熔断器　因电流互感器的初级绕组只有一匝或数匝与主电路串联,阻抗接近于零,其匝数值与次级是否短路无关,故无必要在初级电路装熔断器。

③次级输出应为低阻抗。

④严禁次级绕组开路运行　因为次级匝数多,开路电压很高,若输出开路,则次级的开路高压可能损坏其绝缘;输出对象为电流表、功率表、功率因数表和逆功率继电器的电流绕组,因此输出阻抗极小,相当于短路电流。

(13)当主发电机台数较多时,为了便于并车操作及集中监视,往往还设有同步屏(或称并车屏)。同步屏装设的测量仪表及操作开关各船差异甚大。

3.配电屏设计要点

(1)通常重要设备和大功率负载都由配电屏设独立的供电回路。

(2)除独立供电回路用电设备侧已设有过载保护外,一般配电屏上供电开关均应设置短路保护和过载保护。

(3)主配电板上应装设连续监测绝缘电阻,并在绝缘电阻异常低时由绝缘电阻监测报警器发出声光报警。

(4)配电屏上通常装有电流表,以测量馈电回路的负载电流。三相交流系统一般只测量一相电流。测量点超过一路时,尚需装设转换开关,每一电流表的测量点一般不超过6点。电流表所测量的负载一般为:

①重要的辅机,如主机滑油泵、主机海水冷却泵、主机淡水冷却泵和舵机等;

②功率较大的辅机,如舱底泵、消防泵、起货机、起锚机和油船的货油泵等。

(5)照明负载常集中在一屏上,以便于接线和操作。在交流电制中,通常采用照明和电力变压器给照明负载及低于主发电机电压等级的负载供电。变压器开关装于该配电屏上。由于电压不同,故应装设下述测量仪表和开关:

①电压表及其转换开关,以测量照明和电力变压器次级的三相电压;

②电流表及其转换开关，以测量照明和电力变压器次级的三相负载电流。

(6)配电屏各用电设备的供电开关电路的相对位置，要尽量与布置图的相对位置一致；通常大容量开关放在下边，小容量开关放在上边，并尽量使容量相同的开关在同一列，以便于汇流排的布置和接线。

(7)除了自动化电站要求设置失压保护以及特殊用电设备要求采用分励脱扣外，配电用开关一般采用失压脱扣方式。

(8)主配电板上应设置指示灯，以指示应急电源或临时应急电源的蓄电池是否在供电。

## 二、主配电板原理图

### 1.主电路

单机运行时的主电路工作原理是发电机 $G$ 的定子绕组 $A$、$B$、$C$ 三相电源至自动空气断路器 QF 的下端引线，由 QF 的上端引线输出到达汇流排，然后再经过各负载开关控制各负载或分配电箱。

多机并联运行时的电路包括两个部分，一部分为并联操作主电路工作情况；另一部分为并联运行的主电路工作情况。并联操作时的主电路，应先经过并连接触器 $KM_2$ 的主触点和并联电抗器 $L$，使待并机的三相电能并入电网(粗同步法)，然后再将 QF 合闸，待运行稳定后即可使接触器 $KM_2$ 停止工作，断开并联电抗器电路。

### 2.控制电路

(1)调速电路　由转换开关 $SA_1$ 控制伺服电动机 SM 的运行状态，从而改变柴油机的油门开度，达到调速的目的。

SM 有正转(加大油门)、反转(减小油门)和停转三种工作状态。工况的转换由转换开关 $SA_1$ 进行控制。通过 $SA_1$ 的转换，改变相序实现正转或反转，也可实现断电停转。此开关具有 45°—0°—45°三位置，且能自动返回 0°停止位置的特点。考虑到柴油机油门开度的行程有限，SM 不宜通电时间过长，故采用点动控制，用手操作 $SA_1$ 控制 SM 正转或反转后，应即时松开手柄，使其自动返回停止位置。

(2)励磁电路　发电机励磁电路由三相三绕组复励变压器、三相移相电抗器、三相谐振电容器、三相桥式硅整流器以及保护用阻容电路组成。自动调压原理为不可控电磁叠加相复励系统。因流过励磁绕组的电流为脉动直流电流，在励磁绕组中将产生自感，可能在电路中产生振荡电流，因此在励磁绕组两端并联了一只镇定电阻 $R$，用此衰减振荡电流的能量，起到阻尼作用。此电阻还兼有调节励磁电流大小的作用。

(3)充磁电路　由蓄电池提供的直流电源和按钮 $SB_6$ 组成。当发电机转速到达额定转速时，如果发电机仍不能自激启压，可以按下 $SB_6$ 按钮，接通充磁电源，对发电机充磁，应能即时启压。

(4)并联操作电路　并联电抗器 $L$ 接入与退出电网由接触器 $KM_2$ 控制电路进行控制。按下电抗器接入按钮 $SB_5$，$KM_2$ 线圈通电，主触点闭合，$L$ 电路接入，经 ST 延时后，发电机主开关合闸，再按下电抗器切除按钮 $SB_4$，$KM_2$ 断电，$L$ 电路被切断而停止工作。两台发电机并联后，由于 QF 主开关均已合闸，它们的常开副触点分别接通各自的均压线接触器 $KM_1$ 的线圈电路。主触点闭合后，将两台发电机的励磁电路并联起来，确保各机无功功率基本平衡。

(5)主开关操作电路　发电机主开关为 DW95 型自动空气断路器。在图 5－2 中，$SB_2$ 为电磁合闸操作按钮，$SB_3$ 为分励脱扣操作按钮，$SB_1$ 为失压脱扣操作按钮。

(6)指示灯电路　在图 5－2 中，$HL_1$ 为发电机电源指示灯，$HL_2$ 为发电机供电指示灯，$HL_3$ 为发电机并联操作时电抗器接入指示灯。

3.保护电路

发电机的过载、短路、欠压(失压)保护均由 DW95 自动开关完成。逆功率保护采用 GG－21 型逆功率继电器来完成。它的电流绕组流过 *A* 相电流，电压绕组为 *A*、*C* 两相电压，符合 30°接法。当发电机出现逆功率时，经预定延时后，其常开触点闭合，短接按钮，即达到失压跳闸的目的。熔断器 FU 为各控制电路的短路保护装置，要求集中安装，便于检测。

4.仪表电路

在交流总配电板原理图中，除主电路、控制电路以外，还有仪表电路，如图 5－3 所示。每台发电机应装有电流表(A)、电压表(V)、有功功率表(W)、频率表(Hz)和功率因数表(cosφ)等五种仪表。因接法相同，故图中只绘出 1 号发电机的仪表。各机组还合用同步表(S)和绝缘表(兆欧表)(MΩ)，因此对交流总配电板而言，应含有七种仪表。由于同步发电机的电流、电压均为三相数值，为了节省仪表数量，可以用万能转换开关的不同切换或接线方式，将同一只表轮流检测各相或各机或电网的相同物理量。如图 5－3 中的 A、V、S、MΩ 四种仪表。

(1)电压互感器　它实际上是一个三相变压器，初次级绕组均采用两绕组接线法。根据船用仪表的电压等级要求，规定电压互感器的次级电压为 100 V。各仪表的读数必须按互感器的变比换算成初级电压的读数。

(2)电流互感器　根据可用两表法测定对称三相电流的特点，船用电流互感器只装两相。初级匝数只有一匝或数匝，而次级匝数很多，电流变换倍率要求次级电流的额定值为 5A，因此各仪表的读数也应换算成初级读数。

(3)电压表　如图 5－3 中 $V_1$ 所示，此表经转换开关 $1SA_3$ 的转换，可分别测量 1 号发电机的三相电压。此开关有三个转换位置，转换角为 90°，每一个位置上有两组开关接通，引入某两相电压供电压表测量。

(4)电流表　如图 5－3 中 $A_1$ 所示，经转换开关 $1SA_2$ 可分别测量 1 号发电机的三相电流。$1SA_2$ 也属于三位置 90°转换开关，每位置同样有两组开关接通，但此表是引入 1 号发电机的 *A*、*C* 两相电流和接壳回线。根据电工测量原理，当 $I_A$ 与 $I_C$ 两相电流同时都进入电流表时，可视为相互叠加为另一 *B* 相的电流值。

(5)功率表　如图 5－3 中 $W_1$ 所示，此表共有 7 根接线端，并有极性标记，其中测三相电压用的为三根引线，测 *C* 相和 *A* 相电流各为两根引线。此表接线端头较多，接线时应严格按仪表上规定的符号和极性进行。

(6)功率因数表　如图 5－3 中 $\cos\varphi$ 所示，它有 5 根引线，其中三根为三相电压，两根为某相电流。由于船用三相负载为平衡式，因此没有必要用转换开关分别测发电机 *A*、*B*、*C* 各相电流的功率因数，只测定一相电流即可。

此表量程为 0.5(滞后)—1—0.5(超前)。由于船用负载为感性负载，因此仪表读数应在滞后区内，一般数值为 0.8 左右。如果指针在超前区内，则说明电流或电压引线接反，应进行换接和试验。

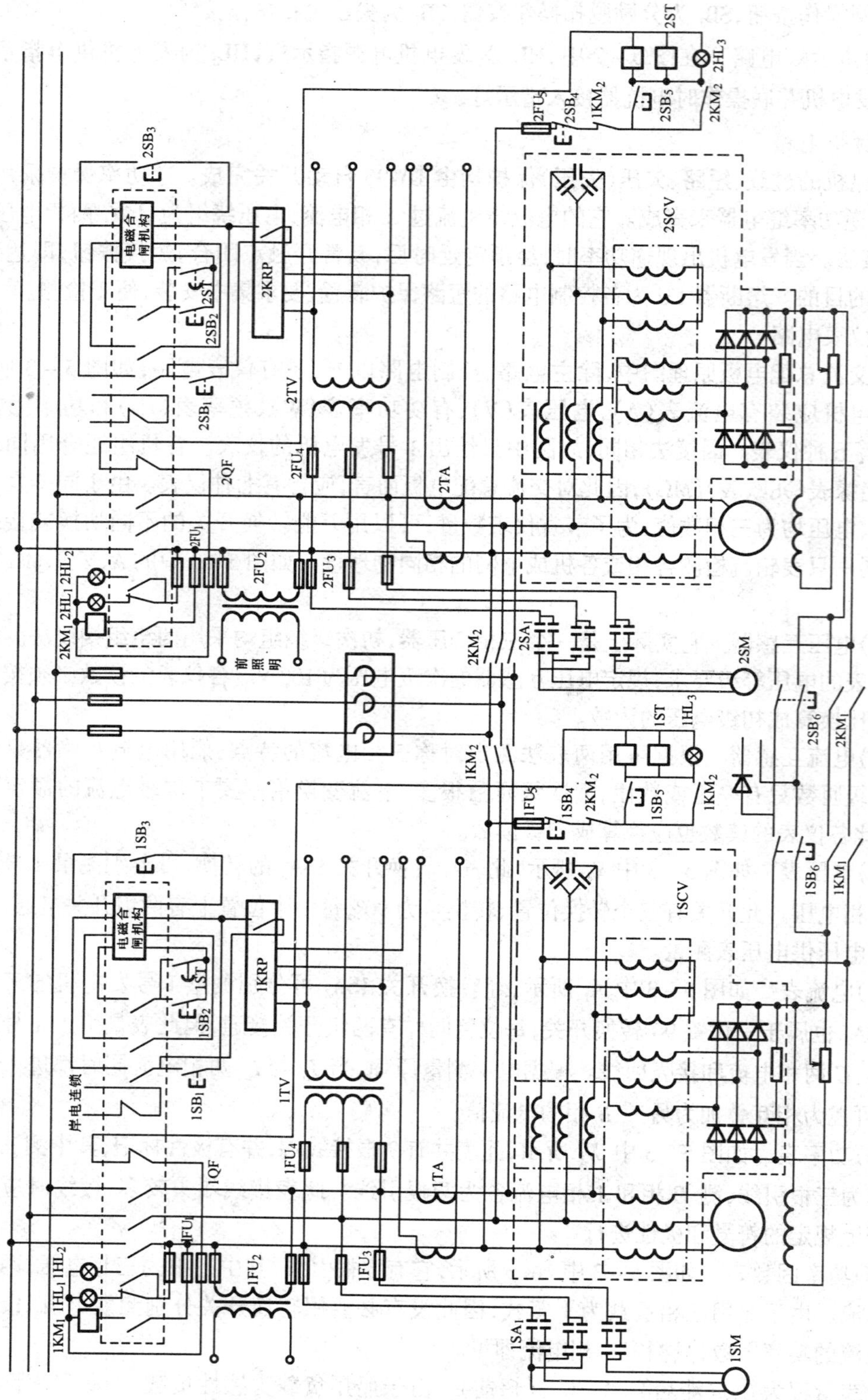


图5-2 交流总配电板原理图

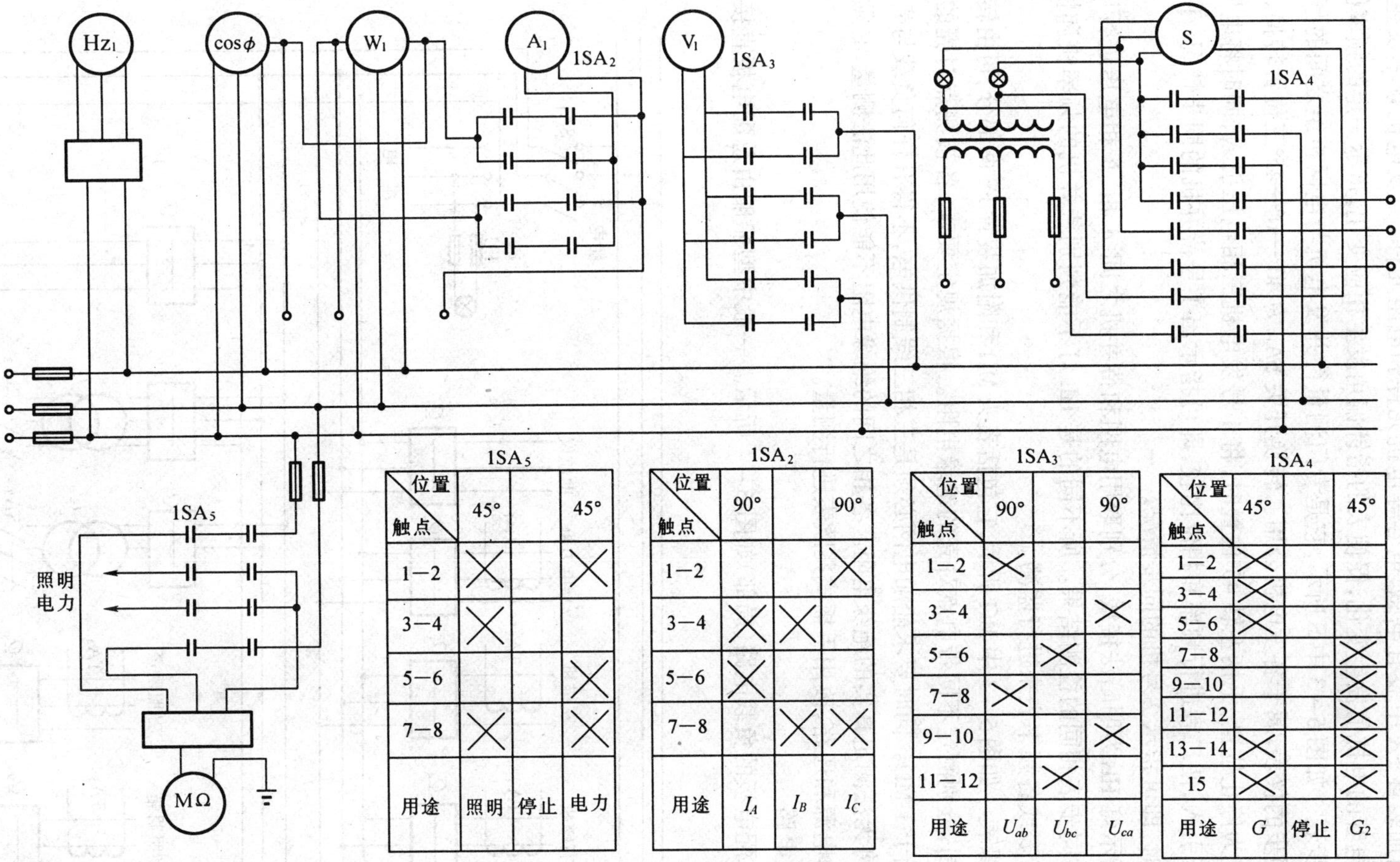


1SA5

| 位置 / 触点 | 45° | | 45° |
|---|---|---|---|
| 1—2 | × | | × |
| 3—4 | × | | |
| 5—6 | | | × |
| 7—8 | × | | × |
| 用途 | 照明 | 停止 | 电力 |

1SA2

| 位置 / 触点 | 90° | | 90° |
|---|---|---|---|
| 1—2 | | | × |
| 3—4 | × | × | |
| 5—6 | × | | |
| 7—8 | | × | × |
| 用途 | $I_A$ | $I_B$ | $I_C$ |

1SA3

| 位置 / 触点 | 90° | | 90° |
|---|---|---|---|
| 1—2 | × | | |
| 3—4 | | | × |
| 5—6 | | × | |
| 7—8 | × | | |
| 9—10 | | | × |
| 11—12 | | × | |
| 用途 | $U_{ab}$ | $U_{bc}$ | $U_{ca}$ |

1SA4

| 位置 / 触点 | 45° | | 45° |
|---|---|---|---|
| 1—2 | × | | |
| 3—4 | × | | |
| 5—6 | × | | |
| 7—8 | | | × |
| 9—10 | | | × |
| 11—12 | | | × |
| 13—14 | × | | × |
| 15 | × | | × |
| 用途 | $G$ | 停止 | $G_2$ |

图5－3　仪　表　电　路

(7)频率表　如图 5－3 中 $Hz_1$ 所示，表面量程为 45～55 Hz，它是利用电动系数比原理制成的。附加装置 FA 中装有电感、电容等电抗元件和电阻元件，当发电机频率发生变化时，电感和电容的电抗值发生变化，促使表的指针偏角发生相应变化，指示一定的频率值。

(8)同步表　如图 5－3 中 S 所示，它是专门测量待并发电机与电网机组之间的频率和相位是否同步的仪表，属于各发电机公用。转换开关 $SA_4$ 为 40°—0°—45°三位置转换，手柄在中间位置为停止位置；手柄左转 45°位置时，将 1 号发电机三相电压引入，同时将电网 *A*、*B* 两相电压引入，使二者进行频率和相位比较，即可指示出 1 号待并机的同步情况；手柄右转 45°位置时，即可指示 2 号机的同步情况。

同步指示灯 HL 为明暗法接线，分别取用电网和待并机之间 *A* 相、*B* 相电压进行比较，即可得出与同步表相同的检测结果。所不同的是 HL 灯不能判别待并机的频率快和慢，还必须由同步表或各频率表来进行监测。

(9)绝缘表　如图 5－3 中 MΩ 所示，它包括表头 MΩ 和附加装置 FS 两部分，可由转换开关 $1SA_5$ 控制，分别测定不同带电点对壳的绝缘电阻。根据规定要求，各被测点对壳的绝缘电阻应不低于 1 MΩ。同时要求船舶电网必须是三相三线制供电，不得有任何负载与壳形成通路，否则将无法测定真实的绝缘电阻。各相之间的绝缘电阻不能使用此法测量，必须断开各相之间的电源和通路，改用手摇式兆欧表进行测量。

3.负载电路

交流总配电板的负载电路(局部)如图 5－4 所示。一般中型船舶由总配电板直接供电

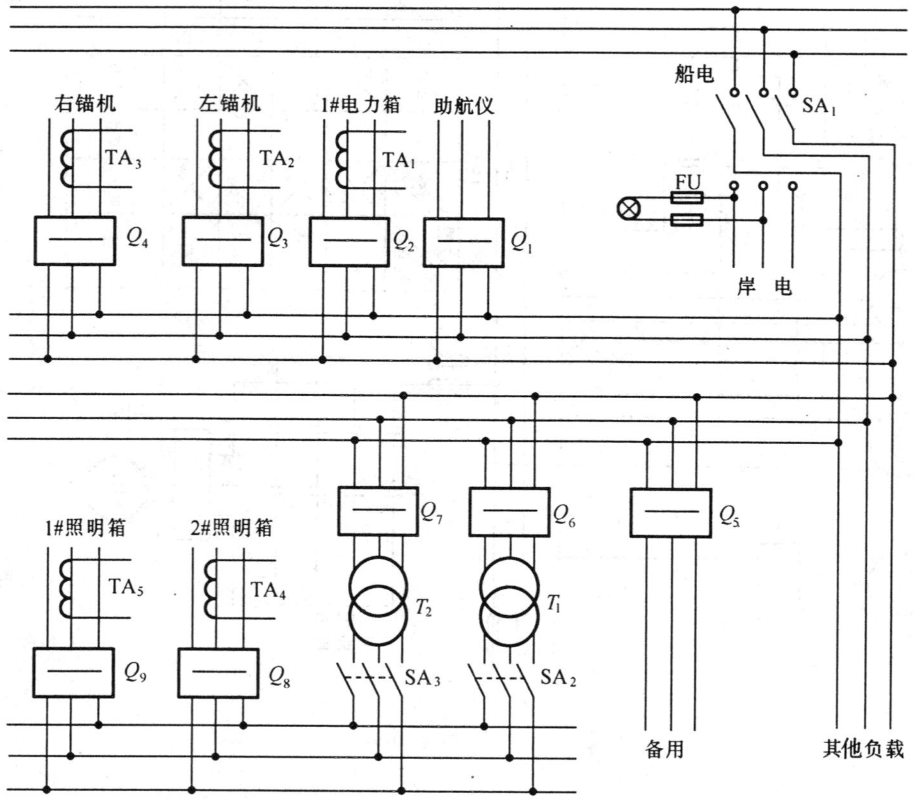


图 5－4　交流总配电板负载电路

的负载或分电箱有左、右锚机；左、右舵机；艉绞盘；消防泵；压载泵；助航仪器；起货机；总用泵；锅炉；冷藏箱；硅充电机；电工试验板；应急配电板；分电箱5只以上；备用电源4只以上；照明变压器等。使用的控制开关均采用DZ系列装置式自动开关以及引进产品TG、TH和TO等系列装置式自动开关。

图中转换闸刀开关为各负载电路的总开关。它向上合闸为船舶电网 $A$、$B$、$C$ 三相供电，向下合闸为岸电供电，采用此手动操作开关进行转换，可以保证岸电与船电不会同时向负载电路供电，因此安全性和可靠性均很好。对于负载容量大的供电系统，一般不用此种手动转换闸刀，而改用自动空气开关对负载进行控制。岸电源由自动空气开关引入电网，然后再向负载供电，这样一来要求岸电和发电机电源的空气开关之间必须有可靠的互锁，以保证这两种电源不可能同时向负载供电。各主要负载(锚机、舵机、货机、照明等)均应有电流表进行监测。

对于三相三线制船舶电网，因无零线作回路，故不能像三相四线制电网那样方便地取得230 V照明电源，因此必须由三相变压器进行变压后才能供照明使用(图5-4中 $T_1$ 和 $T_2$)。为适应照明负载的变化，$T_1$ 和 $T_2$ 可以并联运行，由开关 $SA_2$ 和 $SA_3$ 控制，因此要求这两台变压器的规格、型号及接线相同，否则在变压器间将产生很大的环流，这是不允许的。

## 第六节 应急配电板

在有应急发电机的船舶上，应设有应急配电板，以控制、监测和保护应急发电机，并进行配电。

### 一、应急配电板的设计和安装

1.应急电网的电压和频率(对交流电制而言)应与主电网相同。一般设计成正常时应急电网由主配电板供电，应急时才启动应急发电机进行供电，不考虑应急发电机和主发电机的并联运行，因此应急发电机的供电电源必须与主配电板供电之间有连锁。该连锁可以采用以下方法：

(1)应急发电机电源开关与主配电板给应急配电板供电开关之间的连锁；

(2)应急发电机电源开关与主发电机电源开关之间的连锁；

(3)主配电板与应急配电板之间失电连锁，例如采用汇流排转换接触器。

2.应急配电板供电应与岸电供电有连锁，以避免应急发电机与岸电并网。如果岸电是通过主配电板供电给应急配电板，可以采用以下连锁方法：

(1)应急发电机供电开关与主配电板给应急配电板供电开关之间的连锁；

(2)应急发电机供电开关与主配电板上的岸电开关之间的连锁；

(3)主配电板与应急配电板之间的失电连锁。

3.一般来讲，应急发电机不能作为停泊发电机使用。如果得到主管部门的允许作为停泊发电机使用时，则应急配电板应能通过主配电板给停泊负载供电，常常另设馈电回路。

4.应急配电板上应装设检测发电机用的电压表、电流表和频率表(对交流电制而言)，有时还装设功率表。

5.应急配电板上应装设连续监测绝缘电阻，并在绝缘电阻异常低时由绝缘电阻监测报警器发出声光报警。该绝缘电阻监测报警器应能分别监测不同电压等级的电网绝缘。

6.应急配电板上应装设测量照明电网的电压表。对于大装机容量的应急配电板，有时还应装设测量变压器次级电流、重要负载和大功率负载电流的电流表。

7.除设有满足要求的临时应急电源的货船外，应保证主电源失效时能自动启动应急发电机，并自动连接至应急配电板，保证在 45 s 内给应急负载供电。

8.为了保证应急电源的迅速获用，必要时应有在应急配电板上自动将非应急电路切断的措施，以确保向应急负载供电。

9.如果应急电网是独立的电网(即平时不是由主配电板供电)，则应急配电板配电回路最好不装设开关，而只用熔断器作为保护装置。

10.直流电制船舶接用交流岸电时，应考虑应急照明能使用交流岸电。

## 二、应急配电板原理图

交流电制船舶的应急配电板原理如图 5－5 所示。此电路适用于采用蓄电池作为应急电源的中小型船舶；大型船舶应在此基础上再增加一台应急发电机组。

1.电源电路

(1)蓄电池电路　图中 E 为蓄电池组，一般由 18 组 12 V 的 182 A 时蓄电池串联组成，电压为 216 V。也可以采用 108 V 或其他低电压应急电源。此电源电路由开关 $S_2$ 控制，由电流表 $A_1$ 和电压表 $V_1$ 进行检测，由指示灯 $HL_4$ 进行电源指示。

(2)总配电板电源电路　图中三相 220 V 交流电源为本船总配电板电网提供，以便与 216 V 蓄电池电源实行统一配电。此电源电路由开关 $S_1$ 控制，由电压表 V 和指示灯 $HL_1$ 进行检测和监视。

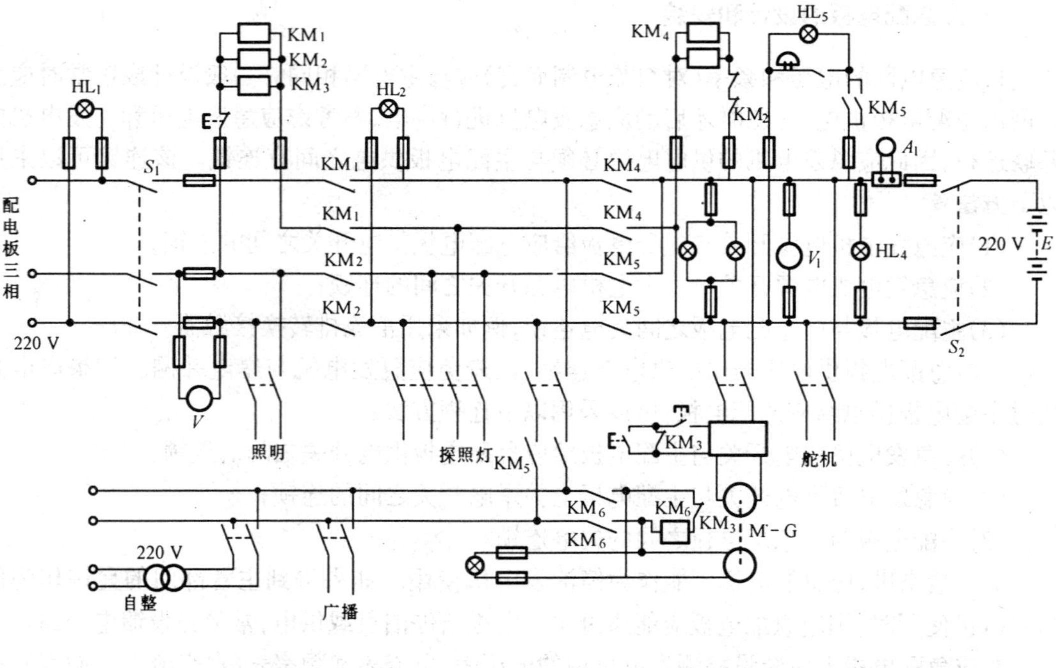


**图 5－5　应急配电板原理图**

(3)变流机电路　图中 M－G 系统为变流机组，专供在应急情况下仍需工作的交流单相负载设备使用，如图中的广播设备和自整角机设备等。此电源由直流电动机启动箱 ST 和交流接触器 $KM_3$、$KM_4$ 进行联合控制。

上述三种电源不能同时向同一负载供电。蓄电池电源应长期工作，作为主电源供电。当本船主电站正常供电时，交流机组应自动停止供电，只有两种电源分别供电。当本船主电站停止供电时，变流机组应自动启动，自行供电，仍有两种电源供电。

2.负载电路

根据用电设备的不同性质要求，由应急配电板进行控制的负载电路共有四种。

(1)交流照明负载电路　此类照明设备只能由交流供电，如日光灯、汞氙灯、硅整流器等。在应急情况下可以暂停使用，不会影响船舶正常安全航行，因此只需由本船的主电站供电。如图中由装置式空气开关 $Q_1$ 控制的照明电路。

(2)交流弱电负载电路　此类负载也必须使用交流电源，而且在主电站停电的应急状态下仍要求供给交流电源，否则将严重影响船舶安全航行，如图中由 $Q_7$ 控制的自整角机电路和 $Q_8$ 控制的广播电路以及未绘出的交流闪光灯电路、主机遥控交流电路、交流电车钟电路、电极电路等，因此这些负载电路在应急状态时，改为变流机组供应交流电。

(3)交直流负载电路　此类负载属于纯阻性负载，既可使用交流电源，又可使用相同电压的直流电源，如图中由 $Q_2$ 控制的白炽灯照明设备和由 $Q_3$ 控制的白炽探照灯设备等。为了节省蓄电池电能，此类负载正常情况下由本船主电站供电，只有在应急状态下改为由蓄电池供电。

(4)直流负载电路　此类负载只能由直流供电，属于直流负载设备，如图中由 $Q_5$ 控制的直流电动机 $M$ 和由 $Q_6$ 控制的舵机应急直流电动机电路以及未绘出的航行灯电路、自动报警电路、分励脱扣电路、直流应急电车钟电路等，因此这些负载设备无论在交流电制或直流电制的船舶，都必须由蓄电池进行长期供电使用。

3.控制电路

图 5－5 中的各负载电路开关 $Q$ 及 $S$ 均采用手动控制，三种电源的转换采用接触器 KM 进行自动控制。

(1)正常供电的控制电路　本船交流主电站供电时，电源指示灯 $HL_1$ 亮。合上 $S_1$ 后，交流电压表 V 即指示其交流电压，各有关控制电路进行正常工作。

①交流照明负载电路正常工作　由开关 $S_1$ 直接供电，由 $Q_1$ 进行控制。

②交直流负载电路正常工作　$S_1$ 供电后，交流接触器 $KM_1$、$KM_2$ 的线圈电路通电工作，它们的各主副触点均动作，产生下列结果：

a.运行指示灯 $HL_2$ 亮，表示 $KM_1$、$KM_2$ 的主触点闭合；

b.$Q_2$ 和 $Q_3$ 分别控制的白炽照明灯和探照灯投入正常工作；

c.$KM_1$ 和 $KM_2$ 的常闭触点断开，切断直流接触器 $KM_4$ 和 $KM_5$ 的线圈电路，防止交直流电源同时对此类负载供电。

③交流弱电负载电路正常工作　交流接触器 $KM_3$ 线圈通电后，常开主触点闭合，常闭辅触点断开，产生下列结果：

a.$Q_4$、$Q_7$、$Q_8$ 对广播和自整角机等系统供电，因自整角机的交流电源为 110 V，故采用变压器 $T$ 将 220 V 变为 110 V；

b.交流接触器 $KM_6$ 的线圈断电，防止变流机电源同时向此类负载供电；

c.直流启动箱 ST 自动停止工作,变流机组停止工作,指示灯 $HL_6$ 熄灭。

④直流负载电路正常工作　合上应急电源开关 $S_2$,即可使 $Q_5$ 和 $Q_6$ 控制的直流负载设备正常工作。同时指示灯 $HL_4$、板前照明灯 $HL_3$ 及电流表 $A_1$、电压表 $V_1$ 均正常工作。图中 $KM_1$、$KM_2$、$KM_3$ 线圈电路中串联的按钮 $SB_1$ 作为输入模拟停电信号使用。

(2)应急供电的控制电路　本船交流主电站停电时,主电网失电,指示灯 $HL_1$ 熄灭,电压表 V 无读数,接触器 $KM_1$、$KM_3$ 也失电复位并产生下列结果。

①$Q_1$ 控制的交流负载电路停止工作。

②$Q_2$ 和 $Q_3$ 控制的交直流负载电路与主电网隔断,$Q_7$ 和 $Q_8$ 控制的交流弱电负载电路也与主电网隔断。

③直流接触器 $KM_4$、$KM_5$ 的线圈通电,它们的触点动作,并产生下列结果:

a.常开主触点闭合,引入应急直流电源,代替主电网的交流电源,对 $Q_2$、$Q_3$ 的负载进行连续供电,指示灯 $HL_2$ 仍亮;

b.报警指示灯 $HL_5$ 亮、警铃 HA 发出声响,表示船舶主电网失电;钮子开关 SA 断开即可消除报警声,以减少噪声干扰。

④接触器 $KM_3$ 的两只常闭触点复位后,使变流机组的直流电动机 M 自动启动,同时交流接触器 $KM_6$ 线圈接入电路,准备工作。

⑤交流机 $G$ 发出单相交流电后,电源指示灯 $HL_6$ 亮,$KM_6$ 线圈通电。当电压达到额定值时,常开触点闭合,则变流机的交流电源代替主电网对 $Q_7$ 和 $Q_8$ 的负载继续供电。

由此可见,蓄电池处于应急工况下,增加了很多用电量,因此应急供电的时间不能太长,应在规定的时间内尽快恢复主电网的供电。

## 第七节　充 放 电 板

按照有关规范的要求,客船和 500 总吨及以上的货船均应设独立的应急电源,该应急电源可以是发电机,也可以是蓄电池组。客船及应急发电机的自动启动不能满足有关要求的货船,还应设置一组蓄电池作为临时应急电源。

### 一、充放电板的设计和安装

船舶上安装的蓄电池组应设有充放电板,以便进行充电和配电。蓄电池充放电板的设计和安装应注意以下各点。

1.作为应急电源的蓄电池组,必须保证承载应急负载而无须再充电,并在整个放电期间,蓄电池组的电压变化应能保持在其额定电压的 ±12% 范围内;当主电源供电失效时,自动接应急配电板(即蓄电池充放电板),并对规定的各项设备供电。

2.作为临时应急电源的蓄电池组,必须保证承载临时应急负载而无须再充电,并在整个放电期间,蓄电池组的电压变化应能保持在其额定电压的 ±12% 范围内;当主电源或应急电源供电失效时,应能立即自动向规定的各项设备供电。

3.蓄电池组的充电设备可以采用以下类型,设计时综合具体因素决定。

(1)用充电机组充电　此时调节发电机电压用的励磁变阻器可以设在蓄电池充放电板内或板外。

(2)用船舶交流电源经整流装置整流后充电　可以设“快充”、“慢充”及其转换开关。

(3)用船舶直流电源经电阻降压充电　主要用于主电源为直流电制的船舶。

4.蓄电池组充电设备的电源应设有电源开关、保护装置(如熔断器)和电源指示灯。

5.每一充电回路应设有防止逆流的装置,一般采用整流器或逆流继电器,也可以采用欠流继电器或其他保护方式。

6.应设有测量每一充电回路的充电电流的电流表,如果尚需放电电流时,则该电流表的刻度应为双向的。

7.应设有测量每一蓄电池组的充放电电压的电压表。

8.供电给应急照明或临时应急照明及警铃等的蓄电池组,其放电回路的设计应确保应急情况发生时,即使在放电位置仍能放电。

9.应急照明或临时应急照明必须在主电网(或应急电网)供电失效时自动接通,通常采用由电网电压控制接触器来实现。警铃也可以采用遥控接触器来接通电路。上述接触器一般均装在充放电板内,有时可另设接触器箱。

10.蓄电池充放电板应尽可能地靠近蓄电池组安装,但不得与蓄电池组安装在同一处所。如果充放电板离蓄电池组太远,蓄电池组的保护装置(如熔断器)应布置在靠近蓄电池组的处所,但不能与蓄电池组安装在同一处。

## 二、充放电板原理图

### 1.充电电路

蓄电池在船上除作应急电源使用外,还在船舶无线电设备、柴油机电启动系统以及各种警铃系统中作常规电源使用,因此对这些蓄电池必须进行经常充电,如图 5-6 所示。

图 5-6 中 $U$ 表示充电装置,充电电路用转换开关 $SA_1$、$SA_2$、$SA_3$ 和开关 $S_2$ 进行控制,$E_1$、$E_2$、$E_3$ 为三组电压相等的蓄电池。由于充电装置输出的电流有限,故采用转换开关进行轮流充电。

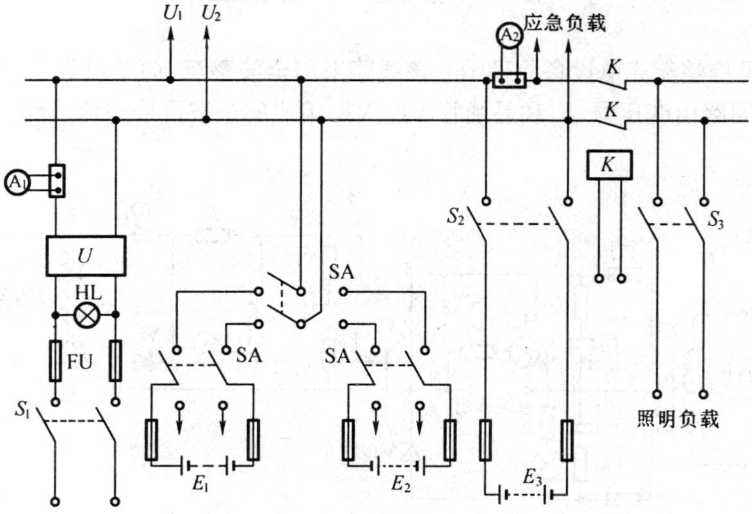


**图 5-6　充放电板原理图**

2.放电电路

改变图5-6中转换开关 $SA_2$ 或 $SA_3$ 的合闸方向，即可将蓄电池的电能对外放电。

当蓄电池 $E_3$ 作为应急电源使用时，如果只用一组蓄电池，此蓄电池不能使用转换开关控制，只能将充放电路合一，否则应配用两组蓄电池轮流充电和放电。

交流接触器 KM 的线圈电路由船舶主电站的电网供电，当主电网有电时，低压照明负载由主电网供电；当主电网失电时，则改由应急电源自动供电。

3.充电装置

船用蓄电池的充电装置有三种类型，即直流发电机充电装置、硅整流充电装置和晶闸管可控整流充电装置。其中以硅整流充电装置使用较多，这种装置结构简单，工作可靠，调节方便。

(1)硅整流充电设备原理图　如图5-7所示，该装置由一台自耦变压器 $T_1$、一台降压变压器 $T_2$ 以及硅整流桥、接触器等组成。接触器 $KM_1$ 作为交流输入端控制用，$KM_2$ 作为直流输出端控制用。改变自耦变压器 $T_1$ 的手柄位置，可以改变其充电电流或电压的数值，这些数值可用电流表和电压表进行检测。图中指示灯 $HL_2$ 的亮度随充电电压的高低而变动；电阻 $R$ 与电容 $C$ 组成二极管的过电压保护电路；指示灯 $HL_1$ 为交流电源指示。

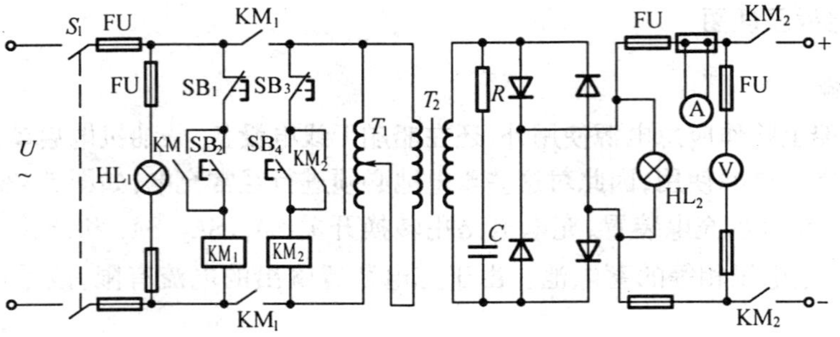


**图5-7　硅整流充电设备原理图**

(2)单相可控整流充电设备原理图　该线路采用全波整流，简单可靠，调节方便，如图5-8所示。主回路由变压器 $T_1$ 和晶闸管 $VT_1$、$VT_2$ 组成的全波可控整流线路，其控制回路电

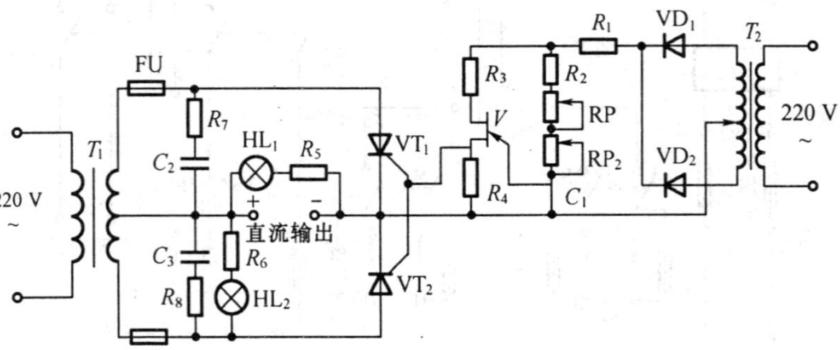


**图5-8　单相可控整流充电设备原理图**

源为变压器 $T_2$，经 $VD_1$、$VD_2$ 全波整流后供给由 $RP_1$、$RP_2$、$C_1$ 和单结晶体管 $V$ 组成的弛张振荡器，形成脉冲去触发晶闸管，调节 $RP_2$ 可以方便地调整充电电压和电流。

## 第八节 岸电控制箱

船舶靠港或进厂修理时，有时需用陆上电源来供电，称为"岸电"。尤其是定期航行的班船，停靠的码头都设有接岸电的装置，使船舶一靠码头即可使用岸电，将船上发电机组全部停机。这样既可以减少值班人员，又可以对发电机组进行正常的维护或修理。

1.直流电制船舶

进坞修理时，必须接用直流岸电，此时可以安装直流岸电箱，也可以将直流岸电电缆直接拉至机舱主配电板临时接用，不安装直流岸电箱。

由于码头上陆用电源多为交流电，因此停泊码头时应考虑接用交流岸电的可能，设置交流岸电箱。交流岸电的供电方式有两种：

(1)接用单相交流岸电，供船上照明回路使用，此时配电板内照明汇流排应与电力汇流排分开；

(2)船上安装一台变流机组或整流装置，将交流岸电变为直流电，再供电给船上负载。

2.交流电制船舶

不论进坞修理还是停泊码头，都必须接用交流岸电，所以应设置交流岸电箱。岸电箱的容量大小应根据停泊负载确定，各类船舶的停泊负载是不同的，通常包括：

(1)照明 机舱照明、舱室照明、甲板照明及信号灯等；

(2)厨房设备 电灶、电烘箱及电茶桶等；

(3)日用设备 日用海水泵、日用淡水泵及空压机等；

(4)通风机 厨房风机、住舱风机等；

(5)冷藏空调设备；

(6)修理机械 车床、钻床及电焊机等；

(7)通信设备 无线电、广播及电话等船内外通信设备；

(8)娱乐设备 电视接收、录放像、电影设备及体育设施用电设备等。

### 一、岸电箱及接岸电的基本要求

1.岸电箱应有下列措施

(1)岸电箱内应设有切断所有绝缘极(相)的断路器或开关加熔断器进行保护。

(2)指示端电压的指示灯或电表。

(3)用于连接软电缆的合适接线端子。

(4)对岸电为中性点接地的交流三相系统，应设有接地接线柱，以便将船体接至岸上的接地装置或岸上电网的零点。

(5)应有监视岸电极性(直流时)和相对船舶配电系统的相序(三相交流时)是否相符的设施。

(6)标明船电系统的配电系统的形式、额定电压和频率(对于交流)的铭牌。

(7)根据船东要求，有时还应装设电度表。

2.接岸电时应注意的问题

(1)岸电箱应安装在便于连接来自外部电源软电缆的处所，根据安装处所，选择合适的外壳防护等级。

(2)岸电箱与主配电板间应以固定敷设的电缆连接，该电缆应有足够的定额。

(3)当岸电或船电系统为中性点接地的交流三相系统时，应将船体与岸地连接。

(4)利用船体作导电回路的船舶，在接岸电时，不能以陆地或海水作岸电回路，而应与绝缘的岸电相线或极线同类型且同截面的导线将船体与岸电网络的零点或接地的相线或接地的负极相连。岸电箱内应有连接此电缆的接线柱，该接线柱应在岸电箱附近与船体可靠地连接。

三相交流岸电箱上可以采用指示灯组成相序指示器。相序指示灯的接线如图 5－9 所示。采用两个指示灯时，亮的指示灯表示超前相，暗的指示灯表示滞后相；采用一个指示灯时，亮是表示超前相。

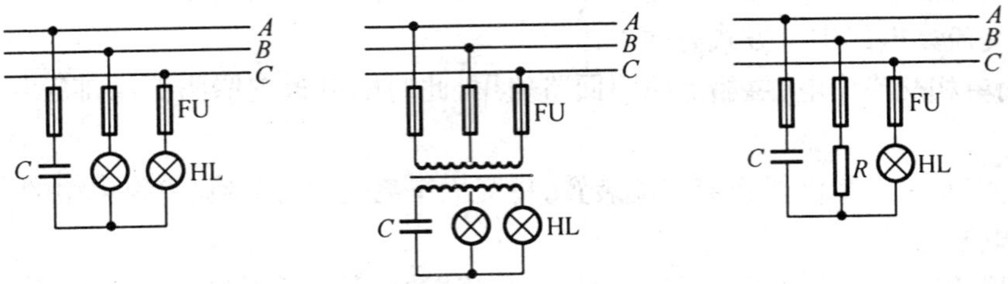


**图 5－9　相序指示灯电路图**

## 二、岸电控制箱原理图

岸电通过岸电箱引入船舶电网。根据规定，船电和岸电不得同时向用电设备供电，即不得并联运行，因此在使用岸电前，船电必须与电网脱离，船电与岸电的控制开关之间必须有可靠的电气连锁，如图 5－10 所示。只有当船电 $G_1$ 和 $G_2$ 均停电跳闸后，主开关 $QF_1$ 和 $QF_2$ 常闭辅触点复位，才能接通岸电总开关 $QF_3$ 的失压线圈电路，使 $QF_3$ 合闸后供电，否则 $QF_3$ 无法合闸。图中虚线框内的电路为岸电控制箱电路，它由换相转换开关 SA 和相序指示电路组成。

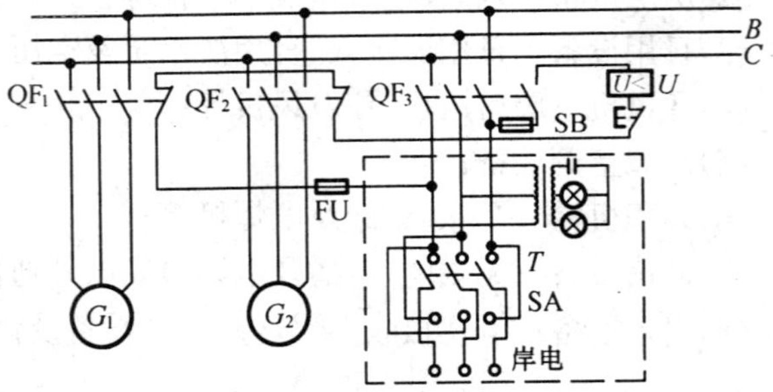


**图 5－10　岸电与船电连锁控制原理图**

### 1. 相序测定器

在接入岸电时，必须保证岸电相序与船电相序一致，否则电动机将反转，其他与相序有关的用电设备也会工作不正常。为判断接入岸电时相序是否正确，在岸电箱上附有相序测定器，如图 5－11 所示，其工作原理如图 5－12 所示。它由两只相同的电阻(指示灯) $R_B$、$R_C$ 和一只电容 $C$ 组成三相星形不对称负载电路，其三相电源通常来自电压互感器TV的次级。由于电容的移相作用，使电路的中性点 $O_1$ 发生位移。指示灯 $R_B$、$R_C$ 将显示出不同的明暗度，以表示接入的岸电相序是否与船电相序一致。当正序时，$\dot{U}_{BO1} > \dot{U}_{CO1}$，故 $B$ 灯较亮，$C$ 灯较暗；当负序时，则 $\dot{U}_{BO1}$ 加在 $C$ 灯上，而 $\dot{U}_{CO1}$ 加在 $B$ 灯上，故 $C$ 灯较亮，$B$ 灯较暗，此时将

SA 转换位置，即可变负序为正序。

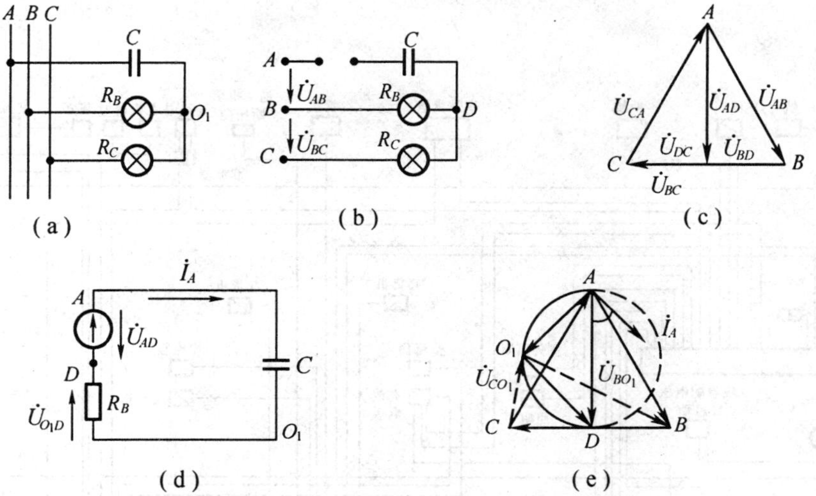


**图 5-11　相序测定器原理接线图**

(a)线路图；(b)断开电容后的线路；(c)断开电容后的位形图；(d)等值发电机电路；
(e)相序测定器位形图

2.岸电的单相运行和逆序保护

在接岸电时，有可能发生相序接错或一相断线。相序接反，则使电动机反转；单相供电，则使电动机烧坏，故需加继电保护。负序继电器就是用来防止接岸电时，相序接错和单相运行的继电保护装置。它实质上是一个负序电压过滤器，主要由电阻 $R_1$、$R_2$ 和电容 $C_1$、$C_2$ 构成移相电路，经变压器 $T$ 接入岸电电压，输出电压为 $U_{mn}$。当负序电压过滤器的输入接正序电压，且三相电压对称时，其输出电压 $U_{mn}=0$，中间继电器 KA 不动作；当接负序电压或一相断线时，则 $U_{mn}\neq 0$，过滤器有电压输出，使 KA 动作，接通时间继电器 KT，经延时，使失压脱扣器 $U<$ 断电，岸电开关 QF 自动断开。当岸电相序与船电相序一致时，只要岸电三相电压对称，则负序继电器输出电压 $U_{mn}=0$，岸电开关可以正常合闸。如果岸电相序接错或任一相断线时，则 $U_{mn}$ 有输出，岸电开关自动跳闸或合不上闸。

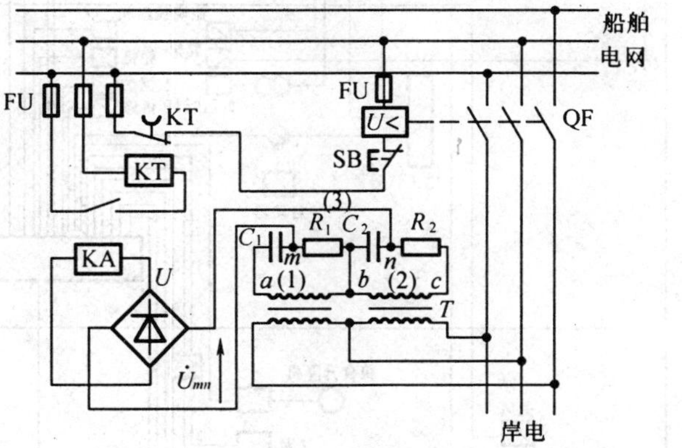


**图 5-12　负序继电器原理接线图**

在了解了船舶配电系统各个组成部分后，根据船舶配电的要求绘制电力系统图。电力系统图包括一次网络系统图和二次网络系统图。

一次网络系统图表示从电源、主配电板到分配电板及从主配电板到由它直接供电的用电设备间的连接。二次网络系统图表示从分电箱到各用电器间的联系。

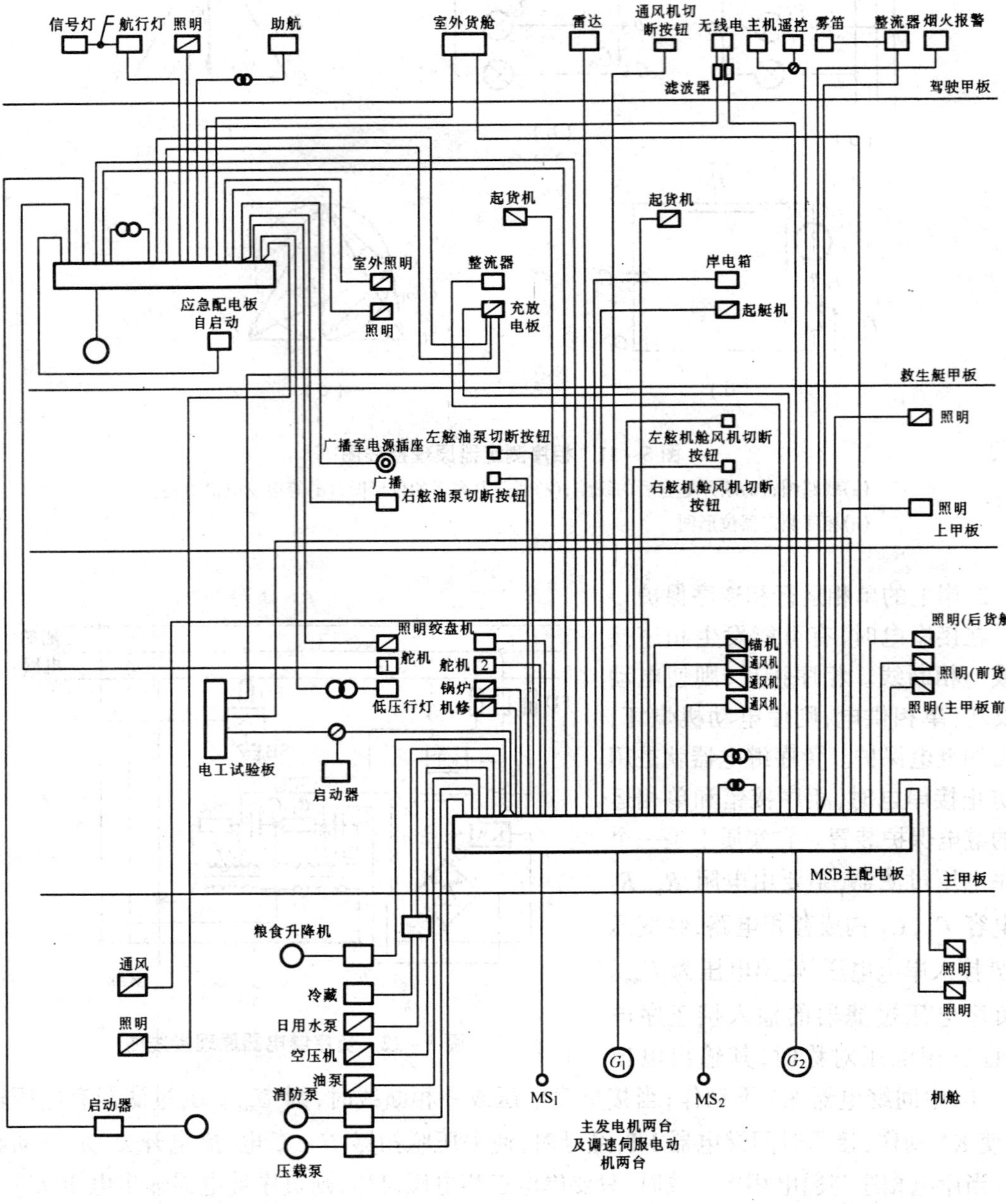


图 5-13　一次网络电力系统图

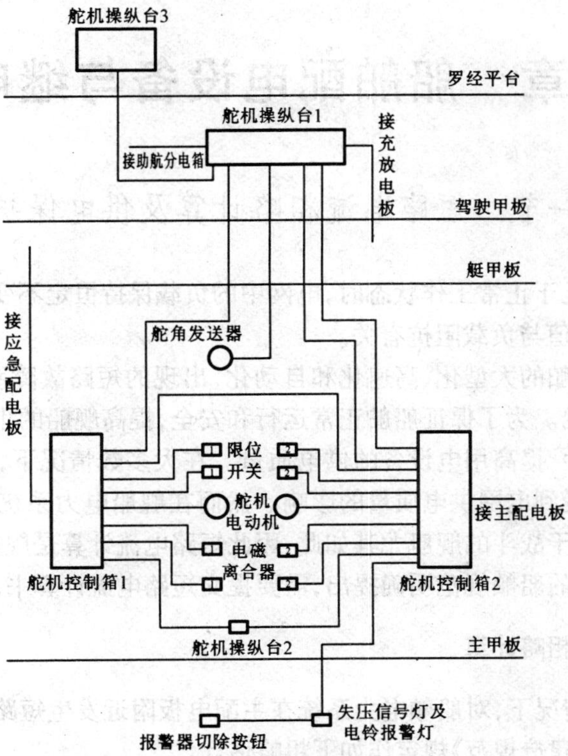


**图 5－14　二次网络电力系统图**

## 复习思考题

5－1　船舶电力系统的组成有哪些特点？它采用什么电制？

5－2　船舶电力系统的主要电气参数有哪些？船舶电力系统采用什么电制？船舶电力系统的额定电压采用哪一等级？为何采用这一等级的电压？

5－3　船舶电力系统的发展经过了哪些阶段？

5－4　什么是电力系统的容量？是否是船舶用电设备额定容量的总和？确定船舶电力系统容量的根据是什么，方法有哪几种？各有何特点？

5－5　船舶运行有哪些状态？什么是连续负载？什么是间断负载？

5－6　主发电机容量和台数的选择的原则是什么？

5－7　什么叫需要系数法？什么叫同时系数法？什么是船舶电气设备的负载系数？如何确定？

5－8　船舶用电设备的分类有哪些？用电设备对船舶电力系统有哪些具体要求？

5－9　负荷表是如何编织的？什么叫三类负荷法？三类负荷法是如何计算的？

5－10　配电装置有哪些种类？

5－11　配电板的结构型式有哪几类？配电方式有哪几种？

5－12　主配电板包括哪几部分电路？各有何用途？

5－13　应急配电板包括哪几部分电路？各有何用途？

5－14　充放电板包括哪几部分电路？各有何用途？

5－15　岸电控制箱有哪些要求？基本工作原理是什么？

# 第六章　船舶配电设备与继电保护

## 第一节　短路电流粗略计算及供电保护要求

船舶电力系统处于正常工作状态时，电网中的负载保持恒定不变，此时电压、电流、功率等也都保持不变，其值与负载阻抗有关。

近年来，随着船舶的大型化、高速化和自动化，出现的短路故障明显增多，尤其是客船、冷藏船和其他大型船。为了保证船舶正常运行和安全，提高舰船的生命力，必须十分重视船舶电力系统的可靠性，提高用电设备的供电质量。在大多数情况下，船舶主机设备、舵机设备及导航设备等都受到电网供电质量的影响。然而在舰船电力系统的实际运行中，短路故障是难以避免的，对于战斗的舰艇尤其如此，因此短路电流计算是舰船电力系统设计的重要内容之一，很多国家的船舶规范明确提出，需要提交短路电流计算书。

### 一、短路电流的粗略计算

在缺乏资料的情况下，对船舶电力系统在主配电板附近发生短路时的最大短路电流，可按《钢质海船入级与建造规范》规定作如下粗略估计。

主配电板附近发生短路时，最大对称短路电流有效值为满足最大需要功率而达到并联运行的所有发电机额定电流的10倍加上需要同时投入运行的所有电动机额定电流的3倍（对称有效值）；短路功率因数假定为0.1。

$$I_{ac} = 10\sum I_{ng} + 3\sum I_{nM} \tag{6-1}$$

$$\cos\varphi_k = 0.1$$

式中　$I_{ac}$——最大对称短路电流有效值；

$\sum I_{ng}$——所有并联运行发电机额定电流之和；

$\sum I_{nM}$——所有同时投入运行电动机的额定电流之和；

$\cos\varphi_k$——短路功率因数；

$n$——峰值系数。

最大非对称短路电流值与短路功率因数有关，如图6-1所示。

$$I_p = f(\cos\varphi_k)I_{ab} = nI_{ac} \tag{6-2}$$

式中 $I_p$ 为最大非对称短路电流。

当短路功率因数为0.1时

$$I_p = 2.45I_{ac}$$

计算系统短路电流可以用欧姆法、标幺值法计算，在缺乏资料的时候可以粗略计算。短路电流是选择设备和继电保护的关键参数和重要依据。限于篇幅，本章不再详细叙述，读者可根据实际情况，查阅有关资料。

## 二、对船舶电力系统供电的基本要求

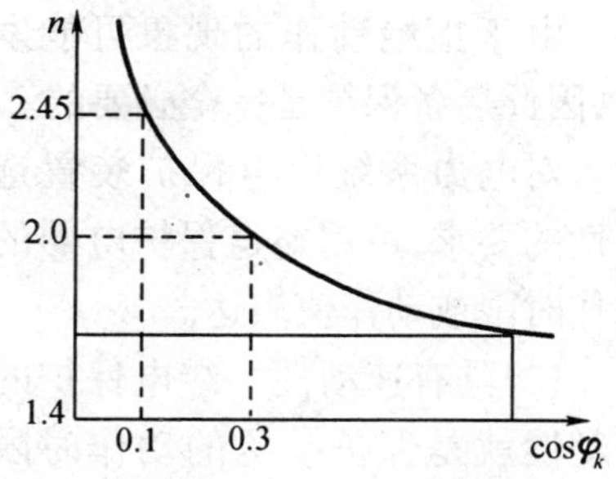


图 6-1 峰值系数与功率因数

1.对船舶电力系统供电的基本要求

一要保证安全可靠地供电，二要保证电能质量，三要考虑经济运行。船舶电力系统中各种继电保护装置，主要就是为了基本要求而设置的。

船舶电力系统在运行中，可能出现各种不正常运行和故障情况。船舶电力系统的不正常运行情况主要有过载、欠压、过压、欠频、过额、逆功率以及三相三线制中性点绝缘系统发生单相接地等。船舶电力系统中最常见最严重的故障就是各种形式的短路，如图 6-2 所示可有三相短路 $D(3)$两相短路 $D(2)$、两相接地短路 $D(1,1)$、$D(1)$外，三相四线制系统单相接地短路，还可能发生电机或变压器绕组匝间短路和线路的断线等故障。限制不正常运行和短路破坏作用，最有效的办法，就是在船舶电力系统中的主要电气设备上，装设继电保护装置。它们的作用可归纳为以下几点。

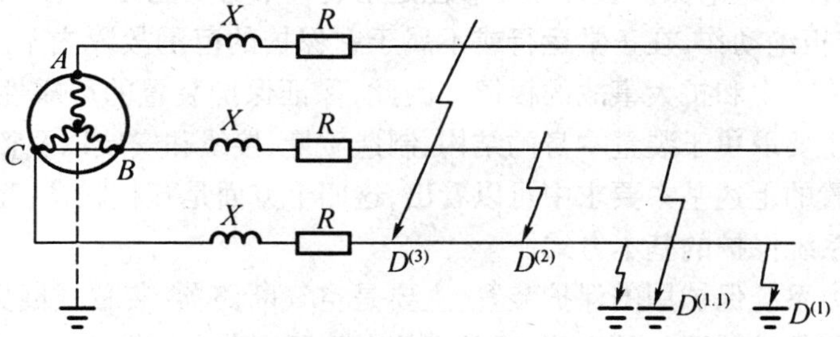


图 6-2 短路故障

(1)当电气设备发生故障或足以造成故障的危险情况时继电保护装置将自动地、迅速地并有选择性地切除发生故障的电气设备，以保护设备和保证非故障部分正常安全运行。

(2)当电气设备发生不正常运行情况时，继电保护装置应立即发出报警信号，使值班人员及时进行处理，以防事故发生和扩大，或自动切除不正常运行的电气设备。

(3)配合自动控制装置，自动消除或减少事故及不正常运行情况。

2.对继电保护装置的基本要求

根据船舶电力系统继电保护装置所担负的基本任务和作用，一级对它提出如下四个基本要求。

(1)具有选择性　选择性是指当电力系统发生故障时，继电保护装置应仅把故障元件切除，使停电范围尽量缩小，从而保证电力系统中其他故障部分仍然能够继续安全地运行。如图 6-3 当在 $D_1$ 点发生短路时，应仅是离故障点 $D_1$ 最近的 $DZ_1$ 开关中的保护装置动作，$DW_2$ 和 $DW_1$ 开关中的保护装置都不应动作，该开关也不应断开，这就叫做保护具有选择性。

在选择性保护中，若前一级保护装置拒绝动作则后一级保护装置应动作。当 $D_1$ 点短路时，若 $DZ_1$ 开关由于某种原因没有断开，则 $DW_2$ 开关中的保护装置应动作，将 $DW_2$ 开关自动断开。显然，这种情况是部分地失掉了选择性，扩大了停电范围。在这种情况下，称后一级保护是前一级保护的后备保护。由于拒绝动作的现象可能发生,因此后备保护是完全必要的。

对电力系统继电保护装置选择性的要求,可用整定保护电器的动作时限或动作值表达。

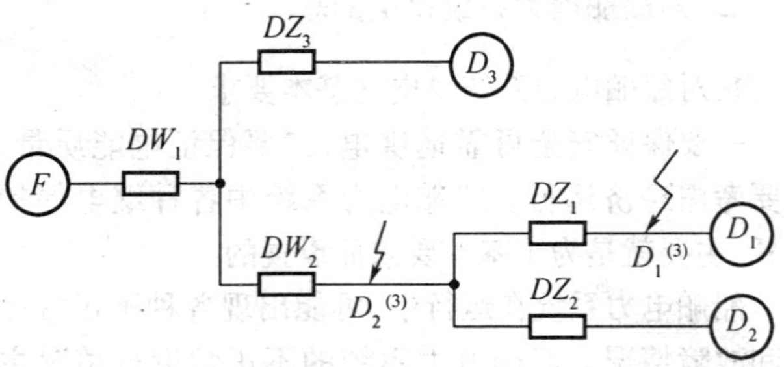


**图 6-3　选择性保护**

(2)具有速动性　继电保护的速动性就是保护装置的动作时限应力求短。迅速切除故障可减轻被保护设备的损坏程度;防止故障蔓延,缩小破坏范围;减少对非故障设备的影响,保证其正常安全运行。

(3)具有灵敏性　继电保护装置的灵线性是指对于其保护范围内的故障或不正常工作状态的反攻能力。就是说,在保护范国内,不管运行情况、短路性质和位置如何对属于自己保护之内的故障,都要反应灵敏。灵敏性愈高,故障发觉和切除得就愈早,从而对系统的影响和设备的破坏就愈小。

(4)具有可靠性　继电保护装置的可靠性是指装置本身要能可靠地工作,对它保护范围之内的故障,不应拒绝动作,在正常运行或不属于它保护的范围故障内不应误动作。否则,它本身就可能成为产生和扩大事故的根源。因此,保证保护装置的可靠性是很重要的。保护装置的可靠性主要取决于装置本身的结构、制造质量、接线和安装以及整定等。

从对保护装置的上述基本要求中可以看出,这四个方面是互相联系、互相制约的。

3.船舶电力系统保护的基本方式

作为船舶电力系统保护用的保护装置,主要是空气断路器、装置式断路器、熔断器和过载继电器等。这些保护装置的整定值,通常是按时间原则和电流原则或者两者的综合使用。以电力系统选择保护为例,按时间原则,其保护装置的动作时间的整定值,从用电设备至电源设备逐级递增;按电流原则,其保护装置的动作电流整定值,从用电设备至电源设备逐级递增。由于两种方法各有利弊,有时难以得到满意的效果,实际上,大都将两种方法混用。

船舶电力系统保护方式,按其可以实现的保护功能,通常分类如下:

- 保护方式
  - 全定额保护方式
    - 选择切断保护方式
    - 非选择切断保护方式
  - 后备保护方式——非选择切断保护方式

全定额保护方式,是指系统内所有保护装置所具有的额定短路容量均大于其安装点的推算短路电流。根据所选定保护装置特性,可以组成选择切断保护方式和非选择切断保护方式。

选择切断保护方式是指当由于系统中的电气设备或电路的异常或故障,其回路中通过过电流和短路电流(统称为过电流)时,仅仅把与故障回路直接有关的回路从系统中切除,其他正常回路的供电不中断,保护装置之间能够得到协调的保护方式,简称为选择保护方式。

选择保护方式,可以分全区域选择保护方式和部分区域选择保护方式。

所谓全区域选择保护方式,是指被串级连接的上位和下位保护装置的各自额定切断电流,在覆盖的整个过电流区域或者适用回路的最大推算短路电流的整个过电流区域内能够选择保护。

所谓部分区域选择保护方式，是指被串级连接的上位和下位保护装置的各自额定切断电流，虽然在整个过电流区域或者适用回路的最大推算短路电流的整个过电流区域内不能实现选择保护，但是，在某一限定电流范围内，可以选择保护。

后备选择切断保护是指系统中设置的保护装置，对于其安装点的最大推算短路电流，短路定额不够的场合，在该保护装置的电源侧（统称为上位）设置对该最大推算短路电流具有足够短路电流定额的保护装置，借助于此后备的保护装置，安全地切断故障回路的保护方式，简称为后备保护方式。

后备保护方式分为全区域后备保护方式和部分区域后备保护方式两种。

所谓全区域后备保护方式，是指对于因下位保护装置短路定额不够而设置的上位保护装置的短路定额（主要是额定切断电流和额定接通电流）内的整个过电流区域，能安全地进行后备保护。

所谓部分区域后备保护方式，是指对于因下位保护装置短路定额不够而设置的上位保护装置的短路定额内的整个过电流区域，不能完全实现后备保护，但是，在某一限定的过电流区域内，可以实现后备保护。

## 第二节　船用万能式自动空气断路器

### 一、万能式自动空气断路器概述

1.作用

万能式自动空气断路器又称自动空气开关，在正常运行时，作为接通和断开主电路的开关电器；在不正常运行时，可用来对主电路进行过载、短路和欠压保护，自动断开电路。所以，万能式自动空气断路器既是一种开关电器，又是一种保护电器。

船用万能式自动空气断路器，主要是用作船舶发电机的主开关。它既作发电机主电路通断用，又作发电机的继电保护装置用。所以，它是船舶电站中一个十分重要的电器。

目前，我国生产的船用万能式自动空气断路器主要有 DW94、DW95、DW98 和引进产品 AH 型（国内编号 DW914 型）几种。

断路器与接触器、继电器都属于自动开关电器，但三者有很大的区别，如表 6－1 所示。顾名思义，断路器是用来切断故障电路的，特别是它能切断断路电流，它的通断电流能力比接触器大得多。但开关通断的次数则比接触器少得多，典型的机械寿命为数千次到一万次（电气寿命还要少一个数量级），后者的机械寿命可达数百万次。

**表 6－1　三种开关电器比较**

| 名称 | 触头容量 | 灭弧装置 | 频繁通断 | 用　　途 | 体积 |
|---|---|---|---|---|---|
| 断路器 | 大 | 有，能力强 | 不允许 | 切断大故障电流 | 大 |
| 接触器 | 大 | 有 | 允许 | 通断大工作电流 | 较大 |
| 继电器 | 小 | 无 | 允许 | 通断控制电路 | 小 |

断路器（Circuit Breaker，简称 CB）分万能式和装置式两大类。发电机主开关通常采用万

能式空气断路器(Air CB,简称 ACB,又叫框架式断路器、空气断路器),配电板上的配电开关通常采用装置式断路器(Mould - Case CB,简称 MCCB,叫做塑壳式断路器)。

2.结构组成

断路器由主触头系统、脱扣机构、合闸机构和传动机构等组成,如图 6 - 4 所示。

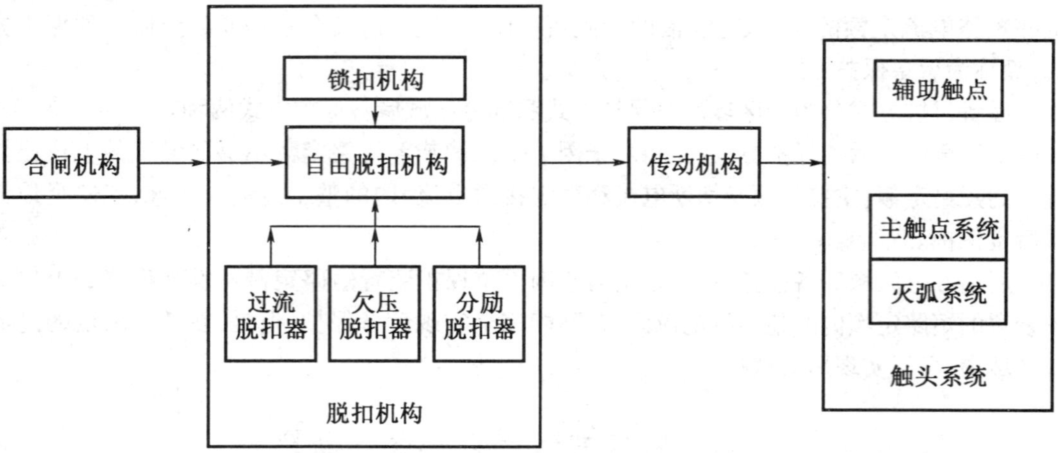


**图 6 - 4　断路器结构框图**

三相电路采用的断路器有三组主触头,有一组主触头及其灭弧装置、断路器接通后通过的电流主要流过主要触头。为了避免主触头在分断电流时被电弧灼伤,除主触头外还设有预测触头和弧触头。接通电路时,它们的闭合次序是:弧接触头—预测触头—主触头;在分断电路时,分断次序是:主触头—预测触头—弧形触头。触头系统的设计应保证足够的电动稳定性,并具有电动力补偿作用,即短路电流产生的电动力是加强触头接触的压力。在分断电路时的电动力把电弧引向灭弧室方向。灭弧方式通常采用复合方式,既有去离子栅,也有窄缝。

3.基本操作及其要求

合闸机构分手动和电动类。手动机构由人操作手柄完成合闸,较大容量的开关须用电动机构才能完成合闸操作。电动方式又分电动机驱动方式和电磁线圈驱动方式两种。首先由电动方式施力使合闸弹簧储能,然后根据合闸指令,瞬间发力使断路器接通。

断路器的保护功能是通过诸如过流脱扣器,欠压脱扣器实现的。无故障时要使开关分断则可通过分励脱扣实现,各种脱扣器的示意如图 6 - 5 所示,图中按扭供操作人员远距离操纵脱扣用。

接线图如图 6 - 6 图 6 - 7 所示。图中过流脱扣器用符号 $I>$ 表示。通常过流脱扣器具有过载延时、短路延时和特大短路瞬时脱扣的三段式保护特性。欠压脱扣器用符号 $U<$ 表示,欠压脱扣器线圈在 75% 以上的额定电压条件下雪保证短路器可靠接通,而在 40% 以下额定电压时视为失压状态,须保证可靠脱扣,在 40% ~ 75% 额定电压时,视为欠压状态,根据整定情况脱扣,在 75% ~ 110% 额定电压下应可靠动作,使断路器脱扣。分励脱扣器或欠压脱扣器可用来实现远距离人工控制断路器脱扣。也可和逆功率继电器配合用来实现发电机逆功率保护动作,如逆功率继电器的常开触点与图 6 - 7 中按扭开关 SB 并联,逆功率电器保护动作时,其常开触点闭合,分励脱扣器线圈获电动作,使断路器脱扣而切断发电机主电

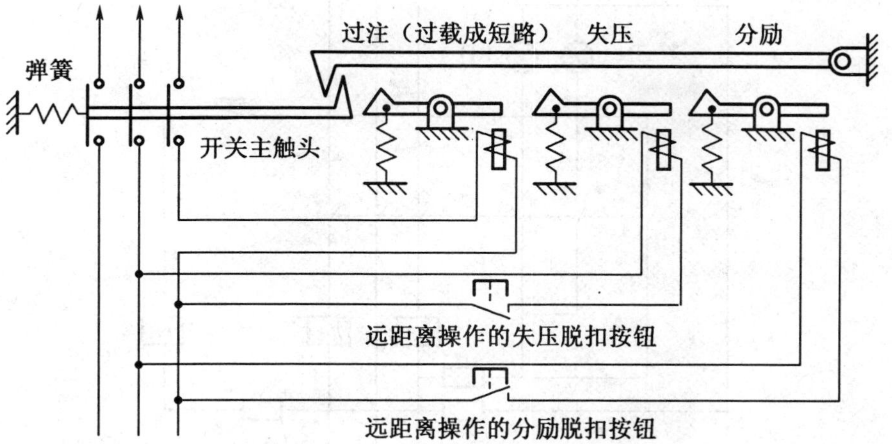


图 6-5 脱扣器示意图

路。断路器的锁扣装置用于紧急情况下，使脱扣器失去作用，强制断路器处于接通状态。

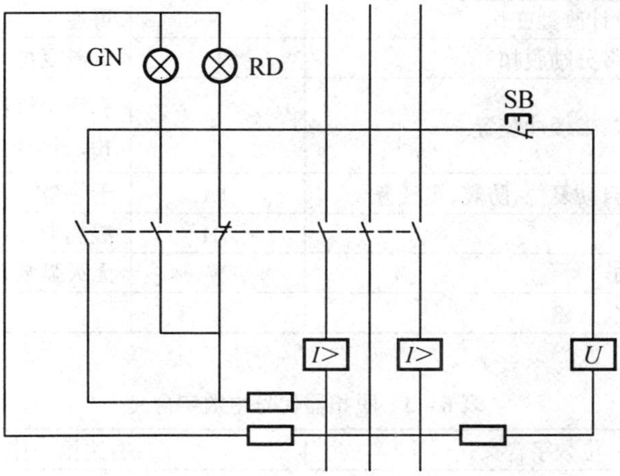


图 6-6 带欠压脱扣器接线图

国产断路器型号命名的格式如下：

D [1] 9 [2] - [3] [4] / [5] [6]

其中 D 表示断路器。方格 1 如为字母 W 表示万能式，如为字母 Z 表示装置式。数字 9 表示船用。方格 2 是数字，表示产品序号，如有 4、5、8 和 14 等。方格 3 也是数字，表示断路器的额定电流，单位为安培。方格 4 是一位字符，表示派生型号，见表 6-2 所示。方格 5 是数字，表示极数，如 3 表示 3 极或 3 相。方格 6 是两位数字，表示脱扣器代号，如表 6-3 所示。国外产品及国内近年引进产品的命名方法不同，如日本寺崎公司的万能式空气断路器有 AH 系列，装置式断路器有 TO、TG 等系列。

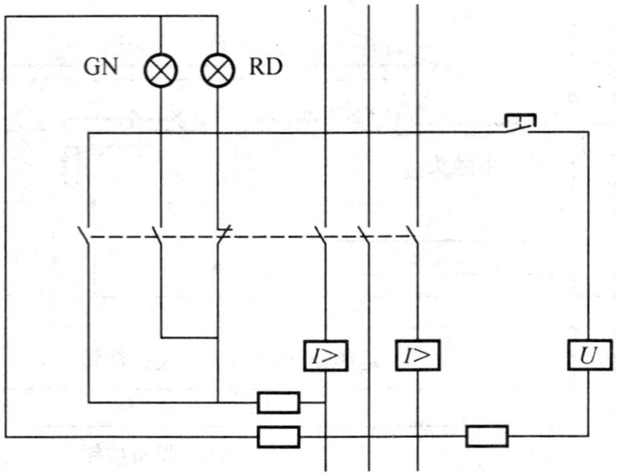


图 6-7 带分励脱扣器的断路器接线图

表 6-2 低压电器派生型号的字符含义

| 符号 | 含义 | 符号 | 含义 |
|---|---|---|---|
| A及B,C,D | 结构设计改型变化 | N | 可逆 |
| F | 返回,带分励脱扣 | P | 电磁复位 |
| H | 保护式,带缓冲装置 | S | 有锁位机构,手动复位,防水式,三相,三个电源,双线圈 |
| J | 直流,自动复位,防震,重任务 | TA | 干热带 |
| K | 开启式 | TH | 湿热带 |
| L | 电流的 | W | 无灭弧装置 |
| M | 密封式,灭磁 | | |

表 6-3 脱扣器代号中数字含义

| 左边第一位数字含义 | | 右边第一位数字含义 | |
|---|---|---|---|
| 数字 | 含义 | 数字 | 含义 |
| 0 | 无脱扣器 | 0 | 不带附件 |
| 1 | 热脱扣器 | 1 | 带分励脱扣 |
| 2 | 电磁脱扣器(瞬时) | 2 | 带辅助触头 |
| 3 | 复式脱扣器 | 3 | 带失压脱扣 |
| 5 | 电磁脱扣器 | 4 | 带分励脱扣及辅助触头 |
| 6 | 过载长延时,短路瞬时 | 5 | 带分励脱扣及失压脱扣 |
| 7 | 过载长延时,短路断言是 | 6 | 带两组辅助触头 |
| | | 7 | 带失压脱扣及辅助触头 |

选择断路器时需要考虑以下主要参数:额定电压、极数、全切断时间、额定电流、脱扣器种类、过流脱扣器额定电流、断路器分断电流能力、断路器接通电流能力、断路器允许短时电流能力等。其中电流参数多,需要进一步说明。

通常断路器型号上标明的额定电流是主触头的额定电流,即主触头允许通过的最大电流值；过电流脱扣器额定电流是过流脱扣器的额定参数，这个参数必定小于或等于断路器额定电流。生产厂对应于某一短断路器的额定电流，有大小不等的多种过流脱扣器额定电流供选择。用户或设计者根据发电机额定电流的大小选择相应的过流脱扣器额定电流。对发电机三段式过流保护，需要整定断路器过流脱扣器动作值，发电机保护是依发电机额定电流的倍数来考虑的，但整定习惯上是以断路器过流脱扣额定电流值为基准，按它的倍数来整定的，因此，发电机额定电流与断路器过流脱扣器额定电流不一致时，整定时要注意换算。

断路器的分断电流能力是指断路器分断电流交流分量（对称分量）有效值的能力，以千安为单位。实际的分断能力还与电路电压、短路功率因数等有关。当短路功率因数较低时，短路电流直流分量衰减较慢，短路后1/2周期时直流分量可能较大而不能忽略，这时需要对断路器额定分断电流值作必要修正，即降低其额定值。断路器的接通电流能力是指断路器接通一个短路回路所能允许的最大电流限度。通常用短路电流非对称最大峰值（即含直流分量）来表征。若超过这个限值，断路器主触头压力不够，不能保证接通不引起电弧、触头熔焊或使短路受到机械或热损伤。对带延时短路保护的断路器都要校验额定接通的电流，即断路器的接通（短路）电流能力。断路器短时电流能力是指在规定时间（通常为1 s）内，断路器经受持续短路电流的能力。通常这个短时电流等于额定分断电流。当断路器具有短路延时保护时，必须具有这种经受能力，即能经受短路冲击电流的电动作用和一定时间的短路电流有效值的热作用。

短延时脱扣器具有三个时限带，例如，寺崎脱扣器的时限带中间值为0.42 s，上限值0.51 s，下限值为0.34 s。其中中间值为标称值。同样，中间带为标称带，它的中间值为0.27 s，上下限分别为0.338 s和0.21 s。

AH系列断路器的电子式过流脱扣器采用运算放大器和分立元件混装，其动作精确，返回系数高。新型的M系列断路器的控制器采用微处理器，面板上有数字电流表及有关参数的指示，可实现自检和有关参数的通信。

## 二、自动空气断路器的操作方式

1.合闸操作

自动空气开关有手柄及电动或电磁合闸操作方式。

手动操作合闸，各种型式的自动开关上都备有手动合闸操作手柄。手动操作合闸一般只在检查和非常情况下使用。手柄有转动和上下扳动两种形式。

(1)中央手柄弹簧储能快速合闸原理：一般老式刀形开关，闸刀直接由操作力合闸，如果操作力小且速度慢，将在电极间可能产生火花，很不安全。

为了使闸刀快速合闸，不受操作力大小和速度的影响，可以利用储能弹簧释放的能量，强迫断路器的动触点快速合闸。这好象用拉弓射箭一样。当用力把弓张至一定幅度时，如突然松手，则箭即快速被射击。本断路器采用中央手柄（或电磁）操作储能合闸。如图6－8所示。

图中凸轮1由手柄操作轴4带动。当手柄逆时针转动至滚轮2上部时（如图示位置），再顺时针转动，压下滚轮2。经滚轮2、杠杆3把储能弹簧5拉长储能。待手柄转到一定角度时（约90°左右），凸轮1与滚轮2突然分离，弹簧亦突然收缩，释放弹性位能，通过与它相连的合闸机构使开关快速合闸。

(2) DW95、DW98和AH型开关手柄操作合闸

DW95、DW98 和 AH 型开关的手柄操作合闸，都是采用中央手柄弹簧储能快速合闸。其机械传动机构作用原理大同小异，此处不再赘述。

DW95 和 DW98 自动开关手柄合闸操作方法为：先将操作手柄反时针方向转 110°(或 90°)左右，然后再顺时针方向转一定角度，使储能弹簧储能，自由脱扣机构"再扣"。再顺时针方向转一定角度，则使储能弹簧释放能量，使开关触头瞬时闭合。

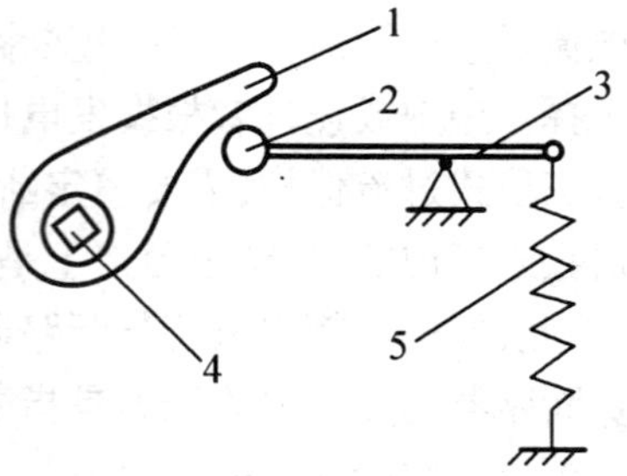

图 6-8　储能弹簧合闸原理

AH 型开关的手柄操作合闸方法为：先将手柄扳向下方，使储能弹簧储能，自由脱扣机构"再扣"；再将手柄扳向上方，则使储能弹簧释放能量，即使自动开关瞬时闭合。

(3)DW94 手柄操作合闸　DW94 开关是一种老式的开关。由于本开关要求合闸力矩很大，因此不能直接用手柄操作滚轮转动 90°左右储能。而采用减速机构来传动手柄的力矩。即将手柄转 38 圈左右，使储能弹簧储能，同时通过凸轮、杠杆、连杆等传动机构使脱扣器恢复至再扣(紧扣)位置，为合闸做好准备。

需要合闸时，将手柄再摇 2～4 圈，使储能弹簧释放，利用弹簧弹性位能的收缩力使开关迅速合闸。

DW94 自动开关采用断开储能方式如图 6-9 所示。当发电机电压建立之后，经 $DW_1$ 使红色指示灯 HD 亮，并经储能常闭触头 $KM_1$ 使失压脱扣器线圈有电，操作电动机 $M$ 通电转动($M$ 转动时，相当于上述手柄操作摇 38 圈左右时的情况)，直到储能弹簧储能，自由脱扣机构"再扣"，储能触头 $KM_1$ 断开、$KM_2$ 闭合，从而使电动机自动断电停转，并使黄色指示灯 XD 亮，表示开关之储能弹簧已储能。当需要合闸时，只要按下合闸按钮 $SB_1$，电动机 $M$ 又被通电转动，通过凸轮使储能弹簧释放，通过杠杆传动机构使开关合闸。此时，开关之常闭辅助触头 $DW_1$ 断开、$DW_2$ 接通，$M$ 自动断电停转，使红色指示灯 HD 熄灭，绿色指示灯 LD 亮，表示开关已闭合。由于储能开关释放，黄色指示灯熄灭，$KM_1$ 闭合，以准备开关再断开时储能。$SB_2$ 是分闸按钮，按下 $SB_2$ 时可使失压脱扣器线圈断电，从而使开关断开。

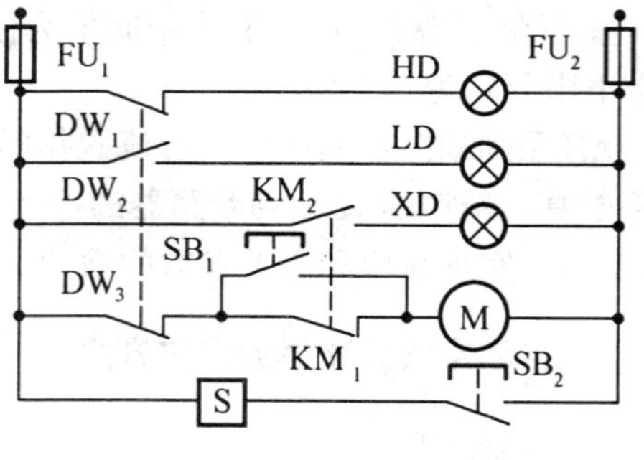

图 6-9　DW94 自动开关操作电路原理图

DW95 和 DW98 自动开关采用电磁操作，弹簧储能合闸。其电磁合闸操作的控制电路原理接线图，如图 6-10 和图 6-11 所示，两个操作电路基本相同。下面以图 6-10 所示 *DW*95 开关电磁合闸操作电路原理图为例，说明其动作原理。

当发电机建压后，电源经合闸操作按钮 SB 的常闭接点、整流二极管 $VD_1$、限流电阻 $R$、中间继电器 KM 的常闭接点 $KM_1$ 和 $KM_2$，对电容 $C$ 进行充电，做好合闸准备。合闸时，按下合闸操作自动复位按钮 SB，其常闭接点断开，常开接点闭合，$C$ 的充电回路被断开，已充电的 $C$ 经 SB 的常开接点、开关的常闭辅助触点 $DW_1$ 立即对 KM 放电。

KM 获电后立即动作，$KM_1$、$KM_2$ 断开，使 $C$ 的充电回路保持断开。KM 的常开触点 $KM_3$ 闭合，使 KM 自保持。KM 的常开触点 $KM_4$ ~ $KM_6$ 闭合，使操作电源经 $KM_4$ ~ $KM_6$ 和桥式整流器 $VD_2$ ~ $VD_5$，对合闸操作电磁铁线圈 HQ 供电。HQ 获电后动作，立即将储能弹簧拉长，使弹簧储能。

由于 $C$ 很快放电结束，因此经很短时间后，$C$ 的电压降低至 KM 的释放电压，KM 释放。于是 $KM_4$ ~ $KM_6$ 断开，使 HQ 断电。已储有位能的储能弹簧被突然释放，使自动开关合闸。

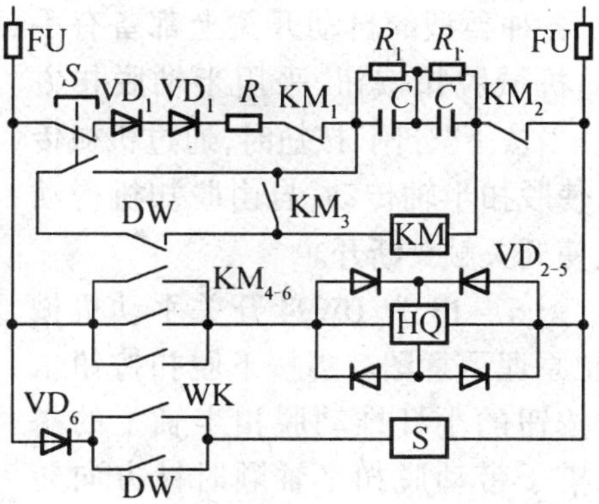

**图 6－10　DW95 开关电磁合闸操作电路原理图**

由于 KM 释放，$KM_1$、$KM_2$ 闭合，$C$ 又被充电；$KM_3$ 断开，使 $C$ 对 KM 的放电回路断开，这就又为下次合闸作好了准备。当开关合闸后，因为 $DW_1$ 已断开，所以这时即使重按 SB，也不会有任何动作。

在 DW95 开关未合闸之前，当 HQ 通电吸动衔铁使储能弹簧储能的同时，压下微动开关 WK，使 WK 闭合，给失压脱扣线圈 $S$ 通电。当合闸后，WK 又断开，但此时 DW95 开关的常开辅助触点 $DW_2$ 已闭合，故仍可保持 $S$ 有电。

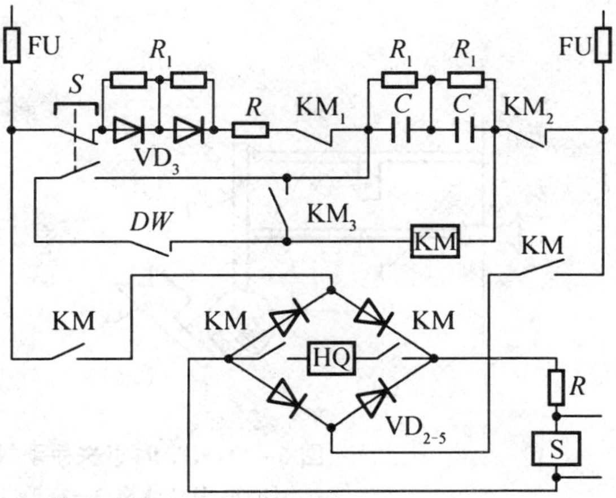

**图 6－11　DW98 开关电磁合闸操作电路原理图**

图 6－11 与图 6－10 的作用原理基本相同，区别仅在于控制失压线圈 $S$ 带电的方法不同。图 6－11 使其 $S$ 带电的方法是：在 DW98 开关未合闸之前，当 HQ 通电时，由 $VD_2$ ~ $VD_5$ 给 $S$ 供电，以保证开关可靠地闭合。合闸后，$S$ 由变压器 $B_1$ 的电源供电。

AH 开关采用电磁铁直推式合闸。其电磁铁合闸操作的控制电路原理接线图，如图 6－12 所示。动作原理如下。

当发电机建立电压后，整流器 $U$ 和电压互感器 TV 获电。合上电磁铁控制开关，则继电器 $K_1$ 通电，其常开接点 $K_1$ 闭合，控制继电器 $K_2$ 通电，其常开接点 $K_2$ 闭合。合闸线圈 CM 通电，快速将动铁芯吸上，使之与静铁芯吸合。利用动铁芯较大的质量和速度，通过电磁合闸柱销，对四连杆机构产生一较大的冲击，推动合闸机构使开关闭合。自动开关闭合后，其辅助常开接点 ACB 闭合，使继电器 $K_3$ 通电，其常闭接点 $K_3$ 断开，使继电器 $K_1$ 断电，其常开接点 $K_1$ 断开，控制继电器 $K_2$ 失电，其常开接点断开。从而使合闸线圈 CM 断电，电磁吸力消失，合闸动铁芯在自身重力和恢复弹簧作用下掉落，准备下次合闸。

2.跳闸操作

自动开关一般有手动机械脱扣和按钮电磁脱扣两种操作方式。

1.手动机械脱扣跳闸

各种类型的自动开关上都备有手动的机械脱扣按钮,采用半轴脱扣方式。当按下"分闸"按钮时,通过机械传动,使脱扣半轴传动,自由脱扣机构动作,使开关触头断开。

图6-13为DW94开关手动机械脱扣原理示意图。当按下脱扣按钮 $K$ 时,按钮的小杆推动脱扣半轴上的搭子,搭子带动脱扣半轴顺时针方向转动,使跳扣头部沿脱扣半轴的切口滑上去。此时,在断开弹簧的拉力的作用下,触头轴转动,将主触头和弧触头都断开。

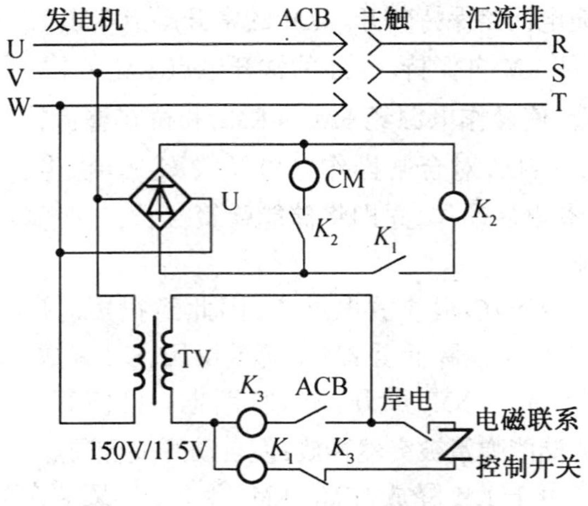


**图6-12 AH系列开关电磁合闸操作电路原理图**

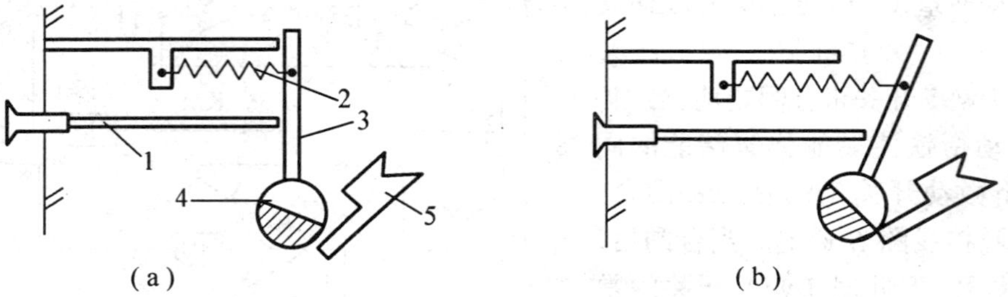


**图6-13 DW94开关手动机械脱扣原理示意图**

1—小杆;2—复位弹簧;3—搭子;4—脱扣半轴;5—跳扣头

各种类型的自动开关常用的跳闸操作,一般都是通过开关中的电磁式失压脱扣器来完成的,如图6-14所示。当按下跳闸按钮SB时,使Ⅱ型电磁铁失压脱扣器线圈 $S$ 失电,失压脱扣器电磁铁释放,并被压缩反力弹簧打开,于是,衔铁带动撞头撞击脱扣器上的搭子,使脱扣半轴转动,而使跳扣头部沿脱扣半轴切口滑上去,与上述手动机械脱扣跳闸传动情况相同,通过自由脱扣机构传动和触头传动机构,使开关触头断开。

## 三、所带继电保护装置的基本原理

使万能式自动开关跳闸有三套办法:一是备用的手动机械脱扣跳闸;二是常用的手动按钮电磁脱扣跳闸;三是由继电保护装置动作自动控制脱扣器使开关自动跳闸。上面介绍了前两套办法,下面主要介绍第三套方法。

1.DW98自动开关所带继电保护装置

DW98型自动开关采用晶体管继电保护装置做为脱扣器,图6-15为其保护装置的方框图。图中可以看出,输入信号包括电流和电压两部分。电流信号又分为两种情况,即过载反时限延时;短路定时限短延时和瞬时发出跳闸信号。电压信号也分为两种情况,即欠压定时限延时；无压瞬时发出跳闸信号。

输出信号为开关自动脱扣跳闸。它接收两方面的信号。按钮跳闸为正常跳闸；可控硅和无压跳闸均属于故障自动跳闸。

由方框图还可以看出，促使开关跳闸的原因具体说共有六个信号。其中五个信号属于故障信号，一个按钮信号为人工正常操作信号。因此，对不同的延时电路必须进行认真的分析和调试，以确保开关动作准确、可靠。

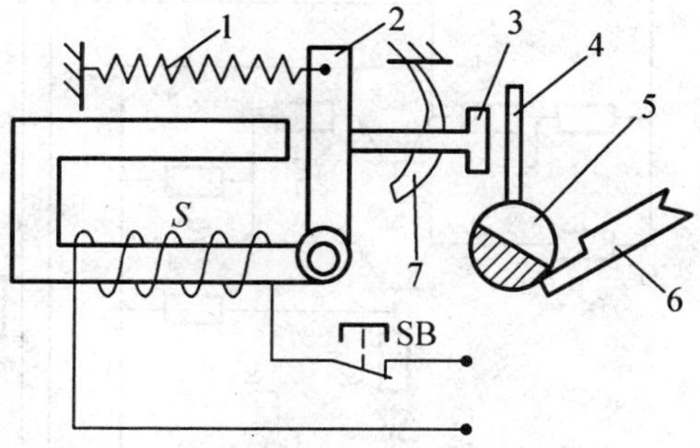


**图 6－14　脱扣器原理示意图**

1—压缩反力弹簧；2—衔铁；3—撞头；4—搭子；5—脱扣半轴；6—跳扣头部；7—钩子杠杆

图 6－16 为其保护电路原理图。

(1)欠压延时保护

发电机电压经变压器 $TV_1$ 的第二个副边绕组降压，并经 $U_1$ 桥式整流，$R_{24}$、$C_8$ 阻容滤波，稳压管 $WG_5$ 稳压之后，做为晶体管直流稳压工作电源。

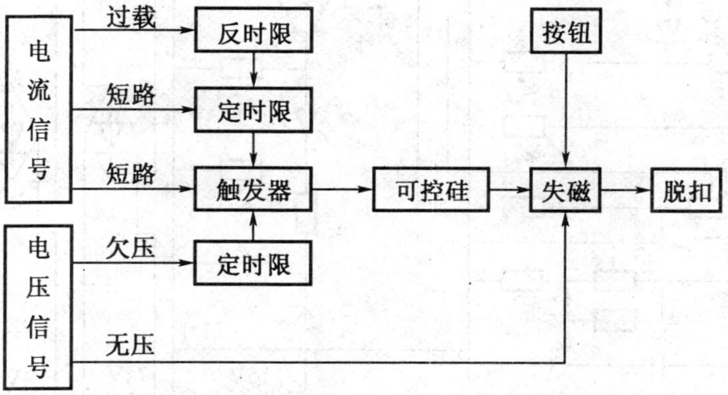


**图 6－15　DW98 开关保护电路方框图**

欠压保护的电压形成和整流滤波回路：由图 6－16 中可见，发电机电压 $U_{UW}$，由变压器 $TV_1$ 的第一个副边绕组降压到 15 V。经二极管 $VD_{15}$ 半波整流，电容 $C_5$ 滤波，电阻 $R_{19}$、$R_{20}$ 分压后，在 $R_{20}$ 上取出弱电直流电压控制信号。该电压信号与发电机电压成正比，加到后面的起动电路上。

欠压保护的起动电路和时限电路，由稳压管 $WG_4$，晶体管 $V_5$ 和充电延时电容 $C_6$、$C_7$ 等组成。

当发电机工作在正常电压时，$R_{20}$ 上的电压可以使 $WG_4$ 击穿，$V_5$ 处于饱和导通状态，因而其时限电路的延时电容 $C_6$ 被短路。$V_5$ 集电极电位约 0.3 V，故 $VD_{17}$ 不能导通。此时，出口电路不输出欠压信号。

当发电机电压低于欠压保护起动电压整定值，例如达 65% $U_e$ 时，$R_{20}$ 上的电压低到不足以击穿 $WG_4$，$V_5$ 截止，工作电源通过电阻 $R_{22}$、$R_{23}$ 对 $C_6$ 和 $C_7$ 并联充电，电容充电达单结晶体管 VT 的峰值电压所需的时间，就是欠压保护的延时时限。DW－98 半导体脱扣器的欠压延时分 0.5、1、3、5 s 四种可供选择。延时完毕，通过出口电路，发出欠压延时保护跳闸信号，

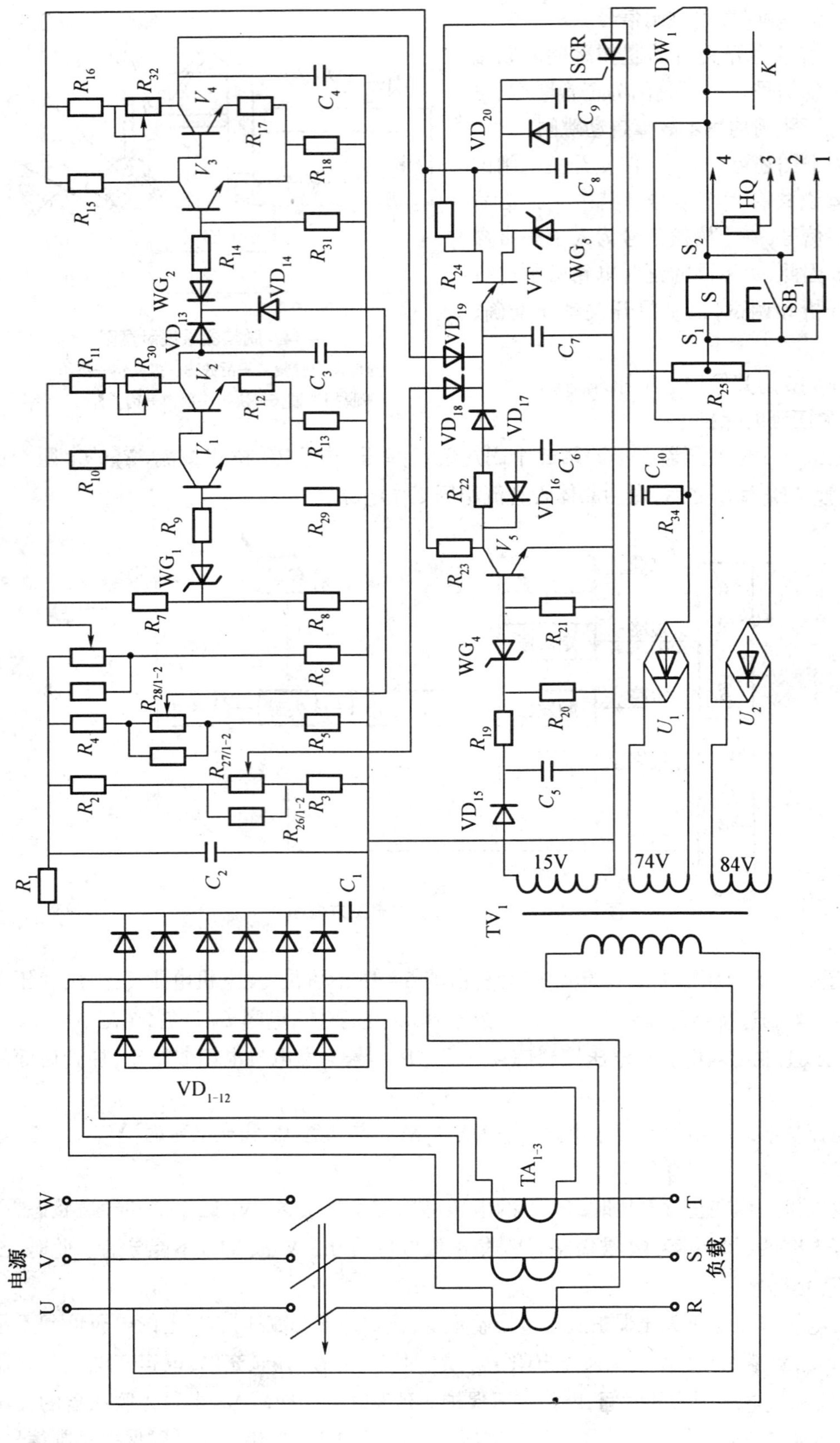


图6-16　DW-98开关的半导体脱扣器电路原理图

使开关跳闸，实现发电机欠压延时保护。

半导体脱扣器总的出口电路由单结晶体管 VT 和可控硅 SCR 组成无触点出口电路。欠压延时，特大短路瞬时，短路短延时和过载长延时跳闸保护的动作信号，分别通过三个二极管 $VD_{17}$、$VD_{18}$和 $VD_{19}$来起动这同一出口电路，故该出口电路是由 $VD_{17}$、$VD_{18}$和 $VD_{19}$组成的三端“或门”控制着，只要上述保护其中之一动作时，就会使触发器发出脉冲，触发 SCR 导通，即通过该出口电路发出跳闸控制信号。

晶体管继电保护装置都是间接动作式的，因此其出口电路的输出信号，要去控制一个跳闸操作机构。由前所述，自动开关的失压脱扣器 $S$ 就是一个跳闸操作机构，当 $S$ 有电时，开关才有可能合上闸；而当 $S$ 失电时，开关就会自动跳闸，故可使出口电路的输出通过控制 $S$，来操作自动跳闸。

正常情况下，发电机电压经变压器 $VT_1$ 的第三个副边绕组降压，$U_2$ 整流后，对 $S$ 供电，其方向由 $S_2$ 点到 $S_1$ 点。

当保护装置出口电路的可控硅 SCR 导通时，使 74 V 电源通过 SCR 给 $S$ 又加上一个方向 $S_1$ 点到 $S_2$ 点的电压，此电压与 84 V 电源对 $S$ 所加电压的方向相反，相互抵消，因此使 $S$ 失压，开关自动跳闸。

(2)过电流保护

过电流保护的电压形成和整流滤波回路。发电机的三相电流分别经三个电流变换器 $TA_1 \sim TA_3$ 进行检测，经三个单相桥式整流器 $VD_1 \sim VD_{12}$进行整流，由 $C_1$、$C_2$、$R_1$ 滤波之后，通过三组并联的分压器，将电流信号最后变换成弱电直流电压控制信号。显然，分压器输出电阻上的弱电直流电压控制信号与发电机的强电交流电流信号成正比。

在电路图中，从左至右，第一组分压器 $R_2$、$R_{26}$、$R_3$ 为特大短路瞬时跳闸保护的信号检测电路，第二组分压器 $R_4$、$R_{27}$、$R_5$ 为短路短延时保护的信号检测电路；第三组分压器 $R_{28}$、$R_6$ 为过载长延时保护的信号检测电路。特大短路瞬时跳闸保护的起动电路。所谓“特大短路”，在这里是指接近电源处发生短路。因为短路路径特短，阻抗很小，故短路电流特别大。由于要求快速性，因此采用电流速断保护，瞬时动作跳闸。

特大短路保护的起动电路由稳压管 $WG_3$ 和二极管 $VD_{18}$构成。正常情况下 $WG_3$ 截止，保护不动作。当发生特大短路时，由 $R_{26}$整定的电压足以使 $WG_3$ 击穿。通过 $VD_{18}$，使 $C_7$ 迅速充电，VT 几乎立即发出脉冲，触发 SCR 导通，使 $S$ 失电，开关瞬时动作跳闸，此即实现了特大短路瞬时跳闸保护。

调整 $R_{26/1}$，可以在$(5 \sim 10)I_{tk.e}$的范围内整定起动电流值。这里 $I_{tk.e}$是指脱扣器 $TA_1 \sim TA_3$ 的额定电流，而不是开关或发电机的额定电流。例如 DW98－400 型开关的脱扣器额定电流的规格为 100、150、250、300、400 A。DW98－600 的为 500、600 A。因而，在选择电流变换器 TA 时，要考虑到 TA 额定电流与发电机额定电流的相互配合。

短路短延时跳闸保护的起动和时限电路。在离电源较远处发生短路时，发电机也会出现较大电流。根据保护选择性的要求，首先应由发生短路那一级的保护装置动作。若该保护装置失灵拒绝动作或动作迟缓了，发电机的短路短延时保护作为前一级保护的后备保护才动作，故它们需要有一个延时时限上的配合。

短路短延时保护的起动电路和时限电路，主要由稳压管 $WG_2$、晶体管 $V_3$、$V_4$ 构成的射极耦合触发器式起动电路及充电延时电容 $C_4$ 组成。短路短延时保护的控制信号从检测环节

的 $R_{27}$、$R_5$ 输出，经 $VD_{14}$、$WG_2$、$R_{14}$加到作为监控器 $V_3$ 的基极上。

在正常情况下，电流小于短路短延时的起动电流整定值，由分压器输出的电压低于稳压管 $WG_2$ 的击穿电压值，$WG_2$ 截止，$V_3$ 无基极电流，亦截止，$V_4$ 饱和导通，$C_4$ 上电压很低，$VD_{19}$截止，故出口电路不工作。

当发生短路时，电流增大，由 $R_{27}$整定输出的直流控制电压使 $WG_2$ 击穿，于是 $V_3$ 导通，$V_4$ 截止。由 $V_4$ 的工作电源经电阻 $R_{16}$、$R_{32}$对 $C_4$ 充电。当 $C_4$ 上的电压使 $VD_{19}$正向导通后，$C_4$ 与 $C_7$ 并联而被充电。电容被充电达 *VT* 峰点电压的时间，即为时限电路的延时时间。当充电达 VT 峰点电压时，VT 发出脉冲，触发 SCR 导通，使 *S* 失压，开关跳闸，从而实现了短路短延时跳闸保护。

对短路短延时保护，调整 $R_{27/1}$的动触点，可在(3～5)$I_{zk.e}$的范围内整定起动电流值。调整 $R_{32}$的大小，可在(0.2～0.6)s 范围内整定延时时限，保护具有定时限特性。

过载长延时保护的起动电路和时限电路。过载长延时跳闸保护的起动电路和时限电路，主要由稳压管 $WG_1$、晶体管 $V_1$、$V_2$ 构成的射极耦合触发器式起动电路及电阻 $R_{11}$、$R_{30}$、电容 $C_3$ 构成的充电延时电路组成。

发电机过载信号，由电位器 $R_{28/1}$ 整定的电压取得。这一电压，一方面作为 $V_1$、$V_2$ 直流工作电源；另一方面又经电阻 $R_7$ 和 $R_8$ 进行分压并从 $R_8$ 上取出电压信号加到起动电路的 $WG_1$ 和 $V_1$ 基极上。

在发电机正常工作时，$R_8$ 上的电压较低，稳压管 $WG_1$ 是截止的，$V_1$ 无基极电流，也处于截止状态，$V_2$ 饱和导通，保护装置不动作。

当出现过载时，$R_8$ 上的电压升高，使 $WG_1$ 击穿，$V_1$ 饱和导通，$V_2$ 截止。这时候，从 $R_{28/1}$ 上取得的电压信号，经 $R_{11}$、$R_{30}$直接对 $C_3$ 充电。$C_3$ 上的电压按指数规律上升，进行延时。当 $C_3$ 上的电压上升到足以击穿 $WG_2$ 时，延时完毕。$WG_2$ 被击穿后，同短路短延时保护动作过程一样，开关跳闸，从而实现了过载长延时保护。

在分析这一部分电路时，应注意以下两点。

长延时的信号是经过短延时信号的通道送出去的，但由于长延时时间远大于短延时的时间，因此，长延时的时间主要决定于 $C_3$ 充电电路的时间常数。

对 $C_3$ 充电的电源电压是由过电流信号变换过来的，是随过载的大小而成正比变化的电压，因此，虽然 $C_3$ 充电电路的时间常数不变，但延时不是定时限的，过载小时延时时间长，过载大时延时时间短，这就使过载长延时保护具有反时限特性。

对过载长延时保护，调整 $R_{28/1}$的动触头，可以在(1.0～2.5)$I_{zk.e}$的范围内整定过载起动值。当起动值整定在 $1.2I_{zk.e}$ 时，调整 $R_{30}$的动触头，可在(5～30)s 之间整定长延时的时间。

2.DW－95 型自动开关所带继电保护装置

DW－95 型自动开关也是用半导体脱扣器做为继电保护装置的。其方框图如图 6－17 所示，将此图与图 6－16 比较后，可以看出这两种开关的输入电路、延时电路、触发电路、可控硅电路、失压脱扣和无压脱扣等部分是相同的。所不同的有三点。

(1)采用稳压电源对过载长延时，短路短延时，短路无延时，欠压短延时及触发电路供电。可以使电路工作稳定，测试方便。

(2)增加了分励脱扣。即当电磁铁的线圈通电以后产生的电磁力吸引衔铁时，利用衔铁

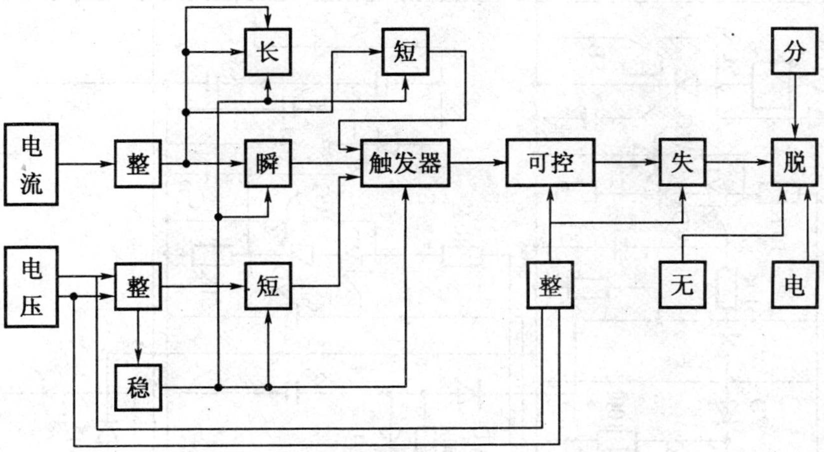


**图 6-17 DW-95 开关保护电路方框图**

运动碰撞脱扣器使其跳闸。由于它的线圈是在与电源并联后通电励磁的情况下才发出跳闸指令,故称分励脱扣。因此应另接直流电源供电,用常开按钮控制,要求工作可靠。一般做成短时工作制,用作远距离遥控操作。

(3)增加了特大电流电磁脱扣。在 $U$、$W$ 两相设有特大电流瞬时动作的电磁式脱扣器,即使半导体脱扣器因各种原因不能工作,此脱扣器能在0.04 s内迅速使开关跳闸,避免事故扩大,从而实现双重保护。

其电路原理图,如图 6-18 所示。其基本作用原理和分析方法,与上述 DW-98 型开关半导体脱扣器基本相同。

由变压器 $T_1$ 的第二个副边绕组(2)提供了晶体管的直流工作电源和操作电源。

由变压器 $T_1$ 的第三个副边绕组(3) 提供了欠压延时跳闸保护的电压控制信号。由稳压管 $WG_6$、三极管 $V_5$ 和电容 $C_{24}$ 构成了欠压延时跳闸保护的起动和时限电路。

该半导体过电流脱扣器采用过载长延时,短路短延时保护。过电流保护的信号由电流变换器 $TA_1$ ~ $TA_3$,经整流器 $U_1$、滤波器 $C_1$、$R_1$、$C_2$ 所提供。由稳压管 $WG_4$、三极管 $V_3$、$V_4$ 和电容 $C_{17}$ 构成了短路短延时跳闸保护的起动和时限电路。由稳压管 $WG_1$、三极管 $V_1$、$V_2$ 和电容 $C_5$、$C_6$ 构成了过载长延时信号及跳闸保护的起动和时限电路。

由单结晶体管弛振荡器 $VT_1$ 和可控硅 $SCR_1$ 构成了跳闸保护的无触点出口电路。它是一个由各保护输出二级管 $VD_3$、$VD_8$ 和 $VD_{13}$ 构成的三端"或门"电路所控制的装置总的出口电路。当"或门"的一端有输入时,$VT_1$ 即振荡发出脉冲,使 $SCR_1$ 导通。因而分励脱扣器线圈 FQ 有电,使开关跳闸。由 $VT_2$ 和 $SCR_2$ 构成过载长延时保护讯响出口电路。

该脱扣器的跳闸操作执行元件采用分励脱扣器 FQ。当按下分励脱扣器按钮 SB 或使 $SCR_1$ 导通时,FQ 将通电,使开关跳闸。图中 $DW_1$ 为开关辅助接点,SA 为微动开关。

3.AH 型自动开关所带继电保护装置

"DW"系列自动开关因过流保护,短路保护、失压保护共用一个出口电路,相互干扰较大,整定值也不够稳定。"AH"系列开关则克服了这一缺点,图 6-19 画出了"AH"系列开关电子型过电流脱扣器方框图。

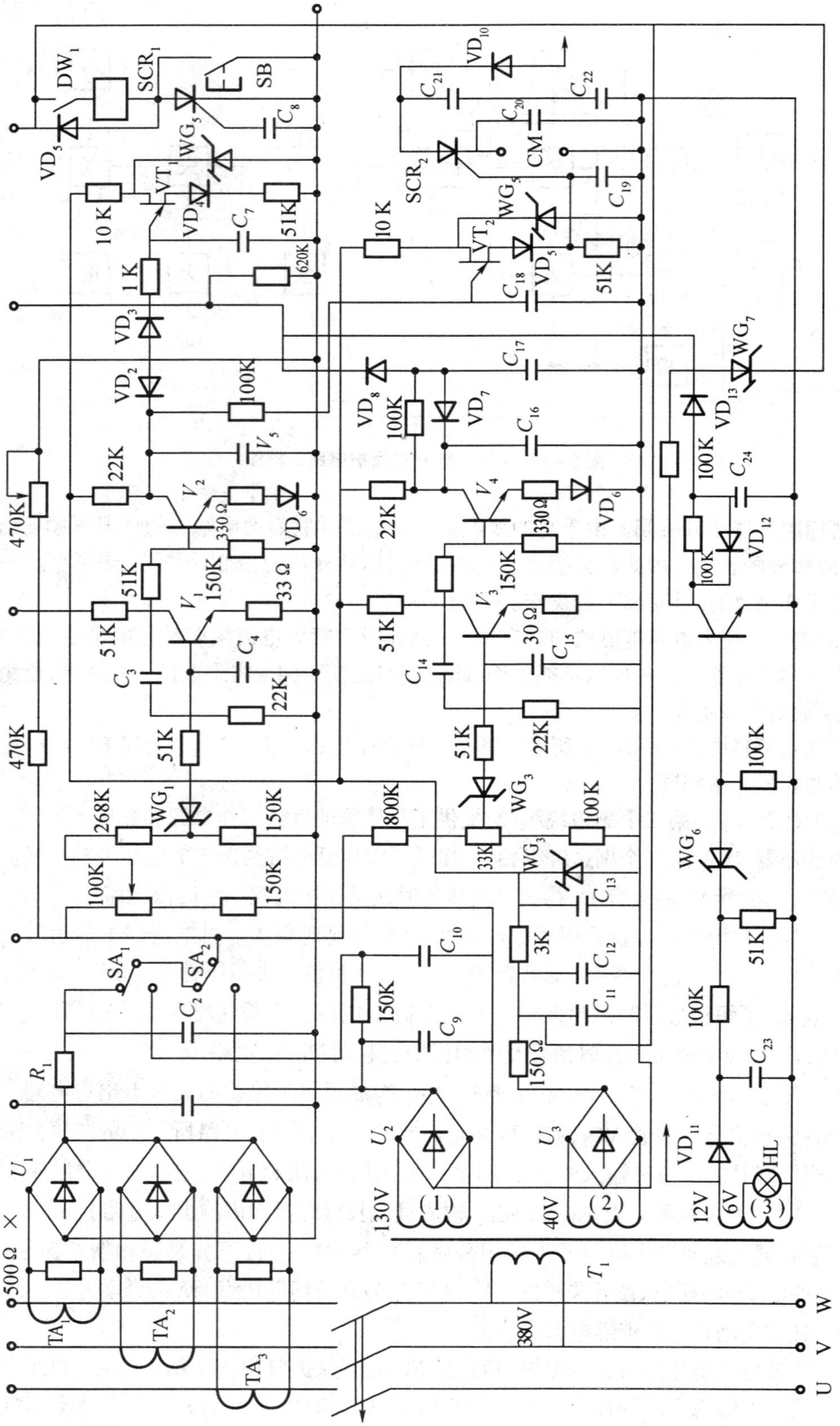


图6-18 DW-95型开关的半导体脱扣器电路原理图

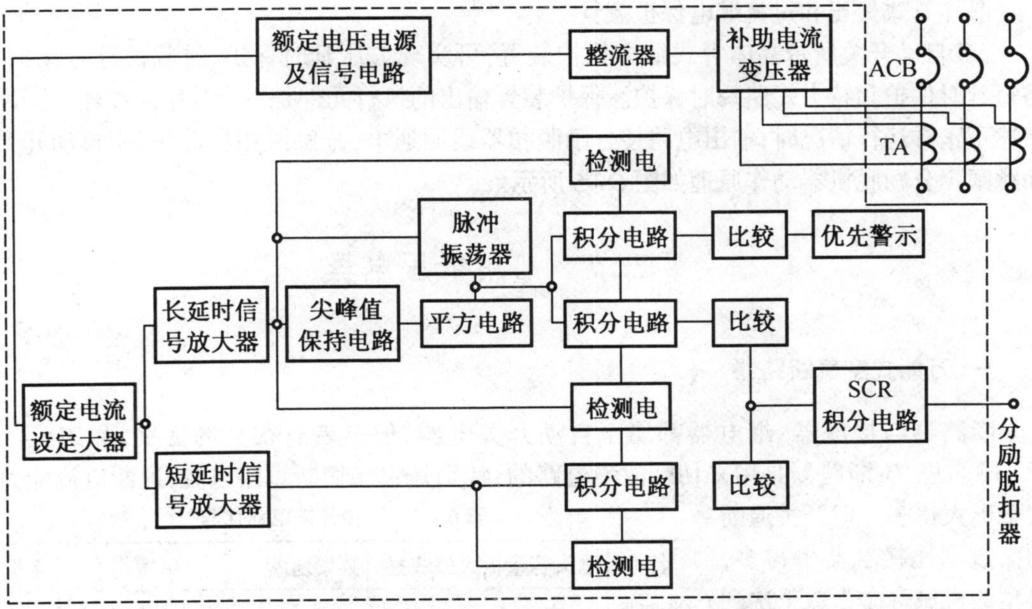


图 6－19 “AH”系列电子型过流脱扣器方框

“AH”系列开关内的过电流保护由过电流脱扣器和短路瞬时脱扣器两部分组成。过电流脱扣器采用电子元件构成的固体电路，动作值精确、反回系数高，电子电路的直流稳压电源和电流检测信号均经接于出线的电流互感器的副边再经电流变换器后给出；执行环节由晶闸管控制厉脱扣实现。这套装置灵敏度高、动作功率小，可按需要整定合适的过载脱扣电流及时延时时间。在进行调整时，注意应把自动开关抽出到“试验”位置，调节时，旋钮上的指示应对准表盘刻度，如指示调在表盘两刻度之间，则表示脱扣电流已调至最大值。“AH”系列开关短路瞬时脱扣器采用单独的电磁脱扣机构，当电路发生短路，电流超过其整定值时，脱扣器瞬时动作(0.03 s)电路断开。

AH 系列自动开关除带有电磁式欠式保护装置和过电流保护装置外，还带有晶体管欠压式保护装置、过载保护装置和短路保护装置。

4.电磁式失压脱扣器——欠压瞬时动作保护装置

图 6－12 为 AH 自动开关失压脱扣器原理接线图。失压线圈 CM 经整流器和电压互感器由发电机电压供电。当发电机未建压或未达到额定值前，不论是手柄或电磁操作合闸，都不能使开关合闸。当发电机电压接近额定值，CM 上电压较高，吸动衔铁时，才能合闸。当发电机电压降至欠压保护起动值时，CM 上电压达衔铁释放值，失压脱扣器动作，使自动开关自动跳闸。

由图知，AH 自动开关是采用短接 CM 的方式，使 CM 失压，失压脱扣器动作跳闸。自动开关的常开辅助接点 ACB，在合闸前断开，保证可靠合闸；在合闸后闭合，以备电磁操作跳闸或逆功率保护动作跳闸，跳闸后接点 ACB 立即断开，以免长时间短接。

电磁式过电流脱机器——短路瞬时动作保护装置

AH 自动开关的电磁式过电流脱扣器的基本原理如图 6－5 所示。这是一个独立的电磁式过电流继电器。当离电源较近处电路发生短路时，短路电流较大，达到脱扣器超支值时，脱机器瞬时动作，自动将自动开关跳闸，把主电路断开。

晶体管式欠压和过流继电保护装置

AH 自动开关所带晶体管式继电保护装置，可实现欠压延时保护、过载长延时保护、短路短延时保护和特大短路瞬时保护。保护装置输出的执行元件是一个分励脱扣器。当发生上述不正常运行情况时，输出电路使分励脱扣器线圈通电，分励脱扣器动作，使自动开关自动跳闸。分励脱机器动作原理如图 6－5 所示。

## 第三节　船用低压电器

### 一、万能式空气断路器

断路器与接触器、继电器都属于自动开关电器，但三者有很大的区别，如表6－4所示。顾名思义，断路器是用来切断故障电路的，特别是它能切断短路电流，通断电流能力比接触器大得多。但开关通断的次数则比接触器少得多，典型的机械寿命为数千次到一万次（电气寿命还要少一个数量级），后者的机械寿命可达数百万次。

**表 6－4　三种开关电器比较**

| 名称 | 触头容量 | 灭弧装置 | 频繁通断 | 用途 | 体积 |
|---|---|---|---|---|---|
| 断路器 | 大 | 有，能力强 | 不允许 | 切断大故障电流 | 大 |
| 接触器 | 大 | 有 | 允许 | 通断大工作电流 | 较大 |
| 继电器 | 小 | 无 | 允许 | 通断控制电路 | 小 |

断路器（Circuit Breaker，简称 CB）分万能式和装置式两类。发电机主开关通常采用万能式空气断路器（Air CB，简称 ACB，又叫框架式断路器、空气断路器）；配电板上的配电开关通常采用装置式断路器（Mould－Case CB，简称 MCCB，叫做塑壳式断路器）。

断路器由主触头系统、脱扣机构、合闸机构和传动机构等组成，如图 6－20 所示。

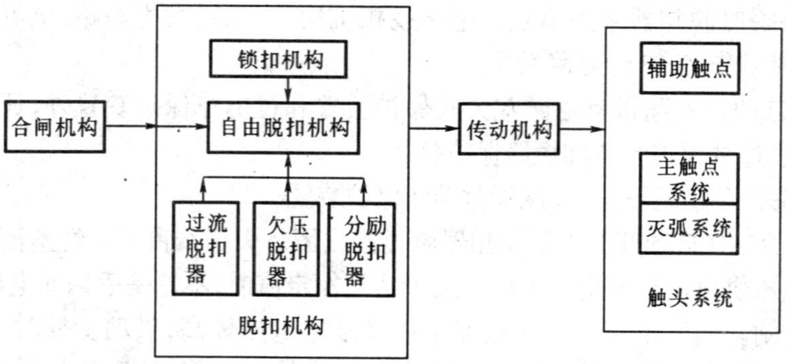


**图 6－20　断路器结构框图**

三相电路采用的断路器为三组主触头，有一组主触头及灭弧装置、断路器接通后通过的电流主要流过主触头。为了避免主触头在分断电流时被电弧灼伤，除主触头外还设有预测触头和弧形触头。接通电路时，闭合次序是弧形触头—预测触头—主触头；分断电路时，分断次序是主触头—预测触头—弧形触头。触头系统的设计应保证足够的电动力稳定性，并具有电动力补偿作用，即短路电流产生的电动力是加强触头接触的压力。在分断电路时，电动力把电弧引向灭弧室方向。灭弧方式通常采用复合方式,既有去离子栅,也有窄缝。

合闸机构分手动和电动类。手动机构由人操作手柄完成合闸,较大容量的开关必须用电动机构才能完成合闸操作。电动方式又分电动机驱动方式和电磁线圈驱动方式两种。首先由电动方式施力使合闸弹簧储能,然后根据合闸指令,瞬间发力使断路器接通。

断路器的保护功能是通过诸如过流脱扣器、欠压脱扣器实现的。无故障时要使开关分断,则可通过分励脱扣实现。各种脱扣器如图 6-21 所示,其中按扭供操作人员远距离操纵脱扣用。

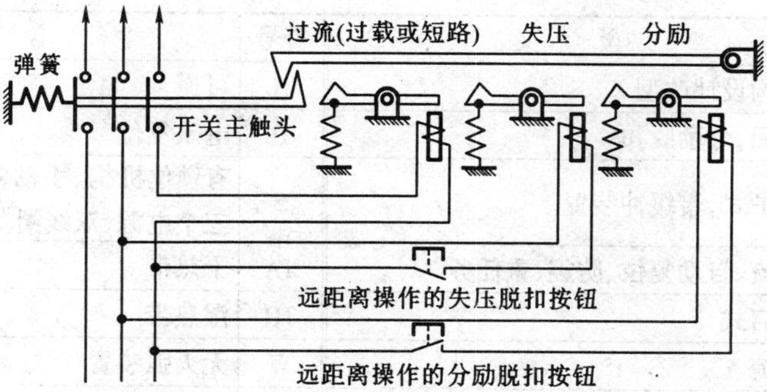


**图 6-21 脱扣器示意图**

接线图如图 6-22、图 6-23 所示。图中过流脱扣器用符号 $I>$ 表示,通常过流脱扣器具有过载延时、短路延时和特大短路瞬时脱扣的三段式保护特性。欠压脱扣器用符号 $U<$ 表示,它的线圈在 75% 以上的额定电压条件下能保证短路器可靠接通;在 40% 以下额定电压时视为失压状态,必须保证可靠脱扣;在 40% ~75% 额定电压时,视为欠压状态,根据整定情况脱扣;在 75% ~110% 额定电压下应可靠动作,使断路器脱扣。分励脱扣器或欠压脱扣器可用来实现远距离人工控制断路器脱扣,也可与逆功率继电器配合用来实现发电机逆功率保护动作。例如逆功率继电器的常开触点与图 6-23 中按扭开关 SB 并联,逆功率电器保护动作时,其常开触点闭合,分励脱扣器线圈获电动作,使断路器脱扣而切断发电机主电路。断路器的锁扣装置用于紧急情况下,使脱扣器失去作用,强制断路器处于接通状态。

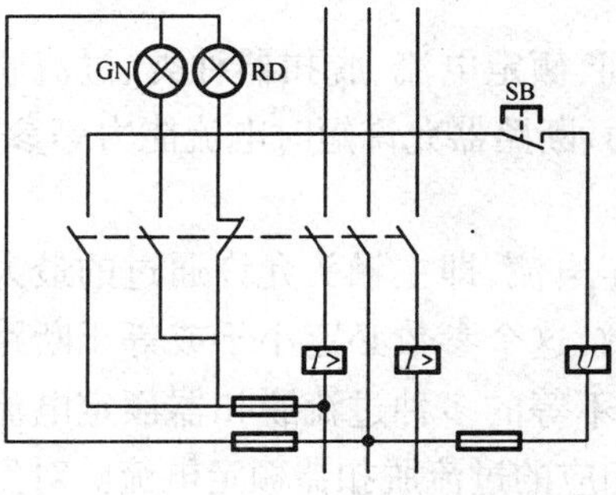


**图 6-22 带欠压脱扣器接线图**

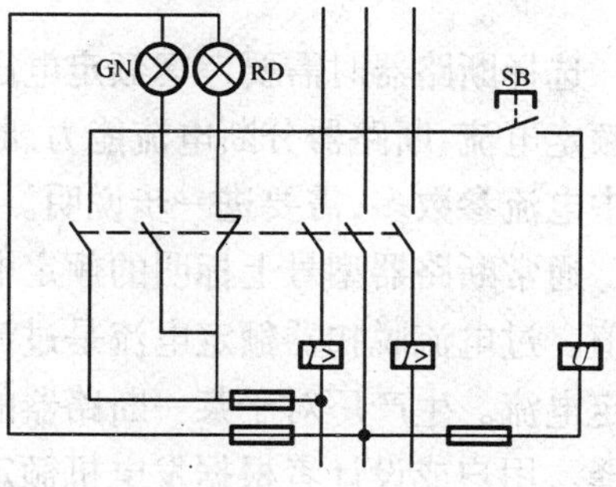


**图 6-23 带分励脱扣器的断路器接线图**

国产断路器型号命名的格式如下:

D [1] 9 [2] - [3][4]/[5][6]

其中D表示断路器;方格1若为字母W表示万能式,若为字母Z表示装置式;数字9表示船用;方格2是数字,表示产品序号,有4,5,8,14等;方格3也是数字,表示断路器的额定电流,单位为安培;方格4是一位字符,表示派生型号,如表6-5所示;方格5是数字,表示极数,如3表示3极或3相;方格6是两位数字,表示脱扣器代号,如表6-6所示。国外产品及国内近年引进产品的命名方法不同,如日本寺崎公司的万能式空气断路器有AH系列,装置式断路器有TO、TG等系列。

**表6-5 低压电器派生型号的字符含义**

| 符　号 | 含　　义 | 符号 | 含　　义 |
|---|---|---|---|
| A,B,C,D | 结构设计改型 | N | 可逆 |
| F | 返回,分励脱扣 | P | 电磁复位 |
| H | 保护式,带缓冲装置 | S | 有锁位机构、手动复位、防水式、三相、三个电源、双线圈 |
| J | 直流、自动复位、防震、重任务 | TA | 干热带 |
| K | 开启式 | TH | 湿热带 |
| L | 电流 | W | 无灭弧装置 |
| M | 密封式,灭磁 | | |

**表6-6 脱扣器代号中数字含义**

| 左边第一位数字含义 | | 右边第一位数字含义 | |
|---|---|---|---|
| 0 | 无脱扣器 | 0 | 不带附件 |
| 1 | 热脱扣器 | 1 | 带分励脱扣 |
| 2 | 电磁脱扣器(瞬时) | 2 | 带辅助触头 |
| 3 | 复式脱扣器 | 3 | 带失压脱扣 |
| 5 | 电磁脱扣器 | 4 | 带分励脱扣及辅助触头 |
| 6 | 过载长延时,短路瞬时 | 5 | 带分励脱扣及失压脱扣 |
| 7 | 过载长延时,短路短延时 | 6 | 带两组辅助触头 |
| | | 7 | 带失压脱扣及辅助触头 |

选择断路器时需要考虑额定电压、极数、全切断时间、额定电流、脱扣器种类、过流脱扣器额定电流、断路器分断电流能力、断路器接通电流能力、断路器允许短时电流能力等参数。其中电流参数多,需要进一步说明。

通常断路器型号上标明的额定电流是主触头的额定电流,即主触头允许通过的最大电流值。过电流脱扣器额定电流是过流脱扣器的额定参数,这个参数必定小于或等于断路器额定电流。生产厂对于某一断路器的额定电流,有大小不等的多种过流脱扣器额定电流供选择。用户或设计者根据发电机额定电流的大小选择相应的过流脱扣器额定电流。对发电机三段式过流保护,需要整定断路器过流脱扣器动作值,发电机保护是依发电机额定电流的倍数来考虑的,但整定习惯上是以断路器过流脱扣额定电流值为基准,按它的倍数来整定的,因此发电机额定电流与断路器过流脱扣器额定电流不一致时,整定时要注意换算。

断路器的分断电流能力是指断路器分断电流交流分量(对称分量)有效值的能力,以千安为单位。实际的分断能力还与电路电压、短路功率因数等有关。当短路功率因数较低时，短路电流直流分量衰减较慢，短路后 1/2 周期时，直流分量可能较大而不能忽略，这时需要对断路器额定分断电流值作必要修正，即降低其额定值。断路器的接通电流能力是指断路器接通一个短路回路所能允许的最大电流限度，通常用短路电流非对称最大峰值(含直流分量)来表征。若超过这个限值，断路器主触头压力不够，不能保证接通不引起电弧、触头熔焊或使短路受到机械及热损伤。对带延时短路保护的断路器都要校验额定接通的电流，即断路器的接通(短路)电流能力。断路器短时电流能力是指在规定时间(通常为 1 s)内，断路器经受持续短路电流的能力，通常这个短时电流等于额定分断电流。当断路器具有短路延时保护时，必须具有这种经受能力，即能经受短路冲击电流的电动力作用和一定时间的短路电流有效值的热作用。

短延时脱扣器具有三个时限带，例如寺崎脱扣器的上限带中间值为 0.42 s，上限值 0.51 s，下限值为 0.34 s，其中中间值为标称值。同样，中间带为标称带，它的中间值为 0.27 s，上下限分别为 0.338 s 和 0.21 s。

AH 系列断路器的电子式过流脱扣器采用运算放大器和分立元件混装，其动作精确，返回系数高。新型的 M 系列断路器的控制器采用微处理器，面板上有数字电流表及有关参数的指示，可实现自检和有关参数的通信。

## 二、逆功率继电器

它是一种可以判别同步发电机有功功率方向的继电器，使用较普遍的有 GG－21 型逆功率继电器。

逆功率继电器有磁通 $\Phi_u$ 和 $\Phi_i$ 均穿过铝盘，这两个磁通分别在转动铝盘中感应出涡流 $I_{eu}$ 和 $I_{ei}$。由电压线圈的磁通 $\Phi_u$ 产生的涡流 $I_{eu}$ 与电流线圈的磁通 $\Phi_i$ 相互作用产生转矩，这两个转矩的合成转矩使铝盘转动。合成转矩 $M$ 的大小和方向由下式决定

$$M = K_k \Phi_u \Phi_i \sin\theta \tag{6-3}$$

式中　$K$——比例系数；

$\theta$——$\Phi_u$ 和 $\Phi_i$ 的夹角。

继电器转动力矩正比于发电机输出的有功功率，又因为 $M$ 正比于 $\cos\varphi$，使转动力矩具有方向性，它取决于 $\varphi$ 角的大小。当发电机输出有功功率时，铝盘顺时针旋转，但因有挡块而不能转动；当发电机处于逆动状态时，由于电流方向改变 180°，$\varphi$ 也改变 180°，使转矩 $M$ 变负值，故铝盘逆时针旋转，经过整定的延时时间后使动、静触头相接通，送出逆功率信号。该信号可用于主开关跳闸，完成逆功率保护。

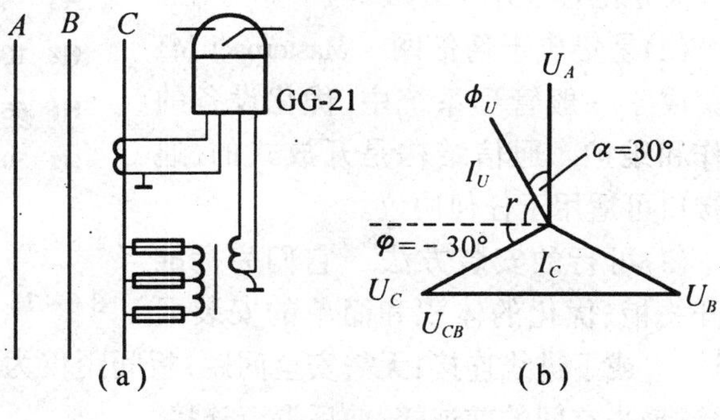


图 6－24

由于这是一种功率方向继电器，所以要求继电器的电压线圈和电流线圈的极性一定要接正确。实际接线和矢量如图 6－24 所示，要求当负载 $\cos\varphi = 1$ 时，加到继电器上的电流和

电压之间的相角差为30°，即所谓的“30°接线方式”。同样，接电压 $U_{BA}$ 和电流 $I_B$ 或接电压 $U_{AC}$ 和电流 $I_A$，也能符合接线要求。

在图 6－25 中，$\cos\varphi = 1$，$I_C$ 与 $U_C$ 同相位，$I_C$ 超前 $U_{CB}$ 30°，所以相对 $U_{CB}$ 来说，$\varphi_1 = -30°$。又因为 $\alpha = 30°$，所以 $M = KU_C I_C$ 达最大。同理，在 $M$ 为负值的功率动作区内，当 $\varphi_1 = 150°$ 时，$M = -KU_C I_C$ 达反向最大，继电器动作最灵敏。

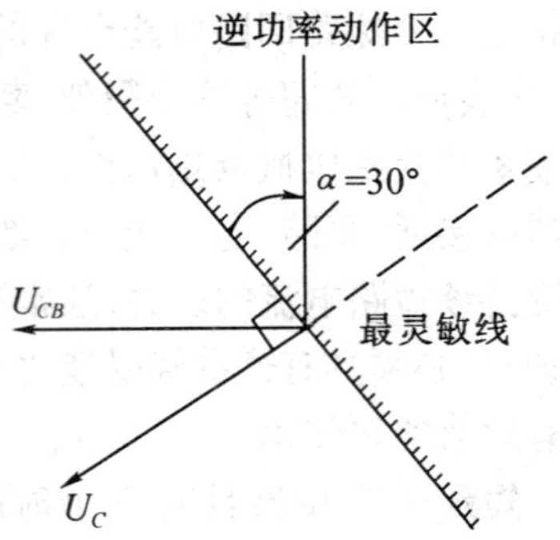

图 6－25　逆功率继电器动作区域

### 三、Masterpact 船用低压空气断路器

随着科学技术的发展，低压空气断路器除具备原有的基本功能外，其体积更小、功能更全、更可靠、更易操作的低压空气断路器成为船舶上主要开关设备。最具代表性的就是德国施耐德电气 Masterpact 系列产品。

现在，施耐德电气推出的最新产品 Merlin Gerin Masterpact MT，除了具有传统断路器特点外（抽出式、选择性和低维护性），它们还具有体积优化、内置通信和测量功能。

Masterpact MT 采用最新技术，增强了产品性能和安全性，是具有容易安装、用户界面友好、操作方便、设计容易的划时代产品，已通过中国 3C 认证和船级社认证。

1. Masterpact MT 新的性能

（1）Masterpact MT 六种分断类型

N1——标准型，适用于分断低等级短路电流；

N2——适用于一般的应用场合；

H1——适用于分断工业环境的高等级短路电流或两台变压器并联运行的电气系统中；

H2——高性能型，适用于可能产生非常高短路电流的重工业领域；

H3——适用于既需要高性能的分断能力，又需要高水平配合的场合；

L1—具有高限流能力，用以保护馈电单元或当变压器额定功率提高时，提高开关柜的性能水平。

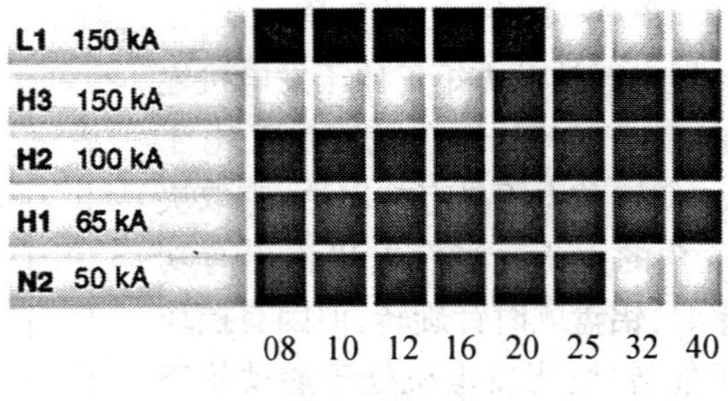

图 6－26　N2，H1，H2，H3，L1 从 800～4000A 分断能力

（2）易集成于通信网　Masterpact MT 可集成于一般管理系统中，优化设备的操作和维护。通信结构是开放式的，通过接口可适用于任何协议。

（3）可行的安装方法　它们为标准的开关柜、优化的体积和简单的安装而设计，上或下进线连接；无需安全间距；板间距仅为 70～115 mm。在连接上，水平或垂直后连接；最小空间的前连接；前后混合连接。

（4）自动解除闭锁机构　具有解除闭锁机构的断路器，其分断能力达到 150kA。当短路电流高于 37 kA（L1）和65 kA（H3）时，它会使断路器极快分断；而当短路电流低于这个界限时，解除闭锁机构不会被触发，因此控制单元可以提供下级装置完全的选择性。

（5）智能控制单元　计算速度的提高和储存器体积的小型化，丰富了控制单元的功能

——控制单元为断路器提供更强的控制功能。控制单元 P 的导航键单元能精确测量系统参数、计算和储存数据、事件记录、信号报警、通信等。新的 Masterpact 装备了 Micrologic 控制单元，同时提供高度可靠的保护装置和精密测量仪器。装备了数字式 LCD 显示屏，同简单导航键相结合，用户可直接读取和整定参数。在屏之间的导航是很直观的，可迅速阅读屏上数值，并进行非常简单的调整。可选择语言显示文本。

(6)保护功能与测量功能分开，由 ASIC 电子元件执行。这种独立性免除辐射产生的干扰，确保高度可靠性。

(7)用控制单元旋钮整定最大值，远程或键盘微调，整定值(1 A 内)和脱扣延时(几分之一秒内)微调结果直接显示在屏幕上。

(8)升级安装简化　安装的变化，用电水平和新设备的增加，开关柜必须扩大 Masterpact MT 的设计。为适应这些变化，所有控制单元是可替换的；监控系统的通信功能是一个选件，可以随时增加；框架可以预留地址，在以后安装和抽出装置时不需要改动参数；未来产品的变更考虑到与现行系列产品的一致性，因此简化了产品升级的安装。

2.船用低压空气断路器功能和特性

(1)断路器的共同特性(表 6-7)

表 6-7

| 极　　数 | | 3/4 |
|---|---|---|
| 额定绝缘电压/V | Ui | 1 000 |
| 额定冲击耐受电压/kV | Uimp | 12 |
| 额定工作电压/V | Ue | 690 |
| 适用于隔离 | IEC 60947-2 | 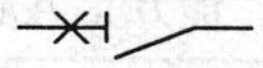 |
| 污染等级 | IEC 60664-1 | 3 |

(2)Masterpact MT06 断路器的特性(表 6-8)

表 6-8

| IEC 60947-2 | | MT06 | |
|---|---|---|---|
| 额定电流/A | In | 40 ℃/50 ℃ | 630 |
| 第 4 级额定电流/A | | | 630 |
| 电流互感器/A | | | 400~630 |
| 断路器型号 | N1 | | |
| 极限分断能力/kA (rms) | Icu | 220 V/415 V | 50 |
| V AC 50/60 Hz | | 440 V | 50 |
| | | 525 V | 42 |
| | | 690 V | 42 |
| 使用分断能力/kA (rms) | Ics% | Icu | 100% |

表 6-8(续)

| 应用类别 | | | B |
|---|---|---|---|
| B 短时耐受电流/kA (rms) | Icw | 0.5s | 36 |
| V AC 50/60 Hz | | 1s | 36 |
| | | 3s | 20 |
| 集成瞬间保护/kA (峰值 10%) | | | 90 |
| 闭合容量/kA (峰值) | Icm | 220 V/415 V | 105 |
| V AC 50/60 Hz | | 440 V | 105 |
| | | 525 V | 88 |
| | | 690 V | 88 |
| 分断时间/ms | | | 25 |
| 闭合时间/ms | | | <50 |
| 根据 NEMA AB1,断路器特性 | | | |
| 分断能力/kA | | 240 V | 50 |
| V AC 50/60 Hz | | 480 V | 42 |
| | | 600 V | 50 |
| 具有外部保护继电器时的极限分断能力 Icu/kA (rms),最大延时 350 ms | | 690 V | 36 |

**四、船用低压空气断路器控制单元功能概况**

所有 Masterpact MT 断路器装配一种随时可以更换的 Micrologic 控制单元。控制单元为保护电力系统和负荷而设计报警信号、编程,并远程显示电流、电压、频率、电能和电能质量的 M 测定,优化供电连续性和能量管理。

1.Micrologic 的命名

| 2.0A<br>X　YZ | X:保护类型<br>.2 基本保护<br>.5 选择性保护<br>.6 选择性保护+接地故障保护<br>.7 选择性+漏电保护 | Y:控制单元的版本<br>区别控制单元不同版本<br>"0"为第一个版本 | Z:测量类型<br>.电流表为 A<br>.功率表为 P<br>.谐波表为 H<br>.无指示为无测量功能电流保护 |
|---|---|---|---|

2.低压空气断路器的保护

基本保护有电流保护、功率保护和谐波+功率保护。保护措施有以下三种:

(1)选择性保护　长延时+短延时+瞬时;

(2)选择性+接地故障保护　长延时+短延时+瞬时+接地故障;

(3)选择性+漏电保护　长延时+短延时+瞬时+漏电。

3.船用低压空气断路器测量和可编程保护

(1)测量和保护类型

①A　电流表测量 $I_1$,$I_2$,$I_3$,$I_N$,$I_{接地故障}$,$I_{漏电保护}$和这些测量参数的最大值。按照预先的整定值发出故障指示,以安培和秒记设定值。

②P　A+功率+可编程保护,测量 V,A,W,VAR,VA,Wh,VARh,VAh,Hz,$V_{峰值}$,$A_{峰值}$,功率因数最大数值和最小数值、长延时保护、测量电压和频率最小值与最大值、电压和电流不平衡、相序、电源的回路是哪个、根据功率与电流大小是否卸载和恢复原来的工作状态,以及断路器分断电流的测量、故障指示、维修显示、事故历史记录等。

③H　P+谐波测量,目的是检测电能的质量,如电压的波形、基波、畸变,直到第 31 次谐波的幅值和相位都要求进行测量,根据测量的结果发出警报或根据要求捕捉波形,送入可编程序警报或作用于动作机构。

④保护类型有类型 5(5.0A,5.0P,5.0H)、类型 6 和类型 7 三种。每种类型的可编程控制板的功能大致相同。

(2)保护设定　用调解按钮设定保护阀值和延时,实现定时限保护。在屏幕上显示电流和时间值。调节精确度可以提高,通过使用不同的长延时整定模块来限制调解范围。保护的内容如下:

①过载保护;

②RMS 长延时保护;

③短延时(rms)和瞬时的保护;

④在短延时上可选择 $I^2t$(ON 或 OFF);

⑤接地故障保护 $I^2t$(ON 或 OFF)可选;

⑥剩余型漏电保护(Vigi);

⑦无外部供电时可工作,对非故障脱扣进行保护可防止误动作,A 类 DC-分量,最大电流达到 10 A;

⑧负载 3 级断路器上无中性线保护;在 4 级断路器上,可通过 3 位置开关设定中性电保护,即中性线保护(4p3t)、中性线保护 0.5In(4p,3t+N/2)、中性线保护 In(4p 4t);

⑨区域选择性连锁(ZSI)与多个控制单元相连,提供接地故障保护和短延时保护的完全选择性,脱扣前不需要延时。

Micrologic P 控制单元包括 Micrologic A 所有功能,另外可以测量电压,同时计算功率和能量;提供电流、电压、功率及负载的保护。

(3)反时限保护整定　在调解允许范围内,可以用按键或 COM 选件远程对电流(1A 内)延时时间(几分之一秒内)进行微调。

IDMTL 整定:调节过载保护曲线斜率,可以与熔断器或重压保护系统配合进行优化,这种调节同时适应于特定负载的保护。对中性线的保护,在 3 级断路器上,可以用键盘或远程 COM 选件整定,有四种选择:

①中性线无保护(4P 3t),0.5In;

②中性线保护(4P 3t+N/2);

③In 中性线保护(4P 4t);

④2In 中性线保护(4P 3t+N/2)。

表 6-9

| 保护措施 | | Micrologic5.0/6.0/7.0 A |
|---|---|---|
| 长延时 | | |
| 电流整定/A | Ir = Inx··· | 0.4 0.5 0.6 0.7 0.8 0.9 0.95 0.98 1 |
| 在 1.05 ~ 1.20Ir 之间脱扣 | | 更换长延时整定模块可改变整定范围或取消该功能 |
| 时间延时/s | tr(1.5Ir 时) | 12.5 25 3 50 100 200 300 400 500 600 |
| 精确度:2% ~ 20% | tr(6Ir 时) | 0.5 1 2 4 8 12 16 20 24 |
| | tr(7.2Ir 时) | 0.34 0.69 1.38 2.7 5.5 8.3 11 13.8 16.6 |
| 热记忆 | | 脱扣之前和以后 20 分钟 |
| 短延时 | | |
| 整定时/A | Isd = Irx··· | 1.5 2 2.5 3 4 5 6 8 10 |
| 精确度: ± 10% | | |
| 在 10 Ir 延时/ms | 整定值 $I^2$tOFF | 0 0.1 0.2 0.3 0.4 |
| | $I^2$tON | 0.1 0.2 0.3 0.4 |
| | tsd(最大设定时间) | 20 80 140 230 350 |
| | tsd(最大分断时间) | 80 140 200 320 500 |
| 瞬时 | | |
| 整定值/A | Ii = Inx··· | 2 3 4 6 8 10 12 15 Off |
| 精确度: ± 10% | | |
| 接地故障 | | Micrologic 6.0 A |
| 整定值/A | Ig = Inx··· | A B C D E F G H J |
| 精确度: ± 10% | In≤400 A | 0.3 0.3 0.4 0.5 0.6 0.7 0.8 0.9 1 |
| | 400 A < In≤1 200 | 0.2 0.3 0.4 0.5 0.6 0.7 0.8 0.9 1 |
| | In > 1 200 A | 500 640 720 800 880 960 1 040 1 120 1 200 |
| 延时/ms | 整定值 $I^2$tOFF | 0 0.1 0.2 0.3 0.4 |
| 在 In 或 1 200 A | $I^2$tON | 0.1 0.2 0.3 0.4 |
| | tg(最大设定时间) | 20 80 140 230 350 |
| | tg(最大分断时间) | 80 140 200 320 500 |
| 剩余漏电时间 | | Micrologic7.0A |
| 灵敏度/A | IΔn | 0.5 1 2 3 5 7 10 20 30 |
| 精确度:0% ~ 20% | | |
| 延时/ms | 整定值 | 60 140 230 350 800 |
| | tΔn(最大设定时间) | 80 140 230 350 800 |
| | tΔn(最大分断时间) | 140 220 320 500 1 000 |

当中性线导线截面积是 2 倍相线截面积时,采用 2In 中性线保护(如不平衡负载和 3 次谐波含量最高的情况下)。如果在一种保护 IDMTL 上能调节长延时曲线,中性线保护失效。

(4)可编程报警和其他保护　使用按键或可调节整定值和延时,Micrologic P 监视电流、电压、功率、频率和相序。每次超出整定值由 COM 选件发出信号,也可以由跳闸(保护)或 M2C、M6C(报警)触点,或二者结合(保护和报警)来完成。

①卸载和加载　根据断路器中的功率及电流确定卸载和再连接参数。借助 COM 或用一种可编程触点 M2C 或实时计算所有电气参数(V、A、W、VAR、VA、Wh、VA、Rh、VAh、Hz)、功率因数和峰值系数。计算在可调时间段内的需用功率和需用电流。每次测定与最小值和最大值有关。当故障发生时,分断电流进行储存。当断路器断开或无电时,外部电源脱扣保证显示数值。

②历史记录和维护指示　最近 10 次脱扣和报警,分别记录于两个历史文件中;维护指示(主触头磨损、操作次数等)可就地取得。

③可编程触点的指示选件　附加触点 M2C(2 触点)和 M6C(6 触点)可用于发出闸值越限或状态变化信号,它们可以用按键或 COM 选件编程。通信 COM 选件能够:

a.远程读或设置保护功能数据;

b.传递所有测量数据和计算结果;

c.发出报警和脱扣原因信号;

d.记载维修显示记录,时间和维修记录存于控制单元存储器中,不可就地取得,可利用 COM 选件读取。

注:所有基于电流的保护功能无需辅助电源。基于电压的保护功能是通过断路器内置的电压测量装置引入的交流电供电。屏幕间的切换是直观的,键盘的 6 个按钮能够显示菜单,同时能够方便选取数值。如果铅封罩关闭,键盘不能改动保护设定值,但是仍能显示、测量、历史记录。

(5)测量电流、电压、功率、电量、频率、电源相数。瞬时数值是屏幕上显示的数值,每秒更新一次,测量的最大和最小值都能存储起来,屏幕上只显示电流和功率的最大数值。

(6)历史记录　最近 10 次脱扣和最近 10 次报警分别记录于两个历史文件中,并可显示在屏幕上。脱扣历史记录的是故障类型、日期、时间和故障(分断电流)测定的数值;报警历史记录的是故障类型、日期、时间和报警时测定的值。

(7)维护指示器　一组维护指示可在屏幕上调出主触头磨损;操作计数器累计总数和最后一次复位至目前的总数。

(8)通信选件　附加测量最大数值和最小数值。某些测量或计算的值,只能够选择通信 COM 才能达到 $Ipeak/\sqrt{2}$,$(I1+I2+I3)/3$,I imbalance;负载率以 %Ir 表示;总的功率因数;所有最大值和最小值是必须用 COM 加监视器才能使用。

(9)事件记录　所有事件具有时间标注,如脱扣、报警的出现和消除、修改整定值和参数值、计数器复位、系统故障、故障位置、热自保护、停电时间、主触头过度磨损指示、测试仪器的连接等等。

(10)维修记录　维修记录是装置维修过程中解决问题的工具,便于制定更好的维护计划。

4.补充技术特性

(1)选择语言　系统信息可以使用 7 种不同文字,选择文字只需要使用键盘。

(2)保护功能　电流的所有保护功能无需辅助电源;电压的保护功能是通过断路器内置的电压测量装置引入的交流电供电。

(3)测量功能　测量独立于保护;精密测量模块独立于保护模块,与保护事件同步。

测量计算方式是继续测量试验样品高频率信号,保证能量(甚至是强变化电荷,如焊接设备中的机器人等)计算的精确度。能量的计算基于瞬时功率值,有传统模式和矢量模式两种方式。

测量精确度(包括互感)电压(V)1%、电流(A)1.5%、频率(Hz)0.1 Hz、功率(W)和能量(W·h)2.5%。

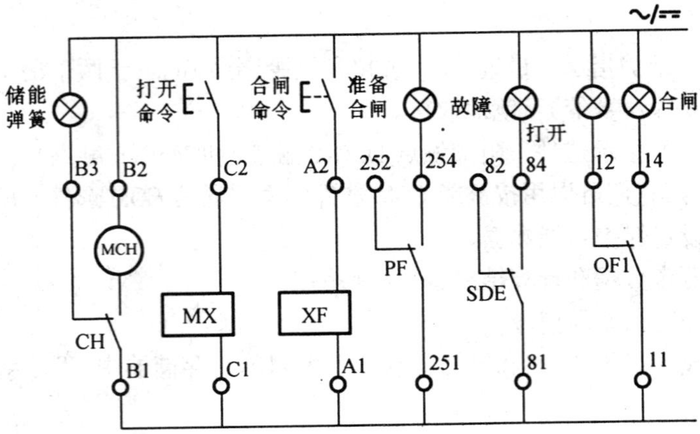


图 6－27　点对点远程控制功能线路图

(4)储存信息　在失电时,精确度整定值最近 100 次事件和维修记录仍然保存在控制单元中。

(5)时间标注　只有存在外部电模块时才起作用(精确度为每年 1 小时)。

(6)复位　可以通过按键或远程对报警最小值和最大值、峰值、计数器及显示结果复位。

Micrologic H 具有 Micrologic 电网质量,详细诊断事故用监控器来实现。除了 P 具有的功能外,H 还具有谐波和基波的计算,精确分析电网质量;运用捕捉波形的方法,帮助诊断和分析事件;增强报警和编程功能,分析和追踪交流供电系统的波动。

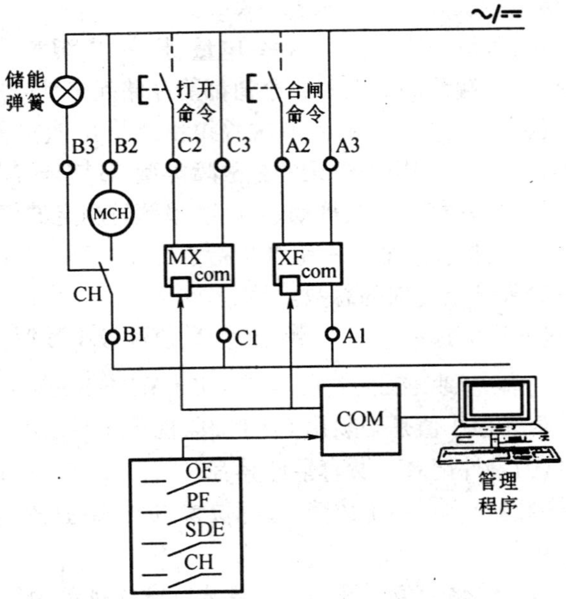


图 6－28　总线型远程控制功能线路图

## 五、船用低压空气断路器远程操作

有两种方法可实现远程操作断路器:

- 点对点操作,如图 6－29 所示;
- 通过 COM 通信选项,采用通信总线操作,如图 6－28 所示。

1.远程 ON/OFF 功能

(1)一个带有 CH 和储能弹簧的电动机机构 MCH。

(2)两个电压线圈,一个合闸线圈(XF),一个分励脱扣线圈(MX)。

(3)经过选择,还可以增加一个“准备合闸”触点(PF),一个电气合闸按钮(BPFE)。

(4)故障远程复位。

(5)远程控制一般要备用 ON/OFF 指示(OF)和故障指示(SDE)。

2.远程控制功能线路图

如果是同时发出分闸和合闸命令,机构释放能量,主触头不动。如果合闸和分闸命令保持同时存在,标准的远程 ON/OFF 系统将提供防跳功能保证短路器的主触头处于断开位置。

故障后自动复(RAR)位功能,必须有连续的电气合闸命令,保证故障时执行防跳功能,该命令在故障后必须取消以确保断路器重新合闸。

在没有持续的分闸命令即断路器处于通电状态,故障和远程脱扣(第二个 MX 或 MN),未完全在连接位置上,断路器在 OFF 位置锁定和断路器与第二个断路器互锁,要进行“准备合闸”触点(PF),断路器“准备合闸”触点由一个机械指示触点和转换触点组成。可以指示断路器是断开的弹簧已储能,做好合闸准备。

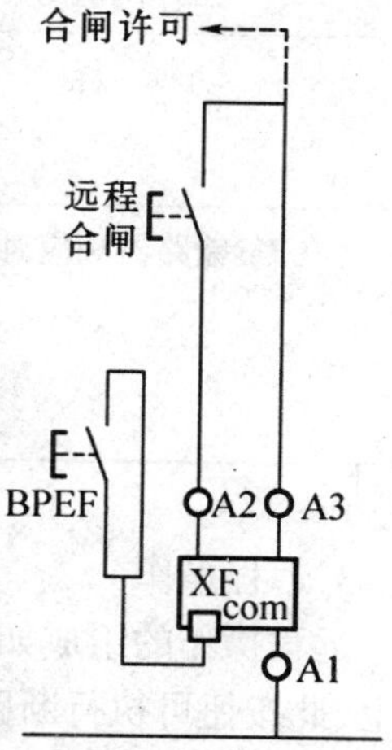


图 6-29　远程操作

断路器合闸时,电动机构自动施能及自动储能。这样断路器分闸以后,这种装置能够保持瞬时合闸,在没有辅助电源时,储能手柄作为备用。电动机构(MCH)按标准配备一个显示储能机构胡“已储能”(CH)的限位开关触点。表 6-10 所示为断路器的工作电压、电流额定值和其他参数值。

表 6-10　电动机构(MCH)

| 特　性 | |
|---|---|
| 供　电 | VAC50 Hz/60 Hz 48/60 - 100/130 - 200/240 - 277 - 380/415 - 400/440 - 480 - 24/30 - 48/60<br>VDC 100 - 125 - 200 - 250 |
| 工作阀值 | 0.85 ~ 1.1Un |
| 功耗 | 180 |
| 电动机过流 | 2 ~ 3In 经过 0.1 s |
| 储能时间 | Masterpact MT N 最大为 3 s<br>Masterpact MT H, L 最大为 4 s |
| CH 触点 | 10 A,240 V |
| 操作频率 | 每分钟最大为 3 个循环 |

在电压线圈(XF 和 MX)、合闸线圈(XF)具备下表工作值时,如果弹簧储能,完成远程合闸功能。在分励线圈(MX)通电后,会将断路器瞬时断开,电源可保持或自动断开。

| 特　　性 | XF | MX |
|---|---|---|
| 供电 | VAC 50 Hz/60 Hz 24 – 48 – 100/130 – 200/250 – 277 – 380/480 – 500/525<br>VDC 12 – 24/30 – 48/60 – 100/130 – 200/250 | |
| 工作阀值 | 0.8 ~ 1.1Un | 0.7 ~ 1.1Un |
| 功　　耗 | 调用:200<br>保持:4.5 | 调用:200<br>保持:4.5 |
| 在 Un 断路器响应时间 | 55 ms ± 10(Masterpact MT N)<br>70ms ± 10(MT H, L≤4000A)<br>80ms ± 10(MT H, L > 4000A) | 50 ms ± 10 |

3.远程操作

远程操作的组成如图 6 – 29 所示,电气合闸按钮(BPFE)位于前面板上,此按钮可执行断路器的电气合闸,并在合闸按钮上配备透明罩。用 BPFE 考虑了设备控制/监视系统的安全性。BPFE 连接到合闸线圈 XF 的 COM 模块部分。

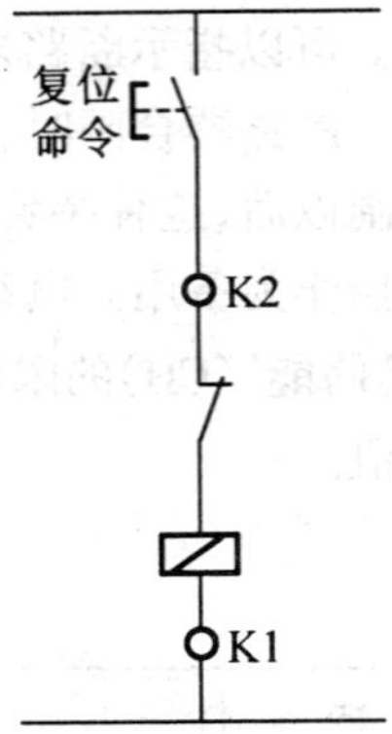

图 6 – 30　远程复位

远程复位的组成如图 6 – 30 所示,有故障后,远程复位。电气复位(Res)脱扣后,该功能复位"故障脱扣"指示触点(SDE)和机指示,允许断路器的合闸。自动复位(RAR)故障脱扣后,允许断路器合闸不再(复位按钮)必须复位。机指示(复位按钮)和故障指示触点(SDE)一直保持故障位置的状态,直到复位按钮被复位。

远程脱扣是通过电气命令打开断路器,由以下组成,如图 6 – 31 所示:

- 分励脱扣线圈(第二个 MX);
- 欠压脱扣线圈(MN);
- 带延时的欠压脱扣线圈(MN + 延时单元)。

分励线圈延时单元置于断路器的外部,可以通过紧急按钮取消延时功能,使断路器瞬时断开。远程脱扣功能:分励线圈(第二个 MX)通电后,引起断路器瞬时断开;连续供电给第二个 MX,可以锁定断路器在"断开"位置。欠压线圈(MN):如果供电电压下降至额定电压 35% ~ 70%之间的一个值,此脱扣线圈引起断路器瞬时断开;如果脱扣线圈未阻滞供电或电动,则断路器合闸;只有脱扣线圈的供电电压达到额定电压 85%,才允许将断路器合闸。MN 延时单元:为了防止短时电压降引起断路器误动作,需要 MN 动作延时,在 MN 外加一个延时单元实现该功能;它共有两种,一种是可调的,另一种是不可调的,如表6 – 11所示。

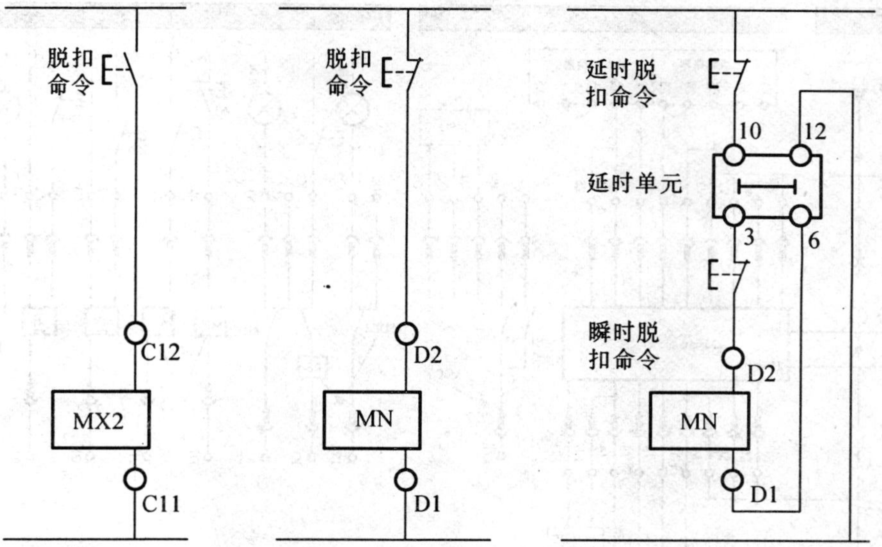


图 6-31 远程脱扣

表 6-11 MN 延时单元

| | | |
|---|---|---|
| 供电 | 不可调节 | 100/130-200/250 |
| V AC 50~60Hz/DC | 可调节 | 100/130-200/250-380/480 |
| 工作阀值 | 打开 | 0.35~0.7Un |
| | 关闭 | 0.85Un |
| 功耗(VA 或 W) | | 200 |
| 在 Un 时断路器的响应时间 | 可调节 | 0.25s |
| | 不可调节 | 0.5s-0.9s-1.5s-3s |

## 六、船用负荷开关

负荷开关直接由断路器派生,具有高质量、高性能的特点。根据型号,负荷开关有 HA、NA 和 HF 三种。HF 安装了瞬时保护装置,防止短路时合闸。一旦合闸,负荷开关不再提供保护,与普通开关一样。负荷开关常用于母线上。

## 七、断路器在主配电盘上的应用

1.电路图

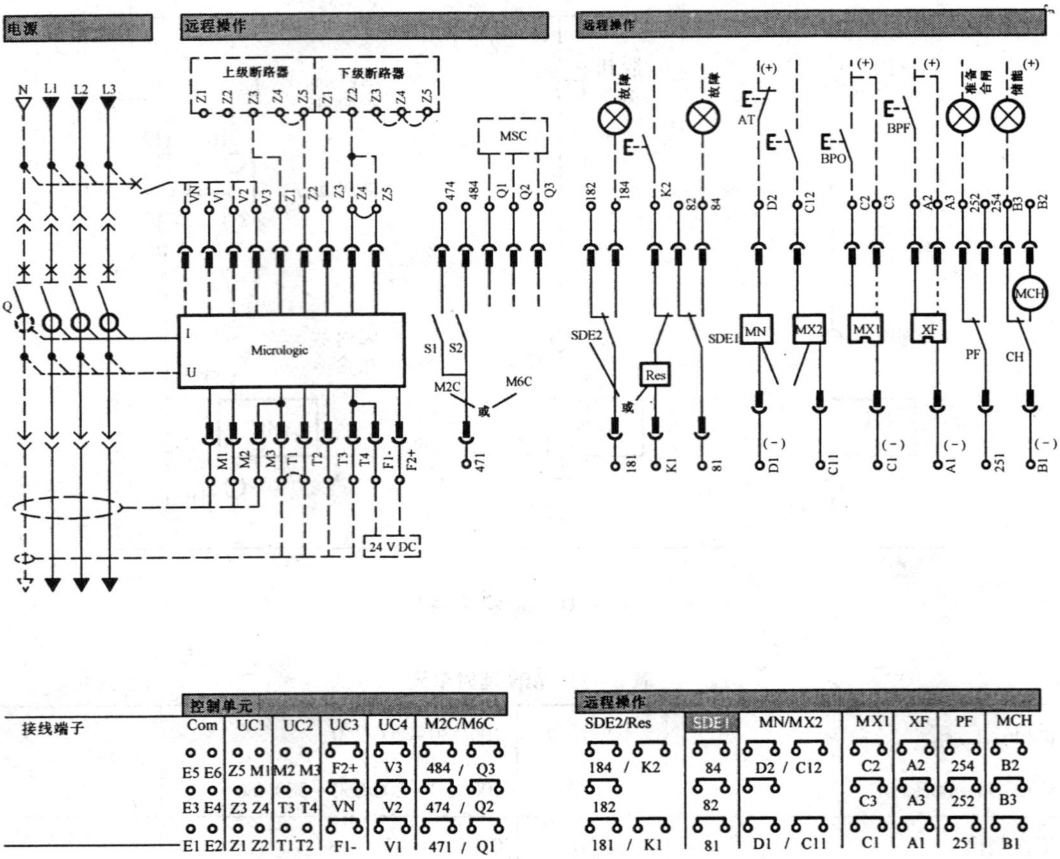


| A | P | H | 控制单元 |
|---|---|---|---|
| ■ | ■ | ■ | Com: E1-E6 通讯 |
| ■ | ■ | ■ | UC1 : Z1-Z5 区域选择联锁<br>Z1 = ZSI 输出电源<br>Z2 = ZSI 输出， Z3 = ZSI 输入电源<br>Z4 = ZSI 输入 (短延时)<br>Z5 = ZSI 输入 (接地故障) |
| ■ | ■ | ■ | M1 = Vigi 模块输入 (Micrologic 7) |
| ■ | ■ | ■ | UC2 : T1, T2, T3, T4 = 外部中性线 |
| ■ | ■ | ■ | M2, M3 = Vigi 模块输入<br>(Micrologic 7) |
| ■ | ■ | ■ | UC3 : F2+, F1-24V DC外部供电 |
| | ■ | ■ | VN 外部电压连接 (可选的) |
| | ■ | ■ | UC4 : V1,V2,V3 可选外部电压连接 |
| | ■ | ■ | M2C : 两个可编程触点 (内部继电器)<br>需要外部 24V DC 电源供电<br>或 |
| | ■ | ■ | M6C : 6 个可编程触点 (连接在外部模块 M6C)<br>需要外部 24V DC 电源供电 |

**远程操作**

SDE2: 故障跳闸指示
或
Res : 远程复位

SDE1: 故障跳闸指示触点 (标准配置)

MN : 欠压脱扣
或
MX2 : 电压脱扣

MX1 : 电压脱扣 (标准或可通信的)

XF : 合闸线圈 (标准或可通信的)

PF : 准备合闸触点

MCH: 储能电机

*注:*
*电压线圈 MX 或 XF 的接线端子 (C3, A3) 只有在选择通信线圈后才有效。*
*如果使用可通信的的线圈 MX 或 XF，必须连接第三根线 (C3, A3)，不管通信功能是否使用。*
*断路器未进行区域选择联锁时 (Z3, Z4, Z5) 接线端子缺省处于短接状态。*
*三极断路器中使用 Micrologic P 或 H 型控制单元建设 VN 接线端子和主回路中性线连接。*

A　数字电流表；

P　A + 功率表 + 附加保护；

H P+谐波测量。

2.状态、位置指示

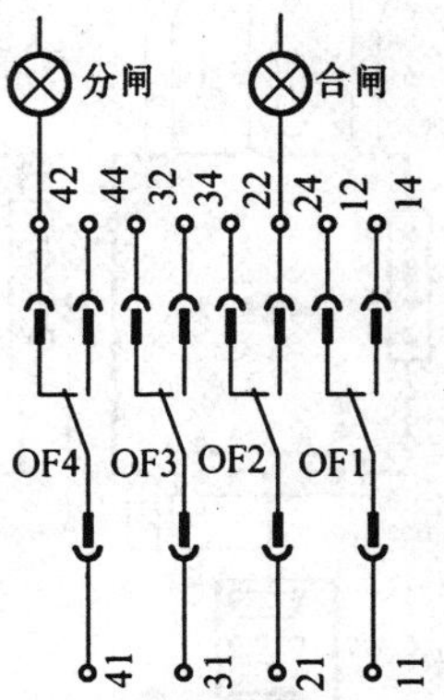


状态指示触点

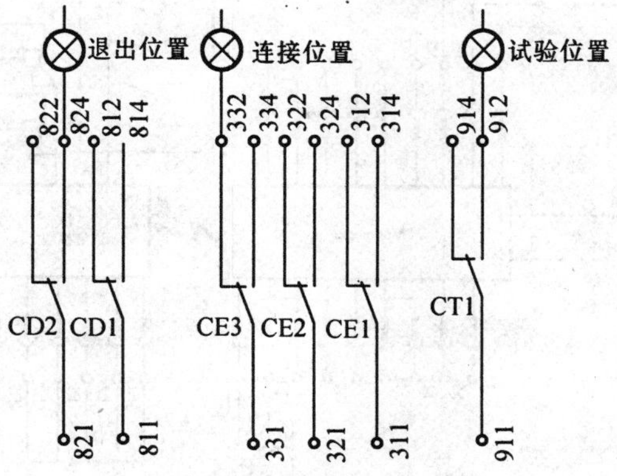


位置指示触点

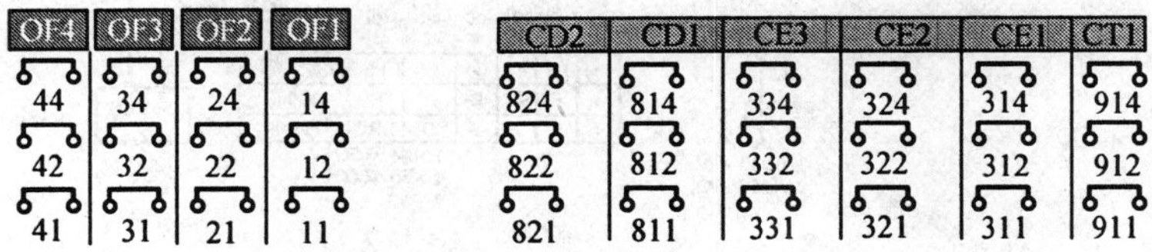


3.操作系统

操作系统的合闸、脱扣采用弹簧储能电机，电机的电压 440 V/480 V AC，连接线路是 380 V 电机 + 附加电阻。

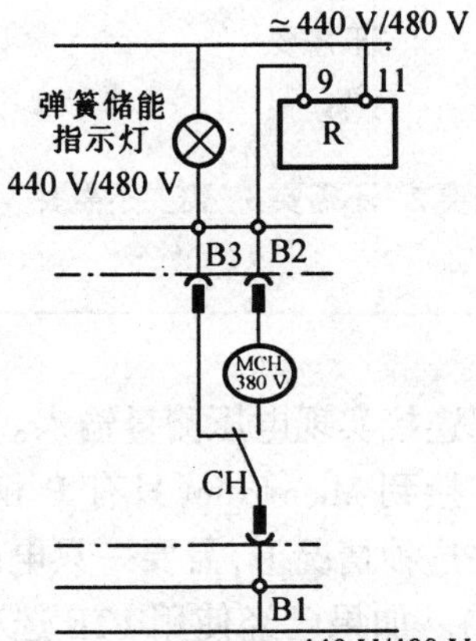


4.通信元件与通信附件连接

所有控制单元保护功能不需要辅助电源，但下表某些情况下需要外部电源 24V DC（AD 块）。

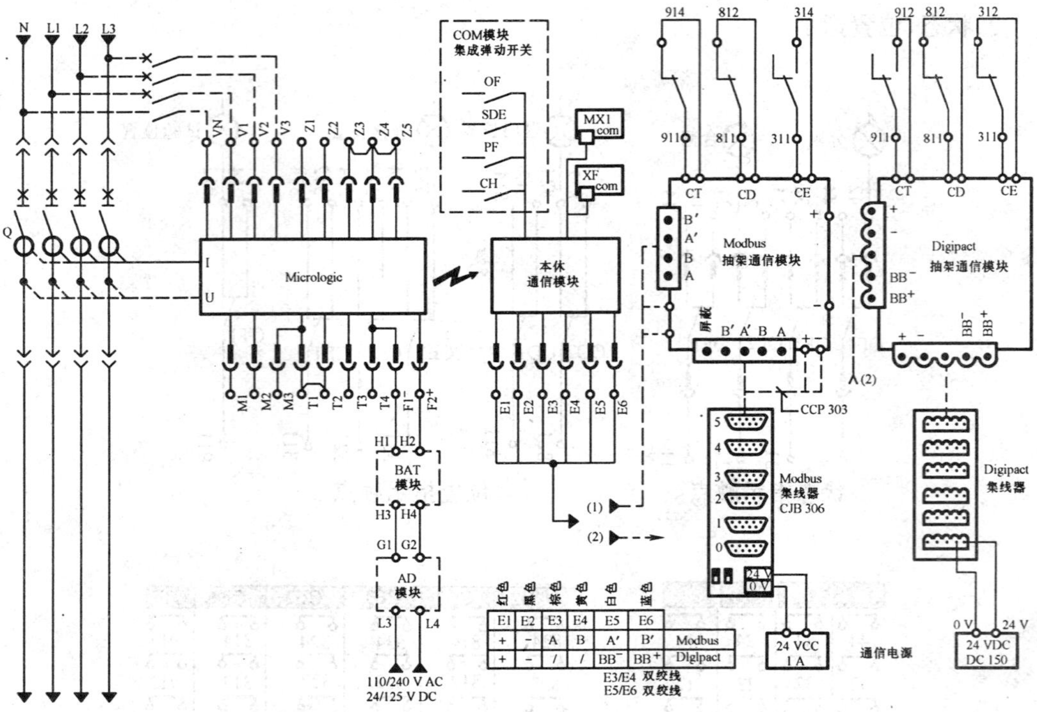


| 断路器 | 合闸 | 分闸 | |
|---|---|---|---|
| 电压测量输入 | 有输入 | 有输入 | 无输入 |
| 可编程触点选项 M2C，M6C | 需要 | 需要 | 需要 |
| 保护功能 | 不需要 | 不需要 | 不需要 |
| 显示功能 | 不需要 2 | 不需要 3 | 需要 4 |
| 计时器功能 | 不需要 | 不需要 | 需要 4 |
| 通过通信总线提供状态 | | | |
| 指示通过通信总线提供的识别不需要 2 | 不需要 3 | 需要不需要 | 不需要　不需要和断路器控制 |
| 参数设置，运行和维护的监测 | | | |

也可采用 PTE 选件通过外部连接实现电压测量输入。选择 PTE 时，内部电压测量输入断开，端子 VN、V1、V2、V3 只需连接到 Micrologic（只有 P 和 H）控制单元上。若电压 < 100V 或 > 690V，需要选择 PTE 选件（在这种情况下，需要一只电压互感器）。对三极断路器，端子 VN 只连接到控制单元上（P 或 H）。如果已经使用 PTE 选项，电压测量输入必须防止短路。安装尽可能靠近母线，可以使用带一个辅助接点的断路器 P25M（M 定值 1A，产品号 21104 + 21117）对电压测量输入进行保护。电压测量输入专门用于控制单元，在任何情况下不应向其他线路供电。

## 第四节　船用逆功率继电器

### 一、电磁型逆功率继电器

逆功率继电器是一种可以判别同步发电机有功功率方向的继电器。使用较普遍的 GG－21 型逆功率继电器。

逆功率继电器有磁通 $\phi_u$ 和 $\phi_i$ 均穿过铝盘，这两个磁通分别在转动铝盘中感应出涡流 $I_{ea}$ 和 $I_{ei}$。由电压线圈的磁通 $\phi_u$ 产生的涡流 $I_{eu}$ 与电流线圈的磁场 $\phi_i$ 相互作用产生转矩。这两个转矩的合成转矩使铝盘转动。合成转矩 $M$ 的大小和方向由下式决定

$$M = K_i\phi_u\phi_i\sin\theta \qquad (6-4)$$

式中　$K_i$——比例系数；

$\theta$——$\phi_u$ 和 $\phi_i$ 的夹角。

继电器转动力矩正比于发电机输出的有功功率，又因为 $M$ 正比于 $\cos\varphi$，使转动力矩具有方向性，它取决于 $\varphi$ 角的大小。当发电机输出有功功率时，铝盘顺时针旋转，但因有挡块而不能转动；当发电机处于逆动状态时，由于电流方向改变 180 度，也改变 180 度，使转矩 $M$ 变负值，故铝盘逆时针旋转，经过整定的延时时间后使动、静触头相接通，送出逆功率信号。该信号可用于主开关跳闸，完成逆功率保护。

由于这是一种功率方向继电器，所以要求继电器的电压线圈和电流线圈的极性一定要接正确，实际接线图和矢量如图 6－32 所示。要求当负载 $\cos\varphi = 1$ 时，加到继电器上的电流和电压之间的相角差为 30 度，即所谓的“30 度接线方式”。同样地，接 $U_{BA}$ 电压和 $I_B$ 电流或接 $U_{AC}$ 电压和 $I_A$ 电流也能符合接线要求。

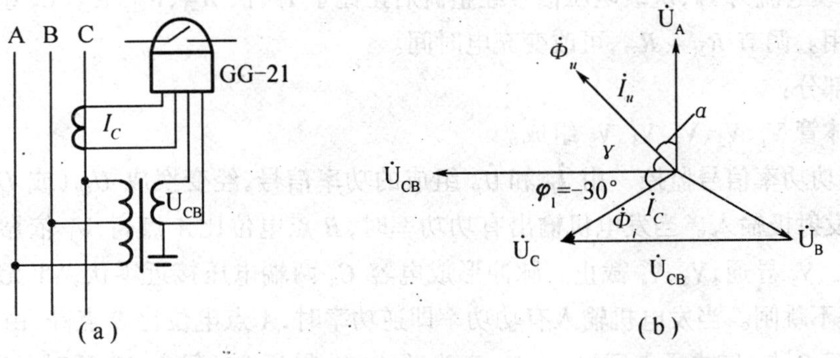


**图 6－32　功率方向继电器接线图和矢量图**

图 6－32 中，$\cos\varphi = 1$，$I_c$ 与 $U_c$ 同相位，$I_c$ 超前 $U_{CB}$ 30 度，所以相对 $U_{CB}$ 来说，$\varphi_1 = -30°$。又因为 $\alpha$ 角为 30°，所以 $M = KU_cI_c$ 达最大。同理，在 $M$ 为负值的功率动作区内，当 $\varphi_1 = 150°$ 时，$M = -KU_cI_c$，达反向最大，继电器动作最灵敏，如图 6－33 所式。

### 二、BG－11 型晶体管逆功率继电器

1.基本结构

BG－11型逆功率继电器主要由四部分组成。如图6－34所示。

测量部分：

由电流互感器 $T_1$，电抗变换器 $T_2$，电压互感器 $T_3$，整流器 $U_1$、$U_2$、$U_3$，比较器 $R_4$、$R_5$，分压器 $R_2$、$R_6$ 和滤波器 $C_2$、$C_3$、$C_4$ 等组成。

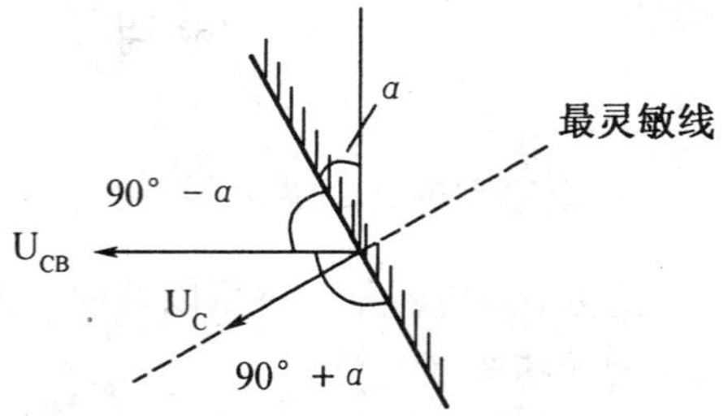


图6－33 逆功率继电器动作区域

它的输入信号包括电流 $\dot{I}_P$ 及电压 $\dot{U}_P$。输出信号采用绝对值比较原理构成的直流反串电压值 $U_{BA}$（或 $U_{AB}$）。发电机正常运行时，输出有功功率，通过本测量比较电路以后，使 $B$ 点电位高于 $A$ 点电位，主开关不跳闸。当发电机工作于逆功率状态时，因功率反向，使 $B$ 点电位低于 $A$ 点电位，则主开关将自动跳闸，实现对发电机的保护。

(1)电流信号测量　电抗变换器 $T_2$ 的初级电流与发电机负载电流成正比变化。在相位上落后初级电压近90°。因此次级侧输出电压信号的大小正比于，而相位也超前近90°。

(2)电压信号测量　电压互感器 $T_3$ 的初级电路中，串联接入电阻 $R_1$，电容 $C_1$。电压的大小与发电机电压大小成正比变化。经 $R_1C_1$ 移相后，使次级侧输出电压信号的大小正比于，而的相位则超前。

(3)输出电压信号　$T_2$ 和 $T_3$ 的次级绕组分别都有两个参数相同的绕组。由图6－34可以看出，上边的绕组采用反接串联，经整流后在 $R_4$ 上形成直流电压，极性为上正下负。下边的绕组采用正接串联，经整流后在 $R_5$ 上形成的直流电压，极性为下正上负。然后，将 $R_4$ 和 $R_5$ 上的直流电压进行反串比较，电压差加在由 $R_2$、$R_6$ 组成的分压电路两端，再由分压电阻 $R_2$ 引出。

$T_1$ 初级电流为 $\dot{I}_P$，次级电压信号经整流后正比于 $\dot{I}_P$，供 $R_{20}$、$R_{21}$、$R_{15}$、$C_5$ 组成的充电延时电路使用。调节 $R_{21}\sim R_{27}$，可改变充电时间。

监控部分：

由晶体管 $V_1$、$V_2$、$V_3$、$V_4$、$V_5$ 组成。

(1)有功功率信号监控　由 $\dot{I}_P$ 和 $\dot{U}_P$ 组成的功率信号，经变换成 $U_{AB}$（或 $U_{BA}$）后，由 $V_1$ 基极——发射极输入。当发电机输出有功功率时，$B$ 点电位比 $A$ 点高，$V_1$ 依靠自给偏压而导通，使 $V_3$、$V_5$ 导通，$V_2$、$V_4$ 截止。脉冲形成电容 $C_8$ 两端电压接近零伏，VT无信号电压输出，主开关不跳闸。当发电机输入有功功率即逆功率时，$A$ 点电位比 $B$ 点高，由 $A$ 点经 $R_{28}$、$VD_2$、$VD_3$ 至 $B$ 点，形成通点回路，使 $V_1$ 变为截止，$V_2$ 导通，$V_3$ 截止，$V_4$ 延时导通后使 $V_5$ 截止，$C_8$ 被充电，形成充电电压，导致主开关自动跳闸。

(2)延时电路监控　发电机输出有功功率时，$V_3$ 导通，充电电容 $C_5$ 两端电压接近于零伏，此时由 $R_{20}$、$R_{21}$、$R_{15}$、$C_5$ 组成的充电电路失效。发电机输入有功功率时，$V_3$ 截止，上述充电电路开始工作，对 $C_5$ 充电，只要 $C_5$ 充电电位低于 $WG_3$ 的击穿电压时，$V_4$ 将继续截止，$V_5$ 仍导通。经预定充电延时后，$WG_3$ 被击穿，$V_4$ 导通，$V_5$ 截止，即输出跳闸信号。

由于充电电压正比于 $\dot{I}_P$，因此该延时电路属于反时限延时电路。转动电阻调整开关WH的位置，可以改变 $C_5$ 两端充电时间的长短。

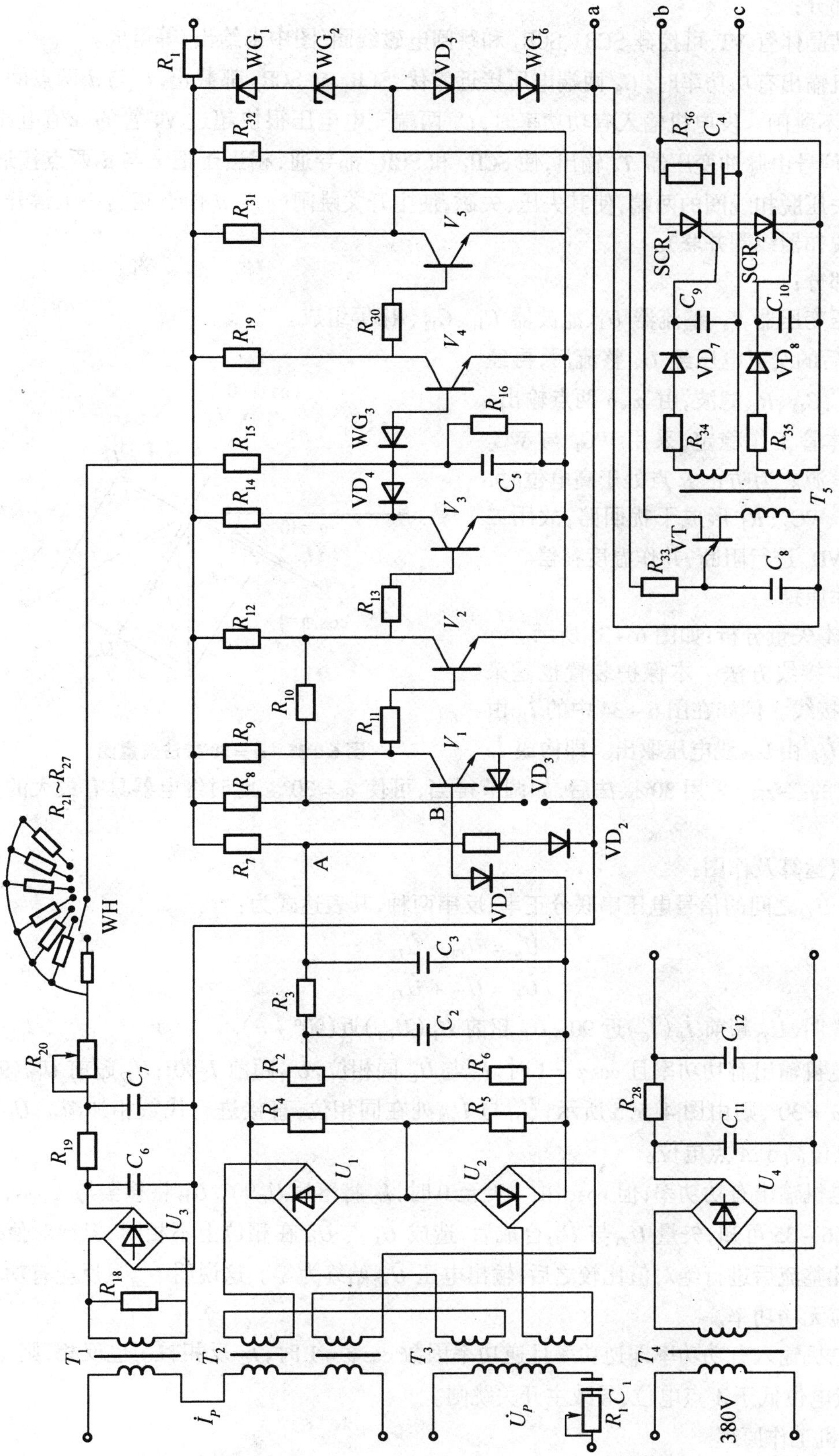


图6-34 BC-11型逆功率继电器原理图

执行部分：

由单结晶体管 VT，可控硅 $SCR_1$、$SCR_2$ 和跳闸电磁线圈(图中未给出)等组成。

发电机输出有功功率时，$C_8$ 两端电压接近零伏，$SCR_1$ 与 $SCR_2$ 都截止，$C$ 与 $d$ 两点间不通，主开关不跳闸。发电机输入有功功率时，$C_8$ 两端充电电压很快超过 VT 管的峰值电压，VT 有脉冲信号由脉冲变压器 $T_5$ 输出，使 $SCR_1$ 和 $SCR_2$ 都导通，相当于把 $c$ 与 $d$ 两点接通，短接交流失压脱扣线圈的两端，使其失压，失磁，使主开关跳闸($c$ 与 $d$ 两点相当一个常开触点与失压脱扣器线圈并联)。

电源部分：

由降压变压器 $T_4$、整流器 $U_4$、滤波器 $C_{11}$、$C_{12}$、$R_{28}$ 等组成。

降压后的交流电压经 $U_4$ 整流后，再经滤波器 $C_{11}$、$C_{12}$、$R_{28}$ 滤波，由 $a$、$b$ 两点输出。为了使晶体管工作稳定，采用 $WG_1$ 与 $WG_2$ 串联稳压电源。为防止 $B$ 点处于高电位时，经 $V_1$、$WG_1$、$WG_2$、$R_7$ 形成干扰回路，故用二极管 $VD_5$、$VD_6$ 进行阻断，并作温度补偿。

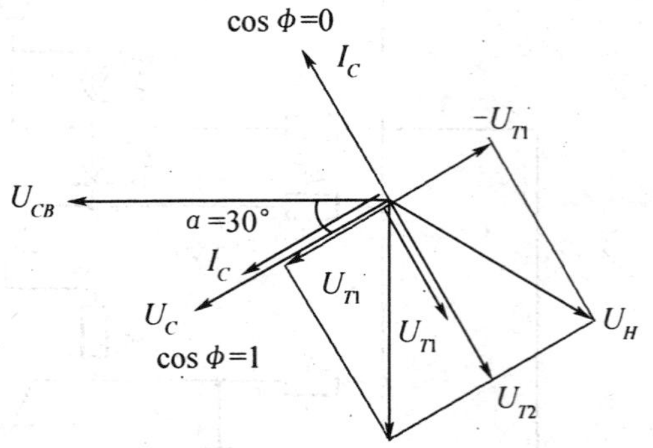


**图 6-35　α = 30°接法矢量图**

2.工作原理

(1)基本矢量分析：如图 6-35 所示。

①基本接线方法　本保护装置也是采用 30°方式接线。例如在图 6-34 中的 $\dot{I}_P$ 由 $C$ 相取出，$\dot{U}_P$ 由 $\dot{U}_{AB}$ 线电压取出。即构成 $\dot{I}_P$ 导前 $\dot{U}_P$30°的接法。采用 30°接法后，如调节得当，可使 $\alpha = 30°$。此时继电器具有最大的灵敏度。

②矢量运算及作图：

$\dot{U}_{T1}$ 与 $\dot{U}_{T2}$ 之间的信号电压串联分正串、反串两种，其表达式为：

$$\dot{U}_H = \dot{U}_{T2} - \dot{U}_{T1}$$

$$\dot{U}_K = \dot{U}_{T2} + \dot{U}_{T1}$$

前已说明，$\dot{U}_{T1}$ 超前 $\dot{I}_P(\dot{I}_C)$ 近 90°，$\dot{U}_{T2}$ 超前 $\dot{U}_P(\dot{U}_{CB})$ 近 $(90° + \alpha)$。

当发电机输出有功功率且 $\cos\varphi = 1$ 时，$\dot{I}_C$ 与 $\dot{U}_C$ 同相位，$\dot{U}_{T1}$ 超前 $\dot{I}_C$90°；$\dot{U}_{T2}$ 超前 $\dot{U}_{CB}(90° + \alpha)$。令 $\alpha = 30°$，则由图 4.5.5 所示，$\dot{U}_{T1}$ 与 $\dot{U}_{T2}$ 处在同相位，直接进行代数相加减。$U_k > U_H$，$B$ 点电位高于 $A$ 点电位。

当发电机输出有功功率，但 $\cos\varphi$ 由 1 变至 0 时，$\dot{I}_C$ 将落后 $\dot{U}_C$90°，$\dot{U}_{T1}$ 将移至与 $\dot{U}_C$ 同相位处，由图 6-35 可知，矢量 $\dot{U}_{T1}$ 与 $\dot{U}_{T2}$ 合成后，造成 $\dot{U}_k$ 与 $\dot{U}_H$ 在相位上不相同，但绝对值却相等。因此整流后进行绝对值比较之后，输出电压 $\dot{U}_{AB}$ 始终为零。这说明 $\dot{U}_{AB}$ 只反应有功功率而不反应无功功率。

当发电机输入有功功率即逆功率且逆功率因数 $\cos\varphi = 1$ 时，$\dot{I}_C$ 反相，$\dot{U}_{T1}$ 也反相，则 $U_H > U_K$，$B$ 点电位低于 $A$ 点电位，导致主开关跳闸。

(2)整机工作原理

发电机输出有功功率 $\cos\varphi$ 且由 1 至 0 间变化时，$U_K > U_H$，$U_{AB} > 0$，$V_1$、$V_3$、$V_4$ 导通，VT

无信号输出，$SCR_1$ 和 $SCR_2$ 截止，主开关不跳闸。

发电机输入有功功率并且逆功率因数 $\cos\varphi$ 由 1 至 0 间变化时，$U_H > U_K$，$U_{AB} < 0$，$V_1$、$V_3$ 截止，$V_5$ 经 $C_5$ 充电延时后也截止，导致 VT 有脉冲信号输出，$SCR_1$ 和 $SCR_2$ 导通，主开关自动跳闸。

$U_{AB} \geqslant 0$ 时，由于 $VD_1$ 的阻断作用，实际上由 $V_1$ 自身的电路特点决定其工作状态，即工作在导通状态。

## 第五节　船舶同步发电机的继电保护

根据各种故障和不正常运行情况出现的特点，构成了各种原理不同的继电保护。根据过电流量值的大小，区分为自动卸载，过载和短路自动跳闸保护。对欠电压，则有反应电压量值改变的低电压信号或跳闸保护。对于功率倒流，则有反应功率方向改变的逆功率跳闸保护等等。

典型的船舶交流电力系统图如 6－36 所示，根据其系统的组成，保护的主要内容有：

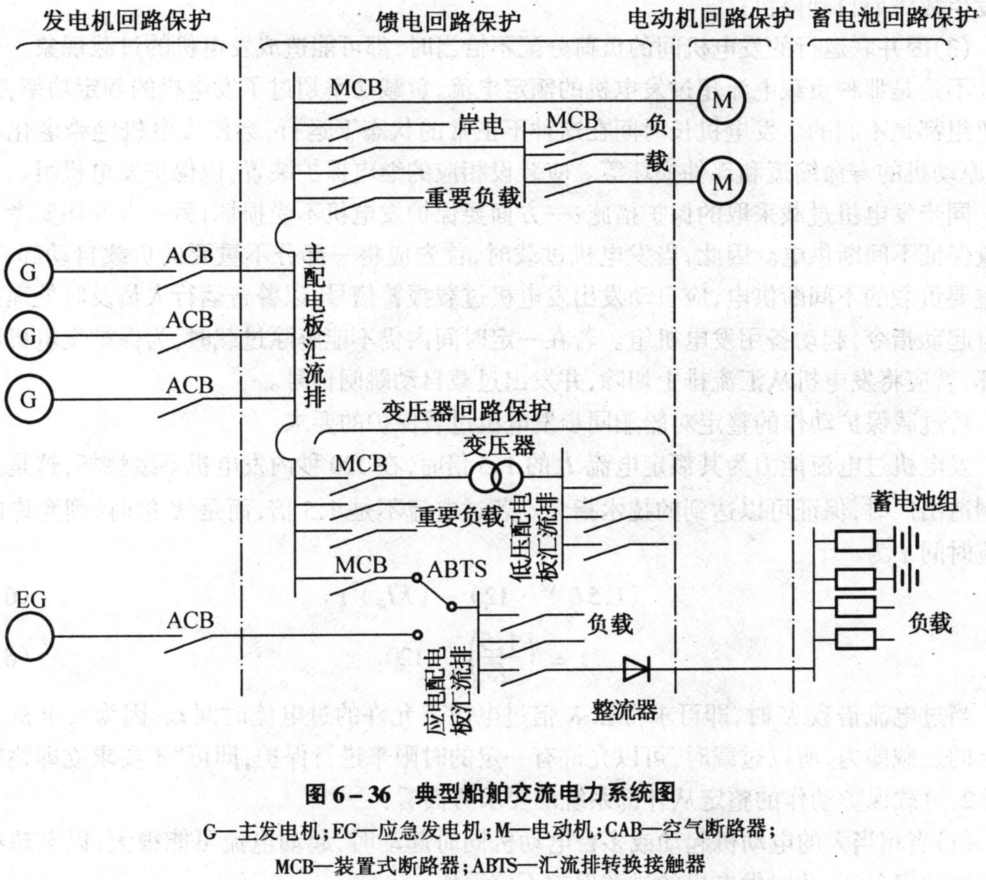


**图 6－36　典型船舶交流电力系统图**

G—主发电机；EG—应急发电机；M—电动机；CAB—空气断路器；
MCB—装置式断路器；ABTS—汇流排转换接触器

1. 发电机保护。
2. 馈电回路保护。

3.电源变压器保护。

4.电动机保护。

5.蓄电池回路保护。

6.照明回路保护。

7.其他保护,如电缆、仪表和电力半导体设备的保护等。

按保护的目的可以分为:

1.过载——过电流或过功率保护。

2.短路保护。

3.逆功率保护。

4.欠电压保护。

5.自动卸载等。

## 一、船舶同步发电机的过载保护

(1)船舶电力系统在运行中发电机的容量不能满足负载增长的需要;

(2)应几台发电机并联运行而未做并联运行时,或者当并联运行的发电机中有一台或几台发生故障而自动停机;

(3)因并联运行的发电机间的负荷分配不恰当时,都可能造成发电机的过载现象。

不论是那种负载电流超过发电机的额定电流,负载功率超过了发电机的额定功率,对发电机组都是不利的。发电机长时间在这种不正常的状态下运行,会使发电机绝缘老化和损坏,原动机的寿命缩短和部件损坏等。应装设相应的继电保护装置,以保护发电机组。

同步发电机过载采取的保护措施:一方面要保护发电机不受损坏;另一方面还要考虑到尽量保证不间断供电。因此,当发电机过载时,首先应将一部分不重要的负载自动卸载 保证重要负载的不间断供电,应自动发出发电机过载报警信号,以警告运行人员及时处理或发出自起动指令,起动备用发电机组。若在一定时间内仍不能解除过载时,为保护发电机不被损坏,就应将发电机从汇流排上切除,并发出过载自动跳闸信号。

1.过载保护动作的整定对船舶同步发电机过载保护的要求:

发电机过电流能力为其额定电流 $I_{fe}$ 的 1.5 倍时,在 120 秒内发电机不致烧坏,这是发电机制造出厂时,保证可以达到的技术指标。若过电流不是 1.5 倍,而是 $K$ 倍时,则允许的过电流时间 $t$ 为

$$(1.5I_{fe})^2 \cdot 120 = (KI_{fe})^2 t \tag{6-5}$$

$$t = \left(\frac{1.5}{K}\right)^2 \cdot 120 \tag{6-6}$$

当过电流倍数 $K$ 时,即可求得在 $K$ 倍过电流下允许的过电流时间 $t$。因为发电机具有一定的过载能力,所以过载时,可以允许有一定的时限来进行保护,即可“不要求立即跳闸”。

2.过载保护动作的整定从外部系统的要求方面看:

(1)当相当大的电动机起动或多台电动机同时起动时,起动电流可能很大,以至超过发电机的额定电流,此时发电机的过载保护不应动作。

(2)为保证保护装置动作的可靠性,需要从时间上躲开这种暂时性的过电流现象,电动机起动电流一般在 10 秒左右即可消失,故发电机过载保护的动作时限一般要大于 10 秒。另外,若在发电机远处短路时,短路电流值也可能超过发电机过载时的整定值,为保证保护

装置动作的可靠性和选择性，要求发电机过载保护能从时间上躲开这种情况。所以，从系统对发电机过载保护的要求方面看，发电机过载保护必须具有一定的时限。对船舶发电机过载保护装置的起动电流 $I_{qd}$ 和动作时限，可做如下整定。

3.过载保护动作的整定

为保证在正常工作时保护装置不动作，应使起动电流 $I_{qd}$ 大于发电机的额定电流 $I_{fe}$。为保证保护的可靠性，应使保护装置能可靠的返回，则要求返回电流 $I_{fh}$ 大于发电机额定电流 $I_{fe}$。考虑到继电器动作电流和返回电流可能有误差，故取一可靠系数 $K_{ko}>1$，则可写成

$$I_{qd} = K_{ko}I_{fe} \tag{6-7}$$

根据返回系数 $K_{fh}$ 的定义，

$$K_{fh} = I_{fh}/I_{qd} \tag{6-8}$$

则可得起动电流为

$$I_{qd} = (K_{ko}/K_{fh})I_{fe} \tag{6-9}$$

对于船舶发电机过载保护，$K_{ko}=1-1.2$；$K_{fh}=0.8-0.9$。于是，船舶发电机过载保护装置的起动电流可整定为

$$I_{qd} = I_{fe}(1-1.2)/(0.8-0.9) = 1.1-1.5I_{fe} \tag{6-10}$$

对只发报警信号或自动卸载信号或备用机组自起动信号的过载保护装置，$K_{Ko}$ 可取得小些以提高其灵敏性；而对动作于发电机跳闸的过载保护，$K_{Ko}$ 要取得大些，以保证其可靠性。

船舶发电机过载保护装置动作时限的整定，主要考虑躲开大电动机或几台较大电动机同对起动的时间。一般电动机起动时间为 5～10 秒，所以过载保护的动作时限可整定在 10～20 秒。

对无分级自动卸载装置的发电机过载保护，其起动电流低可整定在其额定电流值的 125%～135%，延时 15～20 秒，过载保护装置动作，使发电机自动跳闸。

对有分级自动卸载装置的发电机过载保护，当过载达 110%～120% 额定值时，延时 5～10 秒，使自动卸载装置动作，自动卸掉部分次要负载过载达 150% 额定值时，延时 10～20 秒，过载保护装置动作，使发电机自动跳闸。

以上所说发电机过载保护的整定值，只就一般情况而言，对于具体的发电机组，应当根据设计制造和使用情况，特别是原动机的情况，环境条件和具体要求等，作具体的分析，定出实际可行的过载保护装置整定值。

船舶同步发电机的过载保护装置主要由自动分级卸载装置、万能式自动空气断路中过电流脱扣器和综合保护装置中的晶体管过电流继电器等所担当。

## 二、船舶同步发电机外部短路保护

发生短路的原因是维护不周、检修不良、绝缘老化、机械损伤和误操作以及停电检修时，导电物品遗放在裸体导体上以及动物触电等。

当发电机端部发生三相短路时，短路电流可达额定电流的 10 倍以上，此电流产生 的热量和机械力可比正常值大一百倍以上，对发电机有巨大的破坏作用。电压的下降，会使电动机停转，甚至发电机全部断开，导致全船停电。为了限制短路故障的破坏作用，在技术措施方面则必须装设继电保护装置，以便在故障发生后，能自动地切除故障部分，保护设备，防止事故扩大，保证非故障部分得以正常运行。

对发电机外部短路故障的判断：从发电机到短路点，出现很大的过电流，以此来检测发电机之外部短路。

处理发电机外部短路的措施原则是既要保护发电机，又要保证不中断供电。因此要着重兼顾到保护的选择性和快速性问题，视短路点的远近分别处理。见图 6－37，当 $D_2$ 点发生短路时，应仅使 DZ 开关中的保护装置动作，把 DZ 开关断开，切除故障点，当 $D_1$ 点发生短路时，只好尽快使 DW 开关中的保护装置动作，使发电机跳闸。

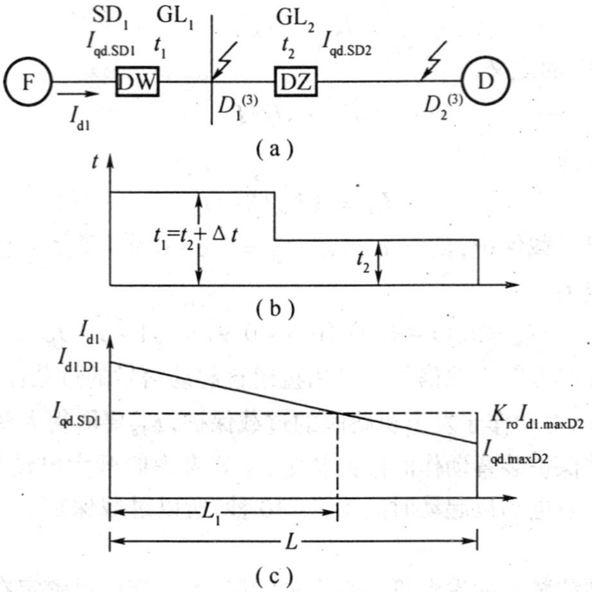


**图 6－37　外部短路的继电保护**

实现保护选择性有两个基本原则：时间原则和电流原则。时间原则是指以保护装置动作时间的不同，来保证选择性。如图 6－37 所示，过电流保护装置 $GL_1$ 和 $GL_2$ 的动作时限分别为 $t_1$ 和使 $t_1 > t_2$。电流原则是指以保护装置动作的电流值的不同，来保证选择性。如图 6－39(c)所示，电流速断保护装置 $SD_1$ 的起动电流为 $I_{qd}$。$SD_1$，过电流保护装置 $GL_2$ 的起动电流为 $I_{qd.Gl2}$，使 $I_{qd.SD1} > I_{qd.Gl2}$。

从原理上讲按时间原则或电流原则都能实现保护的选择性，但由于船舶输电线路短，线路阻抗较小，电网各段短路电流都很大，因此按电流原则实现选择性保护往往是有困难而按时间原则实现选择性保护，则整定比较容易，而且比较可靠。但是，完全按时间原则实现选择往往又影响快速性要求和使保护装置复杂，甚至是不可能的。所以，在一个系统中，常常是采用时间和电流原则混合的方法来满足保护选择性和快速性的。

对于船舶发电机外部短路保护，我国《钢质海船建造规范》作了规定；对于船舶发电机外部短路保护一般应设有短路短延时和短路瞬时动作保护。短路短延时保护的起动电流整定为 3～5 倍的发电机额定电流，动作时限整定为 0.2～0.6 秒，作用于发电机跳闸。短路瞬时保护的起动电流整定为 5～10 倍的发电机额定电流，瞬时动作于发电机跳闸。

船舶发电机的外部短路保护装置是由万能式自动空气断路器中的过电流脱扣器或综合保护装置中的晶体管过电流继电器等所承担。

### 三、船舶同步发电机的欠压保护

发电机欠压保护的任务就是当发电机在低电压时，保证发电机合不上闸或从电网上自动断开。发电机欠压保护，还可做为发电机外部短路的后备保护，因发电机外部短路的，也必定要出现欠压现象。

船舶发电机欠压保护的起动电流，应按躲过最低可能的工作电压进行整定；

$$U_{qb} = \frac{U_{g.\min}}{K_{ko}K_{fh}} \tag{6-11}$$

式中 $U_{qb}$——起动电压整定值；

$U_{g.\min}$——最低工作电压；

$K_{KO}$——可靠系数；

$K_{fh}$——返回系数。

当电力系统中突然有较大负载增加，如有较大电动机或多台自起动电动机起动或发生暂时性短路和并车冲击电流时，发电机电压也可能有很大的下降，但这是正常或暂时情况，发电机欠压保护不应动作。因此，在整定发电机欠压保护的起动电压值应当考虑到对保护动作可靠性的要求。可以用整定起动电压值或动作时限的方法，来躲过这些不应使保护动作的欠压情况。

对于船舶发电机的欠压保护整定，我国《钢质海船建造规范》规定为：对带时限的发电机欠庆保护，整定在当发电机电压低于其额定电压（70% ~ 80%）时，延时（1.5 ~ 3）秒，动作于跳闸。对不带时限的发电机欠压保护，整定在当发电机电压低于其额定电压的（40% ~ 75%）时，瞬时动作于跳闸。

船舶发电机的欠压保护装置由万能式自动空气断路器中的失压脱扣器或综合保护装置中的晶体管低电压继电器等所承当。

### 四、发电机逆功率保护

发电机并联运行过程中，某发电机故障，发电机将由向电网输出有功功率的状态改变为吸收电网的有功功率状态，这种现象称为发电机逆功率运行状态。逆功率保护要规定保护的启动值及保护动作的延时时间。

通常整定起始值范围为发电机额定功率的 8% ~ 15%；当原动机是汽轮机时，为 2% ~ 6%。

延时时间在 3 ~ 10 s 范围内，通常保护特性具有反时限特性，如逆功 10% 时延时 10 s，逆功 50% 时延时 1 s，逆功 100% 时瞬时断开。

发电机逆功率保护通常由逆功率继电器来检测逆功率，并且具有延时功能，配合发电机主开关的失压脱扣器或分励脱扣器来实现保护动作。规范要求当供电电压下降 50% 的额定值时，逆功率保护不能失效，当动作值可以有所改变。

### 五、岸电保护

船舶停靠码头时，可接岸电向船上负载供电，以延长船舶发电机使用时间。但要确认船舶发电机已与船舶电网分离并且岸电接入时与船舶电网的相序一致。船舶发电机与电网分离后接岸电由发电机开关与岸电开关的联琐来保证。船舶电网与岸电接口部分的岸电箱上有相序指示灯两者相序关系是否准确。

1.相序指示灯的判断相序和岸电控制箱参看第五章。

2.负序继电器和断路器配合,可实现岸电相序接错保护和缺相保护功能。电路图如图6-38所示。

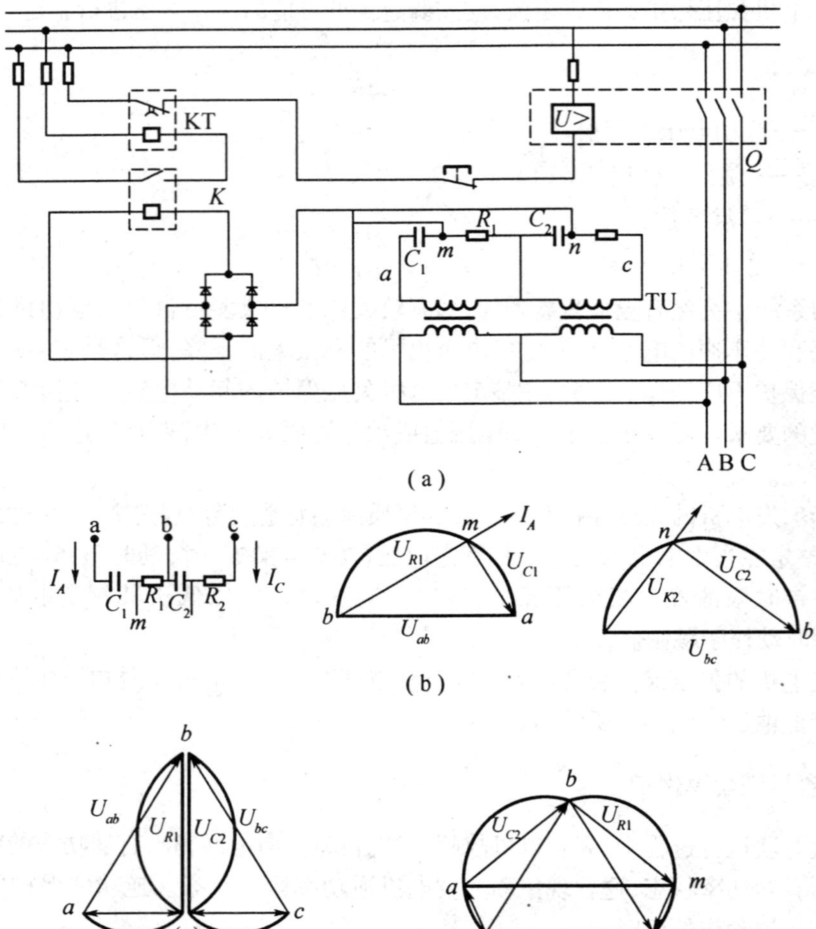


**图6-38 负序继电器原理**

(a)线路图;(b)负序电压滤过器矢量关系;(c)加正序电压时;(d)加负序电压时

由电阻 $R_1$、$R_2$ 和电容 $C_1$、$C_2$ 构成一个负序电压滤过器,岸电电压经电压互感器TU接入,从 $m$、$n$ 两点输出电压 $U_{mn}$ 当岸电相序正确时,$U_{mn}$ 为0,继电器部分不动作;当相序不正确或缺相时,$U_{mn} \neq 0$,引起继电器动作,使安电开关Q断开关Q断开。其原理分析如下:

设图6-38(b)中 $R_1$、$C_1$ 加上电压 $U_{ab}$ 正比于岸电线电压 $U_{AB}$,而 $R_2$、$C_2$ 上加上电压 $U_{be}$ 正比于安电线电压 $U_{BC}$,流过的电流分别为 $I_A$ 和 $I_C$,电流分别超前于它的电压。因此可知,每一部分的电容电压滞后于电阻电压90度。矢量关系于图6-38($b$)右部,有

$$U'_{ab} = U'_{R1} + U'_{C1} \tag{6-12}$$

$$U'_{bc} = U'_{R2} + U'_{C2} \tag{6-13}$$

输出端 $m$,$n$ 分别在矢量三角形的直角顶点处。当 $R$、$C$ 变化时,$m$ 和 $n$ 的变化轨迹构成半圆弧。

当滤过器由正常电压供电压供电时,两个半圆弧关系如图 6-38(c)所示,这时应满足 $U_{mn}=0$ 的条件。因为 $U'_{mn}=U'_{R1}+U'_{C2}$,所以应满足 $U_{R1}=-U_{C2}$,或者说 $m$ 点与 $n$ 点应在矢量图上重合,即在两半圆轨迹的交点处,所以有 $\frac{R_1}{X_{C1}}=\frac{X_{C2}}{R_2}=\sqrt{3}$。根据关系正确各元件值,且通常选 $R_1=X_{C2}$。

当滤过器由负序电压供电时,矢量关系如图 6-38(b)所示。由几何关系分析可知,此时 $U_{mn}$ 为 $U_{ca}$ 的 1.5 倍。这个电压经单相桥式整流后使继电器 K 的常开触点闭合,又使时间继电器 KT 经延时后动作,使岸电开关 Q 的失压脱扣失压,而最终使 Q 分断。

当电源有缺相时,如缺 $A$ 相,那末 $U_m=U_b$,所以 $U_{mn}=U_{C2}=\frac{\sqrt{3}}{2}U_{bc}$,同样使继电器动作而使 $Q$ 分断。若缺 $B$ 相或 $C$ 相时,也能达到保护目的。

### 六、自动分级卸载装置

发电机自动卸载又称优先脱扣,是属发电机过载保护的一种形式。当发电机过载时,在其长延时脱扣器的延时时间内,优先切除次要负载,使发电机消除过载,从而保证重要负载的连续供电。

1. 自动卸载的设置

如果根据全船电力负载计算结果,在最大工况下仅使用一台发电机时,其负载率在 85% 左右,则不必设置自动卸载。这是因为不会出现正常使用中的过载,如果发电机过载,多数是由于高阻抗短路引起的,此时利用自动卸载是无济于事的。

对于两台或两台以上并联运行的发电机,若有一台发电机出现故障,很可能使运行的发电机过载,所以,必需设置自动卸载。

根据需要,可以采用延时脱扣和瞬时脱扣两种。延时脱扣可以避免因暂态过载造成不必要的卸载;瞬时动作一般不需要等待检测运行发电机过载,比如利用发电机用断路器故障脱扣信号,立即实现优先脱扣而自动卸载。

2. 优先脱扣特性

优先脱扣的实现,通常是通过设在断路器内的辅助触点或发电机保护回路的过电流继电器检测信号,使应优先脱扣的负载的馈电断路器分断而达到卸载。

如果采用过电流继电器,其动作特性应与发电机断路器长延时脱扣器的动作特性相接近,但动作点不能进入发电机断路器长延时脱扣器的动作区域之内,两者的动作时间延时应协调,故通常采用同一型号的过电流继电器,并由同一电流互感器引出。

船舶自动化程度越高,对优先脱扣的要求也越高。例如,某集装箱船设有废气涡轮发电机组和柴油发电机组,并按无人机舱要求,其优先脱扣信号来自下列故障。

(1)发电机过电流。

(2)并联运行时,任一台发电机用空气断路故障脱扣。

(3)并联运行时,任一台发电机的原动机应急停车。

(4)涡轮发电机的涡轮机蒸汽调节阀开度过大。

(5)主机应急停车。

对于无人机舱的船舶，当优先脱扣装置动作时，应发出报警，而且备用发电机机组应同时自动起动、自动投入运行、再自动给已优先切断的负载供电。

某船故障优先脱扣的流程图如图 6－39 所示。

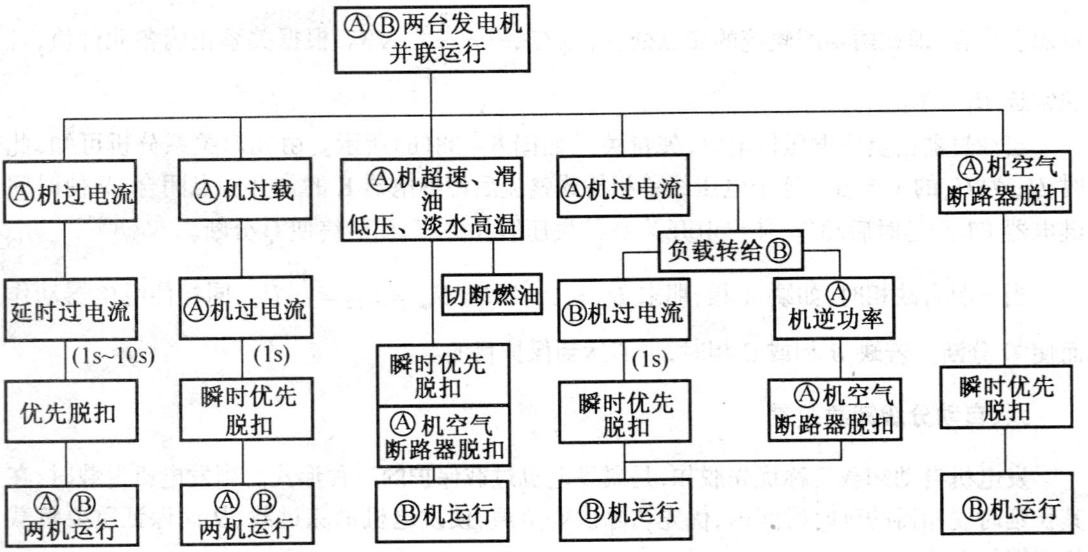


**图 6－39　两台发电机并联运行时故障优先脱扣流程图**

通常对发电机过电流时的优先脱扣采用延时动作，以减少不必要的切除负载，保证最大限度地给负载供电。而对于可能造成发电机停机或解列的故障而导致运行发电机的过载，采用瞬时优先脱扣，其脱扣时间不大于 0.1 s，这是根据发电机和原动机的过载能力决定的。

3.优先脱扣过电流继电器的整定

优先脱扣过电流继电器的整定值包括动作电流值和延时时间两个方面。

(1)动作电流的整定

动作电流的整定通常是以发电机过载保护的长延时整定电流为基础，日本某公司设计标准为长延时整定值的 82%～96% 可调。例如，某集装箱船发电机的额定电流为 770 A，其优先脱扣过电流继电器整定为 0.90 倍的长延时脱扣器整定电流，则：

长延时整定电流 $= 770 \times 1.1 = 847$ A

优先脱扣整定电流 $= 847 \times 0.9 = 762$ A

优先脱扣整定电流为发电机额定电流的 99%。

(2)延时时间的整定

不仅要求该过电流继电器的动作电流整定值与发电机过载保护的长延时整定电流相协调，而且延时时间的整定也应很好协调。在实际设计中，长延时脱扣器的延时通常整定为 15 s～30 s，所以，优先脱扣的过电流继电器的延时，通常整定值应小于 15 s。有关公司标准为 5 s～10 s 和 5 s～12 s。

根据船舶电站发电机的容量和台数，考虑非重要负载的性能和大小，也可以采用分级脱扣卸载，以求最大限度地给负载供电。各级脱扣是利用延时的时间差来实现的。例如，长延时脱扣器的延时为 20 s，若分三级脱扣时，建议延时时间整定为：

第一级脱扣延时：5 s；

第二级脱扣延时：10 s；

第三级脱扣延时：15 s。

4.优先卸载范围

优先切断的非重要负载，在规范中没有明确的规定，通常是根据负载的性质、再根据功率的大小进行调整。如某集装箱船的优先脱扣切断负载分为 2 级，第一级切断的负载为：机修工具；厨房设备；造水机；绞缆机；一台起货机；空调；货舱风机；住舱风机；日用淡水泵；舱底水分离泵；舱底压载扫舱泵。

第 2 级切断的负载为冷藏集装箱电源。

优先切断多少负载，取决于并联运行发电机的台数和负载率。比如两台同容量的发电机并联运行，当一台发电机故障解列时，其优先切断的负载，希望控制在表 6－12 范围内。

**表 6－12　在不同负载率下应优先切断的负载**

| 两台并联运行时负载率/% | 一台脱扣后另一台负载率/% | 优先切断后负载率/% | 必须优先切断的负载/% |
|---|---|---|---|
| 50 | 100 | 80 | 20 |
| 60 | 120 | 80 | 40 |
| 70 | 140 | 80 | 60 |
| 80 | 160 | 80 | 80 |
| 90 | 180 | 90 | 90 |

下面以 ZFX－1 型半导体自动分级卸载装置为例说明自动分级卸载装置的作用原理。

ZFX－1 型自动分级卸载装置

图 6－40 为 ZFX－1 型半导体自动分级卸载保护装置的原理方框图。该装置具有如下功能：一级定时限卸载保护；二级定时限卸载保护；发电机过载反时限跳闸保护以及发电机欠压定时限跳闸保护，由此可见，该装置可做发电机的过载和欠压继电保护装置。

（一）主要环节

1.电源变压器 $T_4$：输入电压为单相 110 V。降压以后输出，既是本装置的工作电源，又是欠压保护的信号源。

2.电流信号变换器 $T_1$、$T_2$、$T_3$：每相变换器的输入绕组有四个。其中 $W_1$ 为独立原边绕组，另三个绕组因由 $A$、$B$、$C$ 三相电流引入迭加，故统称为零序绕组 $W_0$。由图可看出，每个变换器的初级绕组均由三相零序绕组 $W_0$ 与某相电流绕组 $W_1$ 组成。变换器的次级绕组为 $W_2$。

当三相负载电流对称时，三相零序绕组的合成电流为零。故次级输出由初级 $W1$ 中流过的电流决定。经整流后，仍能取得相应直流信号电压。

当三相负载电流不对称时，次级输出的电流中除初级 $W1$ 的分量外，尚有三相零序绕组流过不对称电流的合成分量。

因此，无论是单相、两相或三相出现过载时，此变换器的次级绕组均有相应电压输出。

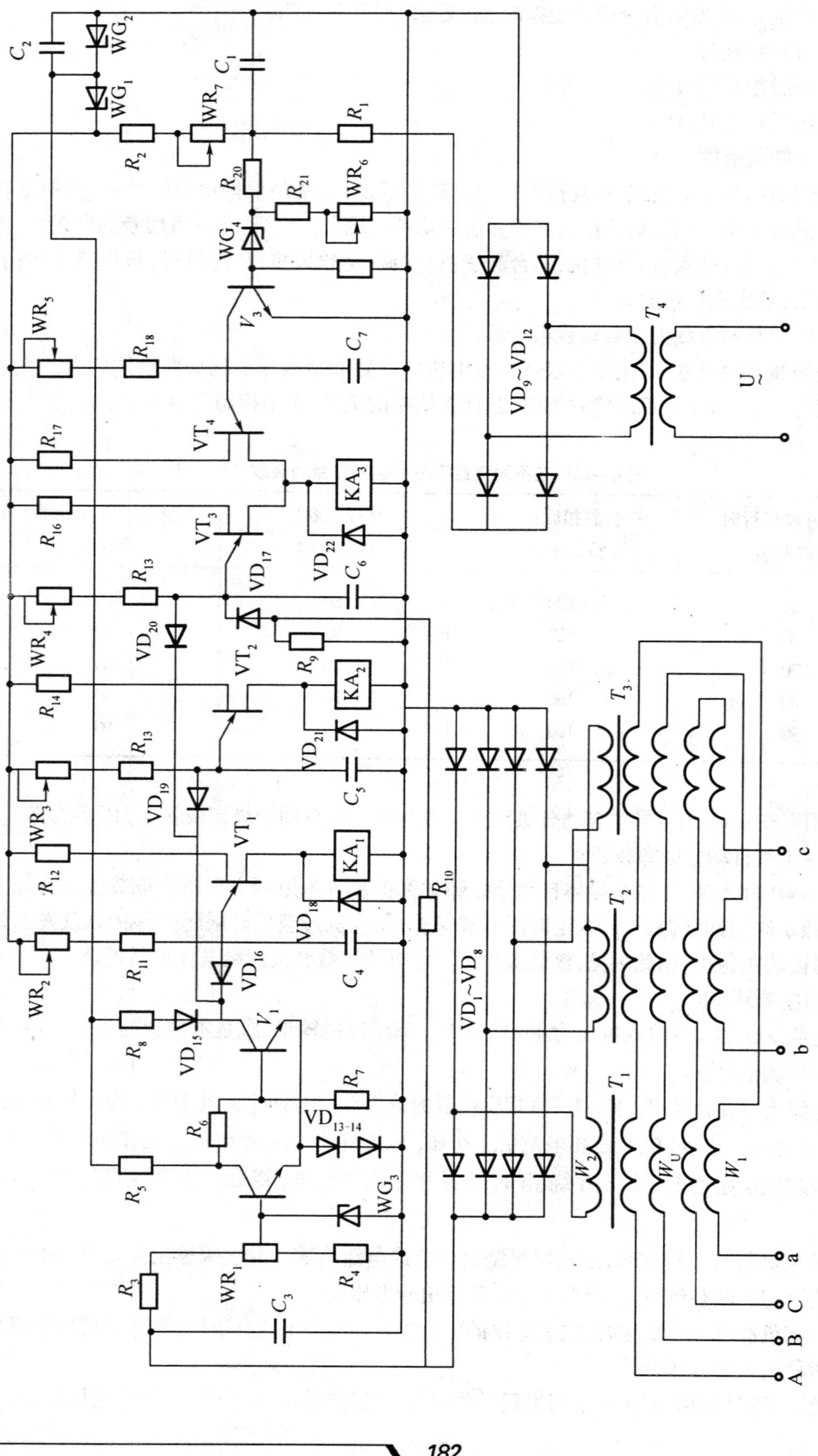


图6-40　AFX-1型半导体自动分级卸载保护装置的原理

3.稳压电源:由 $WG_1$ 与 $WG_2$ 两只稳压管串联组成。其中 24 V 电源供各触发器 $VT_1$、$VT_2$、$VT_3$、$VT_4$ 和继电器 KA 使用。12 V 电源供三极管 $V_1$、$V_2$ 使用。

4.触发器:共有四个单结晶体管组成的四个脉冲触发器。$VT_1$ 为第一级卸载触发;$VT_2$ 为第二级卸载触发;$VT_3$ 为全部卸载跳闸触发;$VT_4$ 为欠压跳闸触发。它们的触发时间是可调节的。

5.继电器 KA:共有三个继电器。$KA_1$ 为第一级卸载控制开关跳闸;$KA_2$ 为第二级卸载控制开关跳闸;$KA_3$ 为控制主开关跳闸。

6.电流信号检测器:由 $V_1$ 和 $V_2$ 组成。实际上是一个共发射极的施密特翻转电路。由此检测器输出的电压信号,可以控制各级卸载是否投入运行。

(二)电路的工作原理

1.电流检测电路

从发电机的电流互感器来的电流信号,通过电流信号变换器 $T_1$、$T_2$、$T_3$,由 $VD_1-VD_8$ 整流后,经过电阻 $RP_1$ 分压,电阻 $R_{10}$降压后,分别作为 $V_1$(第一级卸载)和 $V_5$(全船跳闸)的输入信号使用。

发电机正常工作时,应保证检测电路中的 $V_1$ 可靠截止,$V_2$ 可靠导通。因此,由 $R_3$、$RP_1$、$R_4$ 组成的分压电路中,应调节电位器 $RP_1$,使其分压值小于 $V_1$ 的 $e$、$b$ 间压降和 $VD_{14}$、$VD_{13}$的管压降之和,始能确保 $V_1$ 截止,$V_2$ 导通,输出低电位信号。

当发电机过载,电流达到卸载所需的电流整定值时,$RP_1$ 的分压值相应升高使 $V_1$ 导通,$V_2$ 截止。输出一个高电位信号。

2.第一级自动卸载电路:

当 $V_2$ 截止后,触发脉冲形成电容 $C_4$ 在稳压电源($WG_1$ 和 $WG_2$ 串联稳压)作用下被充电。充电电路为定时限,由 $RP_2$、$R_{11}$、$C_4$ 组成。调节 $RP_2$ 使 $C_4$ 两端电压升至 $VT_1$ 管峰值电压的时间为 5 秒钟。只要过载电流存在的时间超过 5 秒,则 $VT_1$ 管输出脉冲电压,作用于继电器 $KA_1$,使 $KA_1$ 动作,那么它的触点立即动作,控制第一级自动空气断路器自动跳闸。卸掉一部分次要负载。

如果过载电流在 5 秒钟之内撤消,恢复正常电流。那么 $V_1$ 又截止,$V_2$ 导通,$C_4$ 两端被 $V_2$ 短接,则 $C_4$ 上充电电能经 $VD_{16}$、$V_2$、$VD_{14}$、$VD_{13}$放电,以保证时限的准确性。

3.第二级自动卸载电路:

当第一级卸载电路动作卸去部分次要负载后,如果发电机仍然过载,那么可以由第二级自动卸载电路 $V_2$ 来进行第二次卸载。此电路与第一级卸载电路工作原理相同。仅延时时间整定为 10 秒,可调节 $RP_3$ 来实现。

4.过载长延时跳闸电路:

若第二级卸载后,发电机仍出现过载,只有通过 $VT_3$ 电路,延是 15 秒,使主开关跳闸。长延时 15 秒的整定,由 $RP_4$ 来完成。

(三)欠压保护电路

1.电压检测电路

由 $C_1$ 两端的滤波电压供电,经 $R_{20}$、$R_{21}$、$RP_6$ 组成的分压电路进行分压。由电阻 $R_{21}$ 和 $RP_6$ 两端取出的电压信号与稳压管 $WG_4$ 的击穿电压相比较。

当发电机电压正常时，分压值大于 $WG_4$ 击穿电压，$WG_4$ 被击穿。当发电机电压降至额定电压的 60% ~70% 时，则分压值低于 $WG_4$ 击穿电压，$WG_4$ 将电路阻断。

2.欠压保护电路

在正常电压作用下，$WG_4$ 被击穿，$V_3$ 导通，电容 $C_7$ 被 $V_3$ 短接而不能充电。

当欠压至 60% ~70% $U_e$ 时，$WG_4$ 阻断电路，$V_3$ 由导通变为截止。此时稳压电源经 $RP_5$、$R_{18}$ 对 $C_7$ 充电。当 $C_7$ 两端电压达到 $VT_4$ 的峰值电压时，则电容 $C_7$ 经 $V_6$ 管向 $KA_3$ 放电，使 $KA_3$ 动作，主开关自动跳闸。$C_7$ 充电的时间由调节 $RP_5$ 来完成。一般延时 1~3 秒。

(四)短路电流保护电路

由反时限充电电路 $R_{10}$、$VD_{17}$、$C_6$ 及分压电路 $R_{10}$、$R_9$ 组成大电流信号检测器。

当发电机短路或严重过载时，变换器输出的电流信号很强，使 $C_6$ 很快充电完毕，使 $V_5$ 工作，输出电流给 $KA_3$，$KA_3$ 动作后主开关立即跳闸。其延时时间很短，一般在 1 秒以内。

图中 $VD_{16}$、$VD_{19}$、$VD_{20}$ 三只二极管，既起前后级的隔离作用，又起放电通路的作用。即当电容 $C_4$、$C_5$、$C_6$ 上积累的暂时过载留下的电荷，可通过 $VD_{16}$、$VD_{19}$、$VD_{20}$ 及 $V_2$ 迅速放掉。防止造成误卸载。

## 七、三相绝缘系统的绝缘监测

船舶电网和电气设备绝缘性能降低或损坏会造成漏电，是触电、火灾及电气设备损坏等事故的重要原因。对于油轮和运载可燃性气体或化学物品的船舶来说，电气绝缘需要严格地监测。

由于船舶电网几乎总是带电的，因此网不能采用普通的摇表来测量电网对地的绝缘程度。通常有以想几种方法。

1.指示灯法

指示灯法如图 6-41 所示，当电网正常时，按下按扭，三灯亮度相同，若 *A* 相线路上某点接地，按下按扭，*a* 灯短路不发光，另两相灯所受的电压从相电压上升为线电压，两灯异常亮；若 *A* 相线路漏电，当然 *a* 灯还能发光，但三灯间亮度有显著区别，从而可指示出线路绝缘情况；但三相线路绝缘均下降，情况就不易辨别。所以，这种方法叫单接地检测。

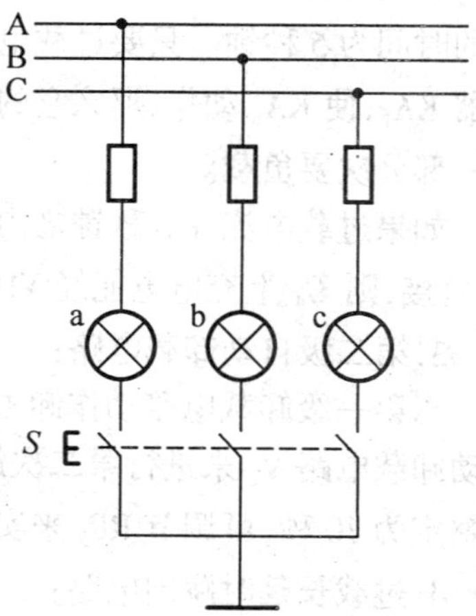


图 6-41 接地监视指示器

2.兆欧表法

兆欧表法如图 6-42 表示兆欧表由表头部分和附加装置两部分组成，附加装置提供直流电源，电源一端接表头另一端经开关接入电网，再经电网的绝缘电阻到地与表头构成直流回路。表头指针偏转越大，说明电网绝缘电阻越小，即漏电电流越大。表上刻度直接用绝缘电阻值标注。由于指示随电网电压而变化，影响测量精度，改进的附加装置提供直流稳压电源，效果较好。

3.电网绝缘监测仪

电网绝缘监测仪的监测的基本原理与兆欧表相同，主要扩展功能是检测值低于整定值

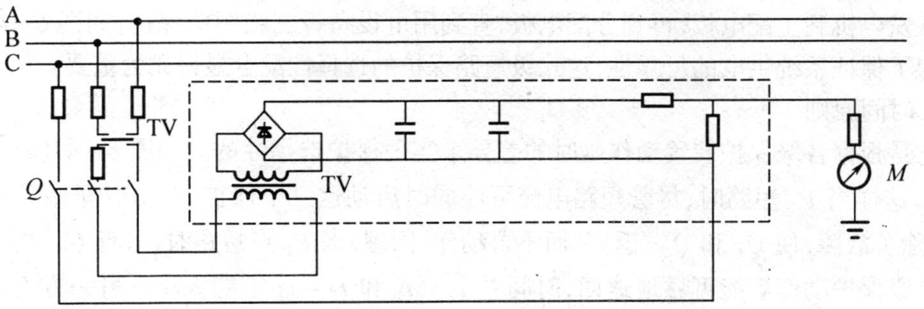


图 6-42　船用兆欧表原理

时能发出声光报警信号。另外,报警整定值在一定范围内可调,以适应不同系统对检测的需要,并能保证一定的精度。《钢质海船入级与建造规范》规定:“用于电力、电热和照明的绝缘配电系统,不论是一次系统还是二次系统,均应设有连续监测绝缘电阻,且能在绝缘电阻异常低时发生听觉或视觉报警信号的绝缘电阻监测报警器。”可见,只有电网绝缘监测仪方法是符合规范要求的。

## 第六节　船舶电网的保护

船舶电网的保护主要是指线路的保护,也包括除发电、用电部分保护以外的其他保护,例如变压器保护、岸电保护、三相绝缘系统的绝缘检测报警、主电站与应急电站及岸电间的连锁等。

### 一、电缆保护

电缆有过载保护和短路保护两种。电缆通常不设专用的过载保护,这是因为,馈线式电网的线路分为三部分:第一部分是发电机到主汇流排之间的电缆,这一段电缆的截面是按发电机容量来选择的,若其过载即说明发电机过载,因此电缆的这种过载可由发电机的过载保护装置实现保护;第二部分是用电设备到分配电板之间的电缆,或用电设备直接到主配电板的一段电缆,其截面是按用电设备的额定电流来选择的,因此这一段线路若过载,可由用电设备的过载保护装置实现保护;第三部分是主配电板到分配电板之间的电缆,这一段电缆供电负载不止一个,当个别设备过载时不致引起这段电缆的过载,而大多负载同时过载的可能性极小,况且负载段已设有保护,所以这一段也可以不设过载保护。

电缆的短路保护问题,主要是根据计算短路电流校验电缆的承受能力。国产电缆允许最大短路电流的计算公式参见第七章。例如截面 4 mm² 的橡皮绝缘电缆,短路时间 0.2 s 时允许最大短路电流为

$$I_{S\max} = 149.9\frac{S}{\sqrt{t}} = 145.9 \times \frac{4}{\sqrt{0.2}} = 1\ 305\ \text{A} \qquad (6-14)$$

当计算的短路电流大于此值时,应重选电缆截面。电缆必须与保护电器的动作延时时间相配合。各设备已有短路保护,因此与设备相连的电缆与设备的短路保护共用一套保护装置。但由于在主配电板到分配电板之间的线路存在短路的可能性,则要设置短路保护装

置，通常采用装置式断路器。

从发电机到主配电板，再到分配电板，直到用电设备设三级短路保护，如图 6-43(a)所示。为了保证系统供电的可靠性，这三级短路保护的选择性配合显得尤为重要。

1.时间原则

它是根据各级保护装置动作延时的差异来实现保护选择性的。如图 6-43(a)，使 $t_1 > t_2 > t_3$，这样当 $P_1$ 短路时，尽管短路电流可能同时启动这三个保护，但由时间保证 $Q_{31}$ 先动作，切除了故障，使 $Q_1$ 和 $Q_{21}$“返回”而不再动作；同理，当 $P_2$ 点短路时，只有 $Q_{21}$ 动作。为了保证上级保护动作后能可靠地返回，时间差 $t_2 - t_3$ 和 $t_1 - t_2$ 不能太小。另一方面，为了保证快速性，时间差也不能太大。应用时间原则整定各级保护的动作可以保证选择性，但也存在与保护的快速性要求有矛盾的问题。

2.电流原则

它考虑到对短路故障保护的快速性要求，使各级保护均瞬时动作，而保护的选择性则从各级保护整定的动作值(电流值)的差异上体现出来。如图 6-43(a)情况下，按电流原则整定时，开关 $Q_1$、$Q_{21}$ 和 $Q_{31}$ 的整定动作电流值分别为 $I_1 > I_{21} > I_{31}$。为了保证可靠性，每一级保护电流值还必须同时满足：(1)小于被保护线路中最小的短路电流值，即线路末端短路电流值；(2)大于下级保护线路最短的变化曲线，如图 6-43(b)所示。设 $Q_{31}$ 处短路电流为 $I(L_3)$，开关 $Q_{21}$ 的整定电流为 $I_2$，为了保护 $I_2 - I_3$ 线路段，应小于 $I(L_3)$。由于 $L_3$ 附近的短路电流值差别不大，当 $L_3 + \Delta L$ 处短路时，就可能引起 $Q_{21}$ 误动作，不能保证选择性，于是要适当加 $I_2$ 到 $L_2 + \Delta L$，对应点为处 $L_{23}$，这样 $Q_{21}$ 实际保护的线路段为 $L_2 - L_{23}$，而线路段 $L_{23} - L_3$ 没有受到保护，称为保护不灵敏区。上述分析反映了按电流原则整定保护时，选择性与灵敏性间存在矛盾。

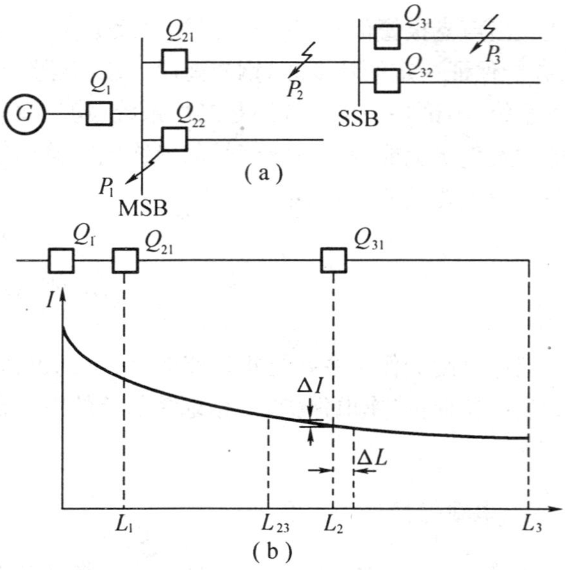


图 6-43　三级短路保护

综上所述，单独使用时间原则或电流原则均不很理想，实际的做法是混合使用上述两种原则。发电机主开关 $Q_1$ 采用万能式空气断路器是一个典型例子。它的短路延时保护与下级 $Q_2$、$Q_3$ 是按时间原则进行整定的，它的特大短路瞬动保护则是按电流原则进行整定。

3.电网的保护电路大量采用装置式断路器

装置式断路器一般都装有串联过电流脱扣器(瞬时脱扣器)，其短时电流能力比空气断路器差，装置式断路器的动作特性如图 6-44 所示，特性由过载区域反时限动作特性和短路区域反时限动作热特性组成。选用装置式断路器时，其动作特性的上限值应考虑到与被包线路的电流热特性相配合。从保护角度讲，特性的下限值越低越好，但实际上又不能太低，其值应允许负载正常启动时出现冲击电流。另外要注意，反时限特性下限表示断路器绝对不动作的时限，也称可返回时限，而瞬动特性的下限表示最小全切断时间，即在这段时间内不能完成短路电流的完全切断，所以不是可返回时限。

为了实现主汇流排配电开关与下位保护电器(装置式断路器或)熔断器实现按时间原则整定的保护选择性，现已设计出具有 0.04～0.15 s 短延时脱扣器的三段式保护的装置式断路器，如日本寺崎公司生产的 TT 型装置式断路器。由于延时切断，其额定电流比暂时切断的降低了 50% 左右。

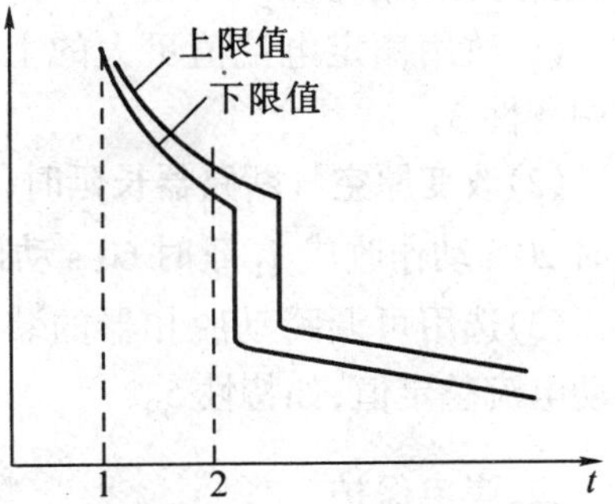


**图 6－44　装置式断路器动作特性**

随着船舶的大型化和自动化，船舶电站容量也随之增大，这意味着船舶电力系统发生短路时短路电流也增大，进而要求系统保护装置的切断容量要增大，这会给保护设计带来困难，因此出现了后备切断保护的方式。所谓后备切断保护方式是指系统中设置的保护装置的短路定额，对于其安装点的最大计算短路电流不够的场合，在该保护装置的电源侧(通常称作上位)设置对该最大计算短路电流具有足够的短路定额的保护装置，借助此后备保护装置，安全的切断故障回路。

图 6－43(a)中，当 $Q_{31}$ 对短路点 $P_3$ 的最大计算短路电流没有足够的保护定额的情况下，可在上位设置具有足够短路定额的 $Q_{21}$，利用 $Q_{21}$ 和 $Q_{31}$ 的共同动作切除 $P_3$ 点短路故障，因此 $Q_{31}$ 的切断容量可减小，提高了电力系统的经济性。从图中看出，由于 $Q_{21}$ 的动作，使正常的 $Q_{32}$ 也被切除，这样后备保护方式扩大了断电范围，保护的选择性不好。因此，《钢质海船入级与建造规范》规定：“在不包含重要设备的电路中，同一熔断器或断路器可作为一个以上断路器的后备保护。”

通常作为后备保护的上位断路器的额定电流比被后备保护的下位断路器的额定电流大，所以它的全切断时间及开启时间(从短路触发脱扣器动作到触头开始分断的时间)均较下位断路器要长。特别当两者容量相差较大时，就更难以实现后备保护，因为后备保护要求上位保护先动作，限制了短路电流后才能保证下位保护动作。限流断路器的开启时间快，短路容量大，较适合作为后备保护的上位断路器。

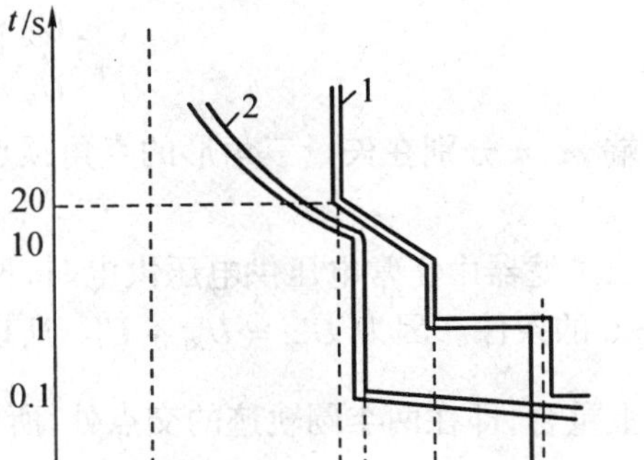


**图 6－45　选择保护的配合**

1—上位 ACB 动作特性；2—下位 MCCB 动作特性；$I_1$—下位 MCCB 额定电流；$I_2$—上位 ACB 的 LTD 整定值；$I_3$—下位 MCCB 的 INST 整定值；$I_4$—上位 ACB 的 STD 整定值；$I_5$—上位 ACB 的 INST 整定值

为了实现保护的选择性，上下位保护电器的动作特性应能协调配合，即上位电器(如空气断路器)的过载长延时脱扣器的整定电流和短路延时脱扣器的整定电流，必须分别大于下位电器(如装置式断路器)的相应脱扣器的整定电流。把两者的动作特性置于同一坐标系中进行比较时，上位电器的特性应处于下位电器特性的右上方。图 6－45 表示了这种关系。需要说明的是，空气断路器(发电机主开关)的瞬时(INST)脱扣不必考虑与下位保护电器的协调。

如图 6－46 所示，当上位空气断路器特性 1 与下位装置式断路器特性 2 有交叉时，有以下几种办法来解决：

(1)改用额定电流值更大的上位空气断路器，如图中特性 3；

(2)改变原空气断路器长延时(LTD)整定点，由 $I_1$ 延时 20 s 动作改成 $I_1$ 延时 60 s 动作，如特性 4；

(3)选用可调瞬动脱扣器的装置式断路器，减小瞬动电流整定值，如特性 5。

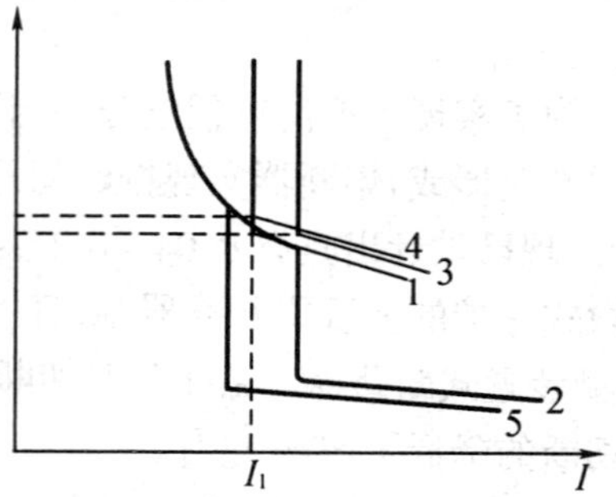


图 6－46　选择性保护的解决办法

## 二、岸电保护

船舶停靠码头时，可接岸电向船上负载供电，以延长船舶发电机使用时间。但要确认船舶发电机已与船舶电网分离，并且岸电接入时与船舶电网的相序一致。船舶发电机与电网分离后，接岸电由发电机开关与岸电开关的连琐来保证。

(1)相序指示灯的判断相序和岸电控制箱参见第五章。

(2)负序继电器和断路器配合，可实现岸电相序接错保护和缺相保护功能，如图 6－47 所示。

由电阻 $R_1$、$R_2$ 和电容 $C_1$、$C_2$ 构成一个负序电压过滤器，岸电电压经电压互感器 TU 接入，从 $m$、$n$ 两点输出电压 $U_{mn}$。岸当岸电相序正确时，$U_{mn}=0$，继电器部分不动作；当相序不正确或缺相时，$U_{mn}\neq 0$，引起继电器动作，使岸电开关 $Q$ 断开。其原理分析如下。

设图 6－47(b)中 $R_1$、$C_1$ 加上电压 $U_{ab}$ 正比于岸电线电压 $U_{AB}$，而 $R_2$、$C_2$ 上加上电压 $U_{bc}$ 正比于岸电线电压 $U_{BC}$，流过的电流分别为 $I_A$ 和 $I_C$，电流分别超前于它的电压，因此每一部分的电容电压滞后于电阻电压 90°。矢量关系如图 6－47(b)右部，有

$$U'_{ab}=U'_{R1}+U'_{C1} \tag{6-15}$$

$$U'_{bc}=U'_{R2}+U'_{C2} \tag{6-16}$$

输出端 $m$、$n$ 分别在矢量三角形的直角顶点。当 $R$、$C$ 变化时，$m$ 和 $n$ 的变化轨迹构成半圆弧。

当过滤器由正常电压供电压供电时，两个半圆弧关系如图 6－47(c)所示，这时应满足 $U_{mn}=0$ 的条件。因为 $U'_{mn}=U'_{R1}+U'_{C2}$，所以应满足 $U'_{R1}=-U'_{C2}$，或者说 $m$ 点与 $n$ 点应在矢量图上重合，即在两半圆轨迹的交点处，所以有 $\frac{R_1}{X_{C1}}=\frac{X_{C2}}{R_2}=\sqrt{3}$。根据各元件值，且通常选 $R_1=X_{C2}$。

当过滤器由负序电压供电时，矢量关系如图 6－47(b)所示。由几何关系分析可知，此时 $U_{mn}$ 为 $U_{ca}$ 的 1.5 倍。这个电压经单相桥式整流后，使继电器 $K$ 的常开触点闭合，又使时间继电器 KT 经延时后动作，使岸电开关 $Q$ 脱扣失压，而最终使 $Q$ 分断。

当电源有缺相(如缺 $A$ 相)时，$U_m=U_b$，所以 $U_{mn}=U_{C2}=\frac{\sqrt{3}}{2}U_{bc}$，同样使继电器动作而使 $Q$ 分断。若缺 $B$ 相或 $C$ 相时，也能达到保护目的。

## 三、三相绝缘系统的绝缘监测

船舶电网和电气设备绝缘性能降低或损坏会造成漏电，是触电、火灾及电气设备损坏等

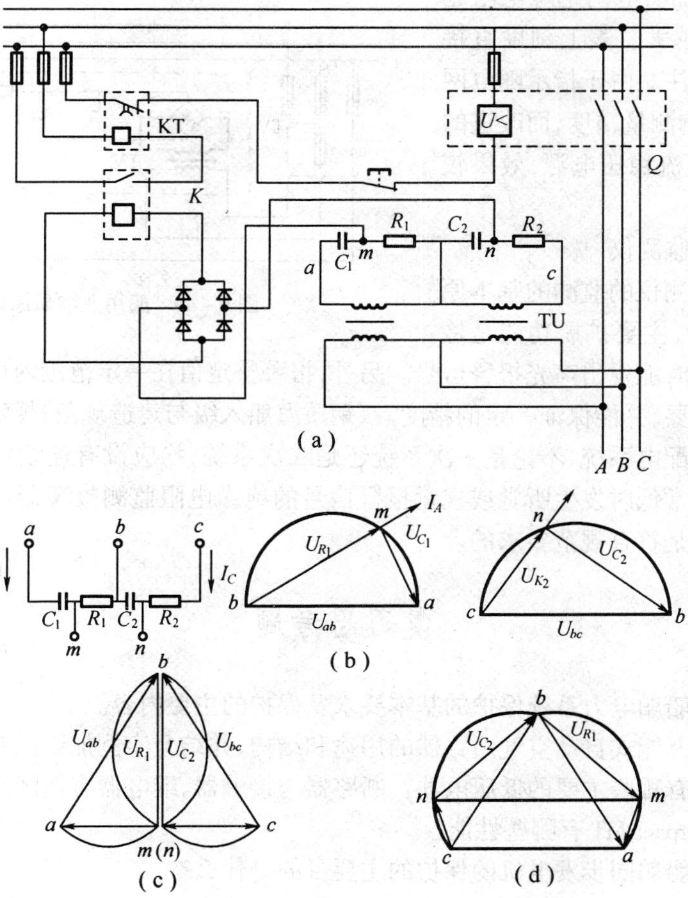


**图 6-47　负序继电器原理**

(a)线路图;(b)负序电压过滤器矢量关系;(c)加正序电压时的矢量关系;(d)加负序电压时的矢量关系

事故的重要原因。对于油轮和运载可燃性气体或化学物品的船舶,电气绝缘需要严格地监测。由于船舶电网几乎总是带电的,因此不能采用普通的电表来测量电网对地的绝缘程度。通常采用以下几种方法。

1.指示灯法

如图 6-48 所示,当电网正常时,按下按扭,三灯亮度相同;若 $A$ 相线路上某点接地,按下按扭,$a$ 灯短路不发光,另两相灯所受的电压从相电压上升为线电压,两灯异常亮;若 $A$ 相线路漏电,虽然 $a$ 灯还能发光,但三灯的亮度有显著区别,从而可指示出线路绝缘情况。但三相线路绝缘均下降时,情况就不易辨别。所以这种方法叫单接地检测。

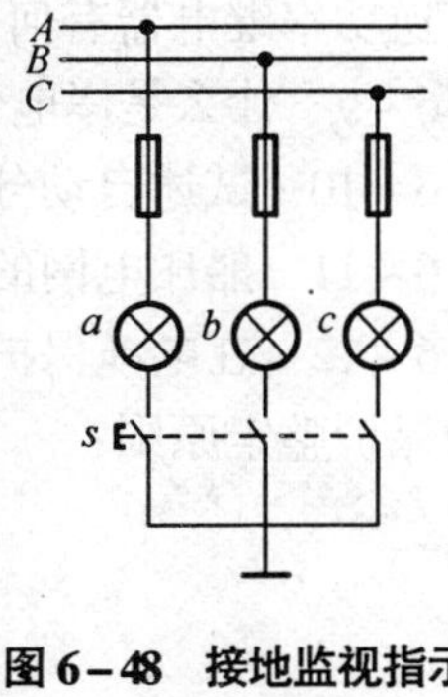


**图 6-48　接地监视指示器**

2.兆欧表法

如图 6-49 所示,兆欧表由表头和附加装置两部分组成。附加装置提供直流电源,电源一端接表头,另一端经开关接入电网,再经电网的绝缘电阻到地与表头构成直流回路。表头指针偏转越大,说明电网绝缘电阻越小,即漏电电流越大。表上刻度直接用绝缘电阻值标注。由于指示随电网电压而变化,影响测量精度,而改进的附加装置提供直流稳压电源,效果较好。

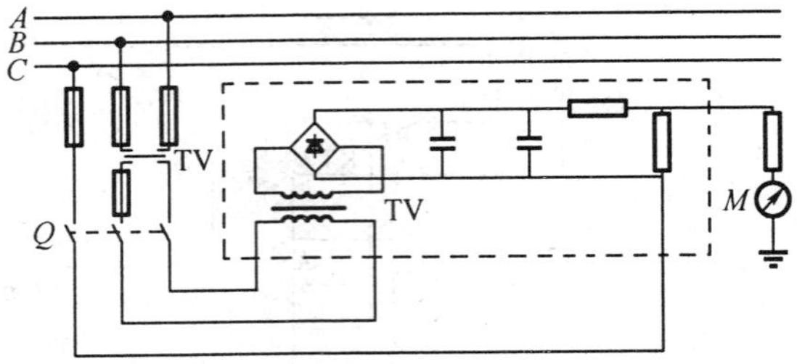

图 6-49 船用兆欧表原理

3.电网绝缘监测仪

电网绝缘监测仪的监测的基本原理与兆欧表相同,主要扩展功能是检测值低于整定值时能发出声光报警信号。另外,报警整定值在一定范围内可调,以适应不同系统对检测的需要,并能保证一定的精度。《钢质海船入级与建造规范》规定:“用于电力、电热和照明的绝缘配电系统,不论是一次系统还是二次系统,均应设有连续监测绝缘电阻,且能在绝缘电阻异常低时发生听觉或视觉报警信号的绝缘电阻监测报警器。”可见,只有电网绝缘监测仪方法是符合规范要求的。

## 复习思考题

6-1 简述船舶电力系统保护的基本要求及保护的主要内容。

6-2 简述万能式自动空气短路器的用途和结构,并结合实例加以说明

6-3 船上有哪些主要的低压电器?断路器与接触器、继电器有何区别?

6-4 Masterpact MT 有哪些性能?

6-5 试述船舶同步发电机的保护的主要目的是什么?

6-6 在哪些情况下要对船舶同步发电机进行过载保护?对船舶同步发电机进行过载保护有哪些要求?如何整定?

6-7 在哪些情况下要对船舶同步发电机进行外部短路保护?在哪些情况下要对船舶同步发电机进行欠压保护?在哪些情况下要对船舶同步发电机进行逆功率保护?

6-8 试述 GG-21 型逆功率继电器的基本工作原理?在接线时为什么要采用 30°接线法?逆功率继电器有何作用?它的工作原理是怎样的?

6-9 什么是岸电保护?如何进行岸电保护?

6-10 试述自动分级卸载装置的优先脱扣特性和适用的故障?

6-11 船舶电网的保护包括哪些内容?

6-12 在电缆保护中,为了保证系统供电的可靠性,三级短路保护的选择性配合有哪两种保护整定原则?

# 第七章　船舶电力网与船舶电缆

## 第一节　船舶输电网

船舶输电网络泛指主配电板和应急配电板到用电负载之间的电缆连线。

### 一、船舶输电网的分类

(1)主电网　由主发电机通过主配电板供电的网络。

(2)应急电网　由应急发电机通过应急配电板供电,或由蓄电池通过蓄电池充放电板供电的网络。当主电源失电时,应急电源自动启动并通过应急电网供电给应急用户。在主电源正常工作时,应急负载可由主配电板经联络开关供电给应急配电板,再经应急电网供电。

(3)临时应急电网　由蓄电池通过蓄电池充放电板用以传输、分配临时应急电能的网络。

(4)一次网络　由主配电板直接向区配电板、分配电板和负载供电的网络也称一次系统。

(5)二次网络　由区配电板或分配电板向负载供电的网络也称二次系统。

(6)动力电网　指供电给三相异步电动机负载的电网,也包括供电给380 V三相电热负载的电缆。该网络输送的电能约占全船电能的70%左右。

(7)照明网络　船舶电网中向照明设备、电风扇及小容量电热设备供电的网络。该电网由照明变压器副边算起,通过主配电板中的照明负载屏馈电给各照明分配电板,再由各分配电板供电给全船所有舱室及甲板的照明灯具;对机舱中的照明网络需交叉布置,并至少有两个独立的馈电路径,以保证在其中一路故障时机舱仍有50%的照明负载正常工作;甲板等外部照明电网应能由驾驶室集中控制其通断。

(8)弱电网络　是向全船无线电通信设备、各种助航设备、信号报警系统等用户供电的低压直流电网或中频电网,因其对供电电压、频率等有特殊要求,因此要专门配置蓄电池组及变流机组。

### 二、船舶输电网的结线方式

电源、配电装置及用电设备之间电缆的连接方式称之为结线方式。在设计电力系统时,应根据用电设备的具体要求和整个电力系统的供电可靠性、经济性、灵活性以及操作方便等,合理地确定结线方式。目前采用较多的是馈线式和环路式;此外还有干线式、棋盘式、两舷供电式和混合式等。

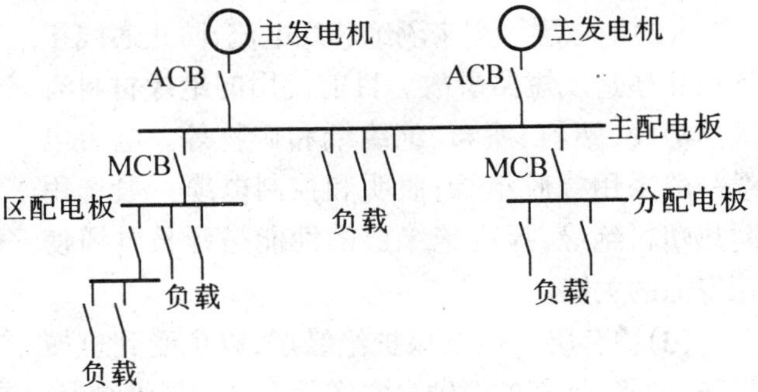


图7-1　馈线式供电方式

1.馈线式又称放射式

如图7-1所示,以主发电机馈电的主汇流排作为主干,配电网络像树枝式地分布,这种方式在船上应用最为普遍。它有以下特点：

(1)电缆的总长度比较小；

(2)便于增加新的负载；

(3)继电保护装置与开关电器数量比较少，整定、检修和维护容易；

(4)与环路方式比较投资少；

(5)主要供电开关均在一个控制场所，便于集中控制。

2.环路式

如图7-2所示，发电机主汇流排与各分配电板汇流排通过自动开关串联成环状，负载分别由各段汇流排上引出。这种方式的特点：

(1)比馈线式配电可靠性高；

(2)电压损耗和功率损耗比较小；

(3)检修维护复杂；

(4)与树枝式相比价格高。

这种配电方式主要用在军舰和客轮的配电网络中。

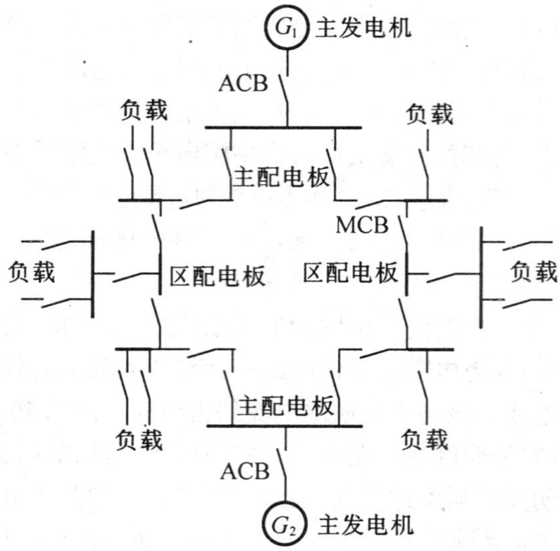


**图7-2 环路式供电方式**

### 三、船舶电缆

船舶电缆主要用于配电板和用电器之间的电能输送。由于船舶工作的环境条件恶劣，因此要求电缆在机械强度、绝缘强度和防护性能等方面较陆用电缆有较高的技术要求。

1.船舶电缆的结构

船用电缆主要由导体、绝缘层、护套层和铠装层等组成，其结构如图7-3所示。

(1)导体　用来传输电流。为了减少输电线上的电压及功率损失，船用电缆的芯线应采用铜线；为了增加芯线的机械强度和减少温升影响，船用电缆多用直径0.26~0.27 mm的多股软铜丝绞合而成。铜丝应镀锡或镀合金，表面要求光亮。

(2)绝缘层　用来隔绝芯线电流，防止芯线接地或相碰造成短路事故。目前使用的绝缘材料有天然橡胶、塑料、漆布、绝缘纸和矿物等。电力电缆一般采用橡胶绝缘；照明和控制电缆一般选用耐热塑料绝缘，提高绝缘层的性能是延长电缆使用寿命的关键。

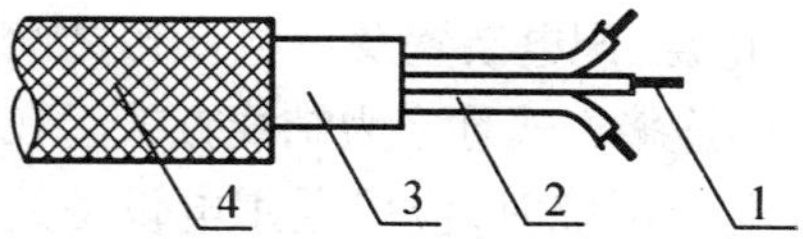


**图7-3 电缆结构图**

1—芯线；2—绝缘层；3—护套层；4—铠装层

(3)护套层　用来保护绝缘层，以免受到机械损伤，油雾、烟雾的腐蚀。它实际上是一层绝缘保护层，多用塑料做成。

(4)铠装层　用来增强抗机械损伤和起静电屏蔽作用。它由镀锡铜丝或镀锌钢丝编织而成，套在护套层外边。

2.船用电缆的种类

(1)照明和电力回路用电缆；

(2)控制和通信回路用电缆；

(3)电话回路用电缆；

(4)配电板用电缆；

(5)可移动设备用电缆；

(6)控制设备内部接线用电缆；

(7)其他特殊装置用电缆。

3.船用电缆的选择

船用电缆的选择应根据敷设场所的环境条件、敷设方法、额定电流和允许电压降等因素来考虑。

(1)电缆的选择步骤和原则

①根据电缆的用途、敷设位置和工作条件选择合适的电缆型号；

②根据用电设备的工作制、电源种类、电缆芯线和负载电流选择合适的电缆截面；

③根据系统短路电流计算结果，判断电缆的短路容量是否满足要求；

④根据环境温度对电缆的额定载流量进行修正，然后再判断电缆的允许电流是否大于负载电流；

⑤根据成束敷设修正系数，对电缆的额定载流量进行修正，然后再判断电缆的允许电流是否大于负载电流；

⑥校核线路电压降，判断线路电压降是否小于规定值；

⑦根据保护装置的整定值，判断电缆与保护装置是否协调；如果不协调，判断是否可以改变合适的保护装置或整定值，否则应重新选择合适的电缆截面。

(2)电缆型号的选择　电缆型号的选择应考虑以下因素：

①电缆的用途　用于动力、照明和无线电通信等；

②电缆敷设位置　干燥、低温、潮湿和是否要求屏蔽等；

③工作条件　固定敷设、穿管敷设和可移动等。

根据上述因素选择电缆型号时，还必须遵守以下原则：

①任何电缆的额定电压不应低于其所在电路的额定电压；

②电缆绝缘材料的额定运行温度至少比电缆敷设处所可能存在的或产生的最高环境温度高 10 ℃；

③固定敷设在露天甲板、浴室、货物处所、冷藏处所、机器处所和通常可能出现凝结水或有害蒸汽等地点的电缆，均应具有金属不透性护套(铜、铅合金)或非金属不透性护套(聚氯乙烯、氯丁橡胶等)；敷设在永久潮湿的处所，而以吸潮材料作绝缘的电缆，均应采用金属护套；在失火状况下必须维持工作的重要设备电缆，例如连接应急消防泵至应急配电板的电缆若穿过高度失火危险区域时，则应采用耐火型电缆；

④在选择不同类型的防护覆盖层(外护层)时，应着重考虑对每根电缆在安装和使用时可能受到的机械作用；如果认为外护层的机械强度不够，则电缆应安装在管道中或采取其他的防护措施；

⑤所有电缆和电气设备的外接线至少应为滞燃型；

⑥失火报警、探火、应急灭火设备、失火通信、遥控停机用电路，以及类似的保安控制电路，在失火状态下也必须维持工作，应考虑采用耐火型电缆；但下述情况可以除外：系统为自

检型或故障安全型;系统为双套;

⑦敷设在冷藏处所的电缆应具有水密或不透性护套,一般不应选用聚乙烯绝缘或护套的电缆。

(3)电缆截面的确定

①根据电缆供电的电路,估算电缆可能承载的最大负载电流;

②根据不同环境空气温度时的修正系数、成束敷设的修正系数和不连续工作的修正系数,对预选用电缆的额定载流量进行修正,每根电缆在修正后,电流定额不应小于该电缆所可能承载的最大电流;

③校核线路电压降,保证电缆在正常工作条件下承载最大电流时的电压降,不超过各国规范、规则的规定值;

④当按照上述条件确定导体截面后,校核由短路和电动机启动电流所引起的温升应满足要求;

⑤导体应有足够的机械强度以满足敷设和工作条件;

⑥三相交流供电系统,当电缆截面较大时(一般限定 120 $mm^2$),可以采用二根或多根三芯电缆并联使用;

⑦临时应急低压灯具,由于受到填料函尺寸的限制,选用电缆截面不应超过 2.5 $mm^2$;

⑧进入蓄电池室的蓄电池连接线应选用单芯电缆,以便于连接;

⑨船舶采用单线制时,照明灯具、无线电和导航设备等所使用的电缆一般仍选用双芯电缆,通过分配电板的汇流排进行总接地。

## 四、船舶输电网的电压损失、电压偏移和电压降

当负载电流通过电缆时,由于电缆本身有电阻,就会在电缆上产生功率损耗,使导线发热,同时电缆的首末端间电压将发生变化,线路中任意两点间电压的矢量差通常称之为电压降,该两点间电压的代数差称为电压损失,但工程上主要对电压差的绝对值感兴趣,因此经常将电压损失叫做电压降。电压偏移则指负载处实际电压与额定负载电压之差,也都可用对额定电压的百分数即相对值来表示。

例如发电机汇流排为 400 V,锚机电动机处电压为 375 V,则由汇流排到锚机电动机之电压损失为 25 V(用绝对值表示),或为 25/380 × 100% = 6.5%(用相对值的百分数表示)。

锚机电动机处电压偏移为 375 V - 380 V = -5 V(用绝对值表示),或为 -5/380 × 100% = -1.3%(用相对值的百分数表示)。

1.线路电压降允许值

计算线路电压降是为了校核所选用的电缆回路产生的电压降是否满足有关规范和规则的要求。其实际意义在于确保电力系统的供电质量。有关规范和规则的线路电压降的允许值列入表 7-1。

2.线路电压降计算

(1)直流二线制回路的计算公式

$$\Delta U = \frac{2LI}{\gamma S} \tag{7-1}$$

$$\Delta u = \frac{2LI}{\gamma S} \times 100\% \tag{7-2}$$

式中　$\Delta U$——线路电压降,V;

$\Delta u$——线路百分比电压降,%;

$U$——线路额定电压,V;

$I$——负载电流,A;

$L$——线路长度,m;

$S$——电缆截面积,$mm^2$;

$\gamma$——电导率,$\gamma_{铜} = 54(m/(\Omega\cdot mm^2))$

**表 7-1　电力系统电压降允许值**

| 回路 | 允许值/% | 规范和规则 |
|---|---|---|
| 电力 | 10 | USSR(短时定额) |
| | 7 | BV,GL,USSR |
| | 6 | NK,LR,NV,CCS,IEC92 号出版物 |
| | 5 | AB,IEEEStd.45,船舶设备规程 |
| 照明 | 6 | LR,NV,NK,CCS |
| | 5 | AB,BV,GL,USSR,IEC92 号出版物,船舶设备规程 |
| | 3 | IEEEStd.45 |
| 24 V 回路 | 10 | NK,USSR,IEC 船舶设备规程,CCS |
| | 6 | LR,NV |
| | 5 | AB,BC,GL |

注:USSR 为前苏联船舶登记局;BV 为法国船级社;GL 为德国劳氏船级社;NK 为日本海事协会;LR 为英国劳氏船级社;NV 为挪威船级社;CCS 为中国船级社;BC 为英国船级社;IEEE 为美国电机工程协会;AB 为美国船级社;IEC 为国际电工委员会。

(2)交流单相二线制回路的计算公式

$$\Delta U = \frac{2LI}{\gamma S}\cos\phi \tag{7-3}$$

$$\Delta u = \frac{2LI}{\gamma SU}\cos\phi \times 100\% \tag{7-4}$$

(3)交流三相三线制回路的计算公式　交流三相三线制网络的电压降的计算公式与交流单相二线制回路的电压降的计算方法基本相同,仅是电流应为负载电流的交流单相二线制回路的电压降$\sqrt{3}/2$倍,所以式(7-3)、(7-4)可变为

$$\Delta U = \frac{\sqrt{3}LI}{\gamma S}\cos\phi \tag{7-5}$$

$$\Delta u = \frac{\Delta U}{U} \times 100\% = \frac{\sqrt{3}LI}{\gamma SU}\cos\phi \times 100\% \tag{7-6}$$

# 第二节 船用电缆型号和特性

## 一、船用电缆型号

1.根据船用电缆的结构、组成材料和性能,国产船用照明和电力回路用电缆的型号列入附表12。附表12中所列电缆的最低敷设温度规定为:聚氯乙烯护套为 - 15 ℃,其他均为 - 20 ℃。电缆的防火性能,DA型符号单根垂直燃烧实验要求,当成束敷设时,需采取"止火措施";而SA型符合成束燃烧实验要求。电力电缆的额定电压为0.6/1 kV,电缆敷设的允许弯曲半径列入附表13。

2.日本电缆的种类和符号

(1) 电缆芯数和用途符号

S 单芯,照明和电力用;

D 双芯,照明和电力用;

T 三芯,照明和电力用;

F 四芯,照明和电力用;

M 多芯,控制和通信用;

TT 电话用;

P 移动或可移动设备用;

STW 配电板用;

SY 设备内部接线用。

(2)绝缘符号

P 乙丙橡胶绝缘;

R 天然橡胶绝缘;

B 丁基橡胶绝缘;

SR 硅橡胶绝缘;

Y 聚氯乙烯绝缘。

(3)护套符号

MI 矿物绝缘护套;

L 铅包护套;

Y 聚氯乙烯护套;

N 氯丁护套;

D 编织护套。

(4)铠装符号

C 席纹铠装;

B 铜合金线铠装。

(5)防腐层符号

Y 聚氯乙烯防腐蚀;

N 氯丁防腐蚀。

采用上述符号组合而成的电缆种类和代号见日本工业标准 JIS3410 或日本电缆标准

JCS 的有关规定。

## 二、船用电缆的芯数和截面

我国船用电力和照明回路用电缆的芯数与导体截面规格如表 7－2 所示。有关电缆的导线根数和线径可由产品样本中查得。国外船用电缆的芯数和导线截面规格与我国的不同。

表 7－2　我国船用电力和照明回路用电电缆的芯数和截面

| 序号 | 芯数 | 截　　面 |
|---|---|---|
| 1 | 1 | 1.0,2.5,2.5,4,6,10,15,25,35,50,70,95,120,150,185,240,300 |
| 2 | 2 | 1.0, 1.5, 2.5, 4,6,10, 16,25,35,50, 70,90, 120 |
| 3 | 3 | 1.0, 1.5, 2.5, 4,6,10, 16,25,35,50, 70,90, 120, 150,185 |
| 4 | 4 | 1.0, 1.5, 2.5 |

## 三、电缆的允许电流

选择电缆时,必须根据使用条件,保证电缆实际通过的电流。电缆的允许电流取决于电缆的绝缘材料,并以最高允许温度为基准,是以电缆通过电流时散热量和导体产生的热量平衡状态决定的。

IEC92 号出版物规定,单芯电缆允许电流的计算式为

$$I = \alpha \cdot S^{0.625} \tag{7-7}$$

式中　$I$——单芯电缆的允许电流,A;

$S$——导体标称截面,$mm^2$;

$\alpha$——最高允许温度下的绝缘材料系数,该值见附表 14。

各绝缘材料的允许工作温度列入附表 15。根据公式计算,各种绝缘材料的单芯电缆的连续工作电流的电流定额列入附表 16。双芯及多芯电缆的连续工作电流的电流定额,是将附表 16 中的电流定额乘以修正系数求得。双芯电缆的修正系数为 0.85;三芯和四芯电缆的修正系数为 0.70。

以截面为 1.5 $mm^2$ 的三芯电缆为例,其各种绝缘材料的连续工作电流为:

乙丙绝缘橡胶　$20\times0.70=14$ A;

聚氯乙烯绝缘　$12\times0.70=8.4$,约等于 8 A;

丁基橡胶绝缘　$19\times0.70=13.3$ A;

硅橡胶绝缘　$24\times0.70=16.8$ A。

在空气中敷设的低压电缆的允许电流,也可采用下述理论计算求得

$$I = \eta_0\sqrt{\frac{T_1 - T_2}{nrR_{th}}} \tag{7-8}$$

式中　$I$——电缆允许电流,A;

$n$——电缆芯数;

$r$——导体允许工作温度下有效电阻,Ω·cm$^{-1}$;

$T_1$——导体最高允许温度,℃;

$R_{th}$——电缆总热阻,WK$^{-1}$;

$\eta_0$——成束敷设时电流递减系数。

电缆有效电阻 $r$ 由下式求得

$$r = r_{20} K_1 r_2 \times 10^{-5} \quad (\Omega/\text{cm}) \tag{7-9}$$

式中 $r_{20}$——20 ℃时直流最大导体电阻,Ω·km$^{-1}$;

$K_1$——最高允许温度下,导体电阻与 20 ℃导体电阻之比

$$K_1 = 1 + a(T_1 - 20) \tag{7-10}$$

式中 $a$——导体温度系数(铜为 0.003 93);

$K_2$——导体集肤效应和互感效应系数。

根据公式求得的 $K_1$ 值如附表 17 所示。

单芯电缆时,仅考虑导体集肤效应;对两芯以上的电缆,还要同时考虑互感效应。日本生产的 660V－TPYC 型电缆的值如附表 18 所示。

导体最高允许温度 $T_1$ 如附表 16 所示;周温 $T_2$ 按船用条件选用 40 ℃、45 ℃或 50 ℃。电缆总热阻 $R_{th}$ 为

$$R_{th} = R_1 + R_2 + R_3 \tag{7-11}$$

式中 $R_1$——绝缘的热阻,kW$^{-1}$;

$R_2$——保护护套的热阻,kW$^{-1}$;

$R_3$——电缆表面的散热阻,kW$^{-1}$。

成束敷设时,电缆允许电流递减系数 $\eta_0$ 与电缆敷设条件有关,随电缆的中心距离大小和排列层次不同而异。附表 19 列出成束敷设电缆的允许的递减系数。

**四、电缆的短路容量**

当电力系统发生短路故障时,在系统的保护装置切除故障的短暂时间内,电缆将通过比额定电流大许多倍的短路电流。该短路电流可使导体的温度急剧上升,可能导致电缆的绝缘变形和断裂、护套熔化,以及电缆线芯熔断等故障,所以电缆的短路容量是电缆的重要电气参数之一。

电缆的短路容量,由引起电缆绝缘的电气和物理性质发生显著变化的温度以及能够维持短路电流的持续时间来决定。如果知道电缆通过短路电流的持续时间,并知道电缆的绝缘材料的短路时最高允许温度,可以利用焦耳热法或电阻法求得电缆短路升温,也可以求得各种截面电缆的短路允许电流。

按照焦耳热法的原则,电缆短路允许电流的计算公式为

$$I = \sqrt{\frac{JCS}{ar_1 t} \lg e \frac{\frac{1}{a} - 20 + T_m}{\frac{1}{a} - 20 + T_n}} \tag{7-12}$$

式中 $I$——短路允许电流,A;

$J$——焦耳常数,亦称热功当量(4.186);

$S$——导体截面,cm$^2$;

$C$——导体热容量，此公式的量纲采用 $\text{cal}\cdot℃^{-1}\cdot\text{cm}^{-3}$；

$a$——20 ℃时导体电阻温度系数；

$r_1$——20 ℃时导体电阻，$\Omega\cdot\text{cm}^{-1}$；

$T_m$——短路时导体最高允许温度，℃；

$T_n$——短路初始导体温度，℃；

$t$——短路电流通过时间，s。

通常是考虑电缆通过连续的额定电流（允许电流）状态下发生短路。根据这一原则，短路初始导体温度 $T_n$ 应与电缆绝缘允许的最高工作温度相同。

短路时导体最高允许温度 $T_m$ 是以在短路时不损伤电缆的绝缘性能为原则，取决于电缆的结构和材料，按 JIS. C3410 规定，电缆的 $T_n$ 和 $T_m$ 值如表 7－3 所示。

表 7－3　电缆的 $T_n$ 值和 $T_m$ 值

| 电缆的种类 | $T_n$/℃ | $T_m$/℃ |
|---|---|---|
| 丁基橡胶 | 80 | 230 |
| 乙丙橡胶交联聚乙烯 | 85 | 230 |
| 聚氯乙烯 | 75 | 120 |
| 硅橡胶 | 95 | 250 |

按 JIS 规定，利用式（7－12）计算电缆的允许电流时，铜导体各参数可取为

$$c=0.81\text{cal}\cdot℃^{-1}\cdot\text{cm}^{-3};\ a=0.003\,93;\ r=1.72\times10^{-6}\frac{1}{\text{s}}\ \Omega\cdot\text{cm}^{-1}$$

对乙丙橡胶绝缘，$T_m=230$ ℃，$T_n=85$ ℃。

将上述各值代入式（7－12）得

$$I=\sqrt{18837\frac{S^2}{t}}=137.248\frac{S}{\sqrt{t}}\approx138\frac{S}{t}\tag{7-13}$$

式中　$S$——导体截面，$\text{mm}^2$；

$t$——通过短路电流时间，s。

分析上式可知，电缆的短路容量仅与电缆的截面和通过短路电流的时间有关。也就是说，电缆的短路允许电流与导体截面成正比，与通过短路电流的时间的平方成反比。

我国船用电缆的允许最大短路电流可按表 7－4 所列公式计算。

例如截面为 4 $\text{mm}^2$ 的乙丙橡胶绝缘电缆，短路时间为 0.42 s 时，其最大允许短路电流为

$$I=145.8\frac{S}{\sqrt{t}}=145.8\frac{4}{\sqrt{0.42}}=899.90\text{ A}\tag{7-14}$$

表 7-4 船用电缆允许最高短路电流计算公式

| 绝缘材料种类 | 导电线芯短路时允许最高温度/℃ | 最高允许的短路电流/A |
|---|---|---|
| 乙丙橡胶 | 250 | $I=145.8\frac{S}{\sqrt{t}}$ |
| 耐热聚氯乙烯 | 160 | $I=116.7\frac{S}{\sqrt{t}}$ |
| 一般聚氯乙烯 | 150 | $I=111.3\frac{S}{\sqrt{t}}$ |

注：$S$ 为导电线芯标称截面，$mm^2$；$t$ 为短路电流时间，s。

日本 TOYC 型电缆的短路允许电流与通过持续时间的关系见附表 20。

## 第三节 船舶电力系统中电缆负载电流的估算

正确估算电缆负载电流，是选择电缆截面的主要依据，所以在电力系统设计时，必须十分注意电缆负荷电流的估算。

### 一、发电机回路负载电流的估算

(1)按发电机额定电流的 100%选择；

(2)按发电机长延时保护装置动作整定值选择。

### 二、照明回路负荷电流的估算

(1)最后支路按各设备的额定电流的总和计算，例如货舱照明、探照灯、电热电器和小型电动机等。但在确定照明电路的电流定额时，每一灯头必须按能与其连接的最大负载电流计算，最小为 60 W(装置结构只能装 接定额定电压低于 60 W 者除外)。

(2)照明回路的最大负载电流应考虑下述负载电流的总和

连续负载的额定电流的总和；分配电板备用开关额定电流的 50%；分电箱备用开关的电流(该电流值按分电箱其他非备用开关的实际电流的平均值估算)。

### 三、电动机馈电回路负载电流的估算

1.单台电动机回路

通常的考虑方法是大于电动机的额定电流即可。而 IEEESta45 中明确规定大于电动机额定电流的 1.25 倍。

2.一般用交流电动机电力分电箱

通常采用式(7-15)计算，但若满足 IEEESta45 要求，应采用式(7-16)计算。

$$I=\sum_{i=1}^{n}I_i+0.3\sum_{s}I_s \qquad (7-15)$$

式中 $I_i$—第 $i$ 台电动机额定电流，A；

$I_s$——备用回路容量，A。

$$I = 1.25I_{max} + \sum_{i=2}^{n} I_i + 0.5\sum_{s} I_s \tag{7-16}$$

式中　$I_{max}$——最大电动机额定电流,A;

$I_i$——不包括最大电动机第 $i$ 台电动机额定电流,A;

$I_s$——备用回路容量,A。

3.作机械用电动机电力分电箱

一般采用式(7－17)和式(7－18)计算。

$$I = I_{max} + 0.5\sum_{i=1}^{n} I_i \tag{7-17}$$

$$I = 1.25I_{max} + 0.5\sum_{i=2}^{n} I_i \tag{7-18}$$

上式中各符号意义与式(7－15)和式(7－16)相同。

4.装卸货用起货机和克令吊回路

目前使用较多的计算方法是按 IEC92－201 中规定的方法,如表 7－5 所示。

**表 7－5　IEC92－201 规定装卸货用起货机和克令吊回路同时使用系数**

| 电动机数量 | 所提供的电流 | |
|---|---|---|
| | 相同规格电动机 | 不同规格电动机 |
| 2 台 | 电动机总满载的 100% | |
| 3 台 | 电动机总满载的 67% | 最大电动机满载的 100%加上其余每台电动机满载的 50% |
| 4 台 | 电动机总满载的 62% | |
| 5 台 | 电动机总满载的 60% | |
| 6 台或以上 | 电动机总满载的 58% | |

## 四、蓄电池回路负载电流的估算

蓄电池回路的连续最大负载电流,一般按最大充电电流计算,但要特别注意蓄电池的最大放电电流。对于短时放电回路,必要时,应校核放电时间内通过放电电流时所产生的温度在允许的范围内。

## 五、电力和照明变压器回路负载电流的估算

电力和照明变压器回路的连续工作电流,一般可按额定电流的 100%来选择。由于变压器过载能力大,有时其过载保护整定值偏高,此时亦可以根据过载保护整定值选择。

## 六、岸电回路负载电流的估算

通常是根据岸电开关的整定电流来估算。如果主配电板(或应急配电板)内岸电供电断路器的整定值小于岸电开关的整定电流,此时亦可以据主配电板(或应急配电板)内岸电供电断路器的过载保护整定值来估算。

## 七、其他回路负载电流的估算

1.直流发电机的均压线电流,按发电机额定电流的一般估算。

2.相复励式自励恒压交流发电机,若采用转子均压线接法时,其均压线电流按励磁回路电流的一般估算。

## 八、区域配电板回路负载电流的估算

由于区域配电板回路通常指主配电板上馈电装置式断路器供电给区域配电板,而区域配电板负载往往包括电动机负载和其他负载,所以确切地选择电缆是十分困难的。T公司的估算方法如图7-4所示。其考虑条件是电动机的启动电流为满载电流的12倍,启动电流的峰值为满载电流的17倍,而且通过500%满载电流的时间不大于15 s。

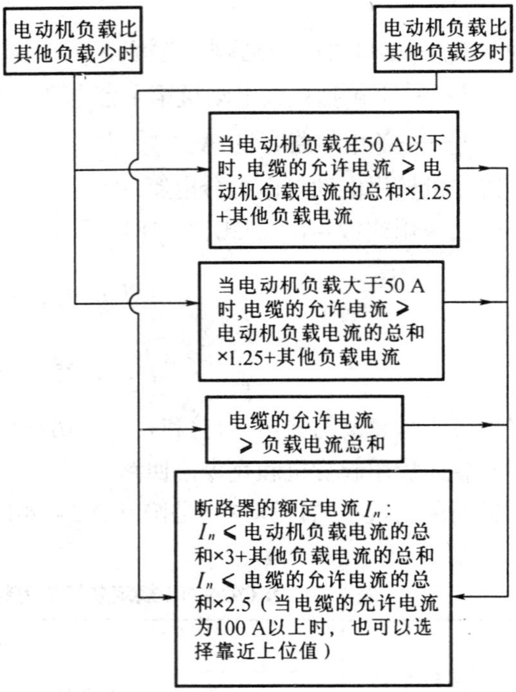


图7-4 区配电板回路负载电流估算框图

# 第四节 船用电缆的选择

## 一、电缆的选择步骤和原则

(1)根据电缆的用途、敷设位置和工作条件选择合适的电缆型号。

(2)根据用电设备的工作制、电源种类、电缆线芯和负载电流选择合适的电缆截面。

(3)根据系统短路电流计算结果,判断电缆的短路容量是否满足要求。

(4)根据环境温度对电缆的额定载流量进行修正,然后在判断电缆的允许电流是否大于负载电流。

(5)根据成束敷设修正系数,对电缆的额定载流量进行修正,然后在判断电缆的允许电流是否大于负载电流。

(6)校核线路电压降,判断线路电压降是否小于规定值。

(7)根据保护装置的整定值,判断电缆与保护装置是否协调;如果不协调,判断是否可以改变合适的保护装置或整定值,否则应重新择合适的电缆截面。

上述步骤和原则可参考图7-5。

## 二、电缆型号的选择

1.电缆型号的选择因素

(1)电缆的用途　用于动力、照明和无线电通信等。

(2)电缆敷设位置　干燥、潮湿、低温和是否要求屏蔽等。

(3)工作条件　固定敷设、穿管敷设和可移动等。

2.选择电缆型号的原则

(1)任何电缆的额定电压不应低于其所在电路的额定电压。

(2)电缆绝缘材料的额定运行温度至少比电缆敷设处可能存在的或产生的最高环境温度高10 ℃。

(3)敷设在露天甲板、阴湿和潮湿(例如浴室)、货物处所、冷藏处所、机器处和通常可能出现凝结水或有害蒸气(包括油蒸气)处的电缆,均应具有不透性护套。虽然聚氯乙烯、氯磺化聚乙烯和氯丁橡胶护套不适宜长期浸入液体中,但亦认为是不透性的。

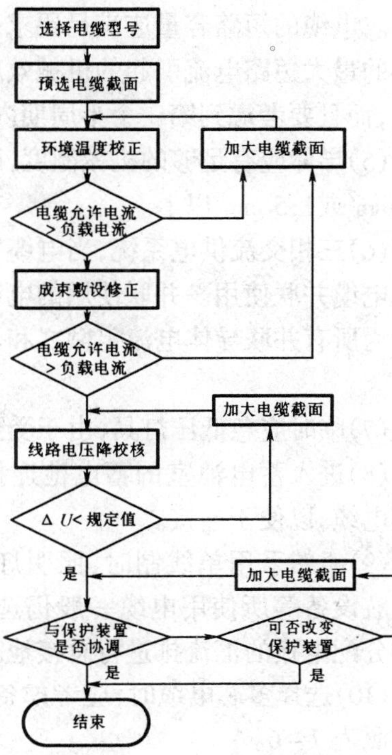


图7－5　电缆的选择步骤和原则

铅护套的物理性能和化学性能最稳定,使用处所没有特别限制,主要用于高温、低温和油船等危险处所。与其他非金属护套相比,质量大而价格昂贵,而且不宜多次反复弯曲。

聚乙烯护套除了不适用于特殊的低温和高温处所外,充分具备护套材料性能,而且质量轻,价格便宜,也可以作铠装防腐覆盖物用。

氯丁橡胶护套与聚乙烯护套一样,是代替铅护套而使用的新型合成材料,但比聚乙烯耐热,机械强度好,可以用于冷藏处和高温处所。

铜护套通常作为矿物绝缘电缆的护套使用,由于其电缆绝缘耐热性好,所以多用于锅炉等高温处所。

(4)防护覆盖层时,应适当考虑每根电缆在敷设和使用时可能会受到的机械作用。

(5)有电缆和电气设备的外接线至少为滞燃型。

(6)火报警、探火、应急灭火设备、失火通信和遥控停机用电路,以及类似的保安控制电路,在失火状态下也必须维持工作,所以应考虑采用耐火型电缆。但下述情况可以除外:系统为自检型或故障安全型;系统为双套。

(7)设在冷藏处内的电缆应具有水密或不透性护套,一般不应选用聚乙烯绝缘或护套的电缆。如果电缆铠状有非耐蚀材料制成,则应采用潮和耐低温的覆盖物来防止腐蚀。

## 三、电缆截面的选择

1.选择电缆导体截面的原则

(1)根据电缆供电的电路,按第二节所述估算电缆可能承载的最大负载电流。

(2)根据不同环境空气温度时的修正,每根电缆的修正后,电流额定不应小于该电缆所可能承载的最大电流。

(3)校核线路电压降,保证电缆在正常工作条件下承载最大电流时的电压降,不超过有关规范、规则的规定值。

(4)根据上述确定电缆导体截面后,校核有短路和电动机启动电流所引起的温升应满足要求。电缆的短路容量应满足要求,这意味着电缆的绝缘和导体应能承受住的可能通过其电路的最大短路电流引起的机械效应和热效应,不但要考虑到电路保护装置的时间－电流特性,而且要考虑到第一个半周期内预期短路电流的峰值。

(5)导体应有足够的机械制度,以满足敷设和工作条件。一般单芯电缆和双芯电缆都选用1 $mm^2$或1.5 $mm^2$以上。

(6)三相交流供电系统,当电缆截面较大时(一般限定 120 $mm^2$),可以采用二根或多根三芯电缆并联使用。并联使用的电缆应具有相同阻抗、相同截面和相同导体定额温度,其截流量为所有并联导体电流定额之和。但只有截面等于或大于 10 $mm^2$ 的电缆才允许并联使用。

(7)临时应急低压灯具,由于受到填料函尺寸的限制,选用电缆截面不应超过 2.5 $mm^2$。

(8)进入蓄电池室的蓄电池连接线应选用单芯电缆,以便于连接。

(9)船舶采用单线制时,照明灯具、无线电和导航设备等所使用电缆一般仍选双芯电缆,通过分配电板的汇流排进行总接地。

(10)选择多芯电缆时,应考虑备用芯线,一般参照表 7－6。

**表 7－6　电缆备用线芯数**

| 实用线芯数 | 备用线芯数 |
|---|---|
| 2～4 | 0～1 |
| 5～16 | 1～2 |
| 19～37 | 2～4 |

## 四、不同环境空气温度的修正系数

电缆的允许电流额定是表示标准环境温度下的值。附表 16 所列电流定额是基于 45 ℃环境温度。

如果预计到电缆工作环境空气温度可能高于 45 ℃时,则应适当降低电缆的电流定额;如果电缆工作环境空气温度永久低于 45 ℃(如沿海船舶、渡轮和港口船等特种船舶)时,则可适当增加电缆的电流定额,即以附表 21 所列的修正系数乘以标准环境温度(45 ℃)下的电流定额。

## 五、成束敷设的修正系数

按 IEC92－201 规定,敷设在单根导管或管道内,或者虽不密封在管内,但彼此并不分离的两根或多根电缆均为成束电缆。

对于成束敷设在电缆架上、电缆导管、管道或线槽内的电缆,可认为其电流定额是适用的,不用进行修正;但可能同时以满载电流容量运行的 6 根以上的电缆成束紧靠敷设,使得其周围没有自然空气循环时,应乘以 0.85 的修正系数。

根据 CCS 规定,不超过 6 根的电缆成束敷设在导板上,或管道、管子或电缆槽内可以不进行修正。

超过 6 根的电缆按下列方式组合:

在任何两组 6 根束集之间的距离应至少等于最粗电缆的直径

000000　　000000　　000000

或在任何两组三根束集之间的水平及垂直距离应至少等于最粗电缆的直径

000　　000　　000

000　　000　　000

## 六、不连续工作的修正系数

对于短时和重复短时工作制的用电设备的电缆，允许根据其实际发热情况对电缆的电流定额进行修正。

在无确切资料的情况下，对于“半小时”工作制用电设备，电缆的电流定额可以用式(7－19)修正系数予以增加。

$$S_1 = \sqrt{\frac{1.12}{1 - \exp\left(\frac{T_a}{T}\right)}} \tag{7-19}$$

式中　$S_1$——短时工作制修正系数；

$T_a$——电气设备运行时间，min；

$T$——电缆时间常数，min。

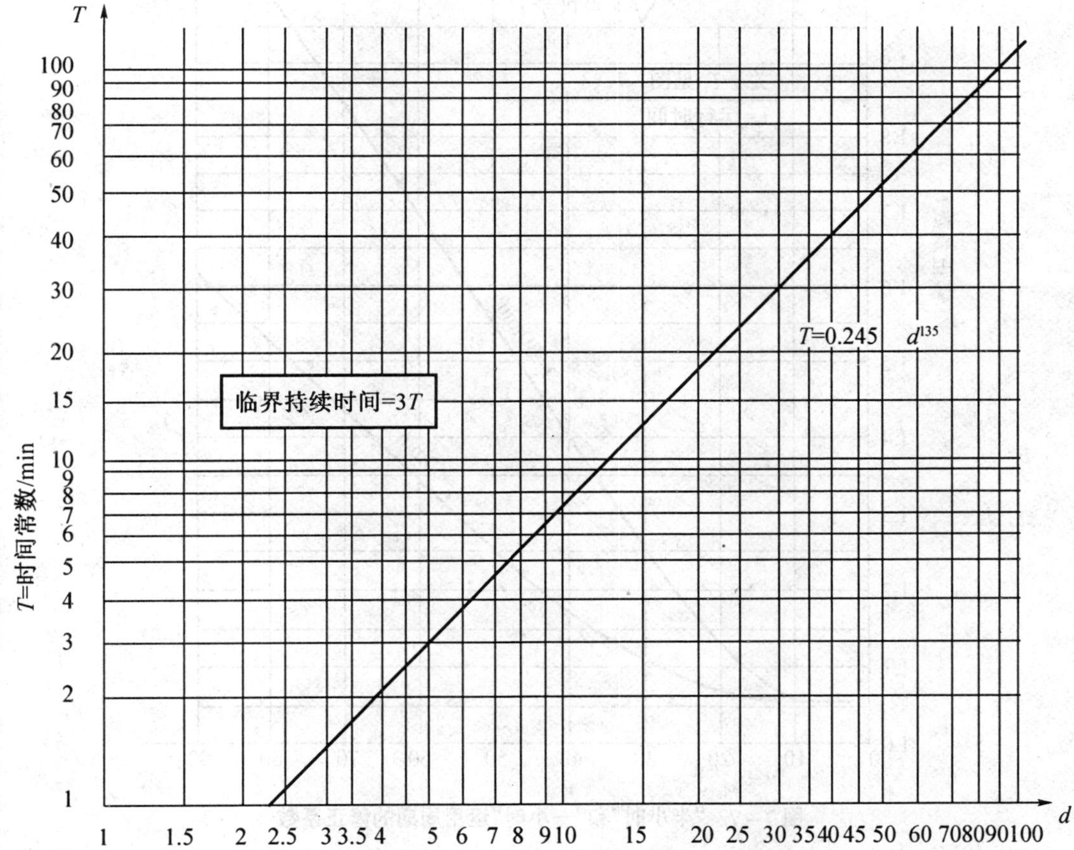


图 7－6　电缆的时间常数

通常，绞缆机、起锚机、重型起货机和首推力器等可考虑为“半小时”运行周期，但自动恒张力绞缆机和特种船舶的首推力器，考虑其运行大于半小时。

对于重复短时负载供电电缆的电流定额，可以用式(7－20)修正系数予以增加。

$$S_2 = \sqrt{\frac{1 - \exp\left(\frac{t_p}{T}\right)}{1 - \exp\left(\frac{t_a}{T}\right)}} \tag{7-20}$$

式中 $S_2$——重复短时工作制修正系数；

$T$——电缆时间常数($0.245d^{1.35}$)，min；

$t_p$——间歇运行周期，min；

$t_a$——恒定负载运行时间，min；

$d$——电缆外径，mm。

如果重复短时间工作的间歇运行周期为 10 min，恒定负载运行时间为 4 min，空载运行时间为 6 min。其修正系数可参照图 7－7，图 7－8。

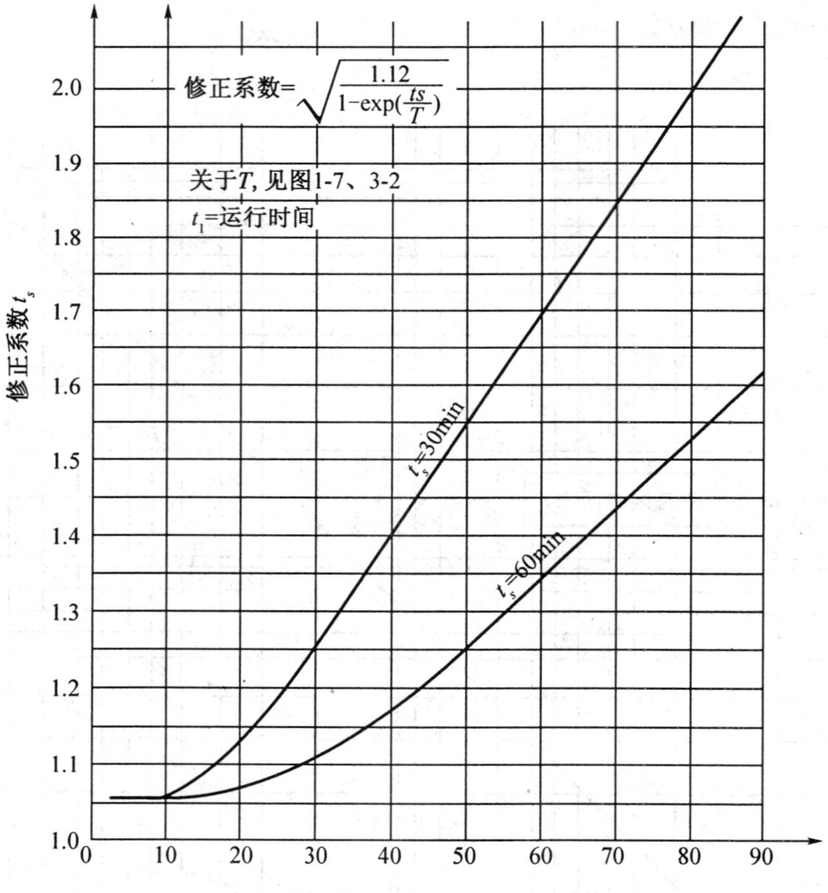


**图 7－7 "半小时"和"一小时"运用周期的修正系数**

根据日本电缆标准(JCS)计算的重复短时负载允许电流的修正系数与 IEC92－201 推荐的方法求得的重复短时负载允许电流修正系数列入附表 22。

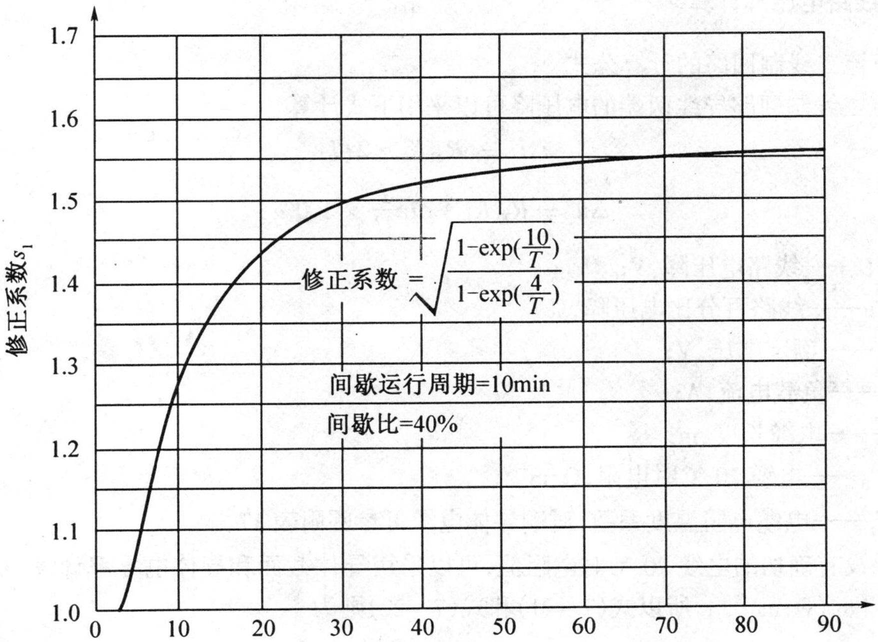


**图 7-8　间歇运行的修正系数**

# 第五节　线路电压降计算

## 一、线路电压降允许值

就船舶电力系统设计而言，计算线路电压降是为了校核选用的电缆回路产生的电压降是否满足有关规则的要求，其实际意义仍在于确保电力系统的供电质量。有关规范和规则的线路电压降的允许值见表 7-7。

**表 7-7　电力系统电压降允许值**

| 回　路 | 允许值/% | 规 范 和 规 则 |
|---|---|---|
| 电　力 | 10 | USSR(短时定额) |
| | 7 | BV, GL, USSR |
| | 6 | NK, LR, NV, CCS, IEC92 号出版物 |
| | 5 | AB, IEEEStd.45, 船舶设备规程 |
| 照　明 | 6 | LR, NV, NK(航行灯除外), CCS |
| | 5 | AB, BV, GL, USSR, IEC92 号出版物, 船舶设备规程 |
| | 3 | IEEEStd.45 |
| 24 V 回路 | 10 | NK, USSR, IEC(50 V 以下)船舶设备规程, CCS |
| | 6 | LR, NV |
| | 5 | AB, BV, GL |

## 二、线路电压降计算

1.直流二线制回路的计算公式

直流二线制回路导线两端的电压降可以采用下式计算

$$\Delta U = R_{20}K_1 \cdot 2LI \tag{7-21}$$

$$\Delta u = R_{20}K_1 \cdot 2L\frac{I}{U} \times 100\% \tag{7-22}$$

式中 $\Delta U$——线路电压降,V;

$\Delta u$——线路百分比电压降,%;

$U$——额定电压,V;

$I$——负载电流,A;

$L$——电缆长度,m;

$R_{20}$——电缆 20 ℃时电阻,$\Omega \cdot m^{-1}$;

$K_1$——电缆电阻温度系数,对铜导体电缆可参阅附表 17。

如果没有确切的电缆 20 ℃时电阻值,可以采用导体截面和导体电导率计算,铜的电导率 $\gamma = 54\ [m/(\Omega \cdot mm^2)]$,所以式(7-21)和式(7-22)则为

$$\Delta U = K_1\frac{2LI}{\gamma S} \tag{7-23}$$

$$\Delta u = K_1\frac{2LI}{\gamma SU} \times 100\% \tag{7-24}$$

式中 $S$ 为电缆截面,mm。

**例 7-1** 某万吨级远洋货船的一个电力分电箱的供电系统如图 7-9 所示,电网额定电压为 DC220V,计算主配电板至各电动机的电压降。

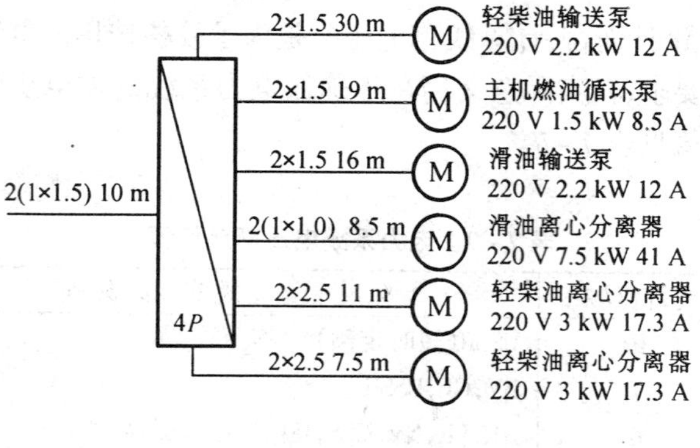


**图 7-9 直流电力网电压降计算举例**

先求出干线负载电流。由于两台轻柴油分离器只使用一台,所以

$$I = 12 + 8.5 + 12 + 41 + 17.3 = 90.8\ (A)$$

再利用式(7-24)求出干线和各支线的电压降。当忽略温度修正时,$K_1 = 1$,得

$$\Delta u = \frac{2 \times 10 \times 90.8}{54 \times 25 \times 220} \times 100\% = 0.62\%$$

$$\Delta u_1' = \frac{2\times 30\times 12}{54\times 1.5\times 220}\times 100\% = 4.05\%$$

$$\Delta u_2' = \frac{2\times 19\times 8.5}{54\times 1.5\times 220}\times 100\% = 1.82\%$$

$$\Delta u_3' = \frac{2\times 16\times 12}{54\times 1.5\times 220}\times 100\% = 2.16\%$$

$$\Delta u_4' = \frac{2\times 8.5\times 41}{54\times 10\times 220}\times 100\% = 0.54\%$$

$$\Delta u_5' = \frac{2\times 11\times 17.3}{54\times 2.5\times 220}\times 100\% = 1.29\%$$

$$\Delta u_6' = \frac{2\times 7.5\times 17.3}{54\times 2.5\times 220}\times 100\% = 0.88\%$$

最后求得主配电板至各电动机的电压降如下

$$\Delta u_1 = 0.62\% + 4.05\% = 4.67\%$$

$$\Delta u_2 = 0.62\% + 1.82\% = 2.44\%$$

$$\Delta u_3 = 0.62\% + 2.16\% = 2.78\%$$

$$\Delta u_4 = 0.62\% + 0.54\% = 1.16\%$$

$$\Delta u_5 = 0.62\% + 1.29\% = 1.91\%$$

$$\Delta u_6 = 0.62\% + 0.88\% = 1.50\%$$

计算照明网络的电压降时，利用功率矩 PL 比较方便。

2.交流单相二线制回路的计算公式

交流单相二线制回路的电压降可采用下式进行计算

$$\Delta U = R_{20}K_1 \cdot 2I\delta \tag{7-25}$$

$$\Delta u = R_{20}K_1 \cdot 2LI\frac{\delta}{U}\times 100\% \tag{7-26}$$

式中　$\delta$——交流电压降系数，亦称感应电压降系数，可根据式(7－27)求得；

$\cos\varphi$——负载功率因数。

$$\delta = \frac{\Delta U_{ac}}{\Delta U_{dc}} = \frac{R_{ac}\cos\varphi + X\sin\varphi}{R_{dc}} \tag{7-27}$$

式中　$\Delta U_{ac}$——交流电压降；

$\Delta U_{dc}$——直流电压降；

$R_{ac}$——电缆交流电阻；

$R_{dc}$——电缆直流电阻；

$K_1$——交流回路导体的集肤效应和互感效应系数，参阅附表 17；

$X$——电缆电抗。

如果忽略电感的集肤效应和互感效应，则 $K_1 = 1$；若忽略电缆的电抗，则式(7－25)和式(7－26)变为

$$\Delta U = R_{20}K_1 \cdot 2LI\cos\varphi \tag{7-28}$$

$$\Delta u = R_{20}K_1 \cdot 2LI\cos\frac{\varphi}{U}\times 100\% \tag{7-29}$$

如果忽略电阻温度系数的影响，有确切的 20 ℃电缆导体电阻 $R_{20}$，则可以根据导体截面

$S$ 和导电率 $\gamma$ 计算。对铜导体而言，$\gamma = 54\ \mathrm{m/(\Omega \cdot mm^2)}$，所以式(7－28)和式(7－29)变为式(7－30)和式(7－31)。

$$\Delta U = \frac{2LI}{\gamma S}\cos\varphi \tag{7－30}$$

$$\Delta u = \frac{2LI}{\gamma SU}\cos\varphi \times 100\% \tag{7－31}$$

3.交流三相三线制回路的计算公式

交流三相三线制网络的电压降的计算公式与交流单相二线制网络的计算方法基本相同，仅是其电流应为负载电流的$\sqrt{3}/2$倍，所以式(7－25)、式(7－26)和式(7－28)～(7－31)可变为下述各式

$$\Delta U = R_{20} K_1 L \sqrt{3} I \delta \tag{7－32}$$

$$\Delta u = R_{20} K_1 L \sqrt{3} I \frac{\delta}{U} \times 100\% \tag{7－33}$$

或

$$\Delta U = R_{20} K_1 L \sqrt{3} I \cos\varphi \tag{7－34}$$

$$\Delta u = R_{20} K_1 L \sqrt{3} I \frac{\cos\varphi}{U} \times 100\% \tag{7－35}$$

或

$$\Delta U = \frac{L\sqrt{3} I}{\gamma S}\cos\varphi \tag{7－36}$$

$$\Delta u = \frac{L\sqrt{3} I}{\gamma SU}\cos\varphi \times 100\% \tag{7－37}$$

4.交流网络平均功率因数计算

当计算分电箱干线的电压降时，为了计算简便，其干线负载功率因数可取各分支线功率因数的平均值，即

$$\cos\varphi = \frac{\sum P_i \cos\varphi_i}{\sum P_i} \tag{7－38}$$

式中　$P_i$——各支线的功率；

$\cos\varphi_i$——各支线的功率因数。

**例 7－2**　某船一个电力分电箱的供电系统如下图所示，额定电压为 AC 380 V，计算主

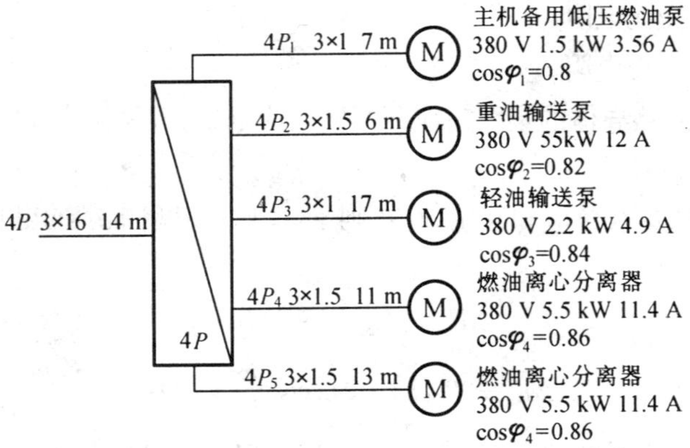

配电板至各电动机的电压降。

先求出干线负载电流及功率因数。由于两台燃油离心分离器只使用一台，所以

$$I = 3.56 + 12 + 4.9 + 11.4 = 31.86\ (\mathrm{A})$$

$$\cos\varphi = \frac{1.5 \times 0.8 + 5.5 \times 0.82 + 2.2 \times 0.84 + 5.5 \times 0.86}{1.5 + 5.5 + 2.2 + 5.5} = 0.82$$

再求出干线和各支线的电压降，采用式(3－37)计算结果如下

$$\Delta u = \frac{\sqrt{3} \times 14 \times 31.86 \times 0.82}{54 \times 6 \times 380} \times 100\% = 0.52\%$$

$$\Delta u_1' = \frac{\sqrt{3} \times 7 \times 3.56 \times 0.8}{54 \times 1 \times 380} \times 100\% = 0.17\%$$

$$\Delta u_2' = \frac{\sqrt{3} \times 6 \times 12 \times 0.82}{54 \times 1.5 \times 380} \times 100\% = 0.33\%$$

$$\Delta u_3' = \frac{\sqrt{3} \times 17 \times 4.9 \times 0.84}{54 \times 1 \times 380} \times 100\% = 0.63\%$$

$$\Delta u_4' = \frac{\sqrt{3} \times 11 \times 11.4 \times 0.86}{54 \times 1.5 \times 380} \times 100\% = 0.61\%$$

$$\Delta u_5' = \frac{\sqrt{3} \times 13 \times 11.4 \times 0.86}{54 \times 1.5 \times 380} \times 100\% = 0.72\%$$

最后求得主配电板至各电动机的电压降为

$$\Delta u_1 = 0.52\% + 0.17\% = 0.69\%$$
$$\Delta u_2 = 0.52\% + 0.33\% = 0.85\%$$
$$\Delta u_3 = 0.52\% + 0.63\% = 0.15\%$$
$$\Delta u_5 = 0.52\% + 0.72\% = 1.24\%$$

交流照明网络的电压降计算，如果考虑其功率因数 $\cos\varphi = 1$ 时，则与支流照明网络完全一样。

### 三、电动机回路电缆允许长度估算

根据电动机的额定参数，按其额定电流选择电缆截面，即可求得在允许电压降下电缆的允许长度，现将部分电动机的计算结果列入附表 23 中，供设计计算参考。

### 四、电压降计算书格式

电压降计算书格式目前尚无具体标准规定，以前述交流三相三线制电力分电箱电压降为例，可参考附表 24。

## 第六节 保护装置动作性与电缆的保护协调

### 一、保护装置动作性与电缆的保护协调的基本原则

保护装置动作性与电缆的保护协调是以电流在电缆导体中发热为依据。也就是说，在低电流的过电流区域内，虽然电缆通以过电流，但在保护装置(如断路器)的过载保护元件

(如断路器长延时脱扣装置)动作时,电缆的实际温度不能超过其允许的最高温度;在短路电流区域内,在保护装置短路故障的时间内,短路电流引起电缆严重发热的 $I^2t$ 值,不能大于电缆的允许 $I^2t$ 值。

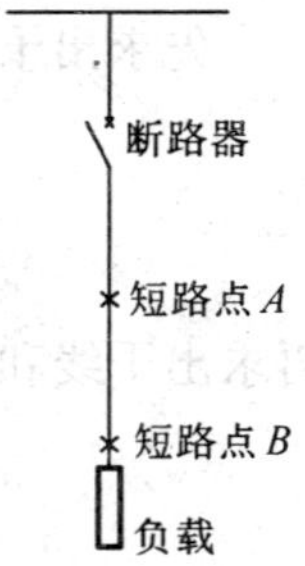


**图 7－10　选择断路器与电缆协调**

以图 7－10 为例,保护协调的其原则如下:

(1)电缆的工作环境最高温度至少应比电缆导体的最高工作温度低 10 ℃;

(2)修正后的电缆允许电流应与其负载电流相适应;

(3)如果负载侧设有过载保护,在过载区域内,断路器应保护电缆;

(4)断路器的额定切断电流,应大于 A 点短路电流;

(5)在 B 点短路,断路器应保护电缆。

根据上述原则,可以按图 7－11 所示的框图进行保护装置动作特性与电缆的保护协调设计。

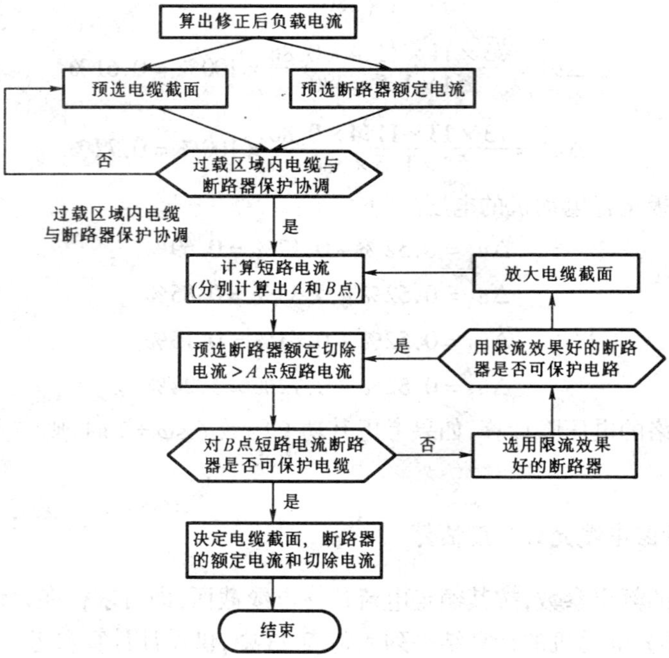


**图 7－11　断路器与电缆的保护协调设计框图**

## 二、过载区域的保护协调

如果负载侧已设有过载保护,而短路器又是主配电板上的馈电开关,则该断路器可以不考虑过载保护。否则,应该考虑断路器的过载保护装置要保护电缆。

确切计算应根据断路器的过载保护装置动作电流 $I$ 和延时动作时间 $t$ 来校核 $I^2t$ 值是否在电缆允许的 $I^2t$ 值之内,或者利用焦耳热法或电阻法计算电缆的温升是否在允许范围之内。

由于电缆的过载能力较大,所以通常认为,只要修正后的电缆载流量大于过载保护装置的动作电流,便可以实现在过载区域内断路器和电缆的保护协调。

### 三、短路区域的保护协调

电缆通过短路电流时，会引起热损伤和电动力的损伤，因此在短路区域对电缆的保护，应包括上述两方面。然而船内电缆多是采用紧固敷设，不易引起机械损伤，故通常仅考虑热损伤。

铜导体电缆的允许 $I^2t$ 值可利用下述公式计算

$$I^2 t = \int i^2 \mathrm{d}t = S^2 \times 5.05 \times 10^4 \lg e^{\frac{234+T}{234+T_0}} \tag{7-39}$$

式中 $S$——电缆导体截面，$\mathrm{mm}^2$；

$T_0$——电缆导体初始温度，℃；

$T$——短路后电缆的最高允许温度，℃。

显而易见，若电缆的铜导体最高允许温度 $T = 150$ ℃，在电缆通过允许电流状态 $T_0 = 60$ ℃时发生短路，则式(7－39)可变为

$$I^2 t = 14\,000 S^2 \tag{7-40}$$

其单位为 $\mathrm{A^2 \cdot s}$。

另外，已知乙丙橡胶和交联聚乙烯绝缘的铜导体电缆的允许工作温度为 85 ℃，最高允许温度为 230 ℃，故也可以将式(7－39)化成式(7－41)，计算上述电缆的允许 $I^2t$ 的值。

$$I^2 t = 19\,000 S^2 \tag{7-41}$$

其单位为 $\mathrm{A^2 \cdot s}$。

根据式(7－40)计算求得的电缆允许短路电流和 $I^2t$ 值列入附表 25。

短路区域断路器与电缆的保护协调，可以根据电缆通过的短路电流大小和断路器切除短路故障的时间，求出电缆在短路时承受的 $I^2t$ 值是否小于电缆允许的 $I^2t$ 值来判断。

由于实际设计中，并不是逐点计算各负载端的短路电流，所以无法估算电缆通过的短路电流，故通常的设计原则为电缆的允许 $I^2t$ 大于断路器的 $I^2t$。

断路器的 $I^2t$ 值在产品样本中不提供，必须向制造厂索取。设计时，可以根据断路器的短时电流定额来计算求得。

寺崎公司生产的断路器，切断短路电流时的最大 $I^2t$ 值如附表 26 所示。

在考虑短路区域断路器与电缆的保护协调时，应注意以下各点。

(1)由于断路器安装点的短路电流小于断路器的额定切断电流，所以断路器切除短路故障时实际 $I^2t$ 比附表 22 所列数据低得多。

(2)在回路的推算短路电流比较大，而负载电流比较小的回路中，为了限制电缆的温度，往往要把按负载电流选定的电缆截面适当加大。

(3)通常认为，电缆截面大于 30 $\mathrm{mm}^2$ 或额定电流大于 100 A 时，其选定电缆的允许 $I^2t$ 值极大，在短路区域与断路器的保护协调易于满足。例如 30 $\mathrm{mm}^2$ 电缆，按附表 21 的条件，其 $I^2t$ 值为 $12.6 \times 10^8\ \mathrm{A^2 s}$；若选用断路器型号为 TO－100BA，则按附表 22，AC500V 时断路器 $I^2t$ 值为 $0.97 \times 10^8\ \mathrm{A^2 s}$。可见电缆的允许 $I^2t$ 值比断路器的 $I^2t$ 值大得多。

## 复习思考题

7-1　船舶输电网有哪些分类？

7-2　什么使船舶输电网的结线方式？都有哪几种结线方式？

7-3　船舶电缆是怎样的结构？有哪些种类？电缆的选择步骤和原则分别是什么？电缆截面如何确定？

7-4　船舶输电网的电压损失是如何计算的？列出其主要公式。

7-5　什么是电缆的允许电流？电缆的允许电流是如何计算的？

7-6　什么叫电缆的短路容量？电缆短路允许电流的计算公式是什么？

7-7　对不同部位的船舶电力系统中电缆负载电流都是如何估算的？

7-8　船用电缆的选择步骤和原则有哪些？电缆型号的选择应考虑哪些因素？应遵守哪些原则？

7-9　电缆截面的选择应遵守哪些原则？

7-10　线路电压降如何计算？列写主要公式。

7-11　保护装置动作性与电缆的保护协调的基本原则有哪些？短路区域的保护协调是如何实现的？在考虑短路区域断路器与电缆的保护协调时,应注意些什么？

# 第八章　船舶照明、安全用电及其管理

## 第一节　船舶照明

船舶照明关系到船舶航行的安全，也对船员的日常生活和营运管理发生直接的影响。本章主要介绍船舶照明系统的分类，船用灯具和控制线路，船舶照明系统日常维护和常见故障的检查方法。

### 一、船舶照明系统分类

船舶照明系统与陆地照明系统不同，一般分为主照明、应急照明、临时应急照明和航行灯、信号灯照明几种类型。

1.主照明

船舶主照明系统分布作船舶出外各个生活和工作场所，提供各舱室和工作场所足够的照度。该系统的特点是：主配电板上照明汇流排直接向各照明分电箱供电，然后由照明分电箱向邻近舱室或区域的照明灯具供电；照明电压一般为交、直流 110 V 或 220 V；不同舱室和处所均有不同的照度要求；所有照明灯具均设有控制开关。

2.应急照明系统(大应急照明)

船舶应急照明系统主要分布于机舱内重要处所、船员和旅客舱室、艇甲板及各种人员通道。它在主配电板失电、主照明系统故障情况下作应急照明使用。其特点是：应急发电机通过应急配电板及专用线路供电；照明电压与主照明系统相同；灯点较少，无照度要求；需要足够的用电量。对于客船，应急电源的供电时间应大于 36 h；对于货船，应急电源供电时间一般应大于 18 h。

3.临时应急照明系统

在主照明和应急照明系统发生故障时，临时应急照明系统应能发挥作用。它的灯点少，无照度要求，灯具涂以红漆标志。主要分布在驾驶室、船舶重要通道、扶梯口和机舱重要处所。小应急照明由蓄电池组供电，与主、应急照明系统之间有电气连锁；馈线上不设开关；它应能连续供电 3 min 以上。

4.航行灯、信号灯系统

航行灯、航行灯由前桅灯、主桅灯、艉灯、左右舷灯和前后锚灯组成，用于船舶夜航与指示船舶的状态和相应位置。驾驶室设置专用的航行灯控制箱，由主配电板和应急配电板两路供电。航行灯泡一般为 60 W 的双丝白炽灯，每盏灯具都为双套，其中一个作备用，可在控制箱上切换。

5.信号灯

信号灯一般采用两路电源供电，在驾驶室实现控制。为了适应某些国家的港口和狭窄通道的特殊要求，远洋船舶的信号灯设置比较复杂。这些信号灯通常安装在驾驶台顶上专设的信号桅或雷达桅上，按照规定十数盏(8～12 盏)红、绿、白等颜色的环照灯分成 2 行或 3 行安装。

## 二、船舶常用灯具

船舶照明电光源分为两大类,一类为热辐射光源,如白炽灯和卤钨灯;另一类为气体放电光源,如荧光灯、汞灯、金属卤化物灯和汞氙灯等。

1.热辐射灯

(1)白炽灯　船用白炽灯灯丝稍粗,具有较高的机械强度和耐振性。除普通照明光源外,船舶航行灯、信号灯和应急照明灯都采用白炽灯,因为它不会因电压跌落而熄灭。便携灯和大部分控制系统指示灯也采用白炽灯。航行灯多用插口灯头,大功率白炽灯采用螺口灯头,以增大导电接触面积。

普通白炽灯寿命和光通量受电压波动的影响较大,当电压升高5%时,灯泡寿命缩短25%,电压降低5%,光通量减少18%。

(2)卤钨灯　为克服普通白炽灯的缺点而出现了卤钨白炽灯。卤钨灯的灯泡尺寸较小,机械强度高,耐压强。由于它的工作温度高,宜用耐高温导线,如硅橡胶导线。它的发光效率约是普通白炽灯的2倍,额定寿命可达2 000 h。卤钨灯适用于要求高照度、空间开阔的场所,例如机舱上部、副机平台和甲板等处所的集中照明。有些卤钨灯的灯管要求水平安装,倾斜不得超过规定的角度。

2.气体放电灯

(1)荧光灯(日光灯)　它的发光效率约为白炽灯的6倍,平均寿命可达5 000 h左右。荧光灯的启动电压较高,一般采用灯丝预热,高压击穿启动,启动后需用镇流器限流。荧光灯光效高、寿命长、表面温度低、光通分布均匀,被广泛应用于精细工作或长时间从事紧张视力工作的场所,目前几乎所有船舶舱室内的主照明都采用它。但如开关次数频繁,电烁过高过低经常变化,会使荧光灯寿命降低,电压的大幅度跌落,会导致荧光灯熄灭。连续点燃的荧光灯寿命比额定寿命长2.5倍,所以机舱内的荧光灯使用寿命很长。

荧光灯具有各种规格和外观形式及暖色、冷色、三基色等多种光式。

(2)高压汞灯　它的主要构成部分是放电管,它由耐高温的石英玻璃制成,两端装有主、辅电极,电极用钨丝浸渍碳酸钡、碳酸锶等热电子发射材料制成,有良好的热电子发射能力;辅助电极用于热启动,放电管内充以氮气作为启动气体,而工作气体为汞蒸气,汞蒸气的压力较高(约0.2~0.6 MPa),故称为高压汞灯。

(3)氙灯及汞氙灯　氙灯是惰性气体弧光放电灯。氙灯依靠氙气放电发出强光,比金属蒸气放电灯的启动快。它俗称"小太阳",适用于港口、广场、车站、机场等大面积照明场所。管形长弧汞氙灯广泛用于海船甲板和货舱的照明,短弧汞氙灯一般作为探照灯使用。

# 第二节　船舶照明系统控制线路

## 一、单联控制

单联控制采用单个开关来控制照明灯具的接通与断开,常见的有单极开关控制和双极开关控制两种。一般安装场所可用单极开关控制,潮湿及有爆炸危险的场所应采用双极开关控制。图8-1所示是单个开关控制的线路图。

船舶装有篷顶灯的居住舱室,为了减少接线盒和电缆的数量,其床头灯、台灯插座、镜前灯、篷顶灯开关的电缆线均由篷顶灯中引出，篷顶灯既是室内的主照明，又是室内照明的总接线盒。应急照明灯也装在篷顶灯中，与篷顶灯共用一盏灯具，应急照明灯由总开关控制，篷顶灯由单联开关控制。

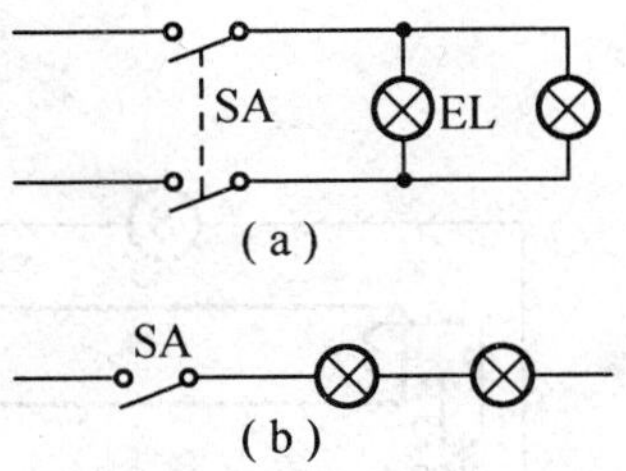


**图 8-1　单个开关控制系统**
(a)原理图；(b)系统图

## 二、双联控制

需要在两个地方均能控制同一盏灯的电路称为双联控制。双联控制有两种接线方式，一种是电源线进开关的双联开关控制，另一种是电源线进灯具的双联开关控制，如图 8-2。两个双联开关装设在两处，每一处的开关均可独立地控制灯的开关。系统图中的 2×1,3×1 表示一根二芯电缆和三芯电缆。

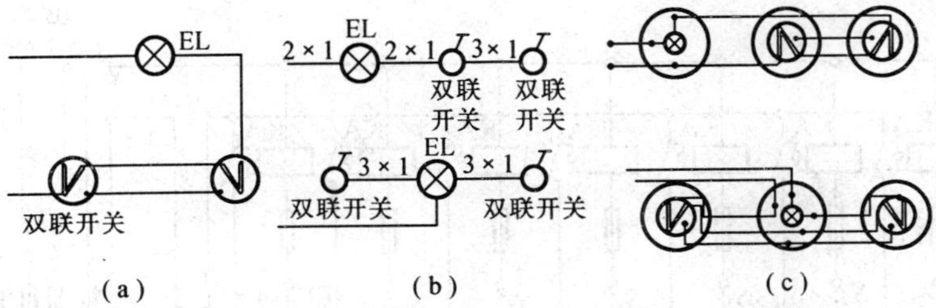


**图 8-2　电源线进灯具的双联开关控制图**
(a)原理图；(b)系统图；(c)接线图

## 三、荧光灯控制线路

由于交流电路中电压、电流的周期性变化，在交流电路中工作的日光灯存在着周期性的灯光明暗现象，荧光粉虽有一定的余辉时间，但不能完全消除闪烁现象，特别在照射旋转物体时，容易使人产生错觉。当旋转体的旋转频率是荧光灯明暗率的整数倍时，转动的物体看上去像不转一样，极易造成事故。为了消除荧光灯的闪烁现象，在某些工作场所，可装 2 管或 3 管日光灯，采用三相供电，并分别接到不同的相线上。这样，由于三相电压的相位和灯管亮暗时间的先后不同，基本上可以消除闪烁的感觉。接在单相交流电源中的日光灯可在其中一支日光灯电路中串入电容器，利用电容器的移相作用，把两支灯的电流相位错开，也可收到消除闪烁的效果。其接线图见图 8-3 和图 8-4。

## 四、航行灯控制器线路

图 8-5 是航行灯控制器电气原理图。图中 No.1、No.2 表明该控制器由两路电源供电，由 SA9 开关实行转换。$KA_1$ ~ $KA_7$ 是电流继电器，当航行灯工作正常时，继电器触头断开。双丝灯泡的航行灯只要有一路发生故障断开，电流继电器失电，触头闭合，蜂鸣器 HA 就鸣响。工作人员确认那路灯丝断开后，把该路转换开关切换，就能使电路恢复正常。图中还设有电源电压测试点。

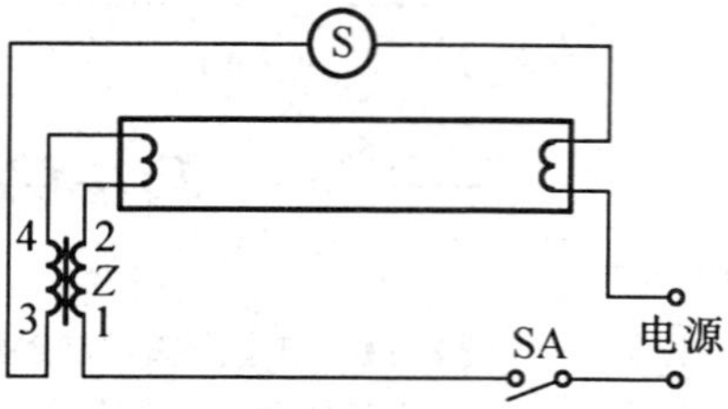


图 8-3　双线圈镇流器日光灯接线原理图

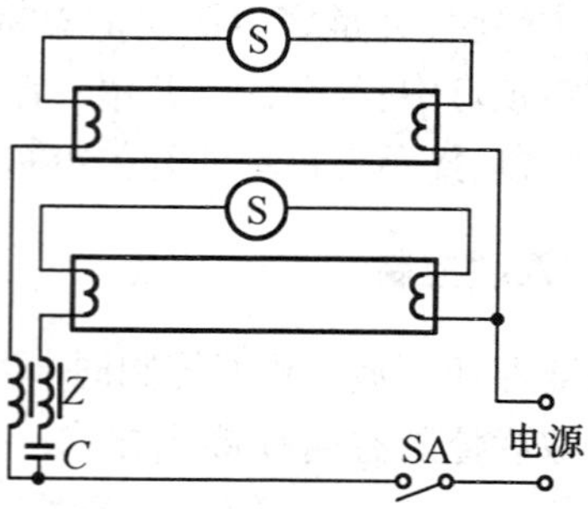


图 8-4　双管制日光灯接线图

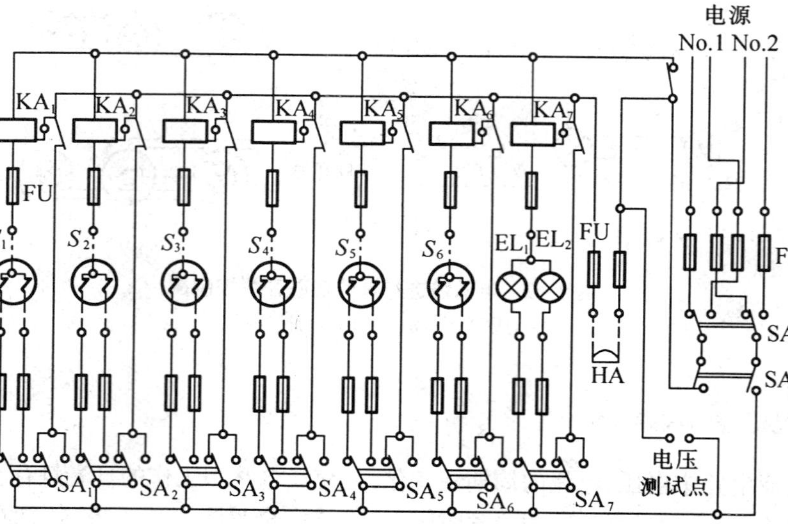


图 8-5　航行灯控制器线路图

## 五、信号灯控制线路

专门的信号灯电路中，每个信号灯的功能不同，根据起航、航行、停靠码头以及在其他工作情况下，启用不同的信号灯。

## 六、船舶照明系统的维护保养

(1)尽量避免带电更换灯泡，更换的灯泡应与电源电压一致，功率不能超过灯具允许的容量。

(2)在检修某些特殊部位，例如辅锅炉内部、柴油机曲轴、压载舱、贮水柜等地方需用临时照明时，必须使用带有安全网罩的 36 V 以下的低压灯。装卸易燃危险货物时，不可使用携带式货舱灯。

(3)应急照明灯具应涂红漆标记，以示区别。经常检查灯泡是否良好，损坏的及时更换。

(4)甲板、船桥等露天投光灯具，开灯前应先脱去帆布，用完要及时将帆布罩妥。

(5)室外水密插座，通电前先检查插头螺母是否旋紧，取出插头前检查电源是否切断，用毕后应旋紧防水盖。

(6)需要张挂彩灯时，要考虑到供电线路和开关的载流量，各相电流分配是否平衡，并要配备好保护装置。油船严禁张挂彩灯。

## 第三节 船用电气设备安全

现代化船舶的电气设备以船用电机居多。发电机是船舶电站的核心，在船舶向大型化、自动化发展的同时，电站容量越来越大。电动机是现代化船舶的重要动力设备，各种甲板机械、舱室机械、船舶导航和自动控制设备中应用数十台乃至数百台电机，电机能否正常运行，直接影响到船舶的安全航行和正常工作。

船用电机的工作环境有其特殊性，航行工况中的风浪、海水、盐雾、霉菌等直接危害设备的电气绝缘。环球航行的环境剧烈变化，影响着电机工作的环境。此外，船舶的振动颠簸、摇摆也直接影响到电机的正常运行。这一切导致对船用电机在绝缘性能、机械结构和电气性能方面的要求比陆地上更高。

1.绝缘性能

我国国家标准规定船用发电机的环境工作温度为 50 ℃，船用电动机为 45 ℃。要求电机能在空气相对湿度为 95%的情况下正常工作，电机绕组及其他要求绝缘的部件，必须经防潮、防霉、防盐雾，即三防处理，同时还必须耐油。在某些特殊情况下，还要求绝缘能防止某些热带昆虫的咬食。油漆涂层也应具有三防和耐油的性能，电机绕组的冷态绝缘电阻不应低于 5 MΩ，热态绝缘电阻应不低于 1 MΩ。

2.电气性能

船用电机的电气性能是根据被拖动生产机械的特性和工作特点来决定的。船舶电机在电网电压变化 +6 ~ −10 V 额定值、频率变化 ±5%额定值时应能可靠工作。船舶发电机的参数要考虑电网的短路电流和各种运行状态下过渡过程的要求，船舶电网的特殊性对发电机的电气性能有着许多特殊的要求。

3.机械结构

由于船舶工作条件恶劣，位置狭小，船用电机的结构应具有耐振动、耐冲击、耐颠簸的特点。船用电机要尽可能小的体积，质量要轻，结构要紧凑，要有较好的防锈和防海水的涂层，安装尺寸的设计要适度，还必须便于拆卸。规范要求，在船舶长期 15°横倾、22.5°横摇和7.5°纵倾的情况下，各种船用电机应能正常工作，这对电机结构尤其是轴承提出了更高的要求。在这种条件下，直流电动机的换向火花必须限制在规定的等级之内，刷架、刷握等处的连接部件不应松动，电刷不能在刷握中被卡。电机的机械结构应保证在安装时满足相应的技术要求。

4.船舶发电机的常见故障及其维护

船舶通常采用交流同步发电机，其常见故障、产生原因及处理方法参见表 8－1。

表8-1 船舶发电机故障现象、原因与处理方法

| 故障现象 | 可能原因 | 处理方法 |
|---|---|---|
| 发电机不能建压 | 1.没有剩磁 | 用外电源进行充磁 |
| | 2.励磁绕组开路 | 检查从整流器至励磁绕组的连接是否有松动或断线，励磁绕组本身是否断线 |
| | 3.集电环锈蚀、发黑不导电 | 用“00”号细砂布打磨集电环 |
| | 4.电刷卡在刷握中或刷辫线断开 | 检查和修理电刷、刷握及刷辫 |
| | 5.线性电抗器无气隙或气隙太小 | 调整气隙到适当大小 |
| | 6.调压器整流元件被击穿 | 检查和更换击穿的整流元件 |
| | 7.接线错误 | 认真检查接线，更正接线的地方 |
| | 8.励磁绕组接反 | 调换励磁绕组的连接 |
| | 9.电抗器、谐振电容器和相复励变压器之间的连线断开 | 检查连线，重新接好 |
| | 10谐振电容器短路 | 更换电容器 |
| 发电机电压低于额定电压 | 1.移相电抗器气隙太小 | 调整气隙使之增大 |
| | 2.电抗器、整流器及相复励变压器有一相开路 | 检查三者之间接线的松动或断线，查出后接好并紧固 |
| | 3.整定电阻太小 | 调大整定电阻 |
| | 4.转速太低 | 提高转速至额定值，并校核频率 |
| | 5.发电机励磁绕组有断路 | 检查励磁绕组，修复或换新 |
| | 6.电抗器或相复励变压器抽头有变动 | 检查并校核电压，重新抽头接线 |
| | 7.电压表有误差 | 校对电压表 |
| 发电机电压高于额定电压 | 1.移相电抗器气隙太大 | 按需要调小气隙 |
| | 2.整定电阻的滑动触头烧坏、锈蚀、接触不良，或电阻烧断 | 检查、修复或更新电阻 |
| | 3.电抗器、相复励变压器抽头变动 | 按需要重新抽头接线 |
| | 4.电压表有误差 | 校正电压表 |
| 当负载增加时，发电机电压大幅度下降 | 1.移相电抗器、整流器、相复励变压器有一相开路 | 检查三者之间连线有否断开 |
| | 2.整流器中有开路 | 检查整流器及连线，使其接通 |
| | 3.相复励变压器的电流绕组和电压绕组极性不一致 | 调换电流绕组或电压绕组，使两者的极性一致 |
| | 4.原动机的调速器性能不良 | 检修调速器 |
| | 5.定子铁芯有位移 | 将铁芯调回原位固定好 |

表 8－1(续)

| 故障现象 | 可 能 原 因 | 处 理 方 法 |
|---|---|---|
| 发电机过热 | 1.长期过载 | 观察发电机输出电流及功率,并将其控制在额定值以下 |
| | 2.励磁绕组或定子绕组短路 | 检查电机定子、转子绕组,并修复短路的绕组 |
| | 3.相负载不平衡 | 检查是否有单相大功率负载或电动机单相运转 |
| | 4.定子、转子相擦 | 检查电机轴承和转轴转子铁芯有否松动 |
| 轴承过热 | 1.轴承磨损严重 | 更换轴承 |
| | 2.润滑油太多、太少或变质 | 检查、加油或换油,润滑油量不得超过轴承室空间的 2/3 |
| | 3.电机端盖或轴承装配不当 | 重新安装好 |
| | 4.发电机组装配不良 | 重新安装 |
| | 5.转轴弯曲 | 校正转轴 |

## 第四节　船舶安全用电

### 一、人体安全保护

人体触及到带电体,受到较高电压或较大电流的直接或间接的伤害称为触电。按照触电伤害程度的不同可分为电伤和电击两类。电伤是指电路放电时,电弧或飞溅物使人体外部被灼伤。它是由电流的热效应使人体烧伤,烙上电的烙印。电击是指人体直接接触带电部分,电流流过人体内部器官而造成的伤害。遇到电击时,轻者会发生肌肉痉挛、恶心、呼吸困难、血压升高、心率不齐等现象,重者会引起呼吸与心跳停止,导致死亡。由于人体在触电时接触带电体的方式不同,电源中性点接地的单相触电流过人体的路径和伤害程度也不一样。人体的触电方式一般分为三种:双线触电,人体同时接触两相电压,承受的是线电压,危险性最大;单相触电,在电源中性点接地的三相四线系统中,人体碰触到某相电压,电流通过人体、船体和中性接地点形成闭合回路而触电,相电压对人体的危险性仍然较大;单线触电,人体在电源中性点不接地的绝缘制系统中触电,此时人体电阻与另外两相的绝缘电阻和寄生电容串联后接于线电压,其危险程度取决于人体电阻、相线与船体之间的绝缘电阻和电网寄生电容的大小,见图 8－6。下面是影响触电伤害程度的因素。

(1)与电流种类有关　直流电对人体血液有分解作用,交流电对人的神经有破坏作用,通常交流电对人体伤害程度要大于直流电。

(2)与流过人体的电流量大小有关　一般情况下,当流过人体的交流电流在 15～20 mA 以下时,人体是安全的,此时人的头脑清醒,自己有能力摆脱带电体。而当电流达到 50 mA以上时,人的心脏受到严重损害,导致立即死亡。

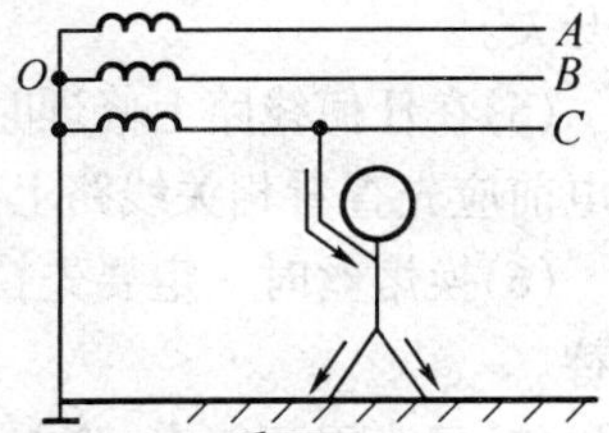

图 8－6　中性点接地的单相触电

(3)与交流电流频率有关　50 Hz 或 60 Hz 的工频电流对人体的伤害最大。当频率增高到 2 000～2 500 Hz 时,对人的危害性降低。频率再增高时，电流对人的伤害程度就大大降低。

(4)与电压高低有关　当加于人体电压小于 36 V 时，由于人体自身电阻的作用，通过人体的电流不会超过 50 mA，不至于伤害人体，因此规定 36 V 以下为安全电压。当电压超过 36 V 时，就有可能危及人身安全。电压越高，危害性越大，1 000 V以上的高电压能很快使人停止呼吸和心跳而致死。

(5)流经人体的电流持续时间越长，对人造成的伤害就越严重。经验证明，100 mA 的电流通过人体持续 0.2 s 以上，就完全可能置人于死地。

(6)与电流流过人体的路径有关　电流经过人体其他部位而不经过心脏，危险性相对小一些。触电电流经过心脏的危险性最大。但是人体任何部位触电，都能引起呼吸神经中枢急剧失调，丧失知觉，甚至死亡。

(7)与人体电阻和人的体质有关　人体电阻因人而异，但在一般情况下，干燥洁净的皮肤，人体电阻可达 40 ~ 50 kΩ。而皮肤潮湿时可降到 1 kΩ 以下。如果皮肤破损，人体电阻将降至 600 ~ 800 Ω，使触电的危险性增大。体格强健、身心健康者，其耐受能力较强，触电危险性相对可小些，而身体虚弱者的危险性就较大。



## 二、触电原因与预防措施

1.触电原因

缺乏安全用电意识，违反操作标准或误操作而触电；遇到紧急修理情况，紧张过度，举措失当，意外触及带电体而触电；电气设备年久失修，绝缘破坏，且未妥善接地，人体接触到此类设备的金属外壳而触电。

2.预防措施

强化安全用电意识和应急应变能力的训练；沉着冷静，忙而不乱，严格遵守安全操作规程；做好电气设备的维修保养工作，发现问题及时解决。

3. 安全用电规则

(1)工作服应扣好衣扣，必要时扎紧裤脚，不应把手表、钥匙等金属物带在身边，工作时应穿电工绝缘鞋。

(2)检查自己的工具是否完备良好，如各种钳柄的绝缘、行灯、手柄、护罩等，若发现有欠缺，应及时更换。

(3)电气器具的电线、插头必须完好，插头应与插座吻合，无插头的移动电器不准使用，36 V 以上的电器外壳必须安全接地。

(4)不要先开启开关后接电源(指手提电器)，禁止用湿手或在潮湿的地方使用电器或开启开关。

(5)在任何线路上修理时，应从电源进线端拿走熔断器，并挂上警告牌。修理完毕后，在通电前应先查看相关线路上有无其他人在工作，确定无人后才可装上熔断器，合上开关。

(6)换熔丝时一定要先拉断开关，然后换上规定容量的熔丝，不得用铜丝或其他金属丝代替。

(7)只能用万能表、验电笔和灯检查电路是否带电，在未确定无电前不能进行工作。带电作业必须经由电气负责人批准，并由两人一同进行。在带电作业时，尽可能用一只手进行操作。

(8)在带电设备上严禁使用钢卷尺等金属尺进行测量。

(9)高空作业(离地1 m以上)时应系安全带，以防失足或触电坠落，同时要注意所携带的工具、器材，防止失手落下伤人和损坏设备。

(10)在维修和检查有大电容的电气设备时，应将电容器充分放电，必要时可先将其短接。

(11)在机舱工作时，应有适当的照明，所用灯具电压应符合安全标准。

(12)工作完毕后，应检查清点工具，不要遗留，特别是在配电板、发电机等重要设备附近工作时更应注意。另外，工作完毕后应把不必要的灯或未燃尽的火熄灭。

(13)严禁使用四氯化碳作为清洁剂。

4.触电急救

(1)迅速脱离电源　发现有人遭受触电伤害时，应迅速切断电源。如果人在高处触电，切断电源时还应采取安全措施，防止触电者松手后从高处坠落造成摔伤。

(2)及时组织现场抢救　如触电者伤害较轻，神志清醒，只有心慌、乏力、肢体发麻等感觉时，可让其在通风处静卧休息，一般2~3 h后即可恢复。

如触电者伤害较严重，出现失去知觉、停止呼吸、心脏停止跳动等现象，则应及时采取人工呼吸和人工心脏按摩进行抢救，并立即送医院救治。

## 三、船舶电气设备的接地与保护

船舶电气设备的接地是把船舶电气设备的金属外壳、支架或电缆的护套等与船体所作的永久性良好连接。它是防止触电和保证电气设备正常工作的重要安全保护措施。根据不同的接地功能，船舶电气设备的接地类型主要有保护接地、工作接地和防干扰接地(屏蔽接地)等。

1.保护接地

为了防止电气设备因绝缘破坏使人遭受触电危险而进行的接地称为保护接地，如图8－7所示，保护接地是将电气设备的金属外壳与船体钢结构件作良好的电气连接。

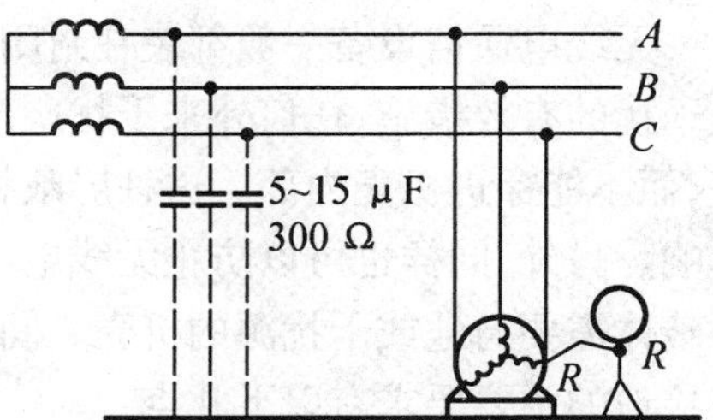


图8－7　保护接地

保护接地用于三相三线绝缘系统，其作用在于确保人身安全。如电气设备未接地，当外壳带电时，由于线路与船体间存在电容和绝缘电阻，在人体触及设备时电流就会经人体形成通路，引起触电事故。进行保护接地后，由于人体电阻远比接地电阻大，所以流经人体的电流比流过接地体的电流小得多，当接地非常良好时，流经人体的电流几乎为零，这样就能防止触电。

根据《钢质海船入级与建造规范》的规定，电气设备保护接地的要求有以下几点：

(1) 电气设备的金属外壳均需要进行保护接地，但下列情况除外，工作电压不超过50 V的设备，具有双重绝缘设备的金属外壳和为防止轴电流的绝缘轴承座；

(2)当电气设备直接紧固在船体的金属结构或船体金属结构有可靠电气连接的底座(或支架)上时，可不另设专用导体接地；

(3)无论是专用导体接地还是设备底座接地，接触面必须光洁平贴，接触电阻不大于0.02 Ω，并有防松和防锈措施；

(4)电缆的所有金属护套或金属覆层须作连续的电气连接，并可靠接地；

(5)接地导体应用铜或耐腐蚀的良导体制成，接地导体的截面积须符合规定的要求。

2.工作接地

为保证电气设备在正常工作情况下可靠运行所进行的接地称为工作接地。如电力系统中性点接地的三相四线制系统、电焊机的接地线等，都是通过接地线构成回路而工作的，如图8－8所示。

《钢质海船入级与建造规范》对船舶电气设备工作接地的要求有以下几点：

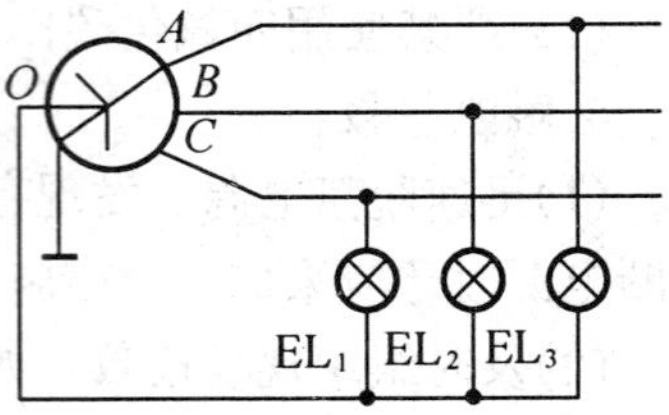

图8－8 工作接地

(1)工作接地与保护接地不能共用接地装置；

(2)工作接地应接到船体永久结构或船体永久连接的基座或支架；

(3)接地点位置应选择在便于检修、维护，不易受到机械损伤和油水浸渍的地方，且不应固定在船壳板上；

(4)利用船体做回路的工作接地线的型号和截面积应与绝缘敷设的那一级(或相)导线相同，不能使用裸线，工作接地线应尽量短，并妥善保管，接地电阻不大于0.01 Ω；

(5)平时不载流的工作接地线截面积应为载流导线截面积的一半，但不应小于1.5 $mm^2$，其性能与载流导线相同；

(6)工作接地的专用螺钉直径不应小于6 mm。

3.屏蔽接地

屏蔽接地是为了防止电磁干扰，在屏蔽体与地或干扰源的金属机壳之间所做的良好电气连接。

无线电通信设备一般都装在封闭的金属机壳内，以防止外来的干扰。屏蔽是抑制无线电干扰的有效措施，任何外来干扰所产生的电场，其电力线将垂直终止于封闭机壳的外表面上，而不能穿进机壳内部。这种屏蔽将使屏蔽体内的无线电通信设备或导体不受干扰源的影响。另外，同样也可以防止无线电干扰源影响屏蔽体外的无线电通信设备或带电体，此时屏蔽体需要与地或干扰源的机壳之间有良好的电气连接。《钢质海船入级与建造规范》对屏蔽接地的主要要求有以下几点：

(1)露天甲板和非金属上层建筑内的电缆，应敷设在金属臂内或采用屏蔽电缆；

(2)凡航行设备的电缆和进入无线电室的所有电缆均应连续屏蔽；与无线电室无关的电缆不应经过无线电室，若必须经过时，应将电缆敷设在金属管通内，该臂通进、出无线电室均应可靠接地；

(3)无线电室内的电气设备应有屏蔽措施，无线电分电箱的电源电缆应在进人无线电室处设置防干扰的滤波器；无线电分电箱、无线电助航仪器以及分电箱的汇流排上应设置抑制无线电干扰的电容器；

(4)内燃机(包括安装在救生艇上的内燃机)的点火系统和启动装置应连续屏蔽，点火系统电缆可采用高阻尼点火线；

(5)所有电气设备、滤波器的金属外壳、电缆的金属屏蔽护套及敷设电缆的金属臂道均应可靠接地。

4.保护接零、重复接地和避雷接地

(1)保护接零 对于中性点接地的三相四线制系统中工作的电气设备,一般采用保护接零的方法将电气设备在正常情况下不带电的金属部件与系统零线相接,以实现人体安全保护。电气设备的外壳直接接在系统的零线上,当发生碰壳短路时,短路电流经零线形成闭合回路,使保护装置能迅速动作而切断故障设备。但值得注意的是,在同一系统中不可以把一部分电气设备接地而另一部分电气设备接零。因为当出现碰壳漏电故障时,零线将具有较高的对地电压,保护接零的电气设备外壳将具有较高电位,这将危及人身安全。

(2)重复接地 在中性点接地的三相四线制系统中,为确保接零可靠,防止因接零线断裂而造成触电率故,可将零线多处接地,这就是重复接地。

(3)避雷接地 为防止雷击而进行的接地,称为避雷接地。

## 第五节 船舶电气火灾的预防

据有关部门统计,由电气线路和电气设备故障引起的火灾占整个火灾事故的30%左右。船舶火灾不仅直接影响船舶的安全运输,同时也给广大船员和乘客的人身安全及国家财产造成很大威胁,因此防止电气火灾,是船舶防火工作的一个重要方面。

1.电气设备起火的原因

(1)电气设备的绝缘下降或损坏,电气线路发生短路、接地等故障引起火花;

(2)电气设备长期过载、超负荷工作,温升超过允许值,甚至燃烧;

(3)继电器、接触器通断情况不良,灭弧不好;

(4)直流电机换向不好,换向火花过大;

(5)导体或电缆连接点松动,接触不好,引起局部发热甚至燃烧。

2.电气设备的防火要求

(1)经常检查电气线路及设备的绝缘电阻,发现接地、短路等故障时要及时排除;

(2)电气线路和设备的载流量必须控制在额定范围内;

(3)严格按施工要求,保证电气设备的安装质量;

(4)按环境条件选择使用电气设备,易燃易爆场所要使用防爆电器;

(5)电缆及导线连接处要牢靠,防止松动脱落。

3.电气灭火器具

对于已经切断电源而范围较大的电气火灾,可使用水和常规灭火器。对于未切断电源的电气火灾,则应采用绝缘性能好、腐蚀性小的灭火器具。船用灭火器具一般有下列几种。

(1)二氧化碳灭火器 二氧化碳绝缘性能好,没有腐蚀性,使用后不留渣渍,不损坏设备,是一种很理想的灭火材料。使用时,不要与水或蒸汽一起使用,否则灭火性能会大大降低。

(2)1211灭火器 1211是一种含有一溴二氟一氯甲烷的灭火材料,扑灭电气火灾的效果理想。适合扑灭小面积电气火灾,一般船舶配电极附近备有这种小型灭火器。

(3)干粉灭火器 干粉是碳酸氢钠与硬脂酸铝、云母粉、石英粉或滑石粉等混合的粉状物。干粉本身无毒,不腐蚀,不导电。灭火时,钢瓶中的压缩气体将干粉以雾状物喷射到燃烧物表面,隔离空气,使火熄灭。干粉灭火迅速,效果好,但成本高,灭火后须擦拭被喷射物,一般仅用于小面积灭火。

# 复习思考题

8-1　船舶照明系统与陆地照明系统不同,一般分为哪几种类型?

8-2　船舶常用灯具,根据使用场合的不同,船舶灯具的结构可分为哪类型?

8-3　船舶照明电光源分为两大类?分别说明白炽灯,卤钨灯,荧光灯,高压汞灯,氙灯及汞氙灯在应用中的优缺点。

8-4　船舶照明系统控制线路中有哪几种控制方式?

8-5　船舶照明系统维护保养应注意哪些问题?

8-6　船用电机的工作环境有哪些特殊性?对船用电机的正常安全工作有哪些方面的要求?

8-7　影响人体触电伤害程度的因素有哪些?多大的电压是人体安全电压的上限?

8-8　触电发生的原因是什么?有何预防措施 ?对安全有电有哪些规则?

8-9　船舶电气设备的接地类型有哪几种?各有何作用及适用的范围。

8-10　电气设备起火的原因有哪些?对电气设备的防火有哪些要求?电气灭火器具有哪些种类?

8-11　对油船电气设备的管理有哪些要求?管理人员对船舶航行期间,船舶停泊状态下和船员交接班时各有哪些安全职责?

# 第九章　船舶电力系统自动化

## 第一节　概　　述

随着船舶向大型化、高速化、自动化方向发展，船舶电力系统的装机容量显著增加。对于自动化船舶航行能力的保持，在很大程度上取决于电力系统连续供电的情况。船舶电力系统的重要性和供电质量的高要求，使得船舶电力系统自动化显得非常必要。

1.船舶电力系统自动化的主要任务

(1) 供电质量和供电的连续性；

(2) 保证电力系统中各种设备在使用上的经济合理和在运行上的安全；

(3) 减轻运行管理人员的劳动强度，节省劳动力。

2.船舶电力系统自动化的要求

(1)船舶电力系统自动化的要求是在缩减船员编制的情况下提出"有一人值班机舱"和"无人值班机舱"后发展起来的。电力系统在无人看管的情况下，运行着的发电机如果发生一级故障还能运行一段时间，则备用机组应能自动启动、自动同步操作投入电网并联运行，有故障的机组卸去负载，然后分闸、停机退出运行；如果发生二级故障不能运行，则立即跳闸、停机退出运行，自动启动备用机组并自动投入运行。前者处理是不断电交换机组，保证了连续供电；后者只能断电交换机组。具有这种功能的自动系统已满足无人值班机舱的基本要求，即有保障地连续供电。

(2)船舶电力系统自动化的进一步要求是，在正常运行情况下，根据船舶电力负载的大小来决定应投入运行发电机的数量。例如处于单机运行的发电机的负载超过80%(可整定的)时，被指定的备用机组自动启动投入并联运行；处于并联运行的数台发电机组，当各机组分配的负载小于30%(可整定的)时，被指定的解列机组自动卸去负载、跳闸、停机退出运行。在这种系统中，大容量(电动机)负载的启动受到控制，需要启动时，向自动系统发出启动询问，如果电网的剩余(可使用)容量不够，则自动启动备用机组，投入并联运行，然后才允许启动。

(3)有轴带发电机或废气透平发电机的电力系统，在海上正常航行的情况下，用它们来供电，负载增加，供电功率不足，则自动启动备用机组投入并联运行。自动系统使轴带发电机或废气透平发电机承担足够的功率，剩余部分由独立的柴油发电机组承包。

3.船舶电力系统自动化装置的功能

船舶电力系统自动化装置的功能有多有少，并不局限于无人机舱级船舶使用。一般船舶和舰艇也有全部或部分采用。

(1)若由一台发电机组运行供电，在该机组发生故障时，备用发电机组应能在45 s内自动启动合闸。

(2)若由三台或以上的发电机组并联供电，在其中一台机组出故障时，应有措施保证对重要负载的连续供电。

(3)因短路故障停电后,备用机组的自动合闸只允许进行一次,合闸失败后应报警。

(4)当运行发电机组超负荷时,应能自动卸除非重要负载,保证对重要负载供电,或自动启动备用的发电机组并网供电。

(5)自动电力系统应显示电压、频率及应急蓄电池组向临时应急照明供电的指示。

(6)自动电力系统应实现电压过高或过低报警、频率过低报警、自动卸载动作时报警,合闸失败报警、主开关脱扣报警、对地绝缘电阻低报警、应急蓄电池组向临时应急照明供电时报警等。

4.船舶电力系统自动化技术的特点

(1)从常规继电器、分立元件形式的控制发展到无触点控制、大规模集成电路、结构化、模块化。特别是采用了微机后,使控制部分的体积、质量大大减小,工作可靠性显著提高,控制方式也由硬件控制变为以软件控制为主,使功能的组合、扩展或修改变得很容易;维护方便,模块通用性好。

(2)计算机控制由大型机集中控制方式发展到多微机分散控制方式,使工作可靠性大大提高;进而出现由多级计算机构成的分布式控制系统,以及应用光纤通信和网络技术。

(3)信号处理由模拟量信号处理发展到尽可能多的数字量信号处理和通信。

(4)由就地人工分散控制发展到集控站控制,特别是由驾驶室控制站对机舱的遥控,实现了无人值班机舱。

(5)机电一体化。自动电力系统属于自动机舱的一部分。就机舱自动化的内容来说,除了自动电站外,还有机舱参数的集中监测报警、主机遥控(由驾驶室遥控)、辅助设备(如辅锅炉、分油机、泵、空压机、油水分离机和焚烧炉等)的控制、一些重要工况参数(如温度、压力、液位、流量、黏度和转速等)的自动调节、火灾自动报警等。自动机舱又属于自动船舶的一部分。全船自动化除了自动机舱以外,还有装卸和船舶状态的自动控制、航行自动化(包括自动驾驶系统、自动定位和导航系统及自动通信系统)、舾装自动化(包括绞缆、防火和救生等)、船舶管理系统和专家系统。由于自动化离不开电,这就对船舶电气设计或运行管理的技术人员提出了更高的要求,要扩展知识面,提高处理机电问题的能力。

5.从提高运行的经济性和可靠性出发,船舶电站出现了以下一些新特点

(1)采用不同容量的发电机组成电力系统,以提高不同工况下发电机负荷率。

(2)除柴油机以外,还同时采用不同种类的原动机,如主机(轴带发电机)废气锅炉涡轮机、废气涡轮-轴带发电复合系统等,可以降低噪声,提高机动性和节能。

(3)大型船舶采用双系统前后布置方式,通过对电力系统间跨接线的控制,可以使两电力系统各自独立供电或联合供电,提高供电可靠性。

(4)船电能与岸电并联,以实现两者间不断电转移负荷。

以上特点使得电力系统的控制复杂化,因此需要先进的技术手段来保证。

## 第二节　船舶电力系统监测与报警系统

根据保护的需要,已有对过流、欠压、逆功率和对地绝缘等多种参数的监测报警和控制;电压、频率、电流、功率、功率因数等参数及主开关通断状态等也在主配电板上有显示,但这样的监测基本上是属模拟量处理方式,就地监测,而且不能记录。随着自动化程度的不断提高,参数的自动监测和报警系统,不但功能上比较完善,而且监测范围已扩大到整个机舱,成

为自动化机舱的一个组成部分。20世纪70年代后，微型计算机的监测报警系统迅速发展，功能及可靠性大大加强。如用CRT显示，一次显示多个信息，并可方便控制，像换页、定参数显示等，目前已发展到彩色图像显示。系统还有较完善的自诊断功能。微机系统虽然也采用巡回检测方式，但它运行速度极快，必要时还可分级或并行处理，故检测点数不受限制，而且无论模拟量还是开关量均能检测。微型机集中监测报警装置的结构框图如图9-1所示。系统对全部被测参数依次进行周期性测量和数字显示。

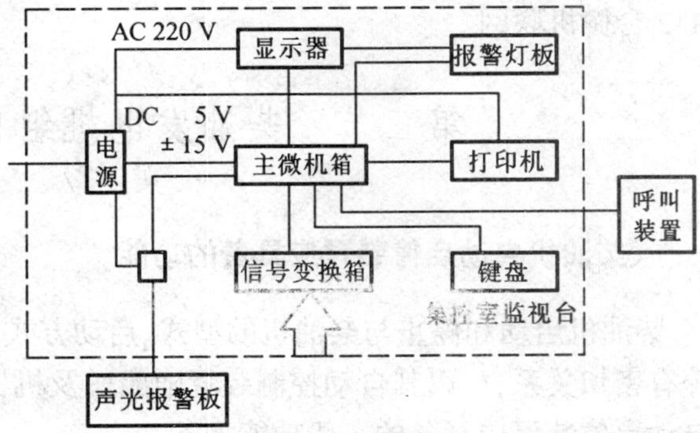


**图9-1　微机集中监测报警装置基本结构图**

按下有关按钮可随时实现选点显示或定点显示。巡测周期可调整，如每4 min一次。被测参数也可在一个巡测周期内实现多次检测。系统对全部被测参数定时(如1h)打印记录。按下有关按钮还可随时实现全部点或选定点的召唤打印记录。这些记录可代替轮机日志。当被监测点参数值超出允许范围，则发出声光报警，并自动打印记录(通常设有专门的故障记录设备)。被测参数值的上下限可方便地整定和修改。

CJBW型微机监控装置是1985年推出的一种国产的监控装置，它用Intel 8088微处理器，监测点容量(模拟量和开关量的总和) 为512，可扩展，用彩色动态CRT图像及中文显示，除常规报表打印外，还可用彩色动态图像方式打印。测控程序可通过人机对话方式在线完成或修改。该装置主要由传感器、信号变换箱、微机控制箱、彩色显示器、打印机、键盘、报警灯板和数码管显示器等组成。

随着微机网络技术的应用及船舶自动化程度的提高，参数监测报警系统已融入全船操纵和监视系统之中，人机接口部分已有机地组合于操纵控制台之中。参数监测报警的范围也超出了自动机舱，可包括船舶压载系统、甲板机械及冷藏集装箱等的监测报警。功能上实现了监测报警和控制一体化(图9-2)。20世纪90年代推出的国产CY8800微机网络型舰船自动操纵及监视系统，用主微机冗余的多节点星形结构网络(称"2+"网络)。下层用

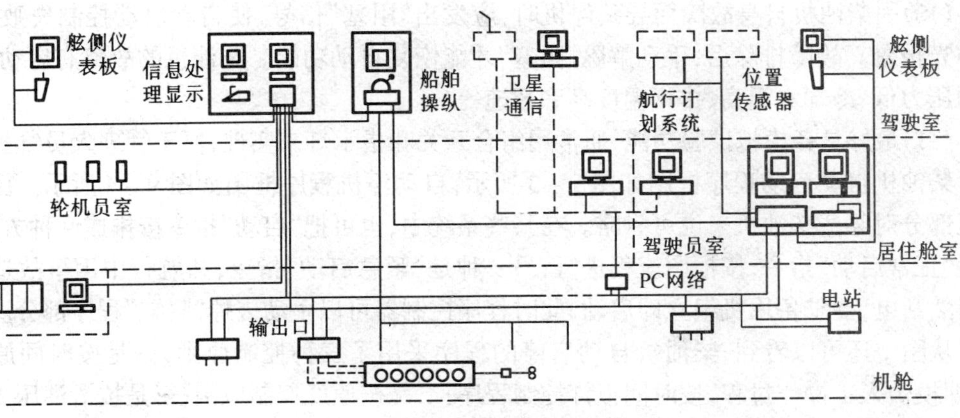


**图9-2　船舶综合控制系统示意图**

8098 单片机及 GAL 电路，上层管理级可用 PC 兼容机，已实现实船 42 台微机联网，最多可实现 112 台微机联网。

## 第三节　柴油发电机组自动启动和停机

### 一、柴油机自动启停装置应具备的功能

柴油机启动和停止与柴油机的型式、启动方式、预润滑系统、预热系统及柴油机操作机构等有密切关系，所以其自动控制装置随船舶及机器的条件不同而有各种不同变化。柴油机自动启停装置应具备的一般功能如下。

(1)应有“机旁”、“遥控”和“自动”三种操作方式的转换，并满足“机旁”优于“遥控”优于“自动”的原则。

“机旁”是指在柴油机旁进行常规的手动操作。“遥控”是指机舱集控室或驾驶室控制站发出启停指令(通过按钮实现)后，由程序控制装置自动控制机器的启停。“自动”是指由自动电站的总体逻辑控制单元发送启停指令来自动操作。

(2)对自动启动的各种准备工作设置逻辑判断和监视，如确定有预润滑、预热、有足够的启动动力等；又如判断本机处于静止备用状态时才允许启动。

(3)接受启动指令后，按指定程序启动。

(4)对于一次启动指令，可以允许试行三次启动。若三次启动均失败，则发出报警信号。每次接通电源的时间一般限制在 5 s 左右，相邻两次启动时间间隔也在 5 s 左右。

(5)控制启动时的给油量。

(6)当柴油机点火成功，立即切断启动动力源。

(7)若需要有暖缸运行程序时，应将油门控制于“暖缸转速”，待时限到达后再加速。若允许直接加速，则可直接加大油门，使转速升到额定值左右。

(8)当转速上升到额定值的 90%时，可以认为启动加速的程序已经完成，启动切断预润滑系统，并经适当延时(约几十秒)后，接入对本机的滑油压力监视(因为柴油机自带的滑油泵润滑系统建立必要的油压需要一定的时间)。柴油机所需要的其他监视，无需延时。

(9)接受停机指令后，按设定程序停机。停机完成后，发出停机成功信号，并应该接通预润滑系统，为下次启动做好准备。

(10)因柴油机自身故障而导致停机时，应发出“阻塞”信号，使自动启动控制失败，并发出声光报警。故障排除后，手动解除“阻塞”才能恢复自动功能。柴油机的故障有启动失败、滑油压力低、冷却水温高、排烟温度高和超速等。

(11)最好具备模拟试验功能，通常用组合开关和指示灯来实现，便于管理人员维护。

柴油机自动启动程序框图如图 9-3 所示，自动停机程序框图如图 9-4 所示。图中虚线框部分对某些柴油机来说可省略。在某些系统中，也可把“启动”指令按排成两种方式，一种是“正常启动”指令，按框图流程进行；另一种是“紧急启动”指令，如航行中因事故造成电网突然断电，要求备用机组立即启动，此时程序控制器可以手动去掉“暖缸”程序部分。

从图中还可以看到，柴油机自动启停的程序采用了三种控制原则，一是按时间原则控制，即模仿人工操作过程，按时间拟订控制程序；二是按速度控制原则；三是按滑油压力控制原则。这三种原则可以综合应用。

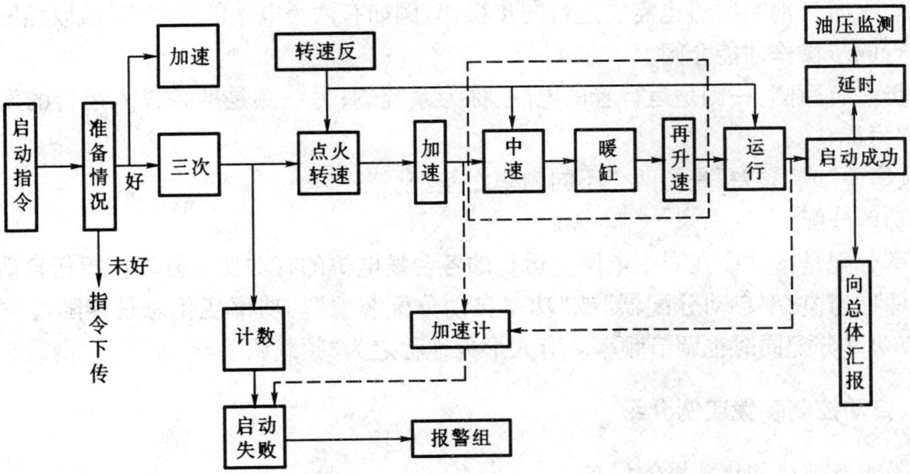


图 9－3　自动启动程序框图

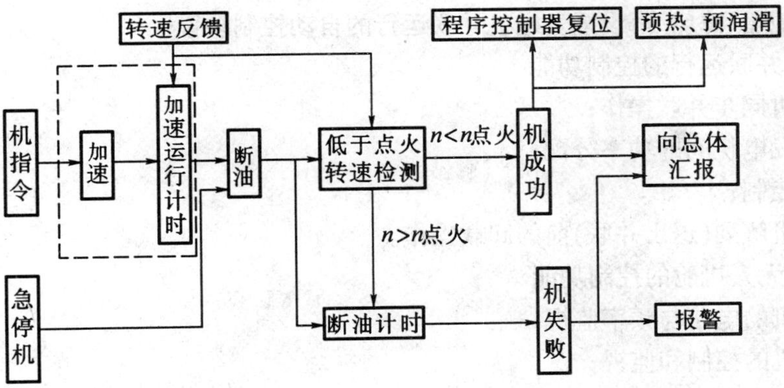


图 9－4　自动停机程序框图

1.同步

“标准”的定义是同步电机在完成加速过程后，与另一同步电机或电源进入同步运行的一系列步骤。

“同步操作”是把发电机并入电网所进行的操作。也有用“同步并联操作”、“并网操作”、“并列操作”和“同步并联”等术语的。

“并车”是过去船员对直流发电机并联的称呼，现在这个术语又被沿用到交流发电机的并联运行上来。并车通常是泛指“同步”或“并联运行”。

自动同步装置有称为自动同期装置的，也有称为自动并车装置的。

2.解列

交流发电机的并联运行有两个内容，一是投入并联的同步操作；二是并联运行时的功率分配。“并联”在陆地电力系统的术语中又称为“并列”，因此把并联运行着的发电机退出电网所进行的操作称为“解列”。

3.同步点

把有同步任务的断路器称为“同步点”。船舶电站中通常只有发电机的断路器有同步操作任务。有时其他断路器也需要进行同步操作,例如有两个电站的舰船,母线联络断路器也需要进行同步操作才能合闸。

同步点有两侧,一侧是运行着的电网,称为系统侧;另一侧是准备投入运行的发电机或母线,称为待并侧。

“频率差”或“频差”是指两个不同频率之差。

4.功率分配

功率分配是指并联在同一电网上运行的各台发电机的有功功率分配。担任自动分配调节的器件称为“功率自动分配器”或“功率自动分配装置”。功率变化总是伴随着频率的变化,调节功率分配同时也调节频率。有人形象地称之为“频载调节器”或“调频调载装置”。

## 二、自动控制装置实例介绍

1.船舶电站自动化装置的设置

(1)用于发电机并联运行的自动控制,减轻船员劳动强度,提高操作可靠性;

(2)用于无人机舱的自动控制,保障连续供电;

(3)用于功效管理的自动控制,提高运行的经济性。

2.一般舰船(海船)都设置发电机并联运行的自动控制装置

(1)用于并联运行的控制功能

①发电机同步并联操作;

②并联发电机间的功率分配;

③频率控制;

④发电机解列(退出并联)前的卸载操作。

(2)用于无人机舱的控制功能

①发电机的电压与频率监视;

②柴油机的控制和监视;

③备用发电机选择(启动顺序的确定);

④备用机组启动控制;

⑤发电机同步并联操作;

⑥并联发电机间的功率分配;

⑦频率控制;

⑧发电机解列(退出并联)前的卸载操作。

(3)用于功率管理的控制功能

①并联发电机数目控制,根据用电需求来决定投入运行发电机的台数;

②最佳负荷分配控制;

③大功率负载(电动机)启动询问。

国产SDZ-10型柴油发电机组自动控制装置,主要适合应急电站的自动控制,采用电动机启动方式。其系统框图如图9-5所示,控制流程如图9-6所示。通过对主电源工作状态的检测,该装置能实现三种处理。

(1)当主电源失电或断相后,1s内发出主电源故障报警信号,使主电源开关 $Q_2$ 分断,并转入本应急发电机组自启动程序。

(2)主电源电压低于 70% $u_N$ 时，延时 0～10 s(可调)报警，延时到本机组自启动程序。

(3)主电源恢复正常后，延时 0～240 s(可调)，发出切除本机主开关 $Q_1$ 信号，同时发出恢复主电源供电信号。主开关切换后，再延时 0～240 s(可调)，判断主电源是否正常工作，若正常，发出本机停机信号。在本机组启动过程中，当柴油机转速超过启动转速(可设定)后，自动停止启动电动机。转速达额定值，并建立电压和滑油压力时，发出启动成功信号，并闭合本机组主开关(接入电网)。

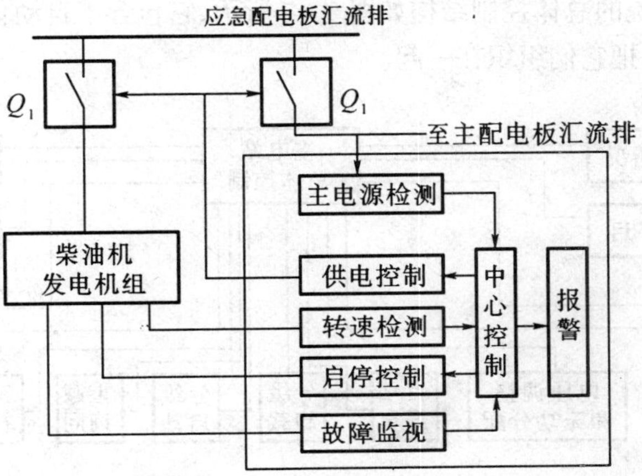


**图 9－5　SDZ－10 柴油发电机组自动控制装置系统框图**

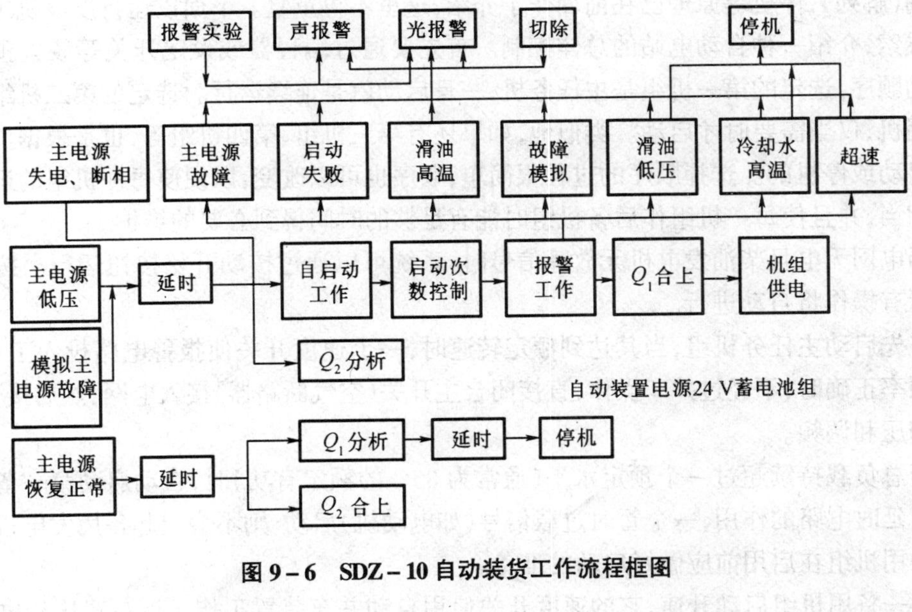


**图 9－6　SDZ－10 自动装货工作流程框图**

超速 115% $n_N$ 及以上时，发超速报警停机信号。可实行三次试启动，每次电动机接通时间为 6～10 s(可调)，间歇时间为 6～10 s(可调)。若三次启动失败，发出启动失败信号。运行滑油压力过低时(小于 14.71 kPa)，延时 0～10 s(可调)，发出声光报警和停机信号。冷却水温度过高时(一般大于 95 ℃)，或滑油温度过高时(一般大于 90 ℃)，均发出声光报警和停机信号。各种声光报警都设置试验和切除按钮。声报警能随时切除，光报警保留到故障排除时切除。

## 第四节　自动化电力系统的总体控制

### 一、自动化电力系统的总体控制

自动化电力系统的总体控制结构如图 9－7 所示，它包含了自动化电站应具备的各项功能，由总体控制逻辑把它们组织在一起。

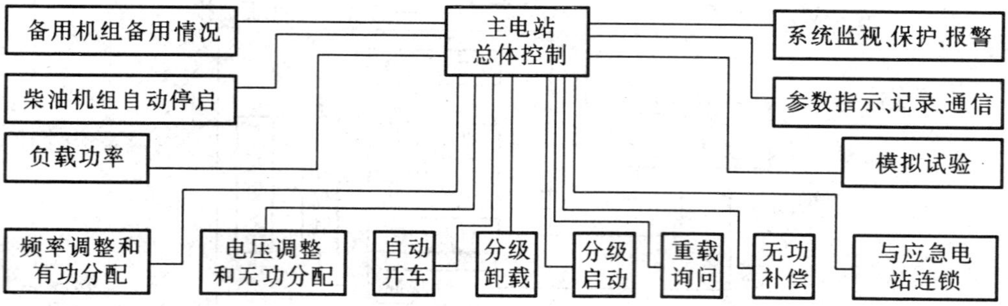


**图 9－7　自动电力系统的总体控制框图**

关于发电机组的自动启动、建立电压、投入电网（并车）、转移有功和无功、监测保护、退出电网（解列）、停机等原理已在前面作了介绍，这里不再重复。下面以运行发电机组控制为主要线索，介绍一种自动电站的总体控制。首先要通过编程器或设定开关等装置预定机组的启动顺序，选定的第一机组是主任务机，一旦启动就是连续运行。选定的第二机组是前者的备用机，仅当需要时才启动。类似地，如果还有第三机组、第四机组等，也是根据负载的变化而启动或停机的。选择顺序的过程很简单，顺序也可以改变，以便使每一机组的运行时间大致相当，并且使每一机组作后备机组时能有足够的时间得到必要的维护。

当电网无电且柴油发电机无故障信号时，系统可以通过按动开始按钮运行。按下按钮后的所有操作将自动进行。

首先启动主任务机组，当其达到额定转速时，一个速度开关使报警电路投入工作；当电压与频率正确时，不经过并车操作，直接闭合主开关（空气断路器）接入电网，然后接受负载，自动调压和调频。

当总负载持续超过一个预定水平（通常为 85% 的额定有功）时，自动启动第一备用机组因为有延时电路的作用，一个暂时过载信号（如电动机）启动，则不会引起备用发电机组的启动。备用机组在启用前应做好启动的准备。

第一备用机组启动升速，它的速度开关使用自动并车装置工作。该装置比较电网与待并机的电压、频率和相位角。若大的频率差被检出，装置将间歇的使用备用机组的调速电动机转动，调节其转速达到合适值。通常不必用同步装置去调整电压，因为机组的 AVR 能很好地完成电压调整的任务。但若需要同步装置来调压时，AVR 的电压参考值必须是可以通过控制电动机达到微调的。

当电压与频率均已合适，等待相位角接近零同步装置发出含提前量的合闸信号，使该备用机投入电网，自动并车。但对发电机组开关(空气断路器)有一定要求，如果断路器的固有动作时间超过0.3 s，则不可能完成正确的操作。

若第一台备用机组启动失败或并车失败，第二台备用机组就自动启动。当两台以上机组并联运行时，必须保证有功和无功的均衡分配。无功功率分配通常由AVR和调差电路来实现，附加自动控制器的微调是不必要的。不过，若发电机组与岸电并联运行时，AVR就必须具备一个电动电位器与一个自动控制器一起调节无功分配。否则因为岸电电压的一点小小变化将导致机组的AVR响应，企图去校正岸电的这种变化，但这种校正不可能成功反而造成大的环流。另一种办法是在机组与岸电并联时，切断AVR的作用，固定发电机组的励磁电流。

有功功率的分配取决于柴油机调速器。控制器中的均衡有功模块比较主任务机和已投入备用机组的有功负载，然后适当驱动相应的调速器电动机(间歇作用)来实现有功均衡。另一种有功分配方法叫做"溢流"分配，它不实现均衡分配，而是使各机组固定运行于各自的最经济负荷率，但其中有一个机组除外，因为它承担剩余的有功功率。

若总负载连续增加，则依次启动新机组，并联运行。类似地，若总负载减小，则将依相反次序解列，停机。一个机组在解列之前，控制器首先要把它的负载减小到其额定功率的10%~20%，以减小开关暂态的幅值。

启停机组的功率值应仔细选择，以避免"振荡"状态发生，即当一机组解列停止时，剩余机组承担的负载不会超过所要启动新机组的水平，如图9-8所示。

频率控制通过比较汇流排频率及控制器内部一个参数值电路来实现。当频率差被检出，就控制主任务机调速电动机运转，直到频率被校正。其他运行机组的调速不必各个调整，因为它们必然与主发电机运行于同步状态。当然，这样调整会造成负载分配方面的小变化，这时将由负载均衡模块再加以校正，即频载调整装置作二次调节。当机组并联运行时，随时要进行频率和负载分配的少量调整。

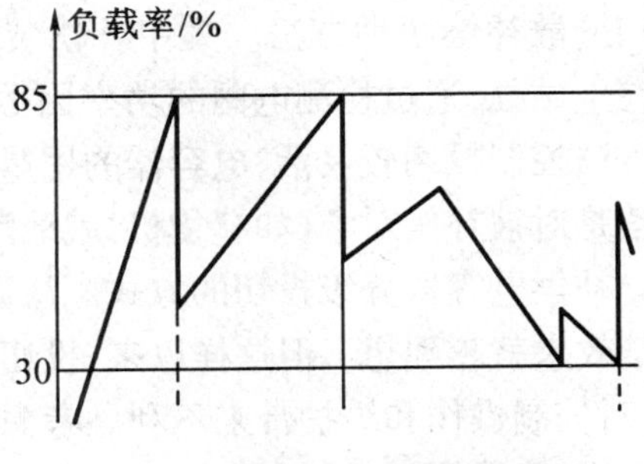

**图9-8 按负载率控制机组启停**

对柴油机的监视和保护，包括柴油机转速、滑油压力和温度、冷却水压力和温度等方面，根据故障程度做出相应的反应。能短时容忍的故障叫一级故障，它需要报警和备用机组启动与投入并联，而故障机在新机组投入电网后才解列和停机。故障极为严重，要求立即停机的叫做二级故障，如超速、滑油压力极低等。立即停机的后果是造成其余发电机过载。为了避免这一点，对次要的负载的分级御载功能就被启动。电气故障引起发电机主开关跳闸时，也将启动分级卸载功能；与此同时，开始备用机组的启动程序。

卸载功能分两种情况处理，对于轻度过载，实行分级卸载处理。考虑第一级卸载的负载有空调装置、压载泵、货舱海水泵等；第二级卸载的负载有货物装置电源，如冷藏集装箱电源。轻度过载的处理要延时进行。对于严重过载，如上述机组停机引起的过载，则卸载功能不分级，不延时。

检测到运行机组有足够功率裕量时，负载分级启动功能就被启动。分级启动的顺序与分级卸载的顺序相反。

当电网失电后，电压恢复负载也自动分级启动。这里分级的概念与分级卸载中提到的概念不同，重要负载为第一级，例如舵机、变螺距系统油泵、航行信号灯、无线电、导航系统及220 V电源设备等最先启动；第二级启动负载有主机备用滑油泵、主机燃油供给泵、齿轮箱备用润滑泵等；第三级启动负载有主机海水泵、压载泵、主机淡水泵等。

电网失电时，应急发电机组在一定时间内自动启动供电。主电站恢复供电时，通过连锁电路，自动切断应急发电机供电。从负载控制的角度看，自动电站的控制除了分级卸载和启动外，还有重载询问和无功补偿。重载询问的流程如图 9-9 所示。没有此功能时，自动电站已能满足对负载用电需要的控制。但是运行发电机的负载率接近上限时，恰有重负载的启动和运行，就会造成电机过载，报警器分级卸载功能启动，然后再启动备用发电机组。采用重载询问功能后，电站具有智能化的意味，供电控制更有效，避免了上述的过载故障和报警等，缩短了系统暂态过程时间，改善了次要负载的工作。

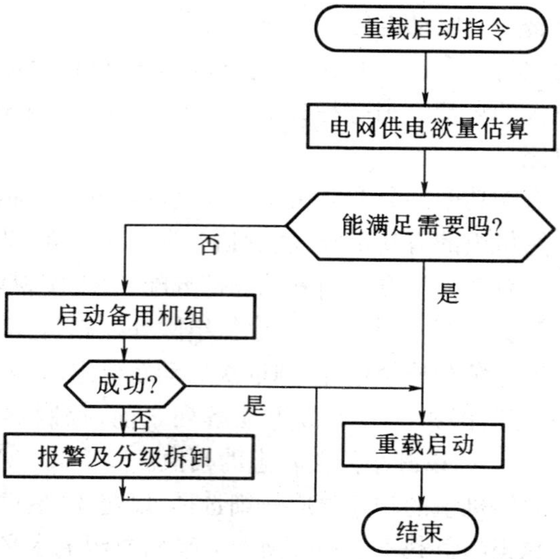

**图 9-9　重载询问功能流程图**

船电的自动无功补偿装置常采用电容器补偿。与陆上电网类似，有集中补偿和分散补偿两种方法。集中补偿装置设在电站处，通过检测电网的功率因数或无功功率的大小，来决定投/切补偿电容器组。这种方法控制投切较灵活，电容器的用量少，可保持电网功率因数一直在较高的水平上。分散补偿是对被补偿对象（如起货机）就地配置补偿电容器，在对象工作时使用，线路损耗较小。

补偿电容器分级投切的方式。从调节效果上看，电容器分组越多，且各组容量不同，则补偿效果就越理想。但这样以来，投切开关设备就多，投切次数也多，且各组电容器无互换性，对控制操作和维护带来不利。考虑到无功补偿是静态有级调节方式，对补偿精度要求也不严格，通常简单地把电容器分成容量相同的 2~3 组就可以了。

投切电容器时会产生大的冲击电流和过电压，通常在电容器回路加入阻尼电阻或电抗以限流。

采用双向晶闸管（triac）无触点电子开关的自动无功补偿装置的主电路如图 9-10 所示。控制装置首先检测待投入的电容器的电压初始值 $u_{c0}$，然后检测网电压。当电网电压达到电容器初始值时，将电容器接入电网，检测电容器电流。当电流过零时，可使之退出电网。投切波形如图 9-11 所示。这样控制可实现投切时无大的冲击电流。

重载询问功能需要检测电网的有功功率，无功补偿功能需要检测电网的功率因数 $\cos\varphi$ 或无功功率。这些参数用计算机的数字方式来检测时原理比较简单，只需要采集电网电压和电流的副值（有效值）、电压与电流的相位角 $\varphi$ 等数据。副值信号通过 A/D 交换后输入处理器，角 $\varphi$ 的检测可采用类似于第五章数字方式并车的相位角检测原理，然后由处理器做出必要的运算，求出 $\cos\varphi$ 和有功功率或无功功率。

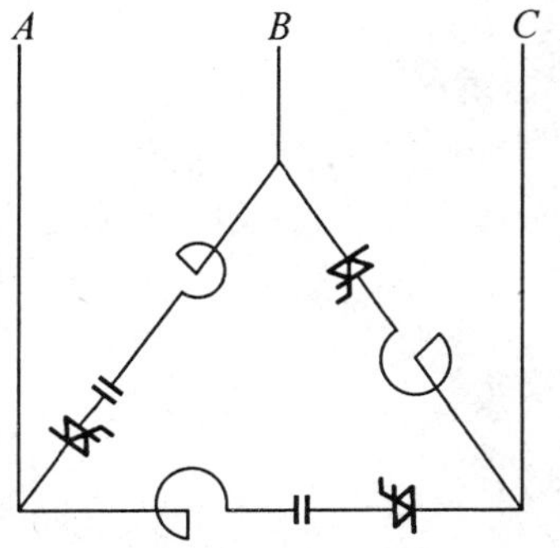


图 9－10　无功补偿装置主电路

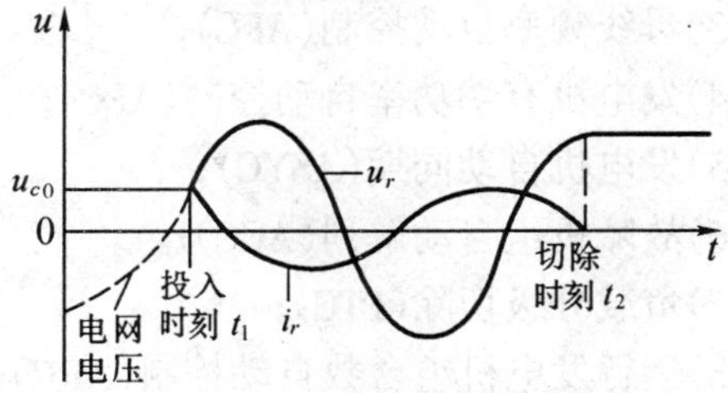


图 9－11　电容器投切波形图

## 二、船舶电站微机自动控制原理

随着船舶自动化程度的不断提高，以及计算机技术和制造工艺的不断完善，目前可靠性高、抗干扰能力强的加固型计算机已广泛应用于船舶电站的自动控制系统中，其控制方案也从原来的由一台中大型计算机的集中控制，发展成多微机网络通信的分散、分层控制系统，大大地提高了控制系统的可靠性。现以"德跃"轮中的电站微机自动控制系统为例，介绍该系统的工作原理。

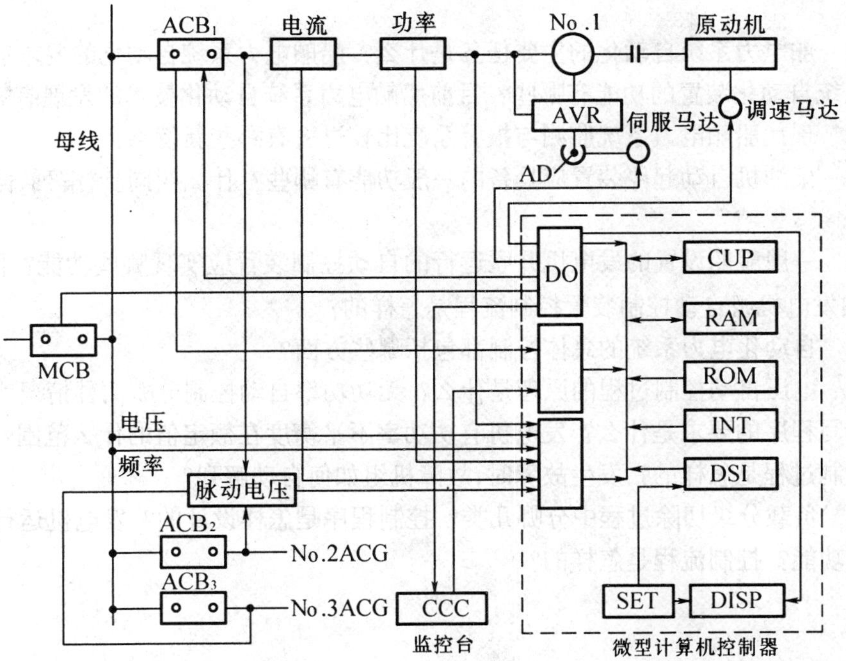


图 9－12　船舶电站微机控制系统单线原理图

该轮船舶电站由三台主发电机组成，其控制系统单线原理如图 9－12 所示。检测元件有功率变换器、频率变换器、脉动电压检测器、电流、电压测量等。船舶电站的控制量多属开关

量、数字量,控制规律也属常规控制。这一系统能完成以下 11 种功能:

(1)母线电压自动控制(AVC);

(2)发电机无功功率自动控制(ARPC);

(3)母线频率自动控制(AFC);

(4)发电机有功功率自动控制(APC);

(5)发电机自动同期(ASYC);

(6)故障机组自动解列(ACC);

(7)负载分级切除(PTC);

(8)运行发电机组台数自动控制(ARC);

(9)原动机自动启动(EASC);

(10)故障监视及报警(MONIT);

(11)自动转移负载及脱离并联运行。

完成上述控制功能计算机内存容量 4K 就够了。控制精度取决于微处理器的位数,若用 12 位的片子,则能达到 1/4095 的分辨能力,可满足船舶电站控制精度要求;若用 8 位的片子,则分辨能力仅为 1/256,精度不够;若用双倍的字长,又将使机器容量大为增加,降低计算速度,故"德跃"轮采用内存为 4K(0.5K、ROM;3.5K、ROM)的 TLCS－12 位微型计算机进行上述 11 种功能的控制。

## 复习思考题

9－1　船电力系统自动化的主要任务是什么?船舶电力系统自动化的要求有哪些?船舶电力系统自动化装置的功能有哪些?目前船舶电力系统自动化技术的发展有哪些特点?

9－2　现代船舶电力系统监测与报警系统比较过去有哪些新特点?

9－3　柴油机自动起停装置应具备的一般功能有哪些?什么叫同步,解列,同步点和功率分配?

9－4　一般舰船设置的发电机并联运行的自动控制装置应实现哪些功能?国产 $SD_2$－10 型柴油发电机组自动控制装置控制流程是怎样的?

9－5　自动化电力系统的总体控制都包括哪些方面?

9－6　电压自动控制过程的原理是什么?无功功率自动控制分哪两种情况?为频率自动空制编写程序的要求是什么?发电机有功功率不平衡度在额定值的什么范围?自动同步并车的控制过程是怎样的?发生故障时,故障机组如何自动解列?

9－7　负载分级切除过程中分哪几类?控制程序是怎样设计的?发电机运行台数控制实现哪些功能?控制流程是怎样的?

# 附录

## 附表 1　S9 系列和 SC9 系列电力变压器的主要技术数据

1. 10 kV 级 S9 系列油浸式铜线电力变压器的主要技术数据

| 型　号 | 额定容量/kVA | 额定电压/kV | | 连接组标号 | 损耗/W | | 空载电流/% | 阻抗电压/% |
|---|---|---|---|---|---|---|---|---|
| | | 一次 | 二次 | | 空载 | 负载 | | |
| S9－30/10(6) | 30 | 11,10.5,10,6.3,6 | 0.4 | Yyn0 | 130 | 600 | 2.1 | 4 |
| S9－50/10(6) | 50 | 11,10.5,10,6.3,6 | 0.4 | Yyn0 | 170 | 870 | 2.0 | 4 |
| | | | | DYyn11 | 175 | 870 | 4.5 | 4 |
| S9－63/10(6) | 63 | 11,10.5,10,6.3,6 | 0.4 | Yyn0 | 200 | 1 040 | 1.9 | 4 |
| | | | | DYyn11 | 210 | 1 030 | 4.5 | 4 |
| S9－80/10(6) | 80 | 11,10.5,10,6.3,6 | 0.4 | Yyn0 | 240 | 1 250 | 1.8 | 4 |
| | | | | DYyn11 | 250 | 1 240 | 4.5 | 4 |
| S9－100/10(6) | 100 | 11,10.5,10,6.3,6 | 0.4 | Yyn0 | 290 | 1 500 | 1.6 | 4 |
| | | | | DYyn11 | 300 | 1 470 | 4.0 | 4 |
| S9－125/10(6) | 125 | 11,10.5,10,6.3,6 | 0.4 | Yyn0 | 340 | 1 800 | 1.5 | 4 |
| | | | | DYyn11 | 360 | 1 720 | 4.0 | 4 |
| S9－160/10(6) | 160 | 11,10.5,10,6.3,6 | 0.4 | Yyn0 | 400 | 2 200 | 1.4 | 4 |
| | | | | DYyn11 | 430 | 2 100 | 3.5 | 4 |
| S9－200/10(6) | 200 | 11,10.5,10,6.3,6 | 0.4 | Yyn0 | 480 | 2 600 | 1.3 | 4 |
| | | | | DYyn11 | 500 | 2 500 | 3.5 | 4 |
| S9－250/10(6) | 250 | 11,10.5,10,6.3,6 | 0.4 | Yyn0 | 560 | 3 050 | 1.2 | 4 |
| | | | | DYyn11 | 600 | 2 900 | 3.0 | 4 |
| S9－315/10(6) | 315 | 11,10.5,10,6.3,6 | 0.4 | Yyn0 | 670 | 3 650 | 1.1 | 4 |
| | | | | DYyn11 | 720 | 3 450 | 3.0 | 4 |
| S9－400/10(6) | 400 | 11,10.5,10,6.3,6 | 0.4 | Yyn0 | 800 | 4 300 | 1.0 | 4 |
| | | | | DYyn11 | 870 | 4 200 | 3.0 | 4 |
| S9－500/10(6) | 500 | 11,10.5,10,6.3,6 | 0.4 | Yyn0 | 960 | 5 100 | 1.0 | 4 |
| | | | | DYyn11 | 1 030 | 4 950 | 3.0 | 4 |
| | | 11,10.5,10 | 6.3 | Yd11 | 1 030 | 4 950 | 1.5 | 4.5 |
| S9－630/10(6) | 630 | 11,10.5,10,6.3,6 | 0.4 | Yyn0 | 1 200 | 6 200 | 0.9 | 4.5 |
| | | | | DYyn11 | 1 300 | 5 800 | 3.0 | 5 |
| | | 11,10.5,10 | 6.3 | Yd11 | 1 200 | 6 200 | 1.5 | 4.5 |

**附表 1(续)**

| 型　号 | 额定容量/kVA | 额定电压/kV | | 连接组标号 | 损耗/W | | 空载电流/% | 阻抗电压/% |
|---|---|---|---|---|---|---|---|---|
| | | 一次 | 二次 | | 空载 | 负载 | | |
| S9－800/10(6) | 800 | 11,10.5,10,6.3,6 | 0.4 | Yyn0 | 1 400 | 7 500 | 0.8 | 4.5 |
| | | | | DYyn11 | 1 400 | 7 500 | 2.5 | 5 |
| | | 11,10.5,10 | 6.3 | Yd11 | 1 400 | 7 500 | 1.4 | 5.5 |
| S9－1000/10(6) | 1 000 | 11,10.5,10,6.3,6 | 0.4 | Yyn0 | 1 700 | 10 300 | 0.7 | 4.5 |
| | | | | DYyn11 | 1 700 | 9 200 | 1.7 | 5 |
| | | 11,10.5,10 | 6.3 | Yd11 | 1 700 | 9 200 | 1.4 | 5.5 |
| S9－1250/10(6) | 1 250 | 11,10.5,10,6.3,6 | 0.4 | Yyn0 | 1 950 | 12 000 | 0.6 | 4.5 |
| | | | | DYyn11 | 2 000 | 11 000 | 2.5 | 5 |
| | | 11,10.5,10 | 6.3 | Yd11 | 1 950 | 12 000 | 1.3 | 5.5 |
| S9－1600/10(6) | 1 600 | 11,10.5,10,6.3,6 | 0.4 | Yyn0 | 2 400 | 14 500 | 0.6 | 4.5 |
| | | | | DYyn11 | 2 400 | 14 000 | 2.5 | 6 |
| | | 11,10.5,10 | 6.3 | Yd11 | 2 400 | 14 500 | 1.3 | 5.5 |
| S9－2000/10(6) | 2 000 | 11,10.5,10,6.3,6 | 0.4 | Yyn0 | 3 000 | 18 000 | 0.8 | 6 |
| | | | | DYyn11 | 3 000 | 18 000 | 0.8 | 6 |
| | | 11,10.5,10 | 6.3 | Yd11 | 3 000 | 18 000 | 1.2 | 6 |
| S9－2000/10(6) | 2 500 | 11,10.5,10,6.3,6 | 0.4 | Yyn0 | 3 500 | 25 000 | 0.8 | 6 |
| | | | | DYyn11 | 3 500 | 25 000 | 0.8 | 6 |
| | | 11,10.5,10 | 6.3 | Yd11 | 3 500 | 19 000 | 1.2 | 5.5 |
| S9－2000/10(6) | 3 150 | 11,10.5,10 | 6.3 | Yd11 | 4 100 | 23 000 | 1.0 | 5.5 |
| S9－2000/10(6) | 4 000 | 11,10.5,10 | 6.3 | Yd11 | 5 000 | 26 000 | 1.0 | 5.5 |
| S9－2000/10(6) | 5 000 | 11,10.5,10 | 6.3 | Yd11 | 6 000 | 30 000 | 0.9 | 5.5 |
| S9－2000/10(6) | 6 300 | 11,10.5,10 | 6.3 | Yd11 | 7 000 | 35 000 | 0.9 | 5.5 |

2. 1 kV 级 SC9 系列树脂浇注干式铜线电力变压器的主要技术数据

| 型　号 | 额定容量/kVA | 额定电压/kV | | 连接组标号 | 损耗/W | | 空载电流/% | 阻抗电压/% |
|---|---|---|---|---|---|---|---|---|
| | | 一次 | 二次 | | 空载 | 负载 | | |
| S9 – 2000/10(6) | 200 | 10 | 0.4 | Yyn0<br>DYyn11 | 480 | 2 670 | 1.2 | 4 |
| S9 – 2000/10(6) | 250 | | | | 550 | 2 910 | 1.2 | 4 |
| S9 – 2000/10(6) | 315 | | | | 650 | 3 200 | 1.2 | 4 |
| S9 – 2000/10(6) | 400 | | | | 750 | 3 690 | 1.0 | 4 |
| S9 – 2000/10(6) | 500 | | | | 900 | 4 500 | 1.0 | 4 |
| S9 – 2000/10(6) | 630 | | | | 1 100 | 5 420 | 0.9 | 4 |
| S9 – 2000/10(6) | 630 | | | | 1 050 | 5 500 | 0.9 | 6 |
| S9 – 2000/10(6) | 800 | | | | 1 200 | 6 430 | 0.9 | 6 |
| S9 – 2000/10(6) | 1 000 | | | | 1 400 | 7 510 | 0.8 | 6 |
| S9 – 2000/10(6) | 1 250 | | | | 1 650 | 8 960 | 0.8 | 6 |
| S9 – 2000/10(6) | 1 600 | | | | 1 980 | 10 850 | 0.7 | 6 |
| S9 – 2000/10(6) | 2 000 | | | | 2 380 | 13 360 | 0.6 | 6 |
| S9 – 2000/10(6) | 2 500 | | | | 2 850 | 15 880 | 0.6 | 6 |

## 附表 2　LQJ – 10 型电流互感器的主要数据

1.额定二次负荷

| 铁芯代号 | 额定二次负荷 | | | | | |
|---|---|---|---|---|---|---|
| | 0.5 级 | | 1 级 | | 3 级 | |
| | 阻抗/Ω | 容量/VA | 阻抗/Ω | 容量/VA | 阻抗/Ω | 容量/VA |
| 0.5 | 0.4 | 10 | 0.6 | 15 | — | — |
| 3 | — | — | — | — | 1.2 | 30 |

2.热稳定度和动稳定度

| 额定一次电流/A | 1s 热稳定倍数 | 动稳定倍数 |
|---|---|---|
| 5,10,15,20,30,40,50,60,75,100 | 90 | 225 |
| 160(150),200,315(300),400 | 75 | 160 |

## 附表 3　部分高压断路器的主要技术数据

| 类别 | 型　号 | 额定电压/kV | 额定电流/A | 开断电流/kA | 断流容量/MVA | 动稳定电流峰值/kA | 热稳定电流/kA | 固有分闸时间/s≤ | 合闸时间/s≤ | 配用操动机构型号 |
|---|---|---|---|---|---|---|---|---|---|---|
| 少油户外 | SW2－35/1000 | 35 | 1 000 | 16.5 | 1 000 | 45 | 16.5(4s) | 0.06 | 0.4 | CT2－XG |
| | SW2－35/1500 | | 1 500 | 24.8 | 1 500 | 63.4 | 24.8(4s) | | | |
| 少油户内 | SN10－35I | 35 | 1 000 | 16 | 1 000 | 45 | 16(4s) | 0.06 | 0.2 | CT10 |
| | SN10－35II | | 1 250 | 20 | | 50 | 20(4s) | | 0.25 | CT10IV |
| | SN10－10I | 10 | 630 | 16 | 300 | 40 | 16(4s) | 0.06 | 0.15 | CT7,8 |
| | | | 1 000 | 16 | 300 | 40 | 16(4s) | | 0.2 | CT10I |
| | SN10－10II | | 1 000 | 31.5 | 500 | 80 | 31.5(4s) | 0.06 | 0.2 | CD10I,II |
| | SN10－10III | | 1 250 | 40 | 750 | 125 | 40(2s) | 0.7 | 0.2 | CD10III |
| | | | 2 000 | 40 | 750 | 125 | 40(4s) | | | |
| | | | 3 000 | 40 | 750 | 125 | 40(4s) | | | |
| 真空户内 | ZN23－35 | 35 | 1 600 | 25 | | 63 | 25(4s) | 0.06 | 0.075 | CT12 |
| | ZN3－10I | 6 | 630 | 8 | | 20 | 8(4s) | 0.07 | 0.15 | CD10 等 |
| | ZN3－10II | | 1 000 | 20 | | 50 | 20(2s) | 0.05 | 0.10 | |
| | ZN4－10/1000 | | 1 000 | 17.3 | | 44 | 17.3(4s) | 0.05 | 0.2 | CD10 等 |
| | ZN4－10/1250 | | 1 250 | 20 | | 50 | 20(4s) | | | |
| | ZN5－10/630 | | 630 | 20 | | 50 | 20(2s) | 0.05 | 0.1 | 专用 CD 型 |
| | ZN5－10/1000 | | 1 000 | 20 | | 50 | 20(2s) | | | |
| | ZN5－10/1250 | | 1 250 | 25 | | 63 | 25(2s) | | | |
| | ZN2－10/1250 | | 1 250 | 25 | | 63 | 25(4s) | 0.06 | 0.1 | CT8 等 |
| | ZN2－10/2000 | | 2 000 | | | | | | | |
| | ZN12－10/1250 | | 1 250 | 31.5<br>40 | | 80,100 | 31.5(4s)<br>40(4s) | | | |
| | ZN12－10/2000 | | 2 000 | | | | | | | |
| | ZN12－10/2500 | | 2 500 | | | | | | | |
| | ZN12－10/3150 | | 3 150 | | | | | | | |
| | ZN24－10/1250 | | 1 250 | 20 | | 50 | 20(4s) | | | |
| | ZN2－10/1250 | | 1 250 | 31.5 | | 80 | | | | |
| | ZN2－10/2000 | | 2 000 | | | | | | | |
| 六氟化硫($SF_6$)户内 | LN2－35I | 35 | 1 250 | 16 | | 40 | 16(4s) | 0.06 | 0.15 | CT12II |
| | LN2－35II | | 1 250 | 25 | | 63 | 25(4s) | | | |
| | LN2－35III | | 1 600 | 25 | | 63 | 25(4s) | | | |
| | LN2－10 | 10 | 1 250 | 25 | | 63 | 25(4s) | 0.06 | 0.15 | CT12I |

## 附表 4　部分万能式低压断路器的主要技术数据

| 型　号 | 脱扣器额定电流/A | 长延时动作整定电流/A | 短延时动作整定电流/A | 瞬时动作整定电流/A | 单相接地短路动作电流/A | 分断能力 | |
|---|---|---|---|---|---|---|---|
| | | | | | | 电流/kA | cosφ |
| DW15－200 | 100 | 64～100 | 300～1 000 | 300～1 000<br>800～2 000 | — | 20 | 0.35 |
| | 150 | 98～150 | — | — | | | |
| | 200 | 128～200 | 600～2 000 | 600～2 000<br>1 600～4 000 | | | |
| DW15－400 | 200 | 128～200 | 600～2 000 | 600～2 000<br>1 600～4 000 | — | 25 | 0.35 |
| | 300 | 192～300 | — | — | | | |
| | 400 | 256～400 | 1 200～4 000 | 3 200～8 000 | | | |
| DW15－600 (630) | 300 | 192～300 | 900～3 000 | 900～3 000<br>1 400～6 000 | — | 30 | 0.35 |
| | 400 | 256～400 | 1 200～4 000 | 1 200～4 000<br>3 200～8 000 | | | |
| | 600 | 384～600 | 1 800～6 000 | — | | | |
| DW15－1000 | 600 | 420～600 | 1 800～6 000 | 6 000～12 000 | — | 40(延时时30) | 0.35 |
| | 800 | 560～800 | 2 400～8 000 | 8 000～16 000 | | | |
| | 1 000 | 700～1 000 | 3 000～10 000 | 10 000～20 000 | | | |
| DW15－1500 | 1 500 | 1 050～1 500 | 4 500～15 000 | 15 000～30 000 | — | | |
| DW15－2500 | 1 500 | 1 050～1 500 | 4 500～9 000 | 10 500～21 000 | — | 60(短延时40) | 0.2(短延时0.25) |
| | 2 000 | 1 400～2 000 | 6 000～12 000 | 14 000～28 000 | | | |
| | 2 500 | 1 750～2 500 | 7 500～15 000 | 17 500～35 000 | | | |
| DW15－4000 | 2 500 | 1 750～2 500 | 7 500～15 000 | 17 500～35 000 | — | 80(短延时60) | 0.2 |
| | 3 000 | 2 100～3 000 | 9 000～18 000 | 21 000～42 000 | | | |
| | 4 000 | 2 800～4 000 | 12 000～24 000 | 28 000～56 000 | | | |
| DW16－630 | 100 | 64～100 | — | 300～600 | 50 | 30(380 V)<br>20(660) | 0.25<br>(380 V)<br>0.3<br>(660 V) |
| | 160 | 102～160 | | 480～960 | 80 | | |
| | 200 | 128～200 | | 600～1 200 | 100 | | |
| | 250 | 160～250 | | 750～1 500 | 125 | | |
| | 315 | 202～315 | | 945～1 890 | 158 | | |
| | 400 | 256～400 | | 1 200～2 400 | 200 | | |
| | 630 | 403～630 | | 1 890～3 780 | 315 | | |

**附表 4(续)**

| 型 号 | 脱扣器额定电流/A | 长延时动作整定电流/A | 短延时动作整定电流/A | 瞬时动作整定电流/A | 单相接地短路动作电流/A | 分断能力 | |
|---|---|---|---|---|---|---|---|
| | | | | | | 电流/kA | cosφ |
| DW16－2000 | 800 | 512～800 | — | 2 400～4 800 | 400 | 50 | — |
| | 1 000 | 640～1 000 | | 3 000～6 000 | 500 | | |
| | 1 600 | 1 024～1 600 | | 4 800～9 600 | 800 | | |
| | 2 000 | 1 280～2 000 | | 6 000～12 000 | 1000 | | |
| DW16－4000 | 2 500 | 1 400～2 500 | — | 7 500～15 000 | 1 250 | 80 | — |
| | 3 200 | 2 048～3 200 | | 9 600～19 200 | 1 600 | | |
| | 4 000 | 2 560～4 000 | | 12 000～24 000 | 2 000 | | |
| DW17－630 (ME630) | 630 | 200～400<br>350～630 | 3 000～5 000<br>5 000～8 000 | 1 000～2 000<br>1 500～3 000<br>2 000～4 000<br>4 000～8 000 | — | 50 | 0.25 |
| DW17－800 (ME800) | 800 | 200～400<br>350～630<br>500～800 | 3 000～5 000<br>5 000～8 000 | 1 500～3 000<br>2 000～4 000<br>4 000～8 000 | — | 50 | 0.25 |
| DW17－1000 (ME1000) | 1 000 | 350～630<br>500～1 000 | 3 000～5 000<br>5 000～8 000 | 1 500～3 000<br>2 000～4 000<br>4 000～8 000 | — | 50 | 0.25 |
| DW17－1250 (ME1250) | 1 250 | 500～1 000<br>750～1 250 | 3 000～5 000<br>5 000～8 000 | 2 000～4 000<br>4 000～8 000 | — | 50 | 0.25 |
| DW17－1600 (ME1600) | 1 600 | 500～1 000<br>900～1 600 | 3 000～5 000<br>5 000～8 000 | 4 000～8 000 | — | 50 | 0.25 |
| DW17－2000 (ME2000) | 2 000 | 500～1 000<br>1 000～2 000 | 5 000～8 000<br>7 000～12 000 | 4 000～8 000<br>6 000～12 000 | — | 80 | 0.2 |
| DW17－2500 (ME2500) | 2 500 | 1 500～2 500 | 7 000～12 000<br>8 000～12 000 | 6 000～12 000 | — | 80 | 0.2 |
| DW17－3200 (ME3200) | 3 200 | — | — | 8 000～16 000 | — | 80 | 0.2 |
| DW17－4000 (ME4000) | 4 000 | — | — | 10 000～20 000 | — | 80 | 0.2 |

注:表中低压断路器的额定电压:DW15,直流 220 V,交流 380 V,660 V,1140 V;DW16,交流 400,660 V;DW17(ME),交流 380～660 V。

## 附表 5　RM10 型低压熔断器的主要技术数据

| 型　号 | 熔管额定电压/A | 额定电流/A | | 最大分断能力 | |
|---|---|---|---|---|---|
| | | 熔管 | 熔　体 | 电流/kA | cos$\varphi$ |
| RM10－15 | 交流<br>220,380,500<br>直流 220,440 | 15 | 6,10,15 | 1.2 | 0.8 |
| RM10－60 | | 60 | 15,20,25,35,45,60 | 3.5 | 0.7 |
| RM10－100 | | 100 | 60,80,100 | 10 | 0.35 |
| RM10－200 | | 200 | 100,125,160,200 | | |
| RM10－350 | | 350 | 200,225,260,300,350 | | |
| RM10－600 | | 600 | 350,450,500,600 | | |

## 附表 6　RT0 型低压熔断器的主要技术数据

| 型　号 | 熔管额定电压/A | 额定电压/A | | 最大分断电流/kA |
|---|---|---|---|---|
| | | 熔管 | 熔　体 | |
| RT0－100 | 交流 380<br>直流 440 | 100 | 30,40,50,60,80,100 | 50<br>($\cos\varphi = 0.1 \sim 0.2$) |
| RT0－200 | | 200 | (80,100),120,150,200 | |
| RT0－400 | | 400 | (150,200),250,300,350,400 | |
| RT0－600 | | 600 | (300,400),450,500,550,600 | |
| RT0－1000 | | 1 000 | 100,800,900,1 000 | |

## 附表 7　LJ 型铝绞线、LGJ 型钢芯铝绞线和 LMY 型硬铝母线的主要技术数据

### 1. LJ 型铝绞线的主要技术数据

| 额定截面/$mm^2$ | 16 | 25 | 35 | 50 | 70 | 95 | 120 | 150 | 185 | 240 |
|---|---|---|---|---|---|---|---|---|---|---|
| 实际面积/$mm^2$ | 15.9 | 25.4 | 34.4 | 49.5 | 71.3 | 95.1 | 121 | 148 | 183 | 239 |
| 股数/外径(单位为 mm) | 7/5.10 | 7/6.45 | 7/7.50 | 7/9.00 | 7/10.8 | 7/12.5 | 19/14.3 | 19/15.8 | 19/17.5 | 19/20.0 |
| 50 ℃时电阻/($\Omega \cdot km^{-1}$) | 2.70 | 1.33 | 0.96 | 0.66 | 0.48 | 0.36 | 0.28 | 0.23 | 0.18 | 0.14 |
| 线间几何均距/mm | 线路电抗/($\Omega \cdot km^{-1}$) | | | | | | | | | |
| 600 | 0.36 | 0.35 | 0.34 | 0.33 | 0.32 | 0.31 | 0.30 | 0.29 | 0.28 | 0.28 |
| 800 | 0.38 | 0.37 | 0.36 | 0.35 | 0.34 | 0.33 | 0.32 | 0.31 | 0.30 | 0.30 |
| 1 000 | 0.40 | 0.38 | 0.37 | 0.36 | 0.35 | 0.34 | 0.33 | 0.32 | 0.31 | 0.31 |
| 1 250 | 0.41 | 0.40 | 0.39 | 0.37 | 0.36 | 0.35 | 0.34 | 0.34 | 0.33 | 0.32 |
| 1 500 | 0.42 | 0.41 | 0.40 | 0.38 | 0.37 | 0.36 | 0.35 | 0.35 | 0.34 | 0.33 |
| 2 000 | 0.44 | 0.43 | 0.41 | 0.40 | 0.40 | 0.38 | 0.37 | 0.37 | 0.36 | 0.35 |

**附表 7(续)**

| 导线温度 | 环境温度/℃ | 允许持续载流量/A | | | | | | | | | |
|---|---|---|---|---|---|---|---|---|---|---|---|
| 70 ℃(室外架设) | 20 | 110 | 142 | 179 | 226 | 278 | 341 | 394 | 462 | 525 | 641 |
| | 25 | 105 | 135 | 170 | 215 | 265 | 325 | 375 | 440 | 500 | 610 |
| | 30 | 98.7 | 127 | 160 | 202 | 249 | 306 | 353 | 414 | 470 | 573 |
| | 35 | 93.5 | 120 | 151 | 191 | 236 | 289 | 334 | 392 | 445 | 543 |
| | 40 | 86.1 | 111 | 139 | 176 | 217 | 267 | 308 | 361 | 410 | 500 |

注:1.线间几何均距 $a_{av} = \sqrt[3]{a_1 + a_2 + a_3}$,式中 $a_1$,$a_2$,$a_3$ 为三相导线的各相之间的线间距离。三相导线正三角形排列时,$a_{av} = a$;三相导线等距水平排列时,$a_{av} = 1.26a$。

2.铜绞线 TJ 的电阻约为同截面 LJ 电阻的 61%;TJ 的电抗与 LJ 同。TJ 的载流量约为同截面 LJ 载流量的 1.29 倍。

## 2.LGJ 型钢芯铝线的主要技术数据

| 额定截面/mm² | | 35 | 50 | 70 | 95 | 120 | 150 | 185 | 240 |
|---|---|---|---|---|---|---|---|---|---|
| 铝线实际截面/mm² | | 34.9 | 48.3 | 68.1 | 94.4 | 116 | 149 | 181 | 239 |
| 铝股数/钢股数/外径(单位为 mm) | | 6/1/8.16 | 6/1/9.60 | 6/1/11.4 | 26/7/15.1 | 26/7/15.1 | 26/7/17.1 | 26/7/18.9 | 26/7/21.7 |
| 50 ℃时电阻/(Ω·km⁻¹) | | 0.89 | 0.68 | 0.48 | 0.35 | 0.29 | 0.24 | 0.18 | 0.15 |
| 线间几何均距/mm | | 线路电抗/(Ω·km⁻¹) | | | | | | | |
| 1 500 | | 0.39 | 0.38 | 0.37 | 0.35 | 0.35 | 0.34 | 0.33 | 0.33 |
| 2 000 | | 0.40 | 0.39 | 0.38 | 0.37 | 0.37 | 0.36 | 0.35 | 0.34 |
| 2 500 | | 0.41 | 0.41 | 0.40 | 0.39 | 0.38 | 0.37 | 0.37 | 0.36 |
| 3 000 | | 0.43 | 0.42 | 0.41 | 0.40 | 0.39 | 0.39 | 0.38 | 0.37 |
| 3 500 | | 0.44 | 0.43 | 0.42 | 0.41 | 0.40 | 0.40 | 0.39 | 0.38 |
| 4 000 | | 0.45 | 0.44 | 0.43 | 0.42 | 0.41 | 0.40 | 0.40 | 0.39 |
| 导线温度 | 环境温度/℃ | 允许持续载流量/A | | | | | | | |
| 70 ℃(室外架设) | 20 | 179 | 231 | 289 | 352 | 399 | 467 | 541 | 641 |
| | 25 | 170 | 220 | 275 | 335 | 380 | 445 | 515 | 610 |
| | 30 | 159 | 207 | 259 | 315 | 357 | 418 | 484 | 574 |
| | 35 | 149 | 193 | 228 | 295 | 335 | 391 | 453 | 536 |
| | 40 | 137 | 178 | 222 | 272 | 307 | 360 | 416 | 494 |

3.LMY 型硬铝母线的主要技术数据

| 母线截面 /(mm×mm) | 65 ℃时电阻 /(Ω·km⁻¹) | 相间距离为 250 mm 时电抗/(Ω·km⁻¹) | | 母线竖放时的允许持续载流量/A (导线温度 70 ℃) | | | |
|---|---|---|---|---|---|---|---|
| | | | | 环境温度 | | | |
| | | 竖放 | 平放 | 25 ℃ | 30 ℃ | 35 ℃ | 40 ℃ |
| 25×3 | 0.47 | 0.24 | 0.22 | 265 | 249 | 233 | 215 |
| 30×4 | 0.29 | 0.23 | 0.21 | 365 | 343 | 321 | 296 |
| 40×4 | 0.22 | 0.21 | 0.19 | 480 | 451 | 422 | 389 |
| 40×5 | 0.18 | 0.21 | 0.19 | 540 | 507 | 475 | 438 |
| 50×5 | 0.14 | 0.20 | 0.17 | 665 | 625 | 585 | 539 |
| 50×6 | 0.12 | 0.20 | 0.17 | 740 | 695 | 651 | 600 |
| 60×6 | 0.10 | 0.19 | 0.16 | 870 | 818 | 765 | 705 |
| 80×6 | 0.076 | 0.17 | 0.15 | 1 150 | 1 080 | 1 010 | 932 |
| 100×6 | 0.062 | 0.16 | 0.13 | 1 425 | 1 340 | 1 255 | 1 155 |
| 60×8 | 0.076 | 0.19 | 0.16 | 1 025 | 965 | 902 | 831 |
| 80×8 | 0.059 | 0.17 | 0.15 | 1 320 | 1 240 | 1 160 | 1 070 |
| 100×8 | 0.048 | 0.16 | 0.13 | 1 625 | 1 530 | 1 430 | 1 310 |
| 120×8 | 0.041 | 0.16 | 0.12 | 1 900 | 1 785 | 1 670 | 1 540 |
| 60×10 | 0.062 | 0.18 | 0.16 | 1 155 | 1 085 | 1 016 | 936 |
| 80×10 | 0.048 | 0.17 | 0.14 | 1 480 | 1 390 | 1 300 | 1 200 |
| 100×10 | 0.040 | 0.16 | 0.13 | 1 820 | 1 710 | 1 600 | 1 475 |
| 120×10 | 0.035 | 0.16 | 0.12 | 2 070 | 1 945 | 1 820 | 1 680 |

注:本表母线载流量系母线竖放时的数据。如果母线平放,且宽度大于60 mm时,表中数据应乘以0.92;如果母线平放,且宽度大于 60 mm 时,表中数据应乘以 0.92。

## 附表 8　导体在正常和短路时的最高允许温度及热稳定系数

| 导体种类及材料 | | | 最高允许温度/℃ | | 热稳定系数 |
|---|---|---|---|---|---|
| | | | 正常 | 短路 | |
| 母　线 | 铜 | | 70 | 300 | 171 |
| | 铜(接触面有锡层时) | | 85 | 200 | 164 |
| | 铝 | | 70 | 200 | 87 |
| 油浸纸绝缘电缆 | 铜芯 | 1~3 V | 80 | 250 | 148 |
| | | 6 kV | 65 | 220 | 145 |
| | | 10 kV | 60 | 220 | 148 |
| | 铝芯 | 1~3 V | 80 | 200 | 84 |
| | | 6 kV | 65 | 200 | 90 |
| | | 10 kV | 60 | 200 | 92 |

附表 8(续)

| 导体种类及材料 | | 最高允许温度/℃ | | 热稳定系数 |
|---|---|---|---|---|
| | | 正常 | 短路 | |
| 橡皮绝缘导线和电缆 | 铜芯 | 65 | 150 | 112 |
| | 铝芯 | 65 | 150 | 74 |
| 聚氯乙烯绝缘导线和电缆 | 铜芯 | 65 | 130 | 100 |
| | 铝芯 | 65 | 130 | 65 |
| 交联聚乙烯绝缘电缆 | 铜芯 | 80 | 230 | 140 |
| | 铝芯 | 80 | 200 | 84 |
| 有中间接头的电缆(不包括聚氯乙烯绝缘电缆) | 铜芯 | — | 150 | — |
| | 铝芯 | — | 150 | — |

**附表 9　工业用电设备组的需要系数、二项式系数及功率因数值**

| 用电设备名称 | 需要系数 $K_d$ | 二项式系数 | | 最大容量设备台数 $x$ | $\cos\varphi$ | $\tan\varphi$ |
|---|---|---|---|---|---|---|
| | | $b$ | $c$ | | | |
| 小批生产的金属冷加工机床电动机 | 0.16～0.2 | 0.14 | 0.4 | 5 | 0.5 | 1.73 |
| 大批生产的金属冷加工机床电动机 | 0.18～0.25 | 0.14 | 0.5 | 5 | 0.5 | 1.73 |
| 小批生产的金属热加工机床电动机 | 0.25～0.3 | 0.24 | 0.4 | 5 | 0.6 | 1.33 |
| 大批生产的金属热加工机床电动机 | 0.3～0.35 | 0.26 | 0.5 | 5 | 0.65 | 1.17 |
| 通风机、水泵、空压机及发电机组发电机 | 0.7～0.8 | 0.65 | 0.25 | 5 | 0.8 | 0.75 |
| 非连锁的连续运输机械及整砂机械 | 0.5～0.6 | 0.4 | 0.45 | 0.7 | 5 | 0.88 |
| 锅炉房和机加、机修装配等类车间的吊车(ω=25%100) | 0.1～0.15 | 0.06 | 0.2 | 3 | 0.5 | 1.73 |
| 铸造车间的吊车(ω=25%100) | 0.15～0.25 | 0.09 | 0.3 | 3 | 0.5 | 1.73 |
| 自动连续装料的电阻炉设备 | 0.75～0.8 | 0.7 | 0.3 | 2 | 0.95 | 0.33 |
| 实验室用的小型电热设备(电阻炉、干燥箱等) | 0.7 | 0.7 | 0 | — | 1.0 | 0 |
| 工频感应电炉(未带无功补偿装置) | 0.8 | — | — | — | 0.35 | 2.68 |
| 高频感应电炉(未带无功补偿装置) | 0.8 | — | — | — | 0.6 | 1.33 |
| 电弧熔炉 | 0.9 | — | — | — | 0.85 | 0.57 |
| 点焊机、缝焊机 | 0.35 | — | — | — | 0.6 | 1.33 |
| 对焊机、铆钉加热机 | 0.35 | — | — | — | 0.7 | 1.02 |

**附表 9(续)**

| 用电设备名称 | 需要系数 $K_d$ | 二项式系数 | | 最大容量设备台数 $x$ | $\cos\varphi$ | $\tan\varphi$ |
|---|---|---|---|---|---|---|
| | | $b$ | $c$ | | | |
| 自动弧焊变压器 | 0.5 | — | — | — | 0.4 | 2.29 |
| 单头手动弧焊变压器 | 0.35 | — | — | — | 0.35 | 2.68 |
| 多头手动弧焊变压器 | 0.4 | — | — | — | 0.35 | 2.68 |
| 单头弧焊电动发电机组 | 0.35 | — | — | — | 0.6 | 1.33 |
| 多头弧焊电动发电机组 | 0.7 | — | — | — | 0.75 | 0.88 |
| 生产厂房及办公室、阅览室、实验室照明 | 0.8～1 | — | — | — | 1.0 | 0 |
| 变配电所、仓库照明 | 0.5～0.7 | — | — | — | 1.0 | 0 |
| 宿舍(生活区)照明 | 0.6～0.8 | — | — | — | 1.0 | 0 |
| 室外照明、应急照明 | 1 | — | | | 1.0 | 0 |

**附表 10　民用建筑用电设备的需要系数及功率因数参考值**

| 序号 | 用电设备分类 | 需要系数 $K_d$ | $\cos\varphi$ | $\tan\varphi$ |
|---|---|---|---|---|
| 1 | 通风和采暖用电： | | | |
| | 各种风机、空调器 | 0.7～0.8 | 0.8 | 0.75 |
| | 恒温空调箱 | 0.6～0.7 | 0.95 | 0.33 |
| | 冷冻机 | 0.85～0.9 | 0.8 | 0.75 |
| | 集中式电热器 | 1.0 | 1.0 | 0 |
| | 分散式电热器(20 kW 以下) | 0.85～0.95 | 1.0 | 0 |
| | 分散式电热器(100 kW 以下) | 0.75～0.85 | 1.0 | 0 |
| | 小型电热设备 | 0.3～0.5 | 0.95 | 0.33 |
| 2 | 给排水用电： | | | |
| | 15 kW 以下各种水泵 | 0.75～0.8 | 0.8 | 0.75 |
| | 17 kW 以上各种水泵 | 0.6～0.7 | 0.87 | 0.57 |
| 3 | 起重运输用电： | | | |
| | 客梯(1.5 t 及以下) | 0.35～0.5 | 0.5 | 1.73 |
| | 客梯(2 t 及以上) | 0.25～0.35 | 0.7 | 1.02 |
| | 货梯 | 0.6～0.35 | 0.5 | 1.73 |
| | 输送带 | 0.6～0.65 | 0.75 | 0.88 |
| | 起重机械 | 0.1～0.2 | 0.5 | 1.73 |
| 4 | 锅炉房用电 | 0.75～0.85 | 0.85 | 0.62 |
| 5 | 消防用电 | 0.4～0.6 | 0.8 | 0.75 |

**附表 10(续)**

| 序号 | 用电设备分类 | 需要系数 $K_d$ | $\cos\varphi$ | $\tan\varphi$ |
|---|---|---|---|---|
| 6 | 厨房及卫生用电: | | | |
| | 食品加工机械 | 0.5~0.7 | 0.8 | 0.75 |
| | 电锅饭、电烤箱 | 0.85 | 1.0 | 0 |
| | 电炒锅 | 0.7 | 1.0 | 0 |
| | 电冰箱 | 0.6~0.7 | 0.7 | 1.02 |
| | 热水器(淋浴用) | 0.65 | 1.0 | 0 |
| | 除尘器 | 0.3 | 0.85 | 0.62 |
| 7 | 机修用电: | | | |
| | 修理间机械设备 | 0.15~0.2 | 0.5 | 1.73 |
| | 电焊机 | 0.35 | 0.35 | 2.68 |
| | 移动式电动工具 | 0.2 | 0.5 | 1.73 |
| 8 | 其他动力用电: | | | |
| | 打包机 | 0.2 | 0.6 | 1.33 |
| | 洗衣房动力 | 0.65~0.75 | 0.5 | 1.73 |
| | 天窗开闭机 | 0.1 | 0.5 | 1.73 |
| 9 | 家用电器包括(电视机、收录机、洗衣机电冰箱、风扇、吊扇、冷热风扇、电吹风、电熨斗、电褥、电钟、电铃) | 0.5~0.55 | 0.75 | 0.88 |
| 10 | 通信及信号设备 | 0.85~0.95 | 0.8 | 0.75 |
| | 载波机 | 0.8~0.9 | 0.8 | 0.75 |
| | 收讯机 | 0.7~0.8 | 0.8 | 0.75 |
| | 电话交换机 | 0.75~0.85 | 0.8 | 0.75 |
| | 客房床头电气控制箱 | 0.15~0.25 | 0.6 | 1.33 |

**附表 11　GL-11、15,GL-21、25 型电流继电器的主要技术数据及动作特性曲线**

| 型　　号 | 额定电流/A | 额　定　值 | | 速断电流倍数 | 返回系数 |
|---|---|---|---|---|---|
| | | 动作电流/A | 10 倍动作电流的动作时间/s | | |
| GL-15/10,-21/10 | 10 | 4,5,6,7,8,9,10 | 0.5,1,2,3,4 | 2~8 | 0.85 |
| GL-11/14,-21/5 | 5 | 2,2.5,3,3.5,4,4.5,5 | | | |
| GL-15/10,-25/10 | 10 | 4,5,6,7,8,9,10 | 0.5,1,2,3,4 | | 0.8 |
| GL-15/5,-25/5 | 5 | 2,2.5,3,3.5,4,4.5,5 | | | |

## 附表 12　国产船用照明和电力回路用电缆型号

| 型　　号 | 名　　称 |
| --- | --- |
| CEF/DA/SA | 乙丙绝缘氯丁护套船用电力电缆 DA 型、SA 型 |
| CEF80/DA/SA | 乙丙绝缘氯丁内套裸铜丝编织铠装船用电力电缆 DA 型、SA 型 |
| CEF90/DA/SA | 乙丙绝缘氯丁内套裸钢丝编织铠装船用电力电缆 DA 型、SA 型 |
| CEF82/DA/SA | 乙丙绝缘氯丁内套铜丝编织铠装聚氯乙烯外套船用电力电缆 DA 型、SA 型 |
| CEF92/DA/SA | 乙丙绝缘氯丁内套钢丝编织铠装聚氯乙烯外套船用电力电缆 DA 型、SA 型 |
| CEH/DA/SA | 乙丙绝缘氯磺化聚乙烯护套船用电力电缆 DA 型、SA 型 |
| CEH80/DA/SA | 乙丙绝缘氯磺化聚乙烯内套铜丝编织铠装船用电力电缆 DA 型、SA 型 |
| CEH90/DA/SA | 乙丙绝缘氯磺化聚乙烯内套钢丝编织铠装船用电力电缆 DA 型、SA 型 |
| CEH82/DA/SA | 乙丙绝缘氯磺化聚乙烯内套铜丝编织铠装聚氯乙烯外套船用电力电缆 DA 型、SA 型 |
| CEH92/DA/SA | 乙丙绝缘氯磺化聚乙烯内套钢丝编织铠装聚氯乙烯外套船用电力电缆 DA 型、SA 型 |
| CEFR/DA/SA | 乙丙绝缘氯丁护套船用电力软电缆 DA 型、SA 型 |
| CEHR/DA/SA | 乙丙绝缘氯磺化聚乙烯护套船用电力软电缆 DA 型、SA 型 |
| CEV/DA/SA | 乙丙绝缘聚氯乙烯护套船用电力电缆 DA 型、SA 型 |
| CEV80/DA/SA | 乙丙绝缘聚氯乙烯内套裸铜丝编织铠装船用电力电缆 DA 型、SA 型 |
| CEV90/DA/SA | 乙丙绝缘聚氯乙烯内套裸钢丝编织铠装船用电力电缆 DA 型、SA 型 |
| CEV82/DA/SA | 乙丙绝缘聚氯乙烯内套铜丝编织铠装聚氯乙烯外套船用电力电缆 DA 型、SA 型 |
| CEV92/DA/SA | 乙丙绝缘聚氯乙烯内套钢丝编织铠装聚氯乙烯外套船用电力电缆 DA 型、SA 型 |
| CVV/DA/SA | 聚氯乙烯绝缘聚氯乙烯护套船用电力电缆 DA 型、SA 型 |
| CVV80/DA/SA | 聚氯乙烯绝缘聚氯乙烯内套裸铜丝编织铠装船用电力电缆 DA 型、SA 型 |
| CVV90/DA/SA | 聚氯乙烯绝缘聚氯乙烯内套裸钢丝编织铠装船用电力电缆 DA 型、SA 型 |
| CVV92/DA/SA | 聚氯乙烯绝缘聚氯乙烯内套裸钢丝编织铠装聚氯乙烯外护套船用电力电缆 DA 型、SA 型 |
| CXF | 天然丁苯绝缘氯丁护套船用电力电缆 |
| CXF80 | 天然丁苯绝缘氯丁内套裸铜丝编织铠装船用电力电缆 |
| CXF90 | 天然丁苯绝缘氯丁内套裸钢丝编织铠装船用电力电缆 |
| CXF92 | 天然丁苯绝缘氯丁内套钢丝编织铠装聚氯乙烯外套船用电力电缆 |
| CXV | 天然丁苯绝缘聚氯乙烯护套船用电力电缆 |
| CXV80 | 天然丁苯绝缘聚氯乙烯内套裸铜丝编织铠装船用电力电缆 |
| CXV90 | 天然丁苯绝缘聚氯乙烯内套裸钢丝编织铠装船用电力电缆 |
| CXV92 | 天然丁苯绝缘聚氯乙烯内套钢丝编织铠装聚氯乙烯外套船用电力电缆 |
| CXFR | 天然丁苯绝缘氯丁护套船用电力软电缆 |

## 附表 13 国产船用电力电缆允许弯曲半径

| 电缆结构特征 | 电缆外径 $D$ | 最小弯曲半径 |
| --- | --- | --- |
| 金属编织铠装型 | 任何值 | $6D$ |
| 非铠装型 | $D \leqslant 25$ mm | $4D$ |
| | $D > 25$ mm | $6D$ |

## 附表 14 绝缘材料系数

| 导体最高允许温度/℃ | | 60 | 75 | 80 | 85 | 95 |
| --- | --- | --- | --- | --- | --- | --- |
| 导体标称截面/$mm^2$ | ≥2.5 | 9.5 | 13.5 | 15 | 16 | 18 |
| | <2.5 | 8 | 13 | 15 | 16 | 20 |

## 附表 15 绝缘材料允许工作温度

| 绝缘材料 | 最高允许工作温度/℃ |
| --- | --- |
| 聚氯乙烯(一般) | 60 |
| 聚氯乙烯(耐热) | 75 |
| 丁基橡胶 | 80 |
| 无机物 | 95 |
| 乙丙橡胶和交联聚乙烯 | 85 |
| 硅橡胶 | 95 |

## 附表 16 单芯电缆连续工作的电流定额(环境温度 45 ℃)

| 标称截面积/$mm^2$ | 普通用途的聚氯乙烯/A(60 ℃) | 耐热聚氯乙烯/A(75 ℃) | 丁基橡胶/A(80 ℃) | 乙丙橡胶和交联聚乙烯/A(85 ℃) | 硅橡胶和矿物绝缘/A(95 ℃) |
| --- | --- | --- | --- | --- | --- |
| 1 | 8 | 12 | 15 | 16 | 20 |
| 1.5 | 12 | 17 | 19 | 20 | 24 |
| 2.5 | 17 | 24 | 26 | 28 | 32 |
| 4 | 22 | 32 | 35 | 38 | 42 |
| 6 | 29 | 41 | 45 | 48 | 55 |
| 10 | 40 | 57 | 63 | 67 | 75 |
| 16 | 54 | 76 | 84 | 90 | 100 |
| 25 | 71 | 100 | 110 | 120 | 135 |
| 35 | 87 | 125 | 140 | 145 | 165 |
| 50 | 105 | 150 | 165 | 180 | 200 |
| 70 | 135 | 190 | 215 | 225 | 255 |

## 附表 16(续)

| 标称截面积 /mm² | 普通用途的聚氯乙烯 /A(60 ℃) | 耐热聚氯乙烯 /A(75 ℃) | 丁基橡胶 /A(80 ℃) | 乙丙橡胶和交联聚乙烯 /A(85 ℃) | 硅橡胶和矿物绝缘 /A(95 ℃) |
|---|---|---|---|---|---|
| 95 | 165 | 230 | 260 | 275 | 310 |
| 120 | 190 | 270 | 300 | 320 | 360 |
| 150 | 220 | 310 | 340 | 365 | 410 |
| 185 | 250 | 350 | 390 | 415 | 470 |
| 240 | 290 | 415 | 460 | 490 | — |
| 300 | 335 | 475 | 530 | 560 | — |

## 附表 17 电缆导体温度、温度系数(铜导体)$K_1$

| 导体温度/℃ | 温度系数 $K_1$ |
|---|---|
| 20 | 1.000 |
| 50 | 1.118 |
| 55 | 1.138 |
| 60 | 1.157 |
| 65 | 1.177 |
| 70 | 1.197 |
| 75 | 1.216 |
| 80 | 1.236 |
| 85 | 1.255 |
| 90 | 1.275 |
| 95 | 1.295 |
| 150 | 1.511 |

## 附表 18 $K_2$ 值

| 截面/mm² | 325 | 250 | 200 | 150 | 125 | 100 | 80 | 60 |
|---|---|---|---|---|---|---|---|---|
| $K_2$ | 1.15 | 1.10 | 1.06 | 1.04 | 1.03 | 1.02 | 1.01 | 1.01 |

## 附表 19 成束敷设电缆电流递减系数

| 根数 | 电流递减系数 $\eta_0$ | | | | |
|---|---|---|---|---|---|
| | 1 | 2 | 3 | 6 | 4 |
| 排列 / 中心距离 | 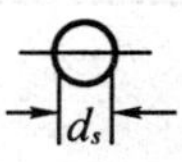 | 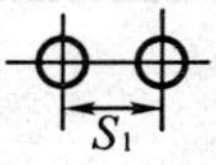 |  | 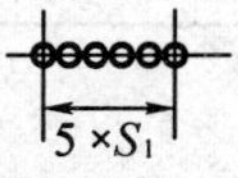 | 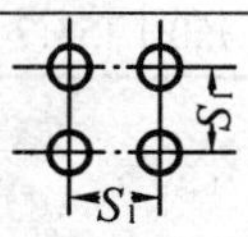 |

### 附表 19(续)

| 根数 | 电流递减系数 | | | | |
|---|---|---|---|---|---|
| | 1 | 2 | 3 | 6 | 4 |
| $S_1 = d_s$ | 1.00 | 0.85 | 0.8 | 0.7 | 0.7 |
| $S_1 = 2d_s$ | | 0.95 | 0.95 | 0.9 | 0.9 |
| $S_1 = 3d_s$ | | 1.00 | 1.00 | 0.95 | 0.95 |

| 根数 | 电流递减系数 $\eta_0$ | | | |
|---|---|---|---|---|
| | 6 | 8 | 9 | 12 |
| 排列 / 中心距离 | 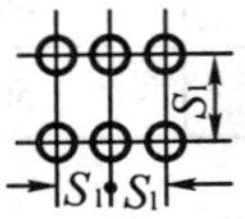 | 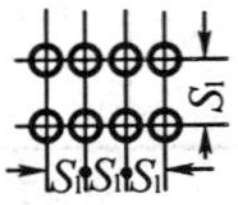 | 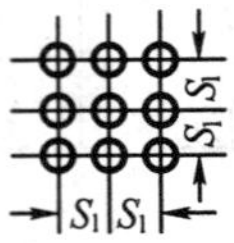 | 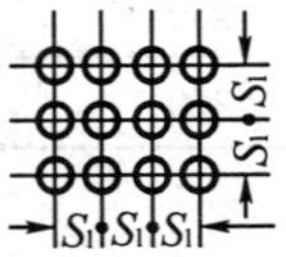 |
| $S_1 = d_s$ | 0.6 | — | — | — |
| $S_1 = 2d_s$ | 0.90 | 0.85 | 0.80 | 0.80 |
| $S_1 = 3d_s$ | 0.95 | 0.90 | 0.85 | 0.85 |

### 附表 20　TPYC 电缆对应不同通电持续时间的短路允许电流

| 通电持续时间/s | | | 0.001 | | 0.01 | | 0.05 | | 0.1 | | 1.0 | |
|---|---|---|---|---|---|---|---|---|---|---|---|---|
| 电缆截面/mm² | | 允许电流/A | 短路允许电流 | | | | | | | | | |
| 标称值 | 计算值 | | A | 倍数 | A | 倍数 | A | 倍数 | A | 倍数 | A | 倍数 |
| 1.25 | 1.113 | 13 | 4 860 | 373.8 | 1 535 | 118 | 685.7 | 52.7 | 486 | 37.4 | 153.6 | 11.8 |
| 2.0 | 1.979 | 17 | 8 643 | 508.4 | 2 731 | 160.6 | 1 219 | 71.7 | 864 | 50.8 | 273 | 16.1 |
| 3.5 | 3.519 | 25 | 15 684 | 672.4 | 4 856 | 194 | 1 990 | 79.6 | 1 568 | 62.7 | 485.6 | 19.4 |
| 5.5 | 5.498 | 32 | 24 010 | 750.3 | 7 587 | 237 | 3 110 | 97.2 | 2 401 | 75.0 | 759 | 23.7 |
| 8 | 7.017 | 41 | 34 574 | 843.3 | 10 926 | 267 | 4 478 | 109 | 3 457 | 84.3 | 1 093 | 26.7 |
| 14 | 14.8 | 58 | 61 489 | 1 061 | 19 430 | 335 | 7 963 | 137 | 6 149 | 106 | 1 943 | 33.5 |
| 22 | 21.49 | 77 | 93 849 | 1 219 | 29 656 | 385 | 12 154 | 158 | 9 385 | 122 | 2 966 | 38.5 |
| 30 | 29.5 | 94 | 127 722 | 1 359 | 40 365 | 429 | 16 543 | 176 | 12 772 | 136 | 4 037 | 42.9 |
| 38 | 38.21 | 110 | 166 866 | 1 517 | 52 730 | 479 | 21 611 | 197 | 16 687 | 152 | 5 273 | 47.9 |
| 50 | 48.36 | 130 | 211 192 | 1 625 | 66 737 | 513 | 27 351 | 210 | 21 119 | 163 | 6 674 | 51.3 |
| 80 | 74.329 | 175 | 324 868 | 1 856 | 102 658 | 587 | 42 073 | 240 | 32 487 | 186 | 10 266 | 58.7 |
| 100 | 94.15 | 200 | 411 161 | 2 056 | 129 927 | 650 | 53 249 | 266 | 41 116 | 206 | 12 993 | 65.0 |
| 150 | 153.7 | 255 | 671 220 | 2 632 | 212 106 | 832 | 86 929 | 341 | 67 122 | 263 | 21 191 | 83.1 |

## 附表 21 各种环境空气温度的修正系数

| 导体最高温度/℃ | 环境空气温度的修正系数 | | | | | | | | | | |
|---|---|---|---|---|---|---|---|---|---|---|---|
| | 35 ℃ | 40 ℃ | 45 ℃ | 50 ℃ | 55 ℃ | 60 ℃ | 65 ℃ | 70 ℃ | 75 ℃ | 80 ℃ | 85 ℃ |
| 60 | 1.29 | 1.15 | 1.00 | 0.82 | — | — | — | — | — | — | — |
| 65 | 1.22 | 1.12 | 1.00 | 0.87 | 0.71 | — | — | — | — | — | — |
| 70 | 1.18 | 1.10 | 1.00 | 0.89 | 0.77 | 0.63 | — | — | — | — | — |
| 75 | 1.15 | 1.08 | 1.00 | 0.91 | 0.82 | 0.71 | 0.55 | — | — | — | — |
| 80 | 1.13 | 1.07 | 1.00 | 0.93 | 0.85 | 0.76 | 0.65 | 0.53 | — | — | — |
| 85 | 1.12 | 1.06 | 1.00 | 0.94 | 0.87 | 0.79 | 0.71 | 0.61 | 0.50 | — | — |
| 90 | 1.10 | 1.05 | 1.00 | 0.94 | 0.88 | 0.82 | 0.74 | 0.67 | 0.58 | 0.47 | — |
| 95 | 1.10 | 1.05 | 1.00 | 0.95 | 0.89 | 0.84 | 0.77 | 0.71 | 0.63 | 0.55 | 0.45 |

## 附表 22 重复短路时负载允许电流修正系数

| 导体截面/mm² | IEC 法 | | | JCS 法 | |
|---|---|---|---|---|---|
| | 600 V - SPYC | 660 V - DPYC | 660 V - SPYC | 660 V - SPYC | 660 V - TPYC |
| 1.25 | 1.185 | 1.137 | 1.300 | — | — |
| 2 | 1.200 | 1.340 | 1.353 | 1.257 | 1.367 |
| 3.5 | 1.229 | 1.368 | 1.383 | 1.281 | 1.398 |
| 5.5 | 1.248 | 1.388 | 1.400 | 1.298 | 1.413 |
| 8 | 1.278 | 1.408 | 1.420 | 1.327 | 1.436 |
| 14 | 1.313 | 1.437 | 1.448 | 1.389 | 1.460 |
| 22 | 1.346 | 1.460 | 1.468 | 1.400 | 1.476 |
| 30 | 1.363 | 1.471 | 1.480 | 1.404 | 1.486 |
| 38 | 1.384 | 1.483 | 1.491 | 1.423 | 1.494 |
| 50 | 1.400 | 1.493 | 1.500 | 1.440 | 1.504 |
| 60 | 1.415 | 1.502 | 1.508 | 1.450 | 1.510 |
| 80 | 1.429 | 1.510 | 1.516 | 1.468 | 1.518 |
| 100 | 1.444 | 1.518 | 1.523 | 1.478 | 1.525 |
| 125 | 1.455 | 1.524 | 1.529 | 1.487 | 1.530 |
| 150 | 1.470 | 1.531 | 1.536 | 1.493 | 1.553 |
| 200 | 1.483 | 1.538 | 1.541 | 1.504 | — |
| 250 | 1.459 | — | — | 1.511 | — |
| 325 | 1.505 | — | — | 1.520 | — |

## 附表 23　电动机回路电缆允许长度

| 电动机/kW | 直流 110 V | | | | | | 电动机功率/kW | 三相交流 380 V,50 Hz | | | | | |
|---|---|---|---|---|---|---|---|---|---|---|---|---|---|
| | 额定电流/A | | | | 乙丙橡皮绝缘电缆 | | | 额定电流/A | | | | 乙丙橡皮绝缘电缆 | |
| | 3 000 | 1 500 | 1 000 | 750 | 电缆截面/$mm^2$ | 允许长度/m | | 3 000 | 1 500 | 1 000 | 750 | 电缆截面/$mm^2$ | 允许长度/m |
| | /($r\cdot min^{-1}$) | | | | | | | /($r\cdot min^{-1}$) | | | | | |
| 0.4 | | 2.64 | 2.66 | | 2×1 | 157 | 0.55 | | 1.6 | | | 3×1 | 51 |
| 0.6 | | 3.77 | 3.90 | 4.15 | 2×1 | 100 | 0.75 | 1.9 | 2.1 | 2.3 | | 3×1 | 36 |
| 0.8 | 5 | 4.92 | 4.98 | 5.2 | 2×1 | 82 | 1.1 | 2.6 | 2.7 | 3.20 | | 3×1 | 25 |
| 1.1 | 6.52 | 6.5 | 6.6 | 7.1 | 2×1 | 59 | 1.5 | 3.4 | 3.7 | 4 | | 3×1 | 20 |
| 1.5 | 8.85 | 8.74 | 8.87 | 9.2 | 2×1 | 45 | 2.2 | 4.7 | 5.0 | 5.6 | 5.8 | 3×1 | 14 |
| 2.2 | 11.2 | 12.1 | 12.67 | 13.2 | 2×1.5 | 47 | 3 | 6.4 | 6.8 | 7.2 | 7.7 | 3×1 | 10 |
| 3 | 17 | 17.2 | 17.1 | 17.7 | 2×2.5 | 59 | 4 | 8.2 | 8.8 | 9.4 | 9.9 | 3×1.5 | 12 |
| 4 | 22.4 | 22.7 | 22.4 | 22.8 | 2×4 | 73 | 5.5 | 11.1 | 11.6 | 12.6 | 13.3 | 3×2.5 | 15 |
| 5.5 | 31 | 30.9 | 30.4 | 30.5 | 2×6 | 82 | 7.5 | 15 | 15.4 | 17 | 17.7 | 3×4 | 18 |
| 7.5 | 41.5 | 41 | 41.1 | 42.8 | 2×10 | 97 | 11 | 21.8 | 22.6 | 24.6 | 25.1 | 3×6 | 19 |
| 10 | 54.5 | 53.5 | 55 | 55.5 | 2×16 | 120 | 15 | 29.4 | 30.3 | 31.4 | 34.1 | 3×10 | 24 |
| 13 | 68.3 | 68.6 | 70.5 | 73.5 | 2×16 | 90 | 18.5 | 42.2 | 35.9 | 38.1 | 41.3 | 3×10 | 20 |
| 17 | 88.8 | 91 | 93.6 | 93.6 | 2×25 | 111 | 22 | 35.3 | 42.5 | 44.7 | 47.7 | 3×16 | 27 |
| 22 | 113.6 | 116 | 117 | 118 | 2×35 | 124 | 30 | 56.9 | 56.9 | 58 | 63 | 3×25 | 32 |
| 30 | 170 | 157.5 | 161 | 156 | 2×70 | 172 | 37 | 70.4 | 70.4 | 72 | 78.2 | 3×25 | 26 |
| 40 | 211 | 207.5 | 205 | 207 | 2(1×70) | 138 | 45 | 84.2 | 84.2 | 85 | 93.2 | 3×35 | 31 |
| 55 | | 287 | 284 | 280 | 2(1×12) | 174 | 55 | 102.7 | 102.5 | 104.9 | | 3×50 | 39 |
| 75 | | 381.5 | 385 | 387 | 4(1×70) | 151 | 75 | 140.1 | 139.7 | | | 3×70 | 41 |

## 附表 24　电压降计算书格式

| 序号 | 干线编号 | 支线编号 | 名称 | 电压/V | 功率/W | 效率 | 功率因数/$\cos\varphi$ | 电流/A | | 导线长度/m | 导线截面/$mm^2$ | 电压降/V | | 备注总计 |
|---|---|---|---|---|---|---|---|---|---|---|---|---|---|---|
| | | | | | | | | 干线 | 支线 | | | 干线 | 支线 | |
| 1 | $4P$ | | 4 号电力分电箱 | 380 | 5.5 | | 0.82 | 31.86 | | 14 | 6 | 1.98 | | |
| 2 | | $4P_1$ | 主机备用低压燃油泵 | 380 | 5.5 | | 0.8 | | 3.56 | 7 | 1 | | 0.65 | |
| 3 | | $4P_2$ | 重油输送泵 | 380 | 2.2 | | 0.82 | | 12 | 6 | | | 1.25 | |
| 4 | | $4P_3$ | 轻输油泵 | 380 | 5.5 | | 0.84 | | 4.9 | 17 | 1 | | 2.39 | |
| 5 | | $4P_4$ | 燃油离心分离器 | 380 | 5.5 | | 0.86 | | 11.4 | 11 | | | 2.32 | |
| 6 | | $4P_5$ | 燃油离心分离器 | 380 | | | 0.86 | | 11.4 | 13 | 1.5 | | 2.74 | |

## 附表 25　电缆短路允许电流和允许 $I^2t$ 值

| 电缆截面/$mm^2$ | 允许 $I^2t/(A^2\cdot s)$ | $I_s$/kA |
|---|---|---|
| 3.5 | $0.172\times10^6$ | 4.1(0.6) |
| 5.5 | $0.425\times10^6$ | 5.2(0.4) |
| 8 | $0.9\times10^6$ | 7.6(0.4) |
| 14 | $2.74\times10^6$ | 12.6(0.2) |
| 22 | $6.8\times10^6$ | 13.0(0.2) |
| 30 | $12.6\times10^6$ | 17.7(0.2) |
| 38 | $20.3\times10^6$ | 22.5(0.2) |
| 50 | $35.0\times10^6$ | 29.6(0.2) |
| 60 | $50.5\times10^6$ | 35.5(0.2) |
| 80 | $89.5\times10^6$ | 47.3(0.2) |
| 100 | $140\times10^6$ | 59.2(0.2) |
| 125 | $215\times10^6$ | 73.3(0.2) |
| 150 | $315\times10^6$ | 88.7(0.2) |
| 200 | $560\times10^6$ | 118.3(0.2) |
| 250 | $847\times10^6$ | 147.8(0.2) |

注：1. $I^2t$ 值计算条件：不考虑散热，导体允许最高温度为 150 ℃，从 60 ℃状态下热态启动。

2. $I_s$ 值为假设短路相位使短路电流分量为最大，并考虑 14 $mm^2$ 以下切断时间为 10 ms，22 $mm^2$ 以下切断时间为 20 ms 时，被允许 $I^2t$ 限制的允许短路电流对称值。

3. 括号内为功率因数。

## 附表 26　寺崎断路器在额定切断电流时的最大 $I^2t$ 值

| 断　路　器 | | AC 220 V | | AC 460V | | AC 500V(NK) | |
|---|---|---|---|---|---|---|---|
| 型　　号 | 额定电流/A | 额定切断电流/kA | $I^2t\cdot10^6$/A·s | 额定切断电流/kA | $I^2t\cdot10^6/(A^2\cdot s)$ | 额定切断电流/kA | $I^2t\cdot10^6/(A^2\cdot s)$ |
| TO－30D | | 5 | 0.26 | 2.5 | 0.053 | 2.5 | 0.08 |
| TO－60BA | | 7.5 | — | 5 | — | 5 | 0.22 |
| TO－60BB | | 10 | — | 7.5 | — | 7.5 | 0.43 |
| TO－100BA | 30 以下 | 35 | 0.3 | 18 | 0.8 | 18 | 0.45 |
| | 40～100 | | | | | | 0.97 |
| TO－225BA | | 42 | 1.58 | 25 | 2.29 | 25 | 3.34 |
| TO－400BA | | 50 | — | 30 | — | 30 | 8 |
| TO－600BA | | 50 | 25.1 | 30 | — | 30 | 16 |
| TO－800BA | | 85 | 25.1 | 50 | 29.5 | 42 | 20.3 |
| TO－1000B<br>TO－1200B | | 85 | 34 | 50 | — | 42 | 27 |

**附表 26(续)**

| 断路器 | | AC 220 V | | AC 460V | | AC 500V(NK) | |
|---|---|---|---|---|---|---|---|
| 型　　号 | 额定电流/A | 额定切断电流/kA | $I^2t\cdot10^6$/A·s | 额定切断电流/kA | $I^2t\cdot10^6$/($A^2\cdot s$) | 额定切断电流/kA | $I^2t\cdot10^6$/($A^2\cdot s$) |
| TO－30E | | 2.5 | — | — | — | — | — |
| TO－50D | | 5 | 0.26 | 2.5 | 0.053 | 2.5 | 0.08 |
| TO－100CA | | 7.5 | — | 5 | — | 5 | 0.22 |
| TO－100CB | | 10 | — | 7.5 | — | 7.5 | 0.415 |
| TO－225C | | 16 | — | 10 | — | 10 | 0.9 |
| TO－400C | | 20 | — | 15 | 3.9 | — | — |
| TO－600CA | | 25 | — | 20 | 6 | — | — |
| TG－30 | | 85 | 0.22 | 30 | 0.45 | 30 | 0.52 |
| TG－100 | | 85 | — | 42 | — | 12 | 1.6 |
| TG－225 | 30 以下 | 85 | 7.07 | 42 | 12.8 | 35 | 10 |
| TG－400B | 40～100 | 85 | — | 42 | 8.8 | 42 | 8.5 |
| TG－600B | | 85 | 25.1 | 50 | 29.5 | 42 | 20.3 |
| TL－100E | | 85 | — | 80 | — | 70 | 0.8 |
| TL－225E | | 85 | 3.2 | 80 | 7.7 | 75 | 7.2 |
| TL－400E | 30 以下 0 | 120 | — | 120 | — | 100 | 14 |
| TL－600E | 40～100 | 120 | — | 120 | — | 100 | 40 |
| TL－800E | | 120 | — | 120 | — | 100 | 40 |
| TL－100C | | 180 | — | 180 | — | — | 0.65 |
| TL－225B | | 180 | — | 180 | — | — | 6.1 |
| TL－400 | | 180 | — | 180 | — | — | 6.4 |
| TL－600 | | 180 | — | 180 | — | — | 26 |
| TL－800 | | 180 | — | 180 | — | — | 26 |
| | 2 | — | — | — | 0.006 | — | 0.006 |
| TM－30DR | 5 | — | — | 50 | 0.065 | — | 0.065 |
| | 12 | — | — | — | 0.1 | — | 0.1 |
| TH－5DB | | 5 | 0.53 | — | — | — | — |
| TH－5SG | | 2.5 | — | 2.5 | 0.071 | — | — |
| TH－10SG | | 10 | — | 5 | 0.247 | — | — |

注:1.额定切断电流均指对称值。

2.额定电流小的场合,最大 $I^2t$ 值比本表值小。

# 参考文献


1 刘介才.供配电技术.北京:机械工业出版社,2000
2 姜锦范.船舶电站及自动化.大连海事大学出版社,2005
3 渤船重工.船舶电工高级技师操作技能.哈尔滨工程大学出版社,2006